宏观管理与政策学科
"十四五"发展战略与优先资助领域遴选研究报告

苏 竣 黄 萃 郭 跃 吴 刚 等◎著

科学出版社

北 京

内 容 简 介

宏观管理与政策学科是管理科学的重要组成部分，对促进国家治理体系与治理能力现代化具有重要意义。本书聚焦"十四五"时期本学科发展战略，综合运用科学计量学、案例研究等方法，对学科发展和国家自然科学基金资助现状进行研判，对代表性领域最新进展进行评述，并综合考虑科技前沿趋势等因素，介绍本学科"十四五"期间优先资助领域和重点资助选题的遴选过程，提出学科代码优化方案。同时，本书还对新时期学科整体发展趋势进行论述，并就进一步提升国家自然科学基金资助效能提出建议。

本书适合作为了解本学科发展趋势的理论参考书使用，也可供本学科各方向科研人员申请国家自然科学基金各类项目时参考，还适合对本学科或国家自然科学基金感兴趣的普通读者选读。

图书在版编目（CIP）数据

宏观管理与政策学科"十四五"发展战略与优先资助领域遴选研究报告 / 苏竣等著. —北京：科学出版社，2023.10

ISBN 978-7-03-076697-7

Ⅰ. ①宏⋯　Ⅱ. ①苏⋯　Ⅲ. ①管理学—发展战略—研究报告—中国
Ⅳ. ①C93

中国国家版本馆 CIP 数据核字（2023）第 189864 号

责任编辑：陈会迎　郝　悦 / 责任校对：贾娜娜
责任印制：张　伟 / 封面设计：有道设计

科 学 出 版 社 出版
北京东黄城根北街 16 号
邮政编码：100717
http://www.sciencep.com
北京中科印刷有限公司 印刷
科学出版社发行　各地新华书店经销

*

2023 年 10 月第 一 版　开本：720×1000　1/16
2023 年 10 月第一次印刷　印张：23 3/4
字数：480 000
定价：**128.00 元**

国家自然科学基金委员会战略研究项目：宏观管理与政策学科发展战略与"十四五"优先资助领域遴选研究成员名单

课题组组长：苏　竣

课题组副组长：黄　萃

课题组协调人：郭　跃

课题组成员（以姓氏笔画排序）：

丁洁兰	王亚华	龙艺璇	叶选挺	吕立远
吕孝礼	朱　宪	朱旭峰	伏润民	任　弢
伊惠芳	刘细文	孙　悦	李延昊	杨永恒
张　剑	张　勤	陆　伟	陈莉玥	周　鹏
赵世奎	徐曼迟	眭纪刚	蒋佳辰	鲁　玺
廖　华	翟天豪			

咨询委员会专家

在项目研究过程中，以下专家（以姓氏笔画排序）采用书面咨询、线下咨询、提供选题建议等方式，对课题研究工作发表了重要意见，为项目的开展做出了重要贡献。课题组在此向各位专家的辛勤付出表示感谢！

总　序

学科发展战略是关于学科未来发展愿景与目标、顶层布局与规划、资源配置与优化的战略性、综合性指南，引领一段时期内学科发展方向。国家自然科学基金委员会（以下简称基金委）始终跟随国家战略与科技规划总体部署和阶段性规划，积极开展系统的学科发展战略研究，在此基础上形成并贯彻落实每个发展阶段中国家自然科学基金的规划任务。

"十四五"时期是我国开启全面建设社会主义现代化国家新征程、向第二个百年奋斗目标进军的第一个五年，也是我国迈向创新型国家前列、加快建设科技强国的第一个五年。这是以大数据与人工智能为代表的新一轮科技革命与产业变革的快速发展期，是推进中国式现代化、实现中华民族伟大复兴征途中的关键时间节点，也是世界百年未有之大变局的剧烈演变期。大数据与人工智能正在深刻改变人类生产、生活与社会治理方式，也在不断改变人类认识世界与改造世界的思维方式。在新的发展阶段，科学研究范式发生着深刻变革，管理科学逐渐从定性分析转变为以数据驱动为主要特征的定量研究，从借鉴国外先进研究经验转变为致力于构建中国自主的知识体系，从单纯追逐论文数量转变为提升研究创新性、原创性的高质量发展。在"十四五"时期，我们应该立足中国大地，以国际眼光看待中国与世界面临的一系列重大管理与经济问题，用科学方法研究人类经济社会发展与社会治理的一般规律与变化趋势。

作为中国管理科学研究最重要的资助渠道，基金委管理科学部在习近平新时代中国特色社会主义思想指导下，致力于做好学科发展顶层设计，引领学科做大做强做优，服务国家经济发展与现代化建设重大战略需求。2019 年初，基金委管理科学部启动管理科学"十四五"发展战略及管理科学与工程学科、工商管理学科、经济科学学科和宏观管理与政策学科四个学科发展战略的研究，希望汇集全国管理科学领域专家学者的力量，通过深入系统的科学研究，为基金委管理科学部制定"十四五"和中长期发展规划提供决策支持。

在过去两年多的时间里，各课题组认真梳理总结 2010～2019 年特别是"十三五"期间基金委管理科学部各学科的总体发展态势，充分借鉴国外相关学科的发展经验与发展趋势，紧密结合当前中国经济社会发展与社会治理面临的重大战略需求，综合运用文献计量分析、问卷调查、专家访谈、学术研讨等多种方法与途径，系统研究"十四五"期间我国管理科学各学科发展的总体思路、发展目标、学科布局以及相应的政策保障措施等重要问题，确立各学科重点攻关任务、优先发展领域以及重大基础与前沿科学问题，提出基金委管理科学部重点资助方向建议，为"十四五"时期管理科学发展提供科学决策依据与前瞻性指导。

这项研究工作总体呈现以下四个鲜明特点。

第一，始终坚持正确的政治方向，牢固树立"四个自信"，在思想上、政治上、行动上同以习近平同志为核心的党中央保持高度一致。各个课题组坚持以习近平新时代中国特色社会主义思想为指导，认真学习领会并贯彻落实党的十九大和十九届历次全会以及二十大精神，深刻把握新时代国家自然科学基金在国家创新体系中的战略定位与历史使命，以创建中国管理科学自主的知识体系为己任，在基金委管理科学部统一指导下开展各学科战略发展研究。

第二，坚持科学精神，尊重科学研究与学科发展的客观规律，突出科学问题属性，协调科学研究中自由探索与有组织科研之间的辩证关系。各课题组基于国家自然科学基金"鼓励探索、突出原创""聚焦前沿、独辟蹊径""需求牵引、突破瓶颈""共性导向、交叉融通"四大科学问题属性深入探讨，研究如何通过有组织科研形式，引导学者自由探索；研究如何从源头抓起，发现并精准提炼科学问题，全面提升科研选题质量；研究如何推动科学范式变革，积极借鉴自然科学以及交叉学科的理论方法研究现实管理与经济问题，以方法创新推动理论创新，全面提升研究质量。

第三，坚持与时俱进、守正创新，协调服务国家发展需求与学科发展目标之间的辩证关系。管理科学是一门为现实经济社会发展与社会治理服务的学科，本身具有很强的需求导向与实践特征，担负服务国家重大战略需求的历史使命。各个课题组充分认识到百年未有之大变局背景下国内外客观环境变化对科学基金规划工作的影响，在全面把握国家战略需求和政策导向的基础上，围绕服务国家重大需求和提升学科基础研究水平两大核心任务开展学科战略研究，坚持以国家重大管理与经济问题为导向，积极跟踪管理科学国际前沿发展，通过理论创新与方法创新，提出解决国家重大管理与经济问题的方法与途径，并在这个过程中构建中国管理科学自主的知识体系，为形成具有深厚国际影响力的中国管理科学学派奠定坚实的基础。

第四，坚持实事求是的原则，广泛凝聚共识，协调学科发展战略的指导性与战略落地的适应性之间的辩证关系。学科发展战略研究是管理科学学科专家学者集体智慧的结晶。在两年多的时间内，在基金委管理科学部统一指导下，各课题组组织了近百场专家座谈会，向上千位学者和企业家展开问卷调查工作，凝练学科优先发展方向与领域、重大基础与前沿问题等科学问题，推动学科研究范式创新的深入讨论。同时，根据现实需求变化和形势发展，适时提出修改建议，以最大努力提出完善国家自然科学基金资助体系的各种建议。

在充分研究的基础上，五个课题组出色完成各学科发展战略研究，形成"十四五"期间管理科学及学部各学科发展战略的顶层设计，明确各学科重点前沿领域、学科交叉方向，并在研究范式变革、学科理论体系构建、学术评价体制和机制改革、科学队伍建设和人才培养等方面提出具体建议和措施。这些工作为基金委管理科学部摸清家底、认清环境、找准定位、明确方向，充分发挥国家自然科学基金对学科发展的引领作用，奠定了坚实的基础；同时也为中国管理科学学科凝练共性问题，发掘一般规律，构建中国管理科学自主的知识体系提供科学参考。伟大的新时代必将产生伟大的新理论。我相信，中国管理科学在"十四五"期间必将跃上一个新的台阶！

丁烈云

前　言

一、本书的成书背景

习近平在中共中央政治局第三次集体学习时强调，"加强基础研究，是实现高水平科技自立自强的迫切要求，是建设世界科技强国的必由之路"①。作为管理科学的组成部分，宏观管理与政策学科以公共管理学科为主体，兼顾了若干宏观问题的综合性科学领域，以自然科学的研究手段为基本研究范式，既是以推动宏观管理与政策理论创新为目标的基础型学科，又是以解决现实问题为依归，为具体政策的制定和执行提供参考的应用型学科。自学科诞生起，宏观管理与政策学科的广大学者就一直研究和回答着政府及相关公共部门如何实现经济、政治、文化、社会和生态发展目标，如何制定宏观政策和开展综合治理的重要科学命题。

时代是思想之母，实践是理论之源。21世纪以来，"后摩尔时代"的到来对社会发展产生了深远影响，其中不仅包括对知识生产、传承、校验机制的重塑和对权威生成机制的解构，也对建立在以人为中心的人类自主性基础上的社会信任体系产生了重大挑战。站在历史的关口，我国宏观管理与政策学科面临着一系列崭新的"大问题"，也为其自身的发展迎来了前所未有的机遇，具体内容如下。

第一，日益复杂的社会现实推动着宏观管理与政策学科研究理念的变革，其中包括从管理走向治理、从命令性政策工具转向多元协商的政策工具，以及实现更多的民主和参与等多重内涵。首先，现代社会面临的社会问题更加复杂多样，平流层治理、气候变化、全球减贫等问题往往涉及多个利益相关者和多层级的治理体系，需要对传统宏观管理与政策活动通常采取的集中化、单一化、指令化的决策模式进行灵活调整，采取共同参与、多元治理和系统性思维，助推不同利益相关者之间的协商和合作。其次，传统宏观管理常常使用命令性政策工具，由政府主导制定政策，通过使用命令、行政处罚等手段强制执行。但是，单一的政府主导模式容易出现信息不对称、政策效果不佳等问题，需要基于真实世界中广泛征集的意见，采用多元协商的政策工具，在促进广泛政策参与的同时，更好地反

---

① 《习近平主持中共中央政治局第三次集体学习并发表重要讲话》，https://www.gov.cn/xinwen/2023-02/22/content_5742718.htm，2023年2月22日。

映各方需求，从而提升政策的可行性与适应性。最后，公众对于参与公共治理的诉求逐渐提高，这要求宏观管理与政策学科的研究更加重视民主和参与理念，关注促进公众参与政策决策过程的科学命题。本学科应进一步探讨如何促进政策制定过程的透明和公正，增加政策的合法性和接受度，实现更多的民主和参与，从而建立更稳固的社会基础，推动政策的有效实施。

第二，智能社会的新变革为宏观管理与政策学科提出了新的研究关切。随着技术的发展，人类社会实现了从传统农业社会到工业社会，再到智能社会的转型，人类探索和关注的领域从物理空间（physical space）到社会空间（social space），再到赛博空间（cyberspace）。以智能技术为代表的新兴科学技术在颠覆性重组人类社会的同时，也给人类社会的法律隐私、道德伦理、公共治理等方面带来了严峻的问题和挑战。首先，精准推送产生"信息茧房"将可能导致群体极化的社会风险，如何应对平台算法加剧意识形态两极分化，削减极端观点在社会的渗透力，揭示"长尾效应"的生成机制和影响，并防范基于新兴社交媒体的媒介操纵引发的舆论风险、精准推送加剧群体极化而诱发的社会对抗与撕裂，正是宏观管理与政策学科面临的新问题。其次，具有网络效应的超级平台垄断将可能带来市场风险。依据梅特卡夫定律（Metcalfe's law），以互联网为支撑的智能经济将能够实现赢家通吃。在这一背景下，保障原有市场中的劳动者权益和消费者福利不被蚕食，保障灵活就业者的合法权益，防止超级平台凭借支配性地位进一步向政治领域渗透，就需要宏观管理与政策学科通过科学的研究设计，厘清上述问题的发生机制，并结合社会现实，提出切实可行的政策建议。最后，由于短期内人们的价值观不适应新兴技术迅猛发展带来的冲击与挑战，将可能产生认知风险。这意味着新兴技术在隐私、伦理、道德、世界观、价值观等诸多方面将深刻颠覆人类现有的认知。这一人类的"集体迷失"将比以往任何一种颠覆性创新带来的变革和冲击都更为猛烈。在智能社会贫富差距扩大、复杂社会的脆弱性进一步暴露、防范和化解综合性技术风险难度大大提升的背景下，宏观管理与政策学科需要推动智能技术的合理应用，推进相关政策和法律的制定与完善，确保技术发展与人类价值观的协调，推动智能社会的稳健发展。

第三，学术界对研究方法规范化与实证化的呼吁，对宏观管理与政策学科研究的方法论提出了新要求。规范化的研究方法是确保学术研究质量和可信度的基础，实证化的研究方法是宏观管理与政策学科研究中的重要指导原则。弗朗西斯·培根（Francis Bacon）曾指出，只有实验方法才能给科学以确实性。尤斯图斯·冯·李比希（Justus von Liebig）也曾呼吁，科学实验不应局限于实验室里产生的人工模拟世界，需要进入真实的自然世界，更多关注科学技术在真实世界的作用与影响。在实践中，欧洲及美国相关地区已经开展"无条件基本收入"（unconditional basic income，UBI）实验，重点研究新兴科学技术发展带来的就业冲击和社会福利问题。因此，在理论和现实层面的双重推动下，宏观管理与政策学科的方法论面临着向规范化和实证化转变的需求，需要通过组织应用、科学测量、综合反馈的研究设计闭环，突出"实践是理论创新之源"的自然法则，复归"实验主义治理"思潮，遵循科学、规范、量化、循证的研究范式，在研究设计、数据采集、分析和结论阐述等方面遵循统一的标准和规范，将不同学科的专业知识和研究方法充分融合，提供更全面、深入的解决方案，从而促进全球性问题的共同解决。

第四，在新时代背景下，宏观管理与政策学科需要在资助布局上进一步凸显全面性和系统性，以推动学科的全面发展和持续进步。首先，宏观管理与政策学科需要关注学科内的各个领域和方向，不断适应变化的社会现实，在资助格局充分覆盖各个学科方向的基础上，积极支持跨学科和综合性研究，构建国际一流水平的创新生态。其次，本学科的资助规划和体系建设要着眼长远，在确保资助资源合理配置的同时，着重加强对于边缘学科的支持和关怀，保障"绝学"的发展和生存。边缘学科往往因为专业性强、小众或不被普遍认知而缺乏足够的研究资源。然而，这些边缘学科通常具有独特的优势和价值，对学科发展具有重要的补充作用，这些"绝学"蕴藏的宝贵智慧和文化遗产，有着重要的学术和社会价值。因此，应该加强对边缘学科的支持和关怀，提供特殊的资助机制和项目，鼓励研究者在这些学科领域进行深入探索和创新，促进其繁荣和持续发展。最后，对于我国而言，对宏观管理与政策学科的资助不仅需要基于知识创新的目的促进国际合作，还需要进一步发挥国家资助的政治功能。我国港澳台地区在宏观管理与政策研究中具有独特的贡献和地位，为比较经济与政策研究等提供了很好的场景，能够为宏观管理与政策学科的研究提供宝贵的实践案例和理论创新。同时，加强对港澳台地区的资助倾斜也可以推动学科的全面发展，鼓励港澳台地区的学者来内地（大陆）进行学术交流、开展合作研究项目，为学科带来新的思路和观点，推动宏观管理与政策学科的不断创新和进步。

在此背景下，国家自然科学基金委员会开展"宏观管理与政策学科发展战略与'十四五'优先资助领域遴选研究"。课题组通过研判宏观管理与政策学科的发展现状、需求与前沿趋势，明晰学科发展规律和发展态势，凝练"十四五"期间宏观管理与政策学科的优先资助领域与重点资助项目选题方向，并指导以学科代码为基础的学科结构优化。本书便在此项工作的基础上形成。

二、本书的主要内容

针对上述现实背景和理论关切，本书形成了共八章、约计 40 万字的主体内容，主要从以下三方面展开。

1. 进行学科发展战略研究和优先资助领域遴选的基础工作（第1章~第5章）

理解宏观管理与政策学科的定位、特征和时代背景，是进行学科发展战略研究和优先资助领域分析的基础。本书将基础研究与国家自然科学基金置于公共科技政策视域进行分析，关注二者所具有的公共物品属性。本书通过分析基础研究开展过程中可能出现的技术创新风险，指出了政府对风险进行集中防控的必要性。此后，基于国家自然科学基金的资助体系，综合分析宏观管理与政策学科所具有的一般科学属性与特殊性。特别地，结合新时代下我国宏观管理与政策学科发展的新背景，分析了学科发展战略研究和布局调整的必要性与重要性。该部分内容集中在本书第1章。

全面把握学科发展趋势，特别是代表性领域的发展趋势，是进行学科发展战略研究和优先资助领域分析的必要条件。本书以科研产出的视角，基于 Web of Science 数据库，运用文献计量的方法对学科发展态势进行分析，从研究规模、学术影响力等多方面进行总结，并形成进一步发展宏观管理与政策学科的多点启示。在此基础上，本书选取"公共管理与公共政策""应急管理""信息资源管理""资源与环境管理"等宏观管理与政策学科的四个代表性领域，对相关领域的最新研究进展进行评述。以上内容主要集中在本书的第2章和第5章。

以往鉴今，以人鉴己，是进行学科发展战略研究和优先资助领域分析的应有之义。本书从"十三五"时期对该学科的实际资助情况与具体成效和国内外不同基金项目对该学科的资助范式两个维度借鉴有益经验，为学科布局体系优化提供参考。纵向来看，"十三五"期间，国家自然科学基金对宏观管理与政策学科的整体资助力度增长明显，学科资助在推动学科基础研究发展、培育人才队伍、实现社会功能、促进学科共同体形成等多方面发挥了重要作用，也为"十四五"时期对该学科的进一步资助奠定了良好基础；横向来看，基于宏观管理与政策学科所具有的"双重交叉性"，国内外不同基金项目对该学科的资助策略、方式、领域等均存在差异。本书总结美国国家科学基金会、欧洲研究理事会等国外主要科学基金的主管部门和国家社会科学基金开展科学资助活动的主要经验，为进一步优化宏观管理与政策学科的资助定位和方式提供参考。该部分内容集中在本书第3章和第4章。

2. "十四五"时期宏观管理与政策学科的优先资助领域遴选与学科布局调整（第6章、第7章）

在做好上述工作的基础上，课题组进行了"十四五"时期宏观管理与政策学科优先资助领域遴选与学科布局调整工作。第6章聚焦"十四五"时期学科优先资助领域遴选，结合国际经验总结优先资助领域遴选的必要性与重要性，展示此轮遴选的基本原则与完整的遴选过程，并对遴选形成的七大关键领域和16个重点选题进行了具体介绍。

第 7 章进一步探讨"十四五"时期国家自然科学基金宏观管理与政策学科总体布局的调整。首先，从学科布局历史演化的纵向视角凝练学科布局优化调整的四项原则，对方案调整总体逻辑进行系统阐释；其次，从名称更改、学科合并、学科拆分、学科新增四种路径具体介绍学科总体布局调整的内容与考量；最后，介绍布局优化后的 15 个二级学科的概念内容与主要研究方向。

3. 总结与展望（第 8 章）

在开展优先资助领域遴选与学科布局调整的基础上，本书第 8 章对全书的研究成果进行系统性总结，并进一步地对促进新时代我国宏观管理与政策学科发展提出若干政策建议。本书认为，随着人类社会从传统的由金融资本与军事强权主导的工业社会向以创新科技、数据信息和前沿知识为基础的智能社会的转变，宏观管理与政策学科毫无疑问也面临前所未有的机遇与挑战，主要表现出学科发展呈现的七大新趋势。"十四五"时期的优先资助领域遴选与学科布局调整是应对这一挑战的一次尝试。在此基础上，国家自然科学基金应当继续立足学科基本属性，坚持公开、公平、公正的原则，不断优化资助结构与学科体系布局，为宏观管理与政策学科、管理科学乃至我国基础研究的不断发展作出应有的贡献。

三、本书的定位与风格

本书脱胎于国家自然科学基金委员会战略研究项目"宏观管理与政策学科发展战略与'十四五'优先资助领域遴选研究"，并经作者加以系统地理论建构规划而成。该项目于 2019 年 5 月正式启动，在项目执行过程中，我们亲历了中国共产党开启了以中国式现代化全面推进中华民族伟大复兴的新征程。同时，我们也共同感受到世界百年未有之大变局对全球各国带来的深远影响：新一轮科技革命风起云涌、全球新冠疫情的社会冲击、国际政治经济秩序趋向复杂、全球化与全球治理规则急速调整……这些我们共同的经历让我们更加深切地感受到宏观管理与政策学科对于国家治理与人类命运的重要性。同时，在科学基金的支持下，中国的宏观管理与政策学科进一步蓬勃发展，在理论创新、范式转型、成果转化、学科交叉、人才培养、平台建设、国际交流等方面取得了卓越的成绩，已经成为中国管理科学中不可或缺的一部分，并有力支撑了国家战略的制定与执行。

在上述时代背景下，我们将本书定位为一本宏观管理与政策学科相关领域学者开展学术研究工作的参考书。一方面，本书综合运用了大量的实证数据，对2009~2019 年宏观管理与政策学科各学科方向的发展趋势进行了系统的归纳总结，有助于研究者快速了解本领域的总体发展趋势和前沿进展。另一方面，本书详细论述了国家自然科学基金宏观管理与政策学科优先资助领域和重点资助选题的遴选逻辑，并集中了广大资深学者的集体智慧，对重点选题和相关领域的关键科学问题给出了示例和详细的介绍，能够为广大科研工作者在本学科代码方向申请国家自然科学基金提供重要的参考。此外，本书关于科学基金管理模式的相关研究也能为科技政策领域的研究者提供一定的参考。

本书最终成稿离不开国家自然科学基金委员会管理科学部以及各界专家学者的大力支持。课题组特别感谢国家自然科学基金委员会原副主任侯增谦院士，国家自然科学基金委员会管理科学部原主任吴启迪教授、主任丁烈云院士、原副主任（主持工作）杨列勋研究员、副主任刘作仪研究员，以及国家自然科学基金委员会管理科学部三处相关领导在项目实施过程中给予的指导与帮助。课题组也要向国家自然科学基金委员会管理科学部二处任之光处长表示感谢，任之光处长为课题的早期研究工作提供了大量的指导和帮助，为课题的顺利开展奠定了坚实基础。在课题实施过程中，课题组也曾先后多次向国家自然科学基金委员会咨询委员会汇报研究进展。各位咨询委专家为项目的开展提出了诸多富有洞见的意见和建议，为课题的顺利开展指引了方向。此外，国家自然科学基金创新研究群体项目"中国公共政策理论与治理机制研究"也为本书相关研究的开展提供了坚实的支撑，课题组在此向薛澜、齐晔、朱旭峰、杨永恒、王亚华等各位创新研究群体成员的大力帮助和支持表示衷心的感谢！

课题组深深感谢在项目研究与书稿撰写过程中，受邀参与咨询、研讨的宏观管理与政策学科的杰出专家与学者。本书是学术界智慧的结晶，凝聚了学术共同体的集体智慧和无私奉献。超过一百位专家学者在长达四年的时间里持续通过书面咨询、座谈、研讨等多种方式，为我们提供了宝贵的见解和建议，涵盖了学科发展现状评估、优先领域遴选、学科结构调整及学科发展战略等多个重要方面。他们的真知灼见使得本书内容更加丰富和深刻。各位专家学者在学科发展的道路上孜孜不倦、无私奉献，展现出了中国宏观管理与政策学科发展的生命力和坚韧。我们对他们的支持和付出深表感激，感谢他们为本项目与书稿的完成做出的巨大贡献。

实践，唯有实践才是理论创新之源。千百年来，人类从未停止追求自然的极限和物质本源的脚步，时代的跨越式发展进程也昭示着理论发展与建构的广阔空间。在这一过程中，宏观管理与政策学科扮演着重要的角色。一方面，其基础研究属性代表着对于社会发展和运行规律永无止境的探索。另一方面，其应用属性又蕴含着坚定回应时代发展之问和国家战略的重要意义。综合运用各种循证方法，积极探索学科规划编制的新路径、新范式，不仅能够更好地推动学科发展和知识创新，对于其他领域也具有重要的迁移价值。作者衷心地希望，以本书的出版为契机，不断促进宏观管理与政策学科学术共同体的发展壮大，不断推动理论研究的创造性转化和创新性发展，为以构建中国自主知识体系推动中国式现代化的伟大事业做出当代学人应有的贡献。

目　　录

第1章 导　　论

管理科学作为自然科学的重要组成部分，是研究人类社会不同层次组织的管理和经济活动客观规律的科学，强调通过科学规范的方法，在特定的管理情景假设下，将管理和经济活动中的实践问题抽象为可求解的科学问题，进而探索这类活动的普适性客观规律。宏观管理与政策学科作为管理科学的组成部分，以公共管理学科为主体，兼顾若干宏观问题的综合性科学领域。本学科是以自然科学的研究手段为基本研究范式，将政府及相关公共部门为实现经济、政治、文化、社会和生态发展目标，制定宏观政策和实施综合管理的行为抽象为科学命题并加以研究的学科群的总和。本学科既是以推动宏观管理与政策理论创新为目标的基础型学科，又是以解决现实问题为依归，为我国宏观管理与政策的制定和执行提供决策参考的应用型学科。

因此，研究本学科发展现状、资助成效与优先资助领域等议题，必须要回归宏观管理与政策学科的科学活动属性，以公共科技政策理论为基础，特别是从基础研究的经济属性出发，面向国家自然科学基金对于基础研究科学活动的整体资助格局，从原理上理解宏观管理与政策学科的定位、特征与时代背景，进而为宏观管理与政策学科的发展战略研究奠定认识论基础。

1.1　公共科技政策视域下的宏观管理与政策学科

1.1.1　基础研究与自然科学基金的公共物品属性

科学起源于对自然功能性的实用考量以及纯粹的哲学探究。人类的科学活动从远古时代口口相传的知识生产方式，演进到对农业种植、人体结构、天体星象的有目的探索。我国繁昌人字洞和西侯度文化遗址的发掘证明了早在旧石器时代，人类就已开始研究生物的生存环境和地理分布。李约瑟在《中国科学技术史》（*Science and Civilisation in China*）一书中指出，到春秋战国时期，我国已形成系统的农业、医学、天文学、数学、自然哲学和实验方法的讨论研究，历经秦汉南北朝、隋唐时期的发展，一直延续至近现代（Joseph，1954）。在西方，自公元前1700~前1600年揭开医学研究起点的《艾德温·史密斯纸草文稿》（*Edwin Smith*

Papyrus)开始，到毕达哥拉斯发表毕氏定理，以及阿基米德发现"杠杆原理"和"力矩"的规律，人类始终对科学研究有着浓厚的兴趣和热忱。在文艺复兴时期的科学革命之后，科学研究迎来了涌现式发展，到19世纪已展现出系统性特点。近现代以来，随着新兴技术的进一步发展，社会生产生活发生了重大变化，科学研究的交叉融合加快，知识体系也向着复杂化和巨型化的方向发展。其中，越来越多的基础研究依赖大型研究设备，依靠多元研究团体合作，依托跨学科的科学研究技术，进入了有组织的科研时代。特别是第二次世界大战结束之后，各国的基础研究更加注重各研究主体间充分协同、整体合作，以期更好地契合国家重点战略需求和现实发展需要，从而实现科研求知和现实需求的有机结合。因此，学科共同体的基础研究呈现出以求知为驱动的"自下而上"与以前瞻布局的"自上而下"相结合的特征。此外，基础研究由于具有长周期、宽领域、不确定、高风险的特点，需要建立集中统一的风险防范体系，以应对基础研究开展过程中可能出现的技术风险、市场风险、政治风险和伦理风险。在上述过程中，自上而下的驱动过程和对于技术创新风险的集中防控，体现了政府资助基础研究的合法性和必要性。

1. 科学活动的谱系

纵观人类历史，基于科学引发的创新广泛而深刻地改变了人类生活的方方面面。特别是当现代科学登上历史的舞台，人的创造力开始成为推动经济繁荣和国家强盛的核心要素。从字面释义上而言，"科学"可谓"分科之学"，与"格物致知"意思相近，指穷究事物的原理而获得知识（苏竣，2021a）。科学是以范畴、定理、定律等形式反映自然、社会和思维的本质与规律的知识体系，也是人类认识世界、改造世界的认识活动（辞海编辑委员会，1979；中国大百科全书总编辑委员会《哲学》编辑委员会和中国大百科全书出版社编辑部，1987）。随着科学活动规模的扩大，人们开始将科学划分为基础科学和应用科学（戈德史密斯和马凯，1985）。其中，基础科学更强调研究者应关注客观世界的基本规律，并通过科学严谨的研究设计对这种规律进行总结和凝练；应用科学则聚焦于研究生产技术和工艺过程中的共同性规律，锚定于技术产品的研究。

不论是基础科学还是应用科学，都体现了科学活动的基本特点（苏竣，2021a）。第一，科学活动是具有理性特征的，是基于常识、实验和逻辑的。不管是哪一种科学活动，也不管科学活动的本体论、认识论和方法论有何异同，科学活动都必须符合常识，并且基于逻辑，能够通过假设检验、经验证据推理和反思与质疑的方式得到验证。第二，科学活动具有实证性，其与形而上学的哲学研究不同，讲究通过实证检验来对命题进行证明或证伪，不仅仅依赖基于逻辑的演绎推导。第三，科学活动具有探索性，能够对未知的、尚未发现的、知之甚少的世界进行探究，发展和充实人类关于认识世界和改造世界的知识集合。第四，科学活动具有创新性，通过开展科学活动，人类能够通过新方法、新技能发展现有的理论知识，并获取新的理论知识。第五，科学活动具有不确定性和风险性。对于未知的探索是高风险的，其运行的规律和所适宜的探索方法也是不确定的，因而对这些规律的测度与界定也会存在难以避免的系统偏差和测量误差，这就造成了科学活动本身的不确定性和风险性。第六，科学活动本质上是一种公共物品。科学活动的最终成果是属于全球的，对于成果本身的享用是非竞争和非排他的。科学活动成果的共享能够激发更多的人开展科学活动，并启发和激励其他从事科学活动的研究者，从而产生较强的正外部性，产生积极的共享影响。

从科学活动的创新过程来讲，其技术生命周期最前端就是大家最为熟知的科学研究与试验发展（research and development，R&D）。R&D 是指为增加人类、文化和社会的知识总量，以及运用这些知识去创造新的应用而进行的系统性创造活动。然而，随着技术的发展和人类文明的进步，传统的 R&D 范式开始逐渐丧失对技术创新复杂过程的解释力。对此，哈佛大学肯尼迪学院贝尔弗科学与国际事务中心（Belfer Center for Science and International Affairs，Harvard Kennedy School）将"示范"和"推广"纳入研究范畴，采用研究、发展、示范和推广（research，development，demonstration，deployment，R&3D）四个阶段来描述科学活动的创新过程，如图 1-1 所示。在 R&D 和 R&3D 概念的后续完善和应用当中，哈佛大学肯尼迪学院教授、原美国总统科技顾问及美国白宫科技政策办公室原主任约翰·霍尔德伦（John Holdren）起到了重要作用，他指出能源技术与其他所有类型的技术创新均是由 R&3D 四个阶段组成的（Anadon and Holdren，2009）。

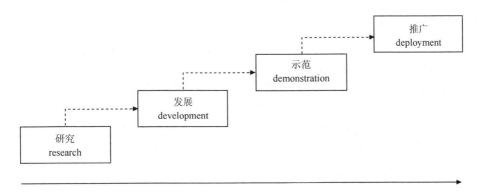

图 1-1　R&3D 与技术生命全周期

资料来源：作者根据 Anadon 和 Holdren（2009）的研究绘制

科学研究活动还面临着复杂的技术、市场、政治和伦理风险。在这些风险的影响下，科学研究和创新活动将面临失败的隐患（苏竣，2021a）。图 1-2 简要描绘了科学研究活动各阶段的风险趋势，图中将 R&D 的过程简明地划分为基础研究、共性基础研究和应用 R&D 三个阶段，与人们普遍认为的技术风险会随着研究过程的推进而呈现线性下降的规律不同，Tassey（1997）认为技术创新的风险并非线性的，而是在总风险曲线上存在一个"楔形"的凸起。

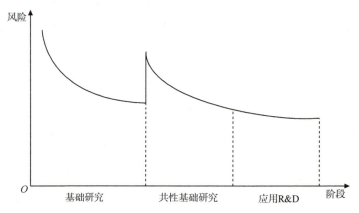

图 1-2　技术创新总风险曲线

资料来源：Tassey（1997）

　　事实上，基础研究的成功仅仅意味着我们对事物的本质和规律有了更深刻的理解，并未给之后可能的技术应用提供更多的潜在选择。然而，一旦达到了共性基础研究的阶段，就需要思考成本控制、公众认知、政治支持、资金链条等可能使原本具有应用潜力的技术项目失败的诸多因素。因此，技术创新的风险是一个客观存在，技术创新的失败是合理的、可接受的，理解这一点对于政府、科学家和企业家同样重要。

　　长期以来，我国的科技管理体制总体上对于科学研究的风险是不甚宽容的，甚至有人认为公共财政资助的科研项目如果失败了是国有资产的流失。殊不知，风险的客观存在恰恰是私人部门投资不足、需要公共资金予以扶持的原因之一。由此，对于技术创新而言，政策和制度安排就尤为重要。从公共科技政策的视角出发，在有限政府和公众参与的基础上，通过强化需求面、环境面的政策手段，引导、规制科技活动，激励科技创新，将可以纠正市场失灵、防范政府失灵、弥补系统失灵并修正伦理失范。

2. 基础研究的概念及分类

　　基础研究是科学活动、创新过程的最初阶段。一般认为，基础研究是提升原始创新能力的根本途径，是培育高新技术的重要源头，是可持续发展的重要保障，是培养创新人才的重要摇篮，是构建创新文化的重要基石①。1945 年 7 月，美国科学研究与发展办公室（Office of Scientific Research and Development）主任万尼瓦尔•布什（Vannevar Bush）向美国总统提交了被称为"改变美国历史"的报告《科学：没有止境的前沿》（Science：the endless frontier），该报告指出基础研究是没有具体实用目的的研究，其结果是关于自然及其规律的普遍认识和理解（Bush，1945）。在这篇报告中，万尼瓦尔•布什将基础研究摆在极高的位置，认为它能够产生新的知识，是技术进步的"带路人"。这篇报告不仅塑造了美国第二次世界大战后整个科技体系，而且影响了整个世界对基础研究的认知。正是在此篇报告的影响下，国际主要发达国家普遍增加了对支持基础研究的投入强度。到了 1964 年，经济合作与发展组织（Organization for Economic Co-operation and Development，OECD）编撰了《弗拉斯卡蒂手册》（*Frascati Manual*，又称为《为调查研究与发展活动所推荐的标准规范》），将基础研究理解为不以任何应用和使用为目的的试验性或理论性工作，从而揭示事物发展的客观规律，形成新的原理、新的学说②。因此，可以认为基础研究是一种不预设任何特定应用或使用目的的实验性或理论性工作，其主要目的是获得（已发生）现象和可观察事实的基本原理、规律和新知识。同时，基础研究的成果通常表现为提出一般原理、理论或规律，并以论文、著作、研究报告等形式发布。

学者对于未知世界进行探究的好奇心是基础研究的主要推动力量（Conant，1951）。按照基础研究的驱动因素是否涉及应用层面，可以将其分为纯基础研究（pure-basic research）和定向基础研究（orientated-basic research）。其中，纯基础研究是不追求经济或社会效益，也不谋求成果应用，只是为增加新知识而开展的基础研究；定向基础研究是为当前已知的或未来可预料问题的识别和解决提供某方面基础知识的基础研究。美国普林斯顿大学学者唐纳德•斯托克斯（Donald Stokes）曾在 1997 年提出了著名的斯托克斯模型。该模型基于研究是否以求知为目的和研究是否以实用为目的，将研究分为了不同的类别（图 1-3）。玻尔象限（Bohr's quadrant）涵盖的是一系列追求基本认识的纯基础研究，这类研究不关注研究的应用属性。巴斯德象限（Pasteur's quadrant）涵盖的是一系列由于应用启发而开展的基础研究，相对于玻尔象限的研究，这类研究在同样追求基本认识的基础上，加入了对研究应用价值取向的强调。爱迪生象限（Edison's quadrant）涵盖的是与上述两类研究不同的应用研究，这种应用研究是需求驱动的。斯托克斯模型揭示出应用研究和基础研究的交互性，特别地，巴斯德象限的存在在一定程度上阐释了基础研究与应用研究并非截然二分的，二者能够通过有机互

---

① 参见《国家自然科学基金"十三五"发展规划》。

② 参见中译本：http://mob.casted.org.cn/upload/userfiles/20110811172718_8c0ce797d1.pdf。

动达到研究目标的融合。

	不考虑应用	考虑应用
追求基本认识	纯基础研究 （玻尔象限）	应用引起的基础研究 （巴斯德象限）
不追求基本认识		纯应用研究 （爱迪生象限）

图 1-3　斯托克斯模型

资料来源：Stokes（1997）

此后，学界对于基础研究的理解进一步深化，出现了更加多元的概念划分。简·卡尔弗特（Jane Calvert）在对 24 位从事基础研究的科学家和 25 位决定哪些类型的研究应该得到资助的决策者进行了 49 次半结构化定性访谈后指出，由于知识生产的性质发生了变化，且科学家在社会和经济效益方面面临越来越大的压力，因此基础研究正在成为一个越来越灵活而模糊的概念（Calvert，2006）。简·卡尔弗特发现，一线科学家和科技政策制定者在界定基础研究时，主要有六个方面的标准和维度，包括认识论、目的和意图、与实际应用的距离、标准制定的主体、成果发布的规范以及所从事的科学研究领域，且科学家和科技政策制定者对基础研究概念的理解是多元的。就我国而言，《国务院关于全面加强基础科学研究的若干意见》对基础研究的界定主要包含三类：第一类基础研究关注自然现象，以揭示客观规律为导向；第二类基础研究关注研究的应用性成果，聚焦于关键共性技术、前沿引领技术、现代工程技术、颠覆性技术创新；第三类基础研究关注原创性研究和前沿交叉研究，以改善民生和促进可持续发展的迫切需求。总之，我国对于基础研究的理解，既要求它以纯基础研究为基础，又要具备一定的探索性。

3. 基础研究的公共物品属性

基础研究着眼于扩展知识边界、探索基本规律，往往不会直接产生商业价值，但对人类社会的长期发展和进步有着重要作用，因而具有公共物品属性。保罗·A.萨缪尔森（Paul A. Samuelson）对公共物品的定义被学界广泛引用，他通过两个关键特征来界定公共物品——公共物品就是在消费上具有非竞争性和非排他性的物品和服务（Samuelson，1954，1955）。对于私人物品而言，其具有明显的独立物权，在权属主体上有明确的分隔，产生了明确的专有性，且对于私人物品的使用是排他的。对于公共物品而言，其不具有明显的独立物权，在权属主体上没有明确的分隔，不具有专有性，且对于公共物品的使用是非排他的。约瑟夫·斯蒂格利茨（Joseph Stiglitz）和杰伊·K. 罗森加德（Jay K. Rosengard）用消费的非竞争性和非排他性来界定公共物品，并以此区分了纯公共物品与非纯公共物品（斯蒂格利茨和罗森加德，2020），引领了学界后续对于公共物品分类方法的讨论和阐释。曼瑟尔·劳埃德·奥尔森（Mancur Lloyd Olson）在其《集体行动的逻辑》一书中指出，任何物品，如果一个集团中的任何个人能够消费它，它就不能适当地排斥其他人对该产品的消费（奥尔森，2018），强调了公共物品在非排他性维度上的特点。此外，提出公共选择理论的著名经济学家詹姆斯·M. 布坎南（James M. Buchanan）在《民主财政论》中也指出，任何集团或社团由于任何原因通过集体组织提供的商品或服务，都将定义为公共物品（布坎南，2020），强调了公共物品在本质上并不具有独立物权的属性。综上所述，虽然学界对于公共物品的定义存在一定的差异，但基本认为公共物品具有非竞争性和非排他性。

基础研究作为提供基础研究成果的活动是不是公共物品呢？美国经济学家纳尔逊（Nelson，1959）和阿罗（Arrow，1962）给出了答案，他们认为基础研究是公共物品，理由是基础研究也具有一定的非竞争性与非排他性。对于基础研究而言，一方面，其成果具有非竞争性，基础研究产生的科学原理或其他原创性成果大都是公开发表的，任何人都可以使用且不会阻碍其他人的使用，也不会增加边际成本（苏竣，2021a）；另一方面，基础研究成果具有非排他性，一个人的使用不会减少其他人对基础研究成果的使用效能。从这个意义上看，基础研究是一种典型的公共物品。

作为一种公共物品，基础研究将会产生积极的正外部性。基础研究不仅能使从事基础研究活动的主体获得经济价值，还能够提供更多的社会价值和公共福祉。通过开展基础研究所获得的研发成果或创新收益并没有完全归属于研究主体，基础研究成果的受益群体通常为同行业的所有机构甚至扩展至整个社会群体。在基础研究活动中，其成果往往存在效益外溢的情况，从事基础研究的主体付出较高的研发成本进行技术开发与产品研究，而随着基础研究的成果被推向市场或进一步地传播和扩散，其他社会主体就能够以较低的成本或零成本获得这项基础研究成果的收益，从而可以看出，作为公共物品的基础研究具有正外部性特征。例如，在新冠疫情期间，研究机构通过基础研究生产出抗体疫苗，这一研究成果不仅在免疫学领域有学术价值，对于技术研发机构能够带来转化后的经济利润，更重要的是具有成果外溢性，能够提升群体对疾病的免疫力，从而在宏观层面上保护社会大多数人的生命安全。

基础研究的不可分割性、非专有性、不确定性，使得其投资风险较高、研究周期较长，而这种长周期性和高风险性通常与私人企业的短期利益不相容。基础研究的公共物品属性和外部性使得其不可避免地面临市场失灵。相对于应用研究而言，基础研究作为公共物品，其成果不一定能够直接转化为商业产品或服务，不会给资助者带来直接的经济回报，因而以营利为目的的私人部门通常不愿意长期资助这类研究。在市场机制下，基础研究所需的资源不可能得到最优配置，即基础研究中存在市场失灵。因此，政府部门应当干预，加强对基础研究的资助力度，以促进经济社会的长期繁荣发展。

改革开放以来，我国对基础研究的重视程度不断加强，基础研究经费不断增加。特别是党的十八大以来，以习近平同志为核心的党中央坚持创新在我国现代化建设全局中的核心地位，将基础研究作为科技自立自强的根基，不断强化基础研究顶层设计和系统布局，持续加大基础研究投入，基础研究经费投入年均增长近 15%。2020 年 9 月 11 日，习近平在科学家座谈会上强调，"基础研究一方面要遵循科学发现自身规律，以探索世界奥秘的好奇心来驱动，鼓励自由探索和充分的交流辩论；另一方面要通过重大科技问题带动，在重大应用研究中抽象出理论问题，进而探索科学规律，使基础研究和应用研究相互促进"[1]。在 2021 年 12 月颁布的《中华人民共和国科学技术进步法》修订版中，基础研究得到进一步的强调，并单独成为一章。在上述法律中，明确提出："国家加强基础研究能力建设，尊重科学发展规律和人才成长规律，强化项目、人才、基地系统布局，为基础研究发展提供良好的物质条件和有力的制度保障。"基础研究具有前瞻性和战略性，是实现突破性技术进步的来源和重要驱动力。

从统计数据上看，我国的基础研究经费投入呈现稳步增长态势（图 1-4），从 2007 年的 174.5 亿元，增加到 2021 年的 1817.0 亿元，增幅约 9.4 倍。基础研究经

图 1-4　我国基础研究经费投入及其 R&D 经费占比（2007~2021 年）

资料来源：国家统计局

---

①《习近平：在科学家座谈会上的讲话》，https://www.gov.cn/xinwen/2020-09/11/content_5542862.htm，2020 年 9 月 11 日。

费投入占 R&D 总投入的比例也在 2014 年后出现了显著的增长趋势。在 2014 年之前，基础研究经费占 R&D 经费的比值常年稳定在 5% 左右，但 2014 年之后，这一百分比数值开始稳步上升，由 5% 逐渐攀升至 6.5%。

相比发达国家，我国基础研究经费及其占 R&D 经费的比重仍然偏低。根据《中国研发经费报告（2022）》，法国、意大利、新加坡的基础研究经费占比均超过 20%，美国、英国高于 15%，与这些国家相比，我国基础研究经费占比明显较低。此外，从研发经费投入占 GDP 的比重来看，我国的这一比重在世界主要国家中也处于靠后位置（图 1-5），未来还需要进一步加大对于基础研究的投入力度。

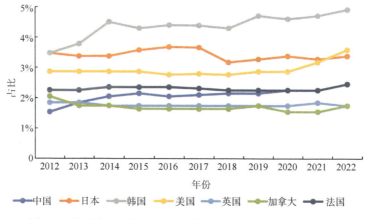

图 1-5　世界主要国家研发经费投入的 GDP 占比（2012~2022 年）

资料来源：Global Innovation Index（2012~2022 年）

具体到管理科学部上，近年来其获得的资助额度在国家自然科学基金总额度中的占比浮动较大。如图 1-6 所示，获得的资助金额在 2010~2014 年以及 2016~2019 年出现了两段增长，但从国家自然科学基金对管理科学部的资助占比来看，在 2013 年达到 3.96% 的峰值之后，自 2014 年起逐步下降，并最终在近年稳定至 2% 左右。

具体到宏观管理与政策领域，如图 1-7 所示，其在 2010~2014 年获得的资助额度逐年上升，由 2010 年的 8091 万元提升至 2014 年的 28 076 万元，但资助额度在 2015 年和 2017 年有所下降，这与管理科学部在 2014~2016 年获得国家自然科学基金资助额度的下降是高度相关的，2017~2019 年，宏观管理与政策领域的资助额度最终稳定在 1.7 亿元左右。从资助金额的占比来看，2010~2016 年，宏观管理与政策领域在管理科学部的资助额度占比从 33.97% 上升至 42.92%，并在 2014 年达到了 43.09% 的高点，但自 2016 年后，宏观管理与政策领域的占比出现了急剧下滑，跌落至 25% 左右。

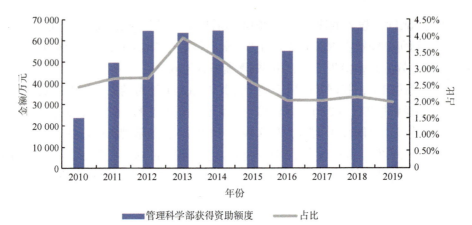

图 1-6　国家自然科学基金中管理科学部获得资助的额度情况

资料来源：国家自然科学基金委员会官方网站[1]

图 1-7　管理科学部对宏观管理与政策领域的资助情况

资料来源：国家自然科学基金委员会官方网站[2]

4. 国家自然科学基金有效弥补基础研究中的市场失灵

20 世纪 80 年代初，中国科学院 89 位院士（学部委员）致函党中央、国务院，建议设立面向全国的自然科学基金，得到党中央、国务院的认可与支持。随后，

---

① 图 1-6 使用的数据均来源于国家自然科学基金委员会官方网站公布的年度资助项目统计报告，但自 2014 年开始，该报告不再公开国家杰出青年科学基金、海外及港澳学者合作研究基金在 G04 代码的细分资助情况。为保证数据口径和时间跨度的可比性，图 1-6 中的数据仅基于面上项目、青年科学基金项目、地区科学基金项目和重点项目的情况进行比较。

② 与图 1-6 情况一致，为保证数据口径和时间跨度的可比性，图 1-7 的数据仅基于面上项目、青年科学基金项目、地区科学基金项目和重点项目的情况进行比较。

在邓小平同志的亲切关怀下，国务院于 1986 年 2 月 14 日正式批准成立国家自然科学基金委员会。自我国实施科学基金制以来，国家自然科学基金委员会始终坚持资助基础研究和部分应用基础研究，支持人才和团队建设，为我国科研领域出成果、出人才做出了显著贡献。国家自然科学基金委员会自成立起就承担着促进学科协调演化的责任，支持优势学科，扶持弱势学科，鼓励交叉学科，推动形成新的学科生长点。国家自然科学基金在促进知识生产方面成效突出。目前，国家自然科学基金委员会已成为我国促进学科协调演化、全链条人才培养、研究前沿突破、源头创新供给、支持基础研究的最大资助机构。

首先，从本质上看，国家自然科学基金本身就具备了公共物品特征，主要体现在其对基础研究市场失灵的弥补作用上。作为政府消除基础研究中市场失灵的重要手段，国家自然科学基金在我国基础研究中发挥着不可替代的作用。其解决市场失灵的作用主要体现在两个方面。一是弥补市场投资不足。基础研究研发周期长、风险高，私人部门投资者在短期内难以从基础研究中获益，因而不愿长期投资基础研究，导致市场对于基础研究的投资不足。此时，国家自然科学基金的资金支持填补了市场投资的空缺，能够在较长时间内进行较大金额的资金投入，从而缓解纯市场行为的投资不足问题，维持必要的基础研究供给。二是承担不确定性。基础研究的成功率较低，但是一旦成功，就将给人类社会带来巨额的价值和重大意义。因而，从投资不确定性的角度而言，高投入、低回报的大额资本投入并不是经济理性和概率最优的决策，所以在市场的投资供给不足的情况下，国家自然科学基金为基础研究提供了不确定损失的担保，扮演了基础研究资金的"守门人"角色，保障了基础研究工作的正常开展。例如，在"基于化学小分子探针的信号转导过程研究"项目的资助中，在 2007 年项目启动时化学探针种类单一、数量缺乏，化学生物学特色技术几乎空白，信号转导机制研究缺乏系统性工作，对药物靶标与化学干预缺乏化学生物学主导研究的背景下，国家自然科学基金 20 亿元的经费支持使得我国在细胞命运调控、糖脂代谢、多能性维持与重编程，以及一系列经典信号转导通路研究中取得了突破性进展（基于化学小分子探针的信号转导过程研究项目组，2018）。

其次，国家自然科学基金本身具有非竞争性和非排他性的特点。国家自然科学基金的申请和资助过程是公开、透明、公正的，申请人和资助对象不限定于特定群体，而是面向全社会，任何符合基本条件的个人或团体都可以申请，且任何一个人的申请不会阻碍其他人的申请，但只有通过申请、评审等程序，才可能获得资助，从而使用基金的资源。从这个意义上来说，国家自然科学基金作为一种资源在使用时，在一定程度上具备有限的非竞争性、非排他性，是典型的准公共物品。

最后，国家自然科学基金的资助效益具有明显的外溢性，能够服务于社会的全体人民。基金的资助对象主要是研究人员或科研团体，他们的研究成果往往以学术论文、专利等方式进行公开与传播，任何人都可以学习这些成果，享受同等的价值，不会因为一些人的使用而削弱了其他人的效益。此外，基金资助形成的成果常常涉及公共利益、社会福利等议题，如卫生健康、医药管理、环境保护等。通过这些资助项目的研究，研究者可以为社会公益事业做出积极贡献，这体现了国家自然科学基金资助结果对于社会发展和人民福祉的正外部性。

综上所述，国家自然科学基金具有准公共物品的特点，能够通过弥补市场投资不足、承担不确定性的方式，缓解基础研究的市场失灵。其资助效益还具有正外部性，资助的成果可以被社会大众广泛采用。例如，在"华北克拉通破坏"项目的资助中，为抢占全球克拉通破坏研究的制高点，国家自然科学基金委员会决定对其进行资助，该项目联动了地球科学部、数理科学部和信息科学部等领域，集中了我国在地球科学、数理科学和信息科学等领域的优势研究力量，并推动了克拉通破坏与陆地生物演化、克拉通成矿系统的深部过程与成矿机理、重大地质事件与成矿效应以及特提斯地球动力系统的后续研究，产生了显著的正外部性（华北克拉通破坏项目组，2020）。

1.1.2　国家自然科学基金体系中的管理科学

作为国家科研资助机构，国家自然科学基金委员会重视人类社会管理和经济活动的基本规律与原理，在支持知识创新和发展原创理论、促进学科交叉和跨界创新、支撑国家重大宏观管理决策方面体现了关心知识分子、统战海内外同胞、引导青年研究者自由探索的重要意义。国家自然科学基金对于管理科学的资助主要集中在管理科学与工程、工商管理、经济科学、宏观管理与政策四个方面，从而探索管理科学中存在的普遍性规律。

1.　国家自然科学基金资助管理科学的背景和意义

国家自然科学基金委员会自 1986 年成立之日起，就设立了管理科学组，面向全国受理与资助管理科学的项目申请。1996 年，国家自然科学基金委员会管理科学组升格为管理科学部，国家自然科学基金委员会随之也成为中国管理科学领域的重要资助机构之一。管理科学是研究人类社会不同层次组织的管理和经济活动客观规律及其应用的综合性交叉科学，是科学的重要组成部分。虽然管理科学与自然科学和工程科学有所不同，但它们都属于科学范畴，都应用科学的思维方法和研究手段，都遵循科学研究的基本原则和规范。管理科学作为一种跨学科的科学，与自然科学和工程科学有着密切的联系。

国家自然科学基金委员会是一个以资助基础研究为主的国家科研资助机构，

管理科学研究在一定程度上属于基础研究的范畴。管理科学研究的目的是用科学规范的研究方法揭示人类社会管理和经济活动的基本规律与原理，研究内容涉及决策分析、生产运作、组织结构等多个方面，这些均是管理和经济活动的理论基础。管理科学作为科学的一部分又聚焦基础研究，在国家自然科学基金委员会成立之初就受到重视并给予资助。目前，国家自然科学基金资助的管理科学包括管理科学与工程、工商管理、宏观管理与政策、经济科学等四个子学科，是一个跨自然科学、工程科学和社会科学的综合性交叉科学，强调通过科学规范的方法，在特定的管理情景假设下，将管理和经济活动中的实践问题抽象为可求解的科学问题，进而探索这类活动的普适性客观规律。国家自然科学基金对于管理科学的资助具有以下重大意义。

（1）支持知识创新，形成原创理论。对于管理科学这一科学研究领域而言，其是数学、社会科学与经济学等学科相互渗透、交叉影响的学科。管理科学对系统理论、决策理论、信息论、控制论的科学研究中涉及了政治、经济、社会等领域内，物与物、人与人、人与物以及技术之间的关系，而对于这些关系规律的研究、抽象和凝练就将产生一大批具有影响力的学术成果。国家自然科学基金对于管理科学的资助，将助力各类研究主体对于管理科学领域的研究和探索，支持知识生产和知识创新，从而形成具有原创性的科学研究理论成果。

（2）促进学科交叉和跨界创新。国家自然科学基金资助了数理科学、化学科学、生命科学、地球科学、工程与材料科学、信息科学、医学科学等自然科学、工程科学，资助管理科学有助于促进上述学科的交叉和跨界创新。管理科学的一些理论和方法源于自然科学和工程科学，如现代管理科学的一些研究需要运用自然语言处理、大数据、人工智能等技术，这些都是信息科学形成的重要成果。自然科学和工程科学需要管理科学的支撑，自然科学和工程科学的成果经常被应用到实际生产、社会生活中，这需要应用一些管理科学的方法或手段。例如，工程科学的研究经常应用项目管理的方法来提高效率、控制成本、保障质量。管理科学、自然科学和工程科学在社会管理和经济活动中相互交织，如对于生物制药的生产流程优化，管理科学提供流程优化的方法与工具，自然科学保障了药物生产中可能面临的微生物问题，工程科学知识有助于提高机械工程、电气工程自动化等。

（3）支撑国家重大宏观管理决策。通过战略性前瞻研究，形成有组织的科研起点，为决策服务提供重要前提。自管理科学在国家自然科学基金委员会成立之初被纳入资助范畴开始，管理科学对我国经济社会的发展和转型发挥了重要作用。过去 40 多年，我国经济社会发展迅速，管理科学研究不仅在我国经济发展与转型中探索新的理论模型和方法，总结和凝练具有中国特色的管理经验和管理模式，而且为管理科学实践中的问题提供了切实可行的解决方案。

（4）提升我国基础研究的国际影响力和话语权。国家自然科学基金通过资助管理科学研究项目、推动具有重要国际影响力的原创理论成果的不断涌现、促进管理科学的发展与创新、培育集聚高端人才、为优秀学者提供国际化的学术交流机会等方式，提升我国管理科学的国际影响力和话语权。通过诸如海外及港澳学者合作研究基金、联合基金项目以及国际（地区）合作研究与交流项目等，立足国际科学前沿，有效利用国际科技资源，本着平等合作、互利互惠、成果共享的原则开展实质性国际（地区）合作研究，促进不同国家和地区的研究者达成科研交流与合作。立足中国，面向世界，基于改革开放以来中国取得的历史性成就，讲好具有中国特色的理论故事，丰富和补充人类管理理论的知识体系，这展现了国家自然科学基金立足于中国实践，提升我国基础研究的国际影响力和话语权的重要意义。

（5）具有政治社会属性，体现了党对于知识分子的关心，通过引导青年研究者自由探索，起到了培养人才的社会作用。作为在党中央、国务院领导下成立的事业单位，国家自然科学基金委员会对于管理科学研究的资助，展现了党与知识分子的理论互动和实践互动，展现了二者之间的良性关系。基于对科学管理、民主行政的价值互认，党与知识分子形成了理论共识；同时，基于辅助决策、民主协商的实践基础，党与知识分子又形成了实践互动。在上述这一良性互动中，党通过对知识分子的关注和重视，实现了知识分子反哺于政治实践决策的良性关系，在这一具有政治属性的行动下，引导专家学者关心国家发展，关心国家大事，培育家国情怀，通过自身的科学研究来报效祖国。同时，在国家自然科学基金资助项目中，对青年研究者提供了专项资助计划，使其能够有机会对自己感兴趣的基础研究领域、课题进行自由探索。国家自然科学基金致力于支持青年科学技术人员在科学基金资助范围内自主选题，开展基础研究工作，培养青年科学技术人员独立主持科研项目、进行创新研究的能力，激发青年科学技术人员的创新思维，培养基础研究后继人才。在这一过程中，国家自然科学基金通过研究经费支持，使得一大批青年技术人才快速成长，促进青年研究者在基础研究方面形成了一大批杰出成果，培养和造就了一批进入世界科技前沿的学术骨干和优秀学术带头人。

2. 国家自然科学基金对管理科学的资助领域

管理科学作为自然科学的重要组成部分，是研究人类社会不同层次组织的管理和经济活动客观规律的科学。管理科学包括管理科学与工程、工商管理、经济科学、宏观管理与政策等四个子学科，是一门跨自然科学、工程科学和社会科学的综合性交叉科学，强调通过科学规范的方法，在特定的管理情景假设下，将管理和经济活动中的实践问题抽象为可求解的科学问题，进而探索这类活动的普适性客观规律[①]。

1）管理科学与工程（G01）

管理科学与工程学科主要资助复杂系统管理、运筹与管理、决策与博弈、预测与评价、管理统计理论与方法、管理心理与行为、管理系统工程、工业工程与质量管理、物流与供应链管理、服务科学与工程、数据科学与管理、信息系统与管理、风险管理、金融工程、工程管理和项目管理、交通运输管理、数字化平台管理理论、智慧管理与人工智能、新技术驱动的管理理论与方法等分支学科。该学科在管理科学部各学科中的基本定位更侧重基础理论研究，重视基于中国管理实践的管理基础理论与方法的创新研究，提倡开展学科交叉与国际前沿理论研究。

2）工商管理（G02）

工商管理学科主要资助以微观组织（包括各行业、各类企事业单位）为研究对象的管理理论和管理新技术与新方法的基础或应用基础研究。资助领域包括战略管理、企业理论、企业技术创新管理、人力资源管理、财务管理、会计与审计、市场营销、组织行为、商务智能与数字商务、公司金融、企业运营管理、公司治理、创业管理、国际商务管理、旅游管理等分支学科。该学科将持续支持面向国家重大战略需求、瞄准国际前沿、创新性强的研究选题，重视基础理论的涌现和新知识的发现与创造，鼓励多学科、多方法的学科交叉的科学研究。

3）经济科学（G03）

经济科学学科主要资助通过实证研究、数量研究、行为研究等科学研究方法揭示经济活动发展规律、解释经济发展现象、提炼经济理论的基础科学理论与方法研究。资助领域包括计量经济与经济统计、行为经济与实验经济、数理经济与计算经济、微观经济、宏观经济管理、国际经济与贸易、金融经济、财政与公共经济、产业经济、经济发展与经济制度、农林经济管理、区域经济、人口劳动与健康经济、资源与环境经济等。为促进学科均衡发展，该学科将对数理经济与计算经济、微观经济、财政与公共经济、经济发展与经济制度等新增领域方向，以及数字经济、绿色金融等小的领域方向适当给予资助倾斜。

4）宏观管理与政策（G04）

宏观管理与政策学科是研究政府及相关公共部门为实现经济、政治、文化、社会和生态发展目标，制定宏观政策和实施综合管理行为的学科群总和。资助范围包括公共管理与公共政策、政策科学理论与方法、科技管理与政策、创新管理与政策、健康管理与政策、医药管理与政策、教育管理与政策、文化管理与政策、公共安全与应急管理、社会治理与社会保障、环境与生态管理、资源管理与政策、区域发展与城市治理、数字治理与信息资源管理、全球治理与可持续发展等学科

---

① 参见国家自然科学基金委员会网站：https://www.nsfc.gov.cn/publish/portal0/tab1415/。

和领域的基础研究。该学科的研究旨在推动学科发展、促进学术创新、培养研究人才，在发展相关理论和方法的同时，鼓励为国家宏观决策提供决策咨询和参考依据。

1.1.3　宏观管理与政策学科的定位

宏观管理与政策学科聚焦于揭示政府、市场和社会之间的互动关系，以增进人民福祉、提升公共利益并提高治理效能，实现治理网络中多元主体的合作与协同，探索公共管理、公共政策、全球治理的一般规律和基础性理论，同时聚焦科教文卫等特定领域，服务国家重大战略和重要需求。

宏观管理与政策学科作为管理科学的组成部分，以公共管理学科为主体，兼顾若干宏观问题的综合性科学领域。该学科是以自然科学的研究手段为基本研究范式，将政府及相关公共部门为实现经济、政治、文化、社会和生态发展目标，制定宏观政策和实施综合管理的行为抽象为科学命题并加以研究的学科群的总和。与我国国务院学位委员会和教育部共同制定的学科门类划分进行对照，宏观管理与政策学科包含了管理学门类中公共管理、信息资源管理、图书情报等一级学科，也与如环境科学与工程、公共卫生、教育学、安全科学与工程、城乡规划等其他门类的一级学科有所交叉。

党的十八届三中全会明确提出全面深化改革的总目标是完善和发展中国特色社会主义制度，推进国家治理体系和治理能力现代化。落实总目标不仅为宏观管理与政策学科提供了丰富的研究素材，更重要的是对宏观管理与政策学科提出了重大现实需求。推动国家治理体系和治理能力现代化为宏观管理与政策研究提供了重要的研究命题。宏观管理与政策研究需要不断去探索如何实现治理目标转变为不断满足人民日益增长的美好生活需要、推进包容性增长的治理理念、促进治理过程的多主体化与网络化以及治理手段由行政命令型向市场激励型的转变、实现跨区域范围的综合治理，并实现治理视角从国内治理走向全球治理。因此，通过宏观管理与政策研究，重构并实现政府、市场与社会之间的合理分工和有效协作，最大限度地增进公共利益是国家治理的根本目标就显得尤为关键。在这样的宗旨下，通过开展研究推动国家与社会的合作、政府与非政府的合作、公共部门与私人部门的合作、正式制度与非正式制度的合作。因此，在新时期，我国宏观管理与政策学科主要包括以下研究对象。

1. 公共管理

公共管理是宏观管理与政策研究的基础研究方向。其研究对象包括政府机构、公共组织、公共管理、公共服务等方面。具体包含四个方面：①以政府机构为主的公共组织，包括公共组织的组织结构、管理方法、职能定位、运作机制、管理模式、绩效评估及决策过程，以及公共组织之间、公共组织与政府主体之间、市场主体与社会主体之间的互动与协同关系。②政府提供的公共产品和服务，包括教育、医疗、社会保障、环境保护等方面，注重研究公共服务的需求、供给、质量和效益等方面，旨在提高公共服务的满意度和社会效益。③公共财政与预算，包括研究政府财政活动与社会、经济和政治等方面的关系，以及政府财政预算的编制、执行和监督及预算与社会、经济和政治等方面的关系，主要包括预算编制的原则、过程和方法，预算执行的监督和评估，预算与政策协调等。④应急管理与风险治理，包括应急管理的框架、机制与政策研究，风险感知、评估与治理基本理论方法和工具研究，非传统安全及其风险管理，社会风险防范及治理，非常规突发事件应急管理以及公共危机与风险管理的影响和评估方法等。

2. 政策科学

政策科学（policy science）是一门研究政策制定、实施、评估及政策效果等问题的跨学科的学科。它主要研究政策形成和执行的过程、机制、影响和效果，以及如何提高政策制定和执行的效率和效果。政策科学的研究对象主要包括以下几个方面。①政策制定过程：政策科学研究政策制定的各个环节，包括议程设置、政策制定、政策评估等，探究政策制定的决策者、利益相关者、决策制定的机制和影响等。②政策实施过程：政策科学研究政策实施的各个环节，包括政策落实、政策监督、政策反馈等，探究政策实施的行为者、实施的机制和影响等。③政策效果评估：政策科学研究政策的效果，包括政策的经济效益、社会效益、政治效益等方面，探究政策的实际效果和对社会的影响。④政策影响因素：政策科学研究影响政策制定和实施的因素，包括利益相关者、政策环境、政策设计、政策执行等因素，探究这些因素对政策形成和实施的影响机制。⑤政策设计：政策科学研究政策的设计，包括政策的目标、政策的工具和措施、政策的时限和实施机制等，探究如何通过政策设计来达到政策目标。

3. 特定领域的宏观管理与政策

特定领域的宏观管理与政策主要是瞄准国家发展的重要宏观管理与政策领域，如科技创新、公共卫生、教育文化、社会政策、能源环境、可持续发展、数字治理等领域。其中，科技创新领域主要研究政府和非政府部门在科技创新和技术开发方面的具体活动，聚焦知识创新、技术创新、现代科技引领的管理创新等。公共卫生领域研究政府对重大疾病，尤其是传染病的预防、监控和治疗，涉及对食品、药品、公共环境卫生的监督管制等。教育文化领域主要研究教育与社会、政治、经济、文化的互动关系，聚焦于教育公平、教育体系、语言教育、民族教育等。社会政策领域主要关注人口政策、劳动就业政策、社会保险政策等，致力于加强社会保障，改善社会福利，稳定社会秩序，使社会各组成部分之间协调发展，促进社会进步。能源环境领域研究旨在针对能源经济与气候政策中的关键科学问题开展系统研究，增进对能源、气候与经济社会发展关系的科学认识。可持续发展领域研究聚焦于可持续发展经济学、全球环境变化与经济发展、可持续发展的区域和实证研究、城市问题研究等。数字治理领域关注如何通过数字技术提高政府治理效能，并防范新兴技术带来的政治、经济和文化风险，开展长周期、宽区域、多学科的人工智能社会实验，关注人工智能在卫生健康、教育就业、环境治理、城市管理、养老等主要应用场景中对社会、组织和个人产生的影响等。每一个领域都具有相对稳定的学科范式与学术共同体，共同致力于该领域理论与知识增长并服务国家战略需求。

4. 全球治理

全球治理是指在跨越国界的范围内，国际社会各主体通过协商、合作和规则制定等方式共同解决全球性问题的过程。其研究对象主要包括全球性问题、全球治理的主体和机构、全球治理的规则和实践。宏观管理与政策学科下的全球治理的研究对象主要包括以下几个方面：①全球性问题，这些问题通常具有跨国性、全球性、长期性和复杂性等特征。例如，气候变化、环境污染、能源安全、恐怖主义、非传染性疾病等都是当前世界面临的重大全球性问题。研究这些问题有助于找出其产生的原因和影响，制定解决方案，实现全球合作。②全球治理的主体和机构，这些主体和机构包括国际组织、国家政府、非政府组织、跨国公司等。这些主体和机构在全球治理中扮演着重要的角色，通过协商、合作和规则制定等方式来解决全球性问题。研究这些主体和机构的角色、作用与互动有助于深入理解全球治理的实践。③全球治理的规则和实践。全球治理的规则包括国际法、国际公约、国际惯例等，这些规则为全球治理提供了框架和基础。同时，全球治理的实践包括各种全球性组织和机构的协作、各国政府的合作以及民间社会的参与等，这些实践反映了全球治理的现状和趋势。

1.2 宏观管理与政策学科的基本特征与时代背景

1.2.1 宏观管理与政策学科的一般科学属性

与管理科学与工程、工商管理、经济科学一样，国家自然科学基金支持的宏观管理与政策学科研究强调运用"科学方法"来探索宏观管理与政策的客观规律，倡导科学研究范式变革，鼓励通过实验、观察、调查、测量等手段获取各种数据，发现和描述管理现象，通过建模、计算、归纳、演绎等手段来分析与解释管理现象。因此，从认识论维度来看，在观测现象和构建学科的角度，宏观管理与政策学科具备客观性与系统性；从方法论维度来看，宏观管理与政策学科必须以实证为基础收集并分析数据；基于对研究问题的科学认识和对研究方法的科学使用，宏观管理与政策学科的研究呈现出可预测性、可重复性与可解释性。

1. 客观性

宏观管理与政策研究需要建立在对事物的客观观察上，将社会现象作为个体意识的客观存在进行考察，摆脱研究者的主观想象和预断性主张（涂尔干，1995）。客观性指的是事物独立于人类思维和意识存在，不受人类思维意识的干扰和影响，保持其自身的真实性。宏观管理与政策学科具备客观性需要满足以下几个条件。一是在对现象、数据进行描述和认识的过程中需要使主客体得以分离，形成人类意识对认识客体的正确反映。由此，客体具备可检验性，只有能够被证实的理论才能称为客观性的知识。二是宏观管理与政策学科应注重对知识经验的形成，弱化对价值判断的主张，探寻社会科学知识的目的是揭示现实世界中各类现象出现的原因，不以"提供解决方法"为首要目的，可以为未来提供借鉴，但在认识事物的过程中不应当包含价值判断。

2. 系统性

宏观管理与政策研究是一个系统性过程，它不仅关注宏观管理与政策的单一、零散现象，还将宏观管理与政策视为一个复杂的系统，通过对各种因素之间相互作用的分析，揭示宏观管理与政策规律。或者说，宏观管理与政策研究的本质是将零散的观察和总结转化为对系统的观察和分析。宏观管理与政策的系统性源于管理学的系统理论，但又进一步体现出宏观管理与政策的特色，在研究宏观管理与政策时，需要将不同政策和管理领域的因素综合考虑，以形成一个完整的政策体系。这意味着：①需要综合考虑不同的政策和管理领域的因素，形成一个相互关联、相互支持的系统；②需要在政策和管理领域之间进行协调和整合，以确保政策的一致性和协同效应；③需要将政策制定和实施分为不同的阶段和层次，以确保政策的可操作性和可实施性；④需要考虑政策的长期影响和未来趋势，以确保政策的可持续性和长期效益；⑤需要基于实证和数据，以确保政策的科学性和可靠性。

3. 实证性

宏观管理与政策的研究必须以实证数据为基础，通过对数据的收集、分析和解释，得出科学合理的结论，从而为宏观管理与政策制定提供科学依据。这意着政策制定者需要使用实验、观察、调查等科学方法来收集客观数据，采用归纳和演绎的方式分析和解释数据，以探究事物规律，并提供解释、预测，进而指导决策。宏观管理与政策的实证性需要满足以下几个条件。①数据驱动：需要基于数据和事实，而不是主观的判断和假设。②严谨的分析：需要采用科学方法和分析技术，如统计分析、模型构建和实验设计等。③可行性：需要考虑政策实施的可行性和可操作性，确保政策的实用性。④可复制性：需要确保其结果的可复制性，以便其他研究者和政策制定者能够进行独立验证。⑤有限性：通过科学方法分析得出的结论是有限的，在特定的时间和空间条件下是可被证实或证伪的。实证性的宏观管理与政策研究需要及时反馈和调整，以适应不断变化的环境和需求。

4. 可预测性

宏观管理与政策研究可以通过建立模型和预测方法，对未来的宏观管理与政策走势进行预测和分析，为政策制定提供可靠的预测依据，这需要建立在深入研判经济、社会、技术等领域发展趋势的基础上，考虑政策的长期影响和未来趋势，并尽可能提前预测政策的影响和结果，以便制定出更加可持续、有前瞻性的政策，增强政策执行的稳定性和可持续性，提高政策的执行效率和效果。宏观管理与政策的可预测性需要满足以下几个要素：①需要基于丰富的数据和趋势分析，以预测政策的长期影响和未来趋势；②需要考虑多种因素，如政策的社会、经济和环境影响，以及新技术和新兴市场等方面的趋势；③需要基于模型和模拟来预测政策的效果和结果，以评估政策的长期影响；④需要考虑政策执行过程中的可能风险，对风险进行事前评估和事中预防，及时应对政策实施中可能出现的挑战和问题；⑤需要动态调整政策，以适应不断变化的环境和需求。

5. 可重复性

宏观管理与政策研究成果需要通过科学的实证方法进行检验和验证，从而保证其可重复性和科学性，提高政策制定者和其他研究者对政策实施和结果的信任与理解。此外，宏观管理与政策研究的可重复性还可以帮助政策制定者更好地评估政策的效果和影响，并根据这些评估结果做出更加合理的政策决策。因此，需要注重以下几个要素：①宏观管理与政策研究需要使用标准化、规范化、科学化的研究方法和程序，以确保政策的实施和结果是可重复的和可验证的；②宏观管理与政策研究需要在研究的方案设计、方案实施、研究评估过程中提供充分的透明度和可验证性，使研究者和政策制定者能够回溯政策的实施和结果；③宏观管理与政策研究需要确保政策数据的准确性和一致性，使政策制定者和其他研究者能够对数据进行比较和验证；④宏观管理与政策研究需要制定统一的评估标准和指标，以便对政策的实施和结果进行比较和评估；⑤宏观管理与政策研究需要确保条件设计的准确性，使得研究结论在尽可能大的社会范围和社会情景下具备可重复性。

6. 可解释性

宏观管理与政策研究需要对宏观管理与政策的研究结果进行深入分析和解释，通过对实验得到的结果、观察来的发现进行解释和推理，从而得出科学结论，并为政策制定提供合理的解释和建议，且便于社会各界理解宏观管理与政策研究的目的、内容、实施和结果。宏观管理与政策研究的可解释性需要满足以下几个要素：①宏观管理与政策研究需要对实证结果进行科学解释与推理，探讨因果关系背后的因果机制；②宏观管理与政策研究需要对科学发现的前提条件进行论证，探讨科学研究结论的必要条件；③宏观管理与政策研究需要使用简明易懂的语言和格式，以便政策制定者与公众理解政策的目的、内容和影响；④宏观管理与政策研究需要重视政策制定者与社会各界的参与和反馈，以便研究者的科学研究发现能够更好地符合现实需求。

科学信念和学科共同体的形成是一个学科独立与成熟的重要标志（库恩，2012）。近年来，公共管理专业学位和学术学位教育的蓬勃发展培养了一大批有志从事本学科研究并接受过系统教育培养的研究力量。相对成熟的学术交流平台也逐渐形成，大量创新型理论在学科同行反复评议、验证的基础上，从个人知识转化为一般性的科学知识，推动着宏观管理与政策学科成为一门具有合法性和社会认同度的一般科学。MPA 学位教育项目在全国扩散，中国行政管理学会等专业学术团体的建立，《管理世界》《公共管理学报》《中国行政管理》《管理科学学报》《公共行政评论》《公共管理评论》等具有一定认可度的专业学术期刊作为学科知识载体与交流平台的发展均很好地印证了上述论断。

1.2.2　宏观管理与政策学科的特殊性

宏观管理与政策学科是研究政府及相关公共部门为实现经济、政治、文化、社会和生态发展目标，制定宏观政策和实施综合管理行为的学科群总和。资助范围包括公共管理与公共政策、政策科学理论与方法、科技管理与政策、创新管理与政策、健康管理与政策、医药管理与政策、教育管理与政策、文化管理与政策、公共安全与应急管理、社会治理与社会保障、环境与生态管理、资源管理与政策、区域发展与城市治理、数字治理与信息资源管理、全球治理与可持续发展等 15 个分支学科和领域的基础研究，其研究对象的特点与分支领域的复杂性使宏观管理与政策学科具有一定的特殊性，具体表现在以下几个方面。

第一，宏观管理与政策学科的特殊性体现在其理论与实践的统一。宏观管理与政策既是以推动理论创新为目标的基础型学科，又是以解决现实问题为依归的应用型学科。国家重大需求和战略既是宏观管理与政策学科研究的重要依据和研究对象，同时也是研究问题的来源、意义和解决方案的指导方针。只有基于对国家发展的需求和战略的深入了解，以面向国家重大需求、服务国家战略为目标，将科学研究与国家发展需要相结合，挖掘国家战略宏观管理与政策学科中存在的普遍规律，才能提出科学、实用的管理和政策建议，从而促进国家经济和社会的高质量发展。需要注意与自然科学不同的是，宏观管理与政策学科中的大量规律成立的前提条件取决于社会情境，因此，宏观管理与政策学科除了讨论一般化的普遍规律，寻求与国际同行对话的同时，也往往特别关注中国情境下的特殊性，扎根中国实践，研究中国问题，讲好中国故事，发现中国规律。

第二，宏观管理与政策学科的特殊性体现在其双重交叉性，即基础研究和应用研究的交叉以及自然科学和社会科学的交叉。一方面，宏观管理与政策学科的研究涉及人类行为规律、社会运行规律、自然规律等，因此其知识来源具有多样性。另外，宏观管理与政策学科的研究对象不同于一般的自然现象，其复杂性决定了研究方法的交叉性，需要综合运用各种研究方法，既包括社会科学中常用的历史分析、观察比较、社会调查，也包括自然科学中常用的数理统计、实验等。另一方面，由于社会科学的实验难以做到自然科学实验那样的"控制-操作"，因此，宏观管理与政策需要在借鉴物理学、化学等纯粹自然科学的基础上，形成符合学科发展并具有自身特点的新的研究方法体系。这种学科交叉性不仅有助于学科交叉与融合，带动相关学科的进步，还将为新兴学科的发展奠定基础，激励科学研究的创新需求。

第三，相较于其他管理科学学科，宏观管理与政策学科是较为新兴的学科。宏观管理与政策学科作为国家自然科学基金管理科学下的二级学科，其各分支学科在改革开放后恢复重建社会科学以来，散见于管理学、政治学、社会学、经济学等学科体系中，并得到一定发展。自 20 世纪 90 年代以来，随着经济社会体制转轨以及与各学科的国际化接轨，宏观管理与政策学科的各分支学科均得到了较快发展，其重要性也日益凸显。国家自然科学基金委员会管理科学部在"十五"时期之初，正式将宏观管理与政策学科作为一个独立的学科领域进行资助。作为一个新兴的学科，宏观管理与政策学科根植于改革开放中的重大理论与现实问题，以为国家宏观管理与政策决策提供科学依据为导向，在瞄准学术发展前沿，拓展国际视野和思维空间，推进学术观点创新、学科体系创新和研究方法创新中具有独有优势，有助于实现学科跨越式发展。然而，相较于管理科学与工程、工商管理、经济科学，宏观管理与政策学科所涉及的研究议题十分广泛，不同二级代码学科之间的学科边界比较模糊，且不同学科的基础理论都较为薄弱，也尚未形成共识性的学科范式。

第四，相较于其他的自然科学或者社会科学学科，宏观管理与政策学科具有明确的公共性的价值导向。在公共管理学科自身建构和发展进程中，学科共同体始终积极回应并围绕公共性议题展开探讨，关注人文价值，并确立了学科的公共价值本位。因此，作为一门社会科学，宏观管理与政策学科在研究选题、研究设计及伦理、研究应用与政策建议提出等研究过程全周期中都始终坚持以人为本，以实现公共利益为导向，关怀公共性价值，承担着促进现代文明发展和提高人类福祉的责任。

第五，宏观管理与政策学科具有鲜明的与时俱进、开放性的特征。学科与时代和社会发展紧密关联，学科研究面向社会现实，新的研究对象和议题不断涌现，研究方法与范式需要与时俱进。学科发展始终是开放的，不断推陈出新，促进不同时空下实践与理论的对话、多元视域下不同理论的碰撞和交融。以公共管理的研究范式演化进程为例，早期公共管理研究主要以政治学、社会学等学科理论为基础，以定性研究为主（黄萃等，2021）；20 世纪 30 年代随着行为科学、心理学等学科研究方法的引入，案例研究、实验方法大量应用，行为公共管理研究应运而生；20 世纪 60 年代，系统科学和统计学的发展大力推动实证主义和量化研究成为主流的研究范式；随着 21 世纪信息技术的快速发展，在大数据、人工智能及计算机科学的影响下，数据驱动的"第四研究范式"方兴未艾，计算社会科学成为学科发展前沿；元宇宙、赛博空间等研究范畴不断拓展，算法操控与伦理、数字鸿沟、网络空间平台治理等智能社会治理议题备受关注，数据挖掘、机器学习、仿真建模等跨学科方法交叉应用，为诠释社会现象和新问题提供了新的视角和工具。

1.2.3 新时代我国宏观管理与政策学科发展的背景

党的十八大以来，我国明确提出全面深化改革的总目标是完善和发展中国特色社会主义制度，推进国家治理体系和治理能力现代化。党的二十大报告进一步着眼全面建成社会主义现代化强国的宏伟目标和战略安排，明确提出"以中国式现代化全面推进中华民族伟大复兴""加强基础研究，突出原创，鼓励自由探索"[①]。在全面建设社会主义现代化强国的新时代，宏观管理与政策学科需要全面贯彻落实党的二十大精神，坚持"面向世界科技前沿、面向经济主战场、面向国家重大需求、面向人民生命健康"[①]，持续提升凝练科学问题的能力，研究新时代

---

① 《习近平：高举中国特色社会主义伟大旗帜 为全面建设社会主义现代化国家而团结奋斗——在中国共产党第二十次全国代表大会上的报告》，https://www.gov.cn/xinwen/2022-10/25/content_5721685.htm，2022 年 10 月 25 日。

治理的新问题，建构中国自主的知识体系。在新时代，宏观管理与政策学科应以中国为观照、以时代为观照，立足中国实际，解决中国宏观管理与政策的问题，抢抓科研范式的变革性机遇，不断推动理论研究的创造性转化、创新性发展，不断推进知识创新、理论创新、方法创新，构建宏观管理与政策研究的中国话语和中国叙事体系，以治理现代化的理念、方法、组织机构、技术手段，为社会提供高质量的公共服务。新时代，我国宏观管理与政策学科发展的背景主要表现为新时代的变革与成就为宏观管理与政策学科提供了丰富的"现实土壤"，全球化对我国宏观管理与政策学科发展提出了新的要求，以及宏观管理与政策学科的内部结构与范式有待进一步明确。

1. 新时代的变革与成就为宏观管理与政策学科提供了丰富的"现实土壤"

随着中国特色社会主义进入新时代，我国社会主要矛盾已经转化为人民日益增长的美好生活需要和不平衡不充分的发展之间的矛盾。根植于国家治理体系和治理能力现代化的实践经验，宏观管理与政策领域的新实践、新问题为我国的宏观管理与政策研究带来了巨大发展机遇。我国通过开展产业扶贫、教育扶贫、健康扶贫等脱贫攻坚行动，在 2020 年实现了全面脱贫，为联合国 2030 年可持续发展目标中消除贫困目标的实现做出了重要贡献；通过推进大气污染治理，加强工业和交通尾气排放的监管，实施清洁能源政策，扶持可再生能源发展；通过加大科学研究投入，在人工智能、5G 通信、半导体技术等领域取得了突破性进展。这些成就的内在机理均需要科学的理论加以阐释。

在新时代变革和取得成就的背景下，宏观管理与政策学科需要围绕推进国家治理体系和治理能力现代化，不断探索从"高速增长"阶段转向"高质量发展"阶段过程中，如何制定和实施更加科学和有效的宏观经济政策，以应对新的经济挑战，推动经济结构的优化升级，实现高质量发展；不断探索环境问题的根本原因，探索如何实现环境保护与经济增长的平衡、如何推动绿色技术的推广应用，以加快绿色产业发展，促进绿色经济的崛起，实现经济增长和生态环境保护的良性互动；不断探索如何在产业升级和技术创新的背景下，利用大数据和人工智能技术深入地挖掘和分析数据，研究产业转型和技术创新的路径，推动科技成果的转化应用，从而促进产业升级和经济增长。在新时代，宏观管理与政策学科需要探究如何实现治理目标的转变，如何不断满足人民日益增长的美好生活需要、推进包容性增长的治理理念、促进治理过程的多主体化与网络化及治理手段由行政命令型向市场激励型的转变，以及如何实现跨区域范围的综合治理并实现治理视角从国内治理走向全球治理。

因此，我们需要在中国社会现实不断变化的背景下，通过宏观管理与政策研究，促进政府、市场与社会各方的合作与协调，推动不同类型社会主体的广泛社会参与，实现政府与社会的良性互动，最大限度地增进公共利益。在这样的宗旨下，我们需要通过开展研究推动国家与社会、政府与非政府、公共部门与私人部门，以及正式制度与非正式制度的合作，以发挥各自优势，在正式制度与非正式制度之间实现有效对接，共同推动社会公共事务的发展，实现规则的有效执行和社会秩序的良好运行，从而促进公私合作更加顺畅高效。因此，如何积极回应国家治理体系和治理能力现代化的迫切需求，研究和解决国家重大宏观管理与公共政策领域的复杂问题，提高决策科学化、治理数字化、服务智能化水平，以适应社会的快速变化和复杂挑战，服务国家治理体系和治理能力现代化建设，是宏观管理与政策学科必须面对的重大任务和时代命题。

2. 全球化对我国宏观管理与政策学科发展提出了新的要求

党的二十大报告指出："当前，世界之变、时代之变、历史之变正以前所未有的方式展开。一方面，和平、发展、合作、共赢的历史潮流不可阻挡，人心所向、大势所趋决定了人类前途终归光明。另一方面，恃强凌弱、巧取豪夺、零和博弈等霸权霸道霸凌行径危害深重，和平赤字、发展赤字、安全赤字、治理赤字加重，人类社会面临前所未有的挑战。世界又一次站在历史的十字路口，何去何从取决于各国人民的抉择。"[①]随着全球化的深入发展，宏观管理与政策学科的发展也面临着新的机遇和挑战。

具体而言，宏观管理与政策学科的研究范围不再局限于国家或地区范围内，而是扩展到国际和跨国层面。全球化也加剧了宏观管理与政策的复杂性，需要更多的知识、技能和资源来应对全球性挑战。国家安全问题、环境问题、能源问题、移民问题等成为世界上各个国家普遍的重要关切。每个国家不仅要做好国家治理，也要积极参与到全球治理之中，以与其他国家和地区的政府、国际组织以及民间社会合作的方式来应对全球性问题。长期以来，我国一直积极参与全球治理体系改革和建设，践行共商共建共享的全球治理观，坚持真正的多边主义，推进国际关系民主化，推动全球治理朝着更加公正、合理的方向发展。因此，宏观管理与政策的研究者需要在全球化不断加快演进的背景下，积极参与全球治理与可持续发展研究，揭示全球治理规律，总结全球治理理论，为全球治理体系改革与建设提供中国思路，为解决全球化进程中全人类面临的能源、气候、卫生、安全、贫困等问题提供中国智慧。

此外，全球化的深入发展也促进了不同国家和地区之间的学术交流和合作，

---

① 《习近平：高举中国特色社会主义伟大旗帜 为全面建设社会主义现代化国家而团结奋斗——在中国共产党第二十次全国代表大会上的报告》，https://www.gov.cn/xinwen/2022-10/25/content_5721685.htm，2022 年 10 月 25 日。

增强了公共管理学科的国际化和多元化，宏观管理与政策研究的学术交流与合作也越来越密切。研究者要更加积极地参与到国际学术交流与合作之中，更加关注国际宏观管理与政策学科理论和具体实践的发展，以及跨国合作的实际经验。在此基础上，立足国际学科前沿，有效利用国内外各种资源，以全球性问题、全球治理的主体和机构、全球治理的规则和实践为对象开展积极有益的国际合作研究。更重要的是，必须加快构建中国自主的宏观管理与政策学科的知识体系。党的二十大报告指出，"坚守中华文化立场，提炼展示中华文明的精神标识和文化精髓，加快构建中国话语和中国叙事体系"①。宏观管理与政策学科必须形成具有广泛国际影响的中国特色管理科学领域，推动基于中国管理实践的管理知识源头创新。广大研究者应坚持守正创新的学术立场，以回答中国之问、世界之问、人民之问、时代之问为学术己任，瞄准前沿方向以及具有"中国议题"特色的领域，向全球提出中国议题、中国方案和中国理论，不断提升中国在宏观管理与政策学科领域的国际影响力。

3. 宏观管理与政策学科的内部结构与范式有待进一步明确

作为一个新兴发展的管理科学学科，宏观管理与政策学科的内部结构与范式依然存在诸多问题需要解决，主要表现在以下几个方面。

第一，学科外部边界不够清晰和内部边界不够合理。宏观管理与政策学科外部边界不清晰，与经济科学、管理科学与工程等学科存在一定程度的重叠。此外，由于具有较强的学科交叉特征，宏观管理与政策学科并没有形成统一的学科共识和研究范式。宏观管理与政策学科的知识体系蕴含了众多其他学科的知识养分，同时也造成了学科知识体系缺乏专有的理论资源和公认理论、观点与概念的情况，"大杂烩"色彩浓厚，缺乏统一的逻辑体系和公认的知识范例。此外，宏观管理与政策学科内部门类划分过细，学科布局的综合性和交叉性不足。这种传统布局导致学科疆域固化、互相隔离，已不适应学科之间、科学和技术之间、自然科学和人文社会科学之间日益呈现的交叉融合趋势。

第二，学科定位仍不够明确。传统上宏观管理与政策学科强调应用对策研究，对于公共管理和公共政策一般理论的重视程度不够，也就是重视应然性研究（侧重于解决"怎么办"）而非实然性研究（侧重于发现"是什么"和"为什么"）。于是出现了应用基础研究不重视科学问题突破、单纯追求应用目标的倾向，解决关键科学问题的聚力不够。具体来说，大量的研究只是对问题或变量做出概

---

① 《习近平：高举中国特色社会主义伟大旗帜 为全面建设社会主义现代化国家而团结奋斗——在中国共产党第二十次全国代表大会上的报告》，https://www.gov.cn/xinwen/2022-10/25/content_5721685.htm，2022 年 10 月 25 日。

念界定或描绘，并未对假设进行检验，往往囿于对政策或行政经验的描述，缺乏对学科基础理论与方法论的贡献，这使得宏观管理与政策学科尚属于"前科学"阶段。

第三，学科基础设施建设较为缺乏。与自然科学学科相比，宏观管理与政策学科往往难以通过重复实验的方式获取数据，因此学者掌握的数据往往是独一无二的，数据资源在宏观管理与政策学科更加稀缺。长期以来，宏观管理与政策学科的实验室资源、数据资源、方法平台等共性基础设施建设都相对滞后。例如，就文本分析方法而言，经济学、政治学等学科已经形成了较为成熟的文本挖掘策略，并结合文本挖掘开展了一系列因果推论研究，但在宏观管理与政策学科领域，绝大多数研究仍然停留在简单分类和基于手工编码的观点提取层面，越来越不能够适应大数据时代的社会科学发展需要。这类滞后性直接制约了该领域学者开展对话和交流合作的可能性。

第四，宏观管理与政策理论研究较为落后。目前，宏观管理与政策的多数理论研究主要是对西方相关理论加以本土化改造，用以解释中国政策现象或解决实践中的具体问题，缺乏重大原创性成果，也正因此未能真正有效地利用新时代的变革与成就所营造的"现实土壤"。更多的研究则是理论基础薄弱，对理论、思潮、流派、研究方法等的理解和研究均落后于实践发展和国际前沿。这种滞后性一方面使得宏观管理与政策研究的成果难以对政策实践形成有效引领，无法回应我国发展进程中遇到的重大实际问题；另一方面也难以真正构建中国自主的学科知识体系，国际理论界中鲜见令人耳目一新的中国声音。因此，总体来说，目前我国的宏观管理与政策学科领域仍然存在着相当大的理论空白。

以上内容概括了宏观管理与政策学科在内部结构与范式上有待明确的四个方面。它们既是学科发展的客观限制因素，也为学者开展学术前沿研究指明了方向。

1.3　研　究　设　计

本节对宏观管理与政策学科发展战略与"十四五"优先资助领域遴选研究的总体研究设计与技术路线进行介绍，共分为两个部分。一方面，简要介绍本书的四个主要研究目标与对应的研究任务。另一方面，说明具体研究任务对应的研究方法与技术路线，为后续研究奠定基础。

1.3.1　研究目标与研究任务

在前文所述研究背景的基础上，本书以国家自然科学基金的基本使命为出发点，通过文献计量、专家访谈、问卷调研等一系列方法的组合运用，对宏观管理与政策学科的发展现状、需求与前沿趋势进行研判，在明晰学科发展规律和发展态势的基础上，进一步凝练"十四五"期间宏观管理与政策学科的优先资助领域和重点资助项目选题方向，指导以学科代码为基础的学科结构优化。具体而言，包含四个主要研究任务。其中，任务 1 和任务 2 旨在对学科发展规律和国家自然科学基金在本学科的资助现状进行分析，是总体研究的基础。任务 3 和任务 4 在此基础上进一步探讨"十四五"时期本学科的发展战略，遴选优先资助领域和选题。

1. 任务 1：学科发展规律与态势分析

对于学科发展战略的研究应当建立在对学科发展规律与态势的深入理解之上。作为总体研究的起点，本书立足科研产出的视角，基于 Web of Science 数据库的全学科论文数据，通过数据驱动的复杂网络分析与领域专家知识相结合的方式，遴选宏观管理与政策学科的论文集合，重点研究宏观管理与政策学科的整体发展态势如何、中国在其中处于何种位置、领域内各学科方向重点关注的议题是什么、当前不同方向的学科交叉融合情况如何、不同学科方向受到的科学资助和国家自然科学基金委员会资助情况如何等一系列问题，在此基础上提出对未来我国宏观管理与政策相关学科研究发展的启示与建议。

2. 任务 2：宏观管理与政策学科资助结构分析

在分析学科发展态势的基础上，本书进一步分析国家自然科学基金在宏观管理与政策学科上的资助结构。具体而言，本书以国家自然科学基金 2009~2019 年 G04 学科的项目数据为研究对象，对 G04 项目的各项基本特征进行分析，并对不同阶段项目和不同子代码项目进行纵向和横向特征比较分析，为优化宏观管理与政策学科的资助格局提供支撑。此外，本书还聚焦于对国家自然科学基金和国家社会科学基金的管理学项目进行比较案例研究，以国家自然科学基金 G04 重点项目、面上项目和青年科学基金项目与国家社会科学基金管理学重点项目、一般项目和青年项目为比较对象，对比两基金资助导向、资助数量、资助格局、选题主题、主要理论和研究方法以及管理流程的差异，为厘清两种基金的资助边界和进一步明晰国家自然科学基金的发展方向提供支撑。

3. 任务 3："十四五"优先资助领域与重点项目建议选题遴选

科学基金的发展需要平衡好普适性资助和选择性资助的关系，以此实现资助效率与探索不确定性的有机统一。立足国家自然科学基金委员会"原创、前沿、需求、交叉"的资助改革精神，本书基于对学科发展态势和现有资助结构的系统研究，通过专家访谈、焦点小组讨论、座谈会及书面调研等方式，系统收集国内外不同学科、不同领域专家对本学科"十四五"发展方向和优先资助领域的观点，在此基础上提炼形成对于宏观管理与政策学科"十四五"优先资助领域遴选的总体建议。

4. 任务4：宏观管理与政策学科结构优化方案

作为一项发展战略研究，对学科发展态势、现有资助结构和优先资助领域的研究最终要服务于学科结构的进一步优化。面向国家治理体系和治理能力现代化的战略任务，立足学科前沿发展态势和社会发展需求的变化，参考过往学术共同体的项目申请量，本书综合前述研究任务的研究成果，运用定性和定量相结合的方法，进一步研究了宏观管理与政策学科代码的合并、删除等优化过程，以期进一步发挥理论对现实的指导作用。

1.3.2　研究方法与技术路线

基于前文所述的研究目标与研究任务，本书综合使用文献计量分析法、典型案例研究、比较案例研究、焦点小组讨论与专家座谈会、半结构化问卷调查等定性和定量相结合的方法开展研究工作。具体研究方法的运用如下。图1-8介绍了本书的整体技术路线。

1. 文献计量分析法

学术论文是学科科学产出的直接表现。本书基于中国科学院文献情报中心所购买的本地化Web of Science论文数据（WoS元数据），运用文献计量方法，从细粒度的微观视角对学科发展态势进行研判。综合历史学科代码、社会发展需求和专家建议等多渠道数据，本书将宏观管理与政策学科划分为公共管理、公共安全与危机管理、信息资源管理、资源与环境管理、科技创新管理与政策、公共卫生与健康管理、教育与文化管理、社会治理与社会福利、区域发展与城市治理等九个具体的学科方向。本书首先基于复杂网络分析与领域专家知识相结合的方式，从Web of Science全学科研究主题聚类数据中遴选出宏观管理与政策学科相关的论文簇，并将其归入具体的学科方向，构建形成学科整体与各学科方向数据集。在此基础上，本书对中国在学科整体与各学科方向上的整体产出概况、国际（地区）合作、期刊与关键词分布、学科交叉、研究主题与研究热点分析、科学资助情况进行统计分析，以较为客观的方式刻画本学科不同方向的研究进展与发展态势，并结合专家解读提出更具现实意义的资助调整建议。

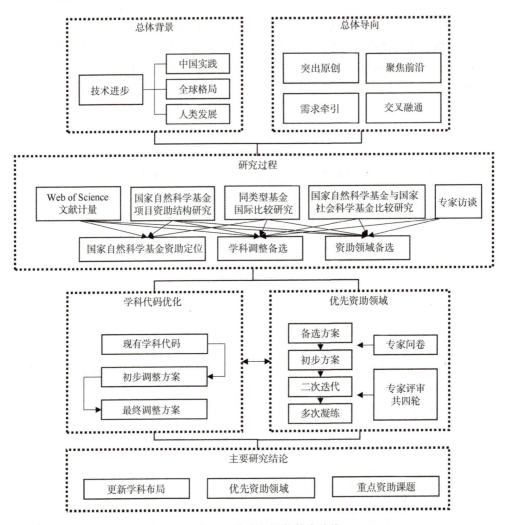

图 1-8　本书的整体技术路线

2. 案例研究

本书中所采用的案例研究方法包含比较案例研究和典型案例研究。比较案例研究聚焦两个方面：①国家自然科学基金委员会与美国国家科学基金会和欧洲研究理事会在开展科学资助过程中相关经验的跨国比较研究；②国家自然科学基金和国家社会科学基金的比较研究。

一方面，前者均是世界上主要国家和地区中最具有核心地位的科学基金组织，且在资助领域以自然科学为主的同时充分兼顾了管理学的相关领域，对于美国国家科学基金会和欧洲研究理事会的比较研究有助于进一步明确国家自然科学基金在国际层面的总体定位。本书基于公开资料，系统比较其在申请与管理流程、项目资助侧重点等方面的差异，提炼对于国家自然科学基金发展的有益经验。

另一方面，后者是我国管理学领域两大主要的科学资助体系。基于宏观管理与政策学科"十三五"期间的资助项目数据和与之对应的同一时期国家社会科学基金管理学方向的资助数据，本书对国家自然科学基金宏观管理与政策学科资助项目的基本特征进行统计分析，并根据时间阶段和学科方向进行纵向与横向的比较分析，在此基础上，将此时间段内的国家自然科学基金重点项目、面上项目和青年科学基金项目与国家社会科学基金管理学重点项目、一般项目和青年项目进行对比研究，结合统计数据、政策文献分析和对于相关项目负责人、申请人的访谈，比较国家自然科学基金和国家社会科学基金管理学项目的资助导向、资助数量、资助格局、选题主题、主要理论和研究方法以及管理流程的差异，明确国家自然科学基金的定位，为开展学科发展战略分析和学科结构优化研究奠定实证基础。

在关注学科发展总体态势的基础上，本书还对公共管理、公共安全与危机管理、信息资源管理等三个"十三五"时期宏观管理与政策学科中具有代表性的学科方向进行典型案例研究，深入分析国内该学科发展的基本情况、该领域主要研究前沿议题与发展趋势、"十三五"期间该方向的主要研究成果和学术创新点、"十三五"期间该领域的人才培养与代表性科研团队及"十三五"期间国内该领域的平台与基础设施建设情况等。

3. 焦点小组讨论与专家座谈会

本书高度重视数据驱动与领域专家知识的深入结合，为此先后举办多场焦点小组讨论与专家座谈会，先后有数十位不同方向、不同领域、不同地区的专家学者参与会议，其中规模较大的会议主要有以下四场。

一是课题组于 2019 年 7 月 1 日在清华大学公共管理学院举行的海外学者专场咨询会，来自美国与欧洲的二十余位华人专家学者参与了此次座谈会。二是课题组于 2019 年 9 月 28 日在清华大学公共管理学院召开的资深专家咨询会，来自清华大学、中国科学院、复旦大学、南京大学、武汉大学、华中科技大学、西安交通大学、北京师范大学、哈尔滨工业大学、北京航空航天大学、中共中央党校（国家行政学院）、北京理工大学、哈尔滨医科大学、中央财经大学、南京师范大学、中国行政管理学会等高校、院所与学会的 40 余位资深专家参加了会议。三是课题组与云南财经大学于 2020 年 3 月 20 日线上联合召开的西部地区专家学者咨询会，来自西安交通大学、兰州大学、新疆大学、青海师范大学、云南大学、云南财经大学等院校的西部地区 10 余位学者参与了此次会议。四是课题组于 2020 年 11 月 11~12 日在杭州召开的宏观管理与政策学科"十四五"发展战略专家研讨会，20 余位专家学者参与本次会议并对本学科"十四五"优先资助领域遴选给出建议。

此外，本次会议还重点研讨了本学科的"教育政策与管理"方向，对此方向的重要科学命题、优先资助领域以及如何推动学者积极申请相关课题进行了充分的讨论。

4. 半结构化问卷调查

为更好地体现专家作用、汇聚集体智慧，充分发挥领域知名专家对学科发展现状与未来趋势的洞察力，在开展焦点小组讨论与专家座谈会的基础上，本书注重"点面结合"，充分利用专家座谈会等契机，向 190 余位宏观管理与政策领域的知名专家学者征求了关于优先资助领域和重点资助选题的书面建议，采集相关书面建议 300 余份，并定向发放了 110 余份半结构化的咨询建议征询问卷，主要就宏观管理与政策学科"十四五"期间的重点资助领域与发展方向进行了意见采集，具体包括领域发展现状、核心科学问题、研究意义与研究基础、重点发展方向与优先资助领域、国际合作与交流重点方向等方面。

第2章　本学科发展态势分析

一个学科的发展战略与优先资助领域分析应当建立在对于学科发展趋势的全面把握基础之上。本章基于科研产出的视角，以 Web of Science 数据库的 SCI/SSCI^①论文（以下简称 WoS 论文）为数据基础，运用文献计量方法对本学科发展态势进行分析。本章旨在重点研究当前宏观管理与政策学科的整体发展趋势，明晰总体学科和各学科方向的发展态势及中国所处位势，分析不同方向间的交叉融合趋势，为本学科的发展战略与优先资助领域研究奠定基础。

本章主要分为四个部分。第一部分介绍研究的整体框架，剖析宏观管理与政策学科的概念边界与内在结构，阐述研究数据集的构建方法与主要分析指标。第二部从本学科的整体产出、学科结构、国际（地区）合作、论文资助四个维度出发，描述学科整体发展趋势。第三部分对本学科的九个具体方向的发展态势进行分析。第四部分对本章研究进行总结，并简要探讨本章研究的相关发现对进一步发展宏观管理与政策学科的启示与借鉴意义。囿于篇幅，本章有少量图表无法放入正文中，读者可以在附录1中进行查阅。

2.1　研　究　框　架

作为全章的开篇，本节首先介绍开展宏观管理与政策学科发展态势分析的研究框架，共分为四个部分。一是介绍宏观管理与政策学科的概念边界，以及各个学科方向的划分逻辑。二是介绍本章研究的数据集构建过程与统计口径。三是阐述学科发展态势分析的维度与指标。四是简要总结本章研究方法的主要优点与贡献。

2.1.1　研究对象

综合考虑历史数据、学科发展规律、社会发展需求、可操作性和专家建议等因素，本章将宏观管理与政策学科原有的学科代码重新排列组合为九个主要方向

---

① SCI 即 Science Citation Index，科学引文索引；SSCI 即 Social Science Citation Index，社会科学引文索引。

进行科学计量学分析,具体包括:公共管理、公共安全与危机管理、信息资源管理、资源与环境管理、科技创新管理与政策、公共卫生与健康管理、教育与文化管理、社会治理与社会福利、区域发展与城市治理。表 2-1 展示了九个主要方向与"十三五"时期宏观管理与政策学科 15 个学科代码的对应关系。

表 2-1 学科方向与宏观管理与政策学科"十三五"学科代码对应关系

序号	学科方向	学科代码	学科名称
1	公共管理	G0401	公共管理
		G0402	政策科学理论与方法
2	公共安全与危机管理	G0409	公共安全与危机管理
3	信息资源管理	G0414	信息资源管理
		G0415	电子政务
4	资源与环境管理	G0411	环境与生态管理
		G0412	资源管理与政策
5	科技创新管理与政策	G0404	科技管理与政策
		G0405	创新管理与政策
6	公共卫生与健康管理	G0406	卫生管理与政策
7	教育与文化管理	G0407	教育管理与政策
		G0408	文化与休闲产业管理
8	社会治理与社会福利	G0403	非营利组织管理
		G0410	社会福利管理
9	区域发展与城市治理	G0413	区域发展管理

2.1.2 数据集构建方法

对学科发展态势的文献计量分析涉及领域总体、学科方向、研究主题三个由宏观到微观的不同层面。本章采用定量与定性相结合的数据集构建方法,通过大数据与专家知识相结合,系统形成三个层面的数据集。具体流程如下所述。

第一步,采用荷兰莱顿大学科学技术研究中心(Centrum voor Wetenschap en Technologische Studies,CWTS)的 WoS 全学科论文聚类结果[①],将聚类结果匹配到中国科学院文献情报中心的 WoS 本地化数据,构建形成全学科知识体系数据集。CWTS 的论文聚类基于 2000~2019 年的 WoS 核心库论文(SCI/SSCI/CPCI[②])

---

① 相关结果可参见:https://www.leidenranking.com/information/fields。

② CPCI 即 Conference Proceedings Citation Index,科技会议录索引。

共计约 2980 万篇论文和 5 亿条引用关系,采用社团划分的方法——莱顿算法对论文进行聚类,从而形成论文聚类簇(Traag et al.,2019)[①]。如图 2-1 所示,CWTS将约 2980 万篇论文聚类为微观层面的 4013 个论文聚类簇,这些可视为全学科领域的研究主题。

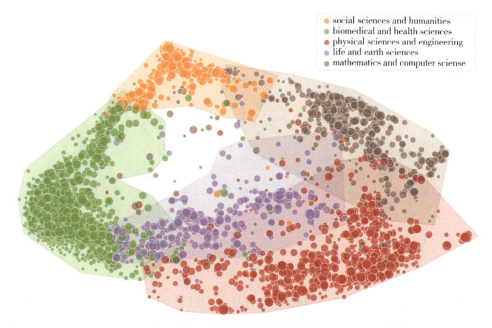

图 2-1　全学科聚类图谱

注:图中不同颜色代表主题的领域大类,其中黄色为人文社会科学(social sciences and humanities),绿色为生物医学和健康科学(biomedical and health sciences),红色为物质科学和工程(physical sciences and engineering),紫色为生命与地球科学(life and earth sciences),褐色为数学和计算机科学(mathematics and computer science)。图 2-2 颜色含义同此

　　第二步,对 4013 个论文簇进行定量的初步筛选。先用计量指标遴选出和宏观管理与政策领域具有一定相关度的论文簇(研究主题),其主要遴选指标为每个论文簇中发表在宏观管理与政策领域期刊(由专家提供)上的论文比例,为了防止遗漏,该指标阈值较低,并根据比例不同,给论文簇划定相关度,共得到 284 个本领域相关论文簇。

　　第三步,由学科专家对聚类结果进行判读和遴选,邀请 7 位本领域专家判读 284 个论文簇的定量标签和所包含的论文列表,"背对背"评议,进一步遴选出 125 个宏观管理与政策领域的论文簇,并由学科专家对 125 个论文簇进行命名,

---

① 莱顿算法为启发式算法,针对一个目标优化函数,通过逐步的迭代来得到类内关系紧密、类间界限清晰的最优解。

将其映射到宏观管理与政策领域下的 9 个学科方向。如图 2-2 所示，本轮处理后共得到 125 个论文簇。

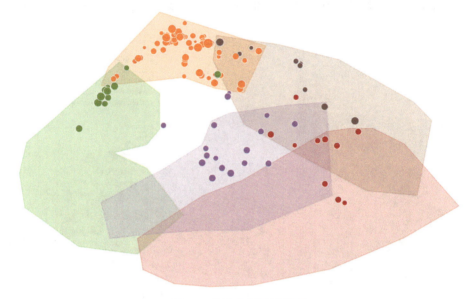

图 2-2　研究主题遴选结果

经过上述步骤，最终得到宏观管理与政策学科三个层面的数据集。

研究主题数据集：遴选得到的 125 个论文聚类簇为宏观管理与政策学科的 125 个研究主题数据集，专家给出的各个论文聚类簇的名称为研究主题名称。

学科方向数据集：根据专家提供的 125 个论文聚类簇与 9 个学科方向的对应关系，得到 9 个学科方向的数据集。

学科总体数据集：125 个论文聚类簇的论文合集为宏观管理与政策学科的数据集，按照本章统计口径共计约 54 万篇论文。

本章统计口径如表 2-2 所示。

表 2-2　统计口径列表

项目	统计口径
数据来源	WoS 论文（SSCI 与 SCI）
统计时间窗	2009~2019 年
文献类型	article（研究论文）、review（综述）、letter（书信）
论文统计口径	全作者
引文统计口径	开放时间窗被引频次（发表时间到统计时间）

续表

项目	统计口径
中国论文统计范围	考虑到国家自然科学基金委员会（National Natural Science Foundation of China，NSFC）所重点关注的资助范围，中国统计口径选用内地（大陆）数据，不含港、澳、台地区数据（港、澳、台地区为单独的统计单元）
数据采集时间	2020 年 6 月

2.1.3　分析方法与指标

本章对学科发展态势的分析包括六个具体维度：①整体产出分析；②国际（地区）合作分析；③期刊与关键词分析；④学科交叉分析；⑤研究主题与研究热点分析；⑥论文资助分析。下面对六个维度使用的主要指标进行介绍。

1. 整体产出分析

本模块包含三个分析维度下的六个测度指标，具体含义如表 2-3 所示。

表 2-3　整体产出分析的指标体系

维度	指标	概念意涵
产出规模	论文数量	研究实体的论文集合中论文的篇数
	学科方向论文份额	某年度某方向论文总数除以本学科论文总量
学术影响力	被引频次	研究实体的论文集合中论文收到被引频次的总量
	被引频次的世界份额	国家（地区）的被引频次除以同年份、同领域的世界被引频次，可以使得不同年份、不同学科方向的被引频次规模可比
	FWCI	FWCI 指标的计算方法为论文被引频次与同学科（此处的学科为宏观管理与政策学科的各个学科方向）、同年份、同文献类型的一组论文平均被引频次的比值，当 FWCI≥1 时，代表论文影响力达到或超过了该学科方向世界平均水平。国家（地区）或者研究主题的 FWCI 为其论文集合 FWCI 的均值
高被引论文	高被引论文数	研究实体的论文集合中高被引论文的篇数，高被引论文按照各学科方向每年被引频次的 TOP5%遴选，学科高被引论文为各方向高被引论文的汇总

注：FWCI 即 field-weighted citation impact，中文为学科归一化篇均引文，也被称为 MNCS（mean normalized citation score）指标

2. 国际（地区）合作分析

一方面，本章构建了本学科和各学科方向的国际（地区）合作网络图，用以描述各国（地区）在相应领域的国际（地区）合作情况以及在国际（地区）合作中的重要程度。其中，节点代表国家（地区），节点大小代表国家（地区）在该

方向相应时间窗的发文数量，连线粗细代表国家（地区）之间的合作论文数，不同的颜色代表国家（地区）所属的不同聚类。在绘制国际（地区）合作网络的基础上，本章使用 PageRank 指标定量评估国家（地区）在合作网络的中心地位和重要程度，该指标不仅与该国家（地区）的合作国家（地区）的数量及合作强度有关，还与其合作对象在网络中的重要程度有关。取值越大代表网络中心度越强，越趋于网络中心位置，其计算公式如式（2-1）所示。其中，i 代表某一国家（地区），j 是与 i 有合作关系的国家（地区），n 代表总的国家（地区）数量，PR(i)、PR(j)分别是 i、j 的网络中心度"得分"，$C(j)$ 是 j 与各国（地区）的合作论文数之和，d 是一个衰减因子，通常取值为 0.85。

$$PR(i) = \frac{1-d}{n} + d \times \sum_{j=1}^{n} \frac{PR(j)}{C(j)} \qquad (2\text{-}1)$$

另一方面，本章考察特定国家（地区）与中国的合作程度。首先，本章计算特定国家（地区）与中国共同署名发表的论文数量，分析特定领域与中国合作论文数量排名前列的国家（地区），该指标可以从一定程度上反映中国在论文产出中的主要合作"伙伴"。其次，计算某国家（地区）与中国的合作论文数量占该国家（地区）国际（地区）合作论文总量的份额，该份额可以从一定程度上揭示该国家（地区）与中国的合作在其国际（地区）合作中的地位，进而反映该国家（地区）在国际（地区）合作中对中国的依赖程度。

3. 期刊与关键词分析

学科方向论文的高频期刊和关键词可以在一定程度上表征该学科方向的研究内容或者研究趋势，而不同时间窗发文高频期刊与关键词的变化，可以从一定程度上揭示该学科方向的新兴研究点或潜在研究方向。此外，本章对关键词的统计主要基于论文的真实关键词（也称作者关键词），未做人工清理，重在揭示统计规律。

4. 学科交叉分析

本章使用辛普森多样性指数测量某个领域论文在其所涉及 WoS 学科上分布的集中或分散程度，以此反映该领域的学科交叉度。需要指出的是，多样性概念包含种类、均衡性和相似性三个维度（Stirling，2007）。而辛普森多样性不考虑学科与学科之间的相似性，因此其测度侧重于多样性概念框架的前两个维度。辛普森多样性指数的计算如式（2-2）所示，其取值越高，代表学科交叉度越高，该领域论文在其所涉及 WoS 学科上分布越分散。其中，i 代表某个 WoS 学科，n 为该领域涉及的 WoS 学科总数，P_i 为该领域论文中属于 i 学科论文的比例。

$$D = 1 - \sum_{i=1}^{n} P_i^2 \qquad (2\text{-}2)$$

5. 研究主题与研究热点分析

研究主题是由定量方法形成的一个论文聚类簇，论文簇的名称是由专家判读给定，本学科的九个学科方向共有 125 个研究主题。本章 2.1.2 节对各学科的研究主题的产生过程进行了系统的介绍。

研究热点分析建立在界定研究主题的基础之上，其依据包括论文增速、被引频次和 FWCI 三个指标，旨在从各个方向所包含的所有主题中遴选出相对意义上的热点主题。表 2-3 对被引频次和 FWCI 两个指标的概念进行了介绍。此处，论文增速主要指研究主题论文数量的复合年均增长率。进行研究热点遴选时，三个指标等权处理，由于三个指标中有两个指标为学术影响力指标，因此该热点遴选方法更加侧重研究主题的学术影响力，这是因为在文献计量学中，学术影响力可以代表研究主题的受关注程度和成果质量，常用来代表热度。具体的热点遴选方法为：首先依据三个热点遴选指标分别给出研究主题的排名，然后基于三个指标下研究主题的排名得出研究主题的综合排名，依据综合排名即可遴选出排名前三的热点研究主题。此外，由于研究热点遴选中侧重考虑研究主题在近期的热度，因此 FWCI 和被引频次两项学术影响力指标的统计时间窗为 2015~2019 年。

由于每个方向所包含的主题个数不同，为尽可能给出相对的研究热点，本章对于主题数在 10 个以上的方向遴选出排名前 5 的研究主题作为研究热点，对于主题数在 10 个及以下的方向遴选出排名前 3 的研究主题作为研究热点。根据此标准，9 个学科方向共遴选出 38 个研究热点。

在给出每个学科方向的研究热点后，本章进一步绘制了热点主题的关键词共现图，具体基于论文的关键词，使用 VOSviewer 软件进行绘制（van Eck and Waltman，2010）。此处绘图为"图中图"形式。小图和大图的关键词聚类结果相同，仅是颜色标签不同。小图中，关键词的颜色标签代表其所属的不同的聚类，而大图中的颜色则代表关键词的平均发表年，颜色深浅代表其时间远近。囿于篇幅限制，一般选择各学科方向所有热点中综合排名前两位的主题（如果出现并列，则取 FWCI 更高者）进行共现图的绘制。此外，本章还分析了各国家（地区）在各研究热点的论文世界份额，即该国家（地区）在某个研究热点的论文数量除以该研究热点的世界论文数量，以反映和比较国家（地区）在不同研究热点上的产出力度。

6. 论文资助分析

论文资助分析主要为基于中国论文的分析，旨在从资助成果产出的角度来揭示资助的程度与效果，包含 6 个指标，重点分析 NSFC 的角色和地位。指标的具体情况如表2-4 所示。

表 2-4　论文资助分析的指标体系

维度	指标	概念意涵
受资助	中国论文受资助份额	中国某领域受到资助的论文数量占该领域所有论文数量的比例
	中国高被引论文受资助份额	中国某领域受到资助的高被引论文数量占该领域所有高被引论文数量的比例
受 NSFC 资助	中国论文受 NSFC 资助份额 1	中国某领域受到 NSFC 资助的论文数量占该领域所有论文数量的比例
	中国高被引论文受 NSFC 资助份额 1	中国某领域受到 NSFC 资助的高被引论文数量占该领域所有高被引论文数量的比例
	中国论文受 NSFC 资助份额 2	中国某领域受到 NSFC 资助的论文数量占该领域所有受资助论文数量的比例，以反映 NSFC 资助在所有资助机构中的资助地位
	中国高被引论文受 NSFC 资助份额 2	中国某领域受到 NSFC 资助的高被引论文数量占该领域所有受资助高被引论文数量的比例，以反映 NSFC 资助在所有资助机构中的资助地位

2.1.4　方法优势

本章研究使用的方法组合主要有以下三方面优势。

一是数据集构建方法采用大数据与专家知识相结合的方式，提升了研究的准确性和有效性。数据集是文献计量分析的基础，数据集构建的精准性直接影响分析结果的可靠性。宏观管理与政策学科具有典型的交叉学科属性，科学界定论文范围是一个具有挑战性的问题。本章计量分析基于中国科学院文献情报中心所采购的特色数据资源——本地化全库 WoS 数据，在此基础上通过复杂网络方法和计量指标形成初选数据集，并结合专家判读的方式得到最终数据集。该数据集构建方式具有细粒度、精准性、兼容性、实时性、客观性等优势，可以提升研究的准确性和有效性。

（1）细粒度：本章数据集构建方法是论文层面数据集构建方式，比传统期刊方式的数据集构建方法粒度更细，可解决期刊方式构建数据集所带来的噪声问题。

（2）精准性：本章数据集构建方法基于莱顿算法对 WoS 全学科论文进行聚类，莱顿算法运行效率高，适合用于海量数据分析，且聚类效果好，聚类结果具有类内关系紧密、类间界限清晰的优势。

（3）兼容性：本章研究采用论文层面数据集构建方式可较好地涵盖学科交叉性论文，更加适合宏观管理与政策学科这类界限相对模糊、交叉性强的学科领域的数据集构建。通过数据集构建结果也可以看出，本学科主题大部分分布在社科领域，此外还有少量主题分散在距离社会科学相对较近的自然科学领域中。

（4）实时性：此方法的核心在于论文引用关系，因此该数据集构建方法可以适应宏观管理与政策学科最新的研究脉络结构，不受先验知识的时间滞后性影响。

（5）客观性：相对于期刊构建方式，该方法的定性干预处于后期阶段，学科数据的收集更为客观，能够减少主观人为因素的影响。

二是分析框架与指标充分响应需求，能够充分匹配学科战略规划的重要问题。本章的分析框架缘起于宏观管理与政策学科战略专家所关注的学科发展问题，通过文献计量视角，将其转换为具体的分析维度和指标，并基于多元化分析视角，对该领域普遍关注的重点问题进行针对性、系统性和全面性的回应，能够充分满足学科战略规划的需求。

三是研究结论采用文献计量分析的客观结果和专家研判有机融合，提升指导性与政策性。本章的计量分析从宏观管理与政策学科专家所关注的战略规划问题出发，通过定量分析得到客观数据结论最终交回专家研判，形成回流。通过该领域专家对计量分析结论的研读与分析，实现文献计量分析与专家视角的有机融合，进而形成更具现实指导意义的相关政策建议。

2.2　学科发展的总体态势分析

宏观管理与政策作为管理科学的一个重要分支学科，对解决管理实践中的现实问题具有重要意义。本章从整体产出、学科结构、国际（地区）合作、论文资助四个维度出发，对于宏观管理与政策学科近年来的发展态势进行分析。研究发现，近年来本学科相关研究规模不断扩大，国际（地区）合作渐趋紧密，但具体学科方向的发展程度参差不齐。凭借着科学资助对高水平研究成果的有力推动作用，我国科研产出质量不断提升，也逐渐成为宏观管理与政策学科国际（地区）合作中各国（地区）重要的合作"伙伴"。

2.2.1　整体产出分析

首先，从研究规模来看，如图 2-3 所示，2009 年至 2019 年间，宏观管理与政策学科的论文数量呈现稳步增长态势，从 33 234 篇增长至 71 397 篇，年均增速达

7.9%。图 2-4 统计了不同国家（地区）的发表情况。结果表明，11 年间，中国宏观管理与政策学科论文由 1177 篇增长至 10 485 篇，增长了近 8 倍，相应的世界排名由第 8 名上升至第 2 名，但与排名首位的美国相比，还存在较大的差距，仅约为美国的一半。

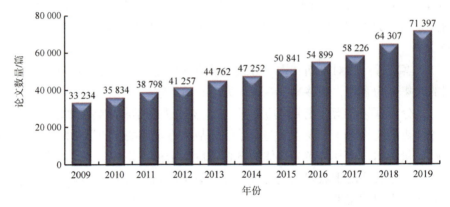

图 2-3　2009~2019 年宏观管理与政策学科 WoS 论文数量

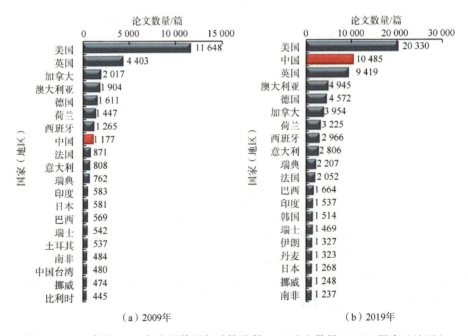

（a）2009年　　　　　　　　　（b）2019年

图 2-4　2009 年和 2019 年宏观管理与政策学科 WoS 论文数量 TOP20 国家（地区）

其次，从学术影响力来看，如图 2-5 所示，2009~2019 年中国宏观管理与政策学科的学术影响力有所提升，被引频次占世界份额由 4.2%增长至 21.0%，相应排名由第 7 名上升至第 2 名，与美国的差距正快速缩小。从论文数量 TOP10 国家

（地区）的 FWCI 值来看（图 2-6），除西班牙外，其余国家（地区）在 2009 年和 2019 年的 FWCI 值都位于世界基线之上；中国 2009 年刚达到世界基线水平，2019 年领先于世界基线，成长速度较快。

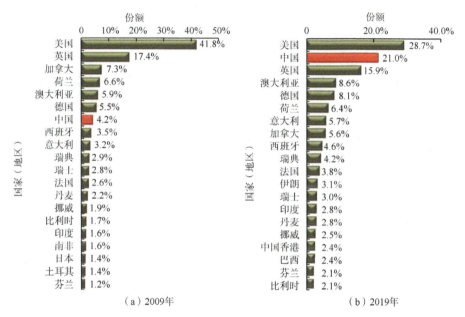

图 2-5　2009 年和 2019 年宏观管理与政策学科 WoS 论文被引频次世界份额 TOP20 国家（地区）

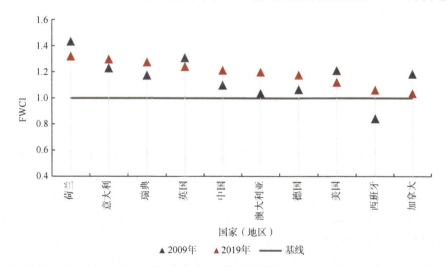

图 2-6　2009 年和 2019 年宏观管理与政策学科论文数量 TOP10 国家（地区）的 FWCI 值
注：TOP10 国家（地区）按照 2019 年 WoS 论文数量遴选

最后，从高被引论文来看，科研评价研究常使用高被引论文代表高水平研究成果，国家（地区）的高被引论文产出规模可以从一定程度上反映国家（地区）高学术影响力科研成果的产出能力。图 2-7 分析了宏观管理与政策学科 WoS 高被引论文数量排名前 20 的国家（地区）。研究结果表明，2009 年到 2019 年间，中国宏观管理与政策学科的高被引论文产出数量从 66 篇增长到 852 篇，整体进步速度较快，排名从第 7 名上升至第 2 名，逐渐缩小与美国的差距。

图 2-7　宏观管理与政策学科 WoS 高被引论文数量 TOP20 国家（地区）

2.2.2　学科结构分析

在 2.2.1 节分析本学科整体产出的基础上，本小节进一步分析本学科的 9 个具体学科方向的论文产出格局，以揭示本学科的产出结构。

首先从学科特点来看，本学科 9 个学科方向的科研产出态势呈现明显差异。如表 2-5 和图 2-8 所示，资源与环境管理学科方向研究规模最大，论文增速最快。区域发展与城市治理学科方向论文数量稳步增长，增速高于本学科整体增速。公共管理、公共安全与危机管理、公共卫生与健康管理、教育与文化管理四个学科方向论文数量有所增长，但增速略低于本学科整体增速。信息资源管理、科技创新管理与政策、社会治理与社会福利三个学科方向论文增速较慢，增速显著低于本学科整体增速。

表 2-5 2009~2019 年宏观管理与政策学科 9 个学科方向 WoS 论文

序号	学科方向名称	2009 年/篇	2010 年/篇	2011 年/篇	2012 年/篇	2013 年/篇	2014 年/篇	2015 年/篇	2016 年/篇	2017 年/篇	2018 年/篇	2019 年/篇	增速
1	公共管理	3 351	3 668	3 750	3 854	4 041	4 366	4 577	4 735	4 885	5 374	6 093	6.2%
2	公共安全与危机管理	1 310	1 420	1 409	1 651	1 667	1 812	1 859	2 029	2 161	2 266	2 573	7.0%
3	信息资源管理	2 143	2 283	2 394	2 482	2 596	2 568	2 715	2 894	2 818	2 853	3 035	3.5%
4	资源与环境管理	9 642	10 677	12 009	13 131	15 256	16 462	18 054	20 442	22 176	25 764	27 833	11.2%
5	科技创新管理与政策	2 295	2 512	2 739	2 656	2 527	2 555	2 654	2 942	2 810	2 849	3 316	3.7%
6	公共卫生与健康管理	5 388	5 643	6 313	6 745	7 037	7 671	8 208	8 517	9 067	9 787	10 489	6.9%
7	教育与文化管理	3 180	3 391	3 667	3 745	4 056	4 128	4 315	4 617	4 734	5 097	6 132	6.8%
8	社会治理与社会福利	2 594	2 667	2 768	2 885	2 879	2 986	3 137	3 167	3 388	3 512	3 809	3.9%
9	区域发展与城市治理	3 331	3 573	3 749	4 108	4 703	4 704	5 322	5 556	6 187	6 805	8 117	9.3%
	总体（宏观管理与政策领域）	33 234	35 834	38 798	41 257	44 762	47 252	50 841	54 899	58 226	64 307	71 397	7.9%

注：增速为复合年均增长率算法。

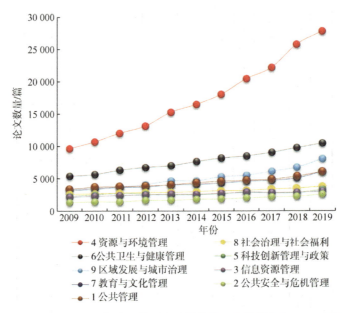

图 2-8　2009~2019 年宏观管理与政策学科 9 个学科方向 WoS 论文

　　其次，本小节进一步聚焦中国，从整体产出结构层面来揭示中国本学科的学科结构[①]，并选择美国为对比国家，来揭示中国结构特征。如图 2-9 和表 2-6 所示，2019 年中国呈现出资源与环境管理产出份额较高，公共管理产出份额较低的偏振

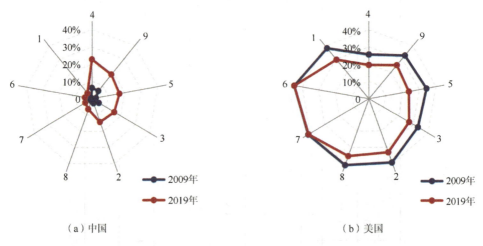

（a）中国　　　　　　　　　　　　　　　（b）美国

图 2-9　中国和美国在 9 个学科方向的 WoS 论文数量的世界份额

注：学科方向名称见表 2-5

---

　　① 学科结构是指国家（地区）在宏观管理与政策领域 9 个学科方向的产出学科结构，通过国家（地区）学科方向的论文份额［国家（地区）在某学科方向的论文产出数量占该学科方向世界总论文数量的份额］来进行测度，该指标可以规避国家（地区）各学科方向论文产出数量受各学科方向本身规模大小影响的问题。

表 2-6　中国和美国在 9 个学科方向的 WoS 论文数量及其世界份额

项目	1	2	3	4	5	6	7	8	9
2009 年									
世界论文数/篇	3 351	1 310	2 143	9 642	2 295	5 388	3 180	2 594	3 331
中国论文数/篇	26	36	105	621	57	59	38	34	201
中国论文份额	0.8%	2.7%	4.9%	6.4%	2.5%	1.1%	1.2%	1.3%	6.0%
美国论文数/篇	1 284	514	709	2 476	787	2 415	1 313	1 060	1 090
美国论文份额	38.3%	39.2%	33.1%	25.7%	34.3%	44.8%	41.3%	40.9%	32.7%
2019 年									
世界论文数/篇	6 093	2 573	3 035	27 833	3 316	10 489	6 132	3 809	8 117
中国论文数/篇	258	370	475	6 360	560	448	281	246	1 487
中国论文份额	4.2%	14.4%	15.7%	22.9%	16.9%	4.3%	4.6%	6.5%	18.3%
美国论文数/篇	1 803	850	824	5 451	787	4 692	2 517	1 346	2 060
美国论文份额	29.6%	33.0%	27.1%	19.6%	23.7%	44.7%	41.0%	35.3%	25.4%

注：国家（地区）论文份额为世界论文份额，即国家（地区）在某学科方向的论文数量占该学科方向世界论文数量的份额；学科方向名称见表 2-5

式学科结构；美国则呈现出各学科方向的产出份额相差无几的均衡式学科结构。此外，除了资源与环境管理，美国在其余学科方向产出份额均高于中国。从变化视角来看，2019 年相比 2009 年，中国在各学科方向的产出份额均有较大程度的提升，美国则略有下降或保持平稳。

最后，本小节对中国展开深入分析，从多维发展水平层面进一步揭示中国本学科的各学科方向呈现出的结构性特点。图 2-10~图 2-13 分别从国际（地区）排

（a）2019年论文数量排名　　　　　　　　（b）2019年被引频次排名

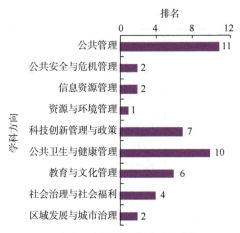

（c）2019年高被引论文数量排名

图 2-10　2019 年中国各学科方向论文数量、被引频次与高被引论文数量国际（地区）排名

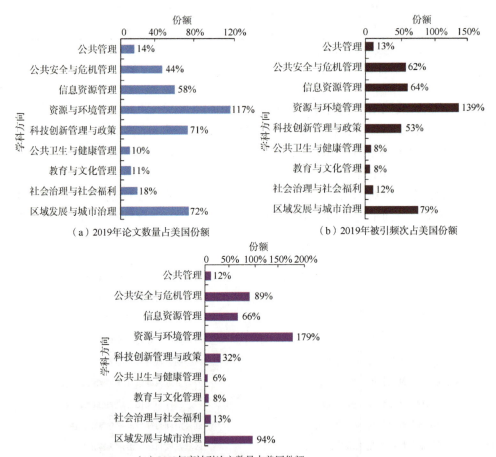

（a）2019年论文数量占美国份额　　　（b）2019年被引频次占美国份额

（c）2019年高被引论文数量占美国份额

图 2-11　2019 年中国各学科方向论文数量、被引频次与高被引论文数量占美国份额

（a）论文数量排名进步位次　　　（b）被引频次进步位次

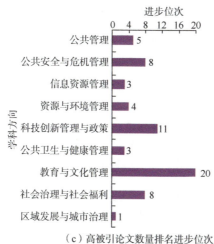

（c）高被引论文数量排名进步位次

图 2-12　2019 年中国各学科方向论文数量、被引频次与高被引论文数量国际（地区）排名相比
2009 年的进步位次

名、标杆差距、相对位置进步、指标进步幅度四个视角展示了中国在论文产出规模、学术影响力、高被引论文三个维度上所处的产出水平或发展阶段。将美国作为国际（地区）领先水平的代表，根据中国科研产出相对于国际（地区）领先水平的程度，可将 9 个学科方向的科研产出发展阶段大致划分为四类：优势学科方向、潜力学科方向、追赶学科方向、滞后学科方向，具体分析见下文。

优势学科方向——资源与环境管理：2009 年至 2019 年，该学科方向中国的论文数量由 621 篇增至 6360 篇，增长了约 9 倍，被引频次的世界份额由 7.2% 增长至 29.5%，高被引论文产出数量由 37 篇增至 572 篇，均位列第 1 名，远超美国、英国等国家（地区）。这些数据从侧面反映出当前"推进绿色发展、循环发展、

（a）论文数量增长倍数　　　　　　（b）被引频次世界份额增长百分点

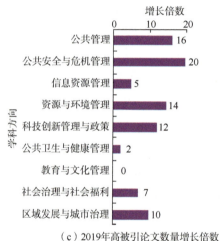

（c）2019年高被引论文数量增长倍数

图 2-13　2019 年中国各学科方向论文数量、被引频次与高被引论文数量
相比 2009 年的增长幅度

低碳发展"和"建设美丽中国"的战略部署对于资源与环境管理领域相关研究具
有重要引领作用。

　　潜力学科方向——公共安全与危机管理、信息资源管理、科技创新管理与政
策、区域发展与城市治理：在这些学科方向上，中国的论文数量、学术影响力及
排名都有较为明显的提升，与美国的差距大幅缩小。其中，区域发展与城市治
理领域表现最为突出，与美国差距最小。2009 年至 2019 年间，该领域研究规模、
学术影响力、高水平科研产出等都取得较大进步，论文产出数量增长较快，由 201
篇增至 1487 篇，增长了约 6 倍，相应国际（地区）排名由第 4 名上升到第 2 名；
被引频次世界份额由 6.0% 增长至 21.0%，相应排名升至第 3 名，并与第 1 名美国

（26.5%）相差不大。高被引论文产出数量增长迅猛，由 11 篇增至 120 篇，增长了约 10 倍，与美国的差距也大幅缩小。

追赶学科方向——公共管理、社会治理与社会福利：2009 年至 2019 年间，公共管理、社会治理与社会福利领域论文数量、学术影响力和排名虽然都有所提升，但与美国仍有较大差距。具体而言，2009 年至 2019 年间，我国公共管理领域论文数量增长了近 9 倍，达到 258 篇，相应排名由第 23 名上升至第 8 名，但不及美国的 1/6。被引频次世界份额增长了 3.4 个百分点，相应排名由第 19 名上升至第 10 名，但仍然不到美国的 1/7。高被引论文数量由 1 篇增至 17 篇，位居第 11 名，但不及美国的 1/8。社会治理与社会福利领域论文产出数量增长较快，由 34 篇增至 246 篇，增长了约 6 倍，相应国际（地区）排名由第 15 名升至第 4 名，但在高水平学术成果产出以及学术影响力方面尚存在提升空间。高被引论文产出数量由 2009 年 2 篇增至 2019 年 16 篇，排名上升至第 4 名，但不及美国的 1/7。同时，2019 年中国社会治理与社会福利领域论文数量的 FWCI 值处于同领域 TOP10 国家（地区）的末位，低于世界平均水平。

滞后学科方向——公共卫生与健康管理、教育与文化管理：中国在公共卫生与健康管理、教育与文化管理领域的论文数量和学术影响力排名较为落后，且与美国的差距较大。中国公共卫生与健康管理领域论文数量由 2009 年 59 篇增长至 2019 年 448 篇，增长了近 7 倍，相应排名由第 19 名升至第 7 名，被引频次的世界份额由 1.6%增长至 4.6%，两项指标均不超过美国的 1/10，这在一定程度上反映出目前我国在公共卫生与健康管理领域的整体科研实力还较为薄弱，有待进一步补齐短板，抓住新一轮发展机遇。教育与文化管理领域论文数量由 2009 年的 38 篇增至 2019 年的 281 篇，增长了约 6 倍，相应排名由第 15 名升至第 5 名，但仍不及美国的 1/8，被引频次世界份额增至 3.6%，甚至不及美国的 1/12，FWCI 值未到达世界平均水平，表明中国教育与文化管理领域的学术影响力有待进一步提升。

2.2.3　国际（地区）合作分析

国际（地区）合作已经成为科学研究的主要模式之一，也是各国（地区）科技战略的重要组成部分。国家（地区）的国际（地区）合作网络分析可以描述各国（地区）某学科国际（地区）合作情况以及在国际（地区）合作中的重要程度。在考察总体和学科方向学术产出的基础上，本小节运用社会网络分析方法，从整体情况和中国主视角两方面出发，进一步研究宏观管理与政策学科 2009~2019 年的国际（地区）学术合作情况。

首先，从学科整体合作情况来看，10 年间本学科学术研究的国际（地区）合作关系越发紧密。如图 2-14 所示，对比 2009~2014 年、2015~2019 年两个时间窗

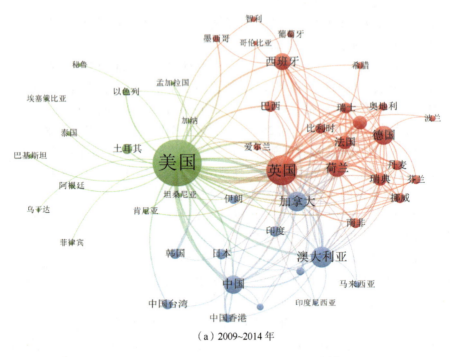

（a）2009~2014 年

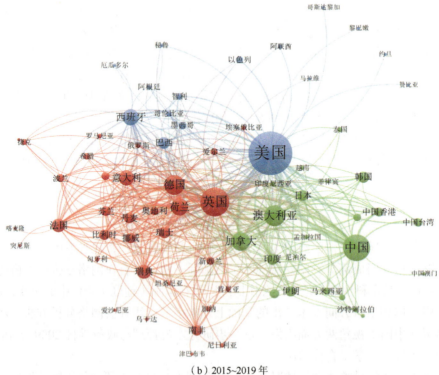

（b）2015~2019 年

图 2-14　2009~2014 年、2015~2019 年宏观管理与政策学科 WoS 论文国际（地区）合作网络

注：合作论文阈值为 100 篇

内宏观管理与政策学科的国际（地区）合作网络，参与国际（地区）合作的国家（地区）数量和国家（地区）之间的连线均有增加，表明 11 年来越来越多的国家（地区）更加密切地参与了本学科的国际（地区）合作。

其次，本小节进一步聚焦本学科国际（地区）合作中的个体国家（地区）。从本学科合作网络中国家（地区）的 PageRank 值排名看，美国和英国处于中心位置，中国的排名从第 7 位上升到第 4 位，逐渐从国际（地区）合作网络的边缘向中心位置趋近。澳大利亚、荷兰等与中国合作论文数量排名有所提升，这些国家（地区）成为中国越来越重要的学术合作伙伴。如表 2-7 所示，2015~2019 年中国主要合作国家（地区）与中国的合作论文数量占各个国家（地区）国际（地区）合作论文总量的比例相比 2009~2014 年都有所增加，表明中国正成为各个国家（地区）国际（地区）合作中越来越重要的合作对象。此外，得益于"一带一路"倡议下中巴经济走廊建设等不同领域中巴合作的稳步推进，近年来巴基斯坦与中国的合作日益加深。

表 2-7　宏观管理与政策学科中国的 TOP20 合作国家（地区）

2009~2014 年						2015~2019 年					
国家（地区）		与中国合作论文		所有合作论文		国家（地区）		与中国合作论文		所有合作论文	
中文名	英文名	论文数/篇	排名	论文数/篇	比例	中文名	英文名	论文数/篇	排名	论文数/篇	比例
美国	USA	2 407	1	19 842	12.1%	美国	USA	5 634	1	29 788	18.9%
英国	UK	735	2	13 058	5.6%	英国	UK	2 039	2	20 760	9.8%
中国香港	Hong Kong, China	648	3	1 458	44.4%	澳大利亚	Australia	1 713	3	10 558	16.2%
加拿大	Canada	605	4	6 150	9.8%	中国香港	Hong Kong, China	1 398	4	2 650	52.8%
澳大利亚	Australia	534	5	5 795	9.2%	加拿大	Canada	1 120	5	8 798	12.7%
日本	Japan	317	6	1 701	18.6%	荷兰	Netherlands	702	6	8 759	8.0%
德国	Germany	274	7	5 872	4.7%	德国	Germany	656	7	10 230	6.4%
荷兰	Netherlands	241	8	5 788	4.2%	日本	Japan	640	8	2 712	23.6%
中国台湾	Taiwan, China	59	9	853	18.6%	新加坡	Singapore	470	9	1 787	26.3%
新加坡	Singapore	148	10	977	15.1%	中国台湾	Taiwan, China	433	10	1 210	35.8%
比利时	Belgium	147	11	2 219	6.6%	巴基斯坦	Pakistan	411	11	1 300	31.6%
瑞典	Sweden	117	12	2 857	4.1%	法国	France	367	12	5 666	6.5%
法国	France	101	13	3 619	2.8%	丹麦	Denmark	324	13	3 336	9.7%
瑞士	Switzerland	89	14	2 646	3.4%	瑞典	Sweden	296	14	5 168	5.7%
奥地利	Austria	83	15	1 464	5.7%	意大利	Italy	296	15	5 951	5.0%
意大利	Italy	80	16	2 993	2.7%	韩国	Republic of Korea	227	16	2 280	10.0%
丹麦	Denmark	79	17	1 830	4.3%	瑞士	Switzerland	217	17	4 450	4.9%

续表

2009~2014 年					2015~2019 年				
国家（地区）		与中国合作论文		所有合作论文	国家（地区）		与中国合作论文		所有合作论文
中文名	英文名	论文数/篇	排名	论文数/篇	比例	中文名	英文名	论文数/篇	排名	论文数/篇	比例
挪威	Norway	77	18	1 826	4.2%	印度	India	215	18	2 558	8.4%
韩国	Republic of Korea	76	19	1 449	5.2%	挪威	Norway	207	19	3 173	6.5%
印度	India	73	20	1 457	5.0%	芬兰	Finland	207	20	2 445	8.5%

注：比例为各国家（地区）与中国的合作论文数量占本国（地区）所有合作论文总量的份额

2.2.4 论文资助分析

本小节对于高水平论文的资助情况进行分析，重点分析 NSFC 在科学资助中发挥的作用。图 2-15 展示了 2009~2019 年中国宏观管理与政策学科的论文受资助情况。分析结果表明，伴随发表总量的快速增长，中国宏观管理与政策学科论文整体受资助比例提升较快，从 2009 年的 43.9% 上升到 2019 年的 82.5%，整体增长近一倍，说明科研资助在科学产出中正发挥着日益重要的作用。

图 2-15　2009~2019 年宏观管理与政策学科中国 WoS 论文受资助数量与比例

图 2-16 进一步分析了 NSFC 在本学科中国学术研究中发挥的作用。结果表明，2009~2019 年 NSFC 日益成为宏观管理与政策学科中国学术论文的主要资助机构。到 2019 年，NSFC 资助中国该学科论文的数量占据该学科所有论文的 50.2% 和所有受资助论文的 60.9%。

图 2-16　2009~2019 年宏观管理与政策学科中国 WoS 论文受 NSFC 资助数量与比例

注：受资助份额 1 与受资助份额 2 的相关解释见表 2-4

本小节进一步分析了高被引论文的受资助情况，旨在重点反映资助机构在高水平成果产出方面的资助成效。从中国本学科高被引论文受资助数据可以得出以下结论。

从整体资助成效来看，图 2-17 展示了 2009~2019 年高被引论文受资助情况，并将其与所有论文受资助情况进行对比。研究结果表明，2009~2014 年和 2015~2019 年两个时间窗内，中国本学科高被引论文受资助比例分别为 59.0% 和 84.7%，均高于所有论文受资助比例（55.7% 和 80.2%）。该结果一方面表明科学资助的精准度较高，另一方面也表明科学资助有力地推动了高影响力论文的产出。

图 2-17　中国宏观管理与政策领域高被引 WoS 论文、所有 WoS 论文受资助比例

注：受资助份额为中国该领域受资助的高被引论文（所有论文）数量占中国该领域高被引论文（所有论文）的份额

从 NSFC 的资助成效看，图 2-18 展示了 NSFC 资助的高被引论文比例，并将其与 NSFC 资助的所有论文进行对比。统计数据显示，2009~2014 年本学科高被引论文受 NSFC 资助比例为 30.6%，与所有论文受 NSFC 资助比例（30.7%）相差无几；但 2015~2019 年高被引论文受 NSFC 资助比例（59.9%）高于所有论文受 NSFC 资助比例（49.8%），表明 NSFC 在推进该领域高被引论文产出方面的贡献越发凸显，从一定程度上显示了 NSFC 的资助成效。此外，表 2-8 所展示的受 NSFC 资助论文与非 NSFC 资助论文的 FWCI 值分析结果也进一步印证了上述结论：2009~2014 年两者 FWCI 值无异；2015~2019 年受 NSFC 资助论文的 FWCI 值高于非 NSFC 资助论文，进一步说明了 NSFC 的资助成效。

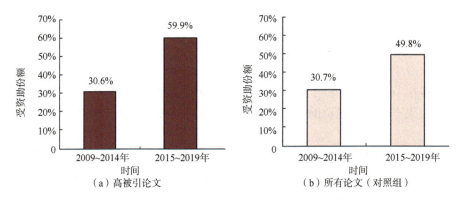

图 2-18　中国宏观管理与政策领域高被引 WoS 论文、所有 WoS 论文受 NSFC 资助比例

注：受资助份额为中国该领域受 NSFC 资助的高被引论文（所有论文）数量占中国该领域高被引论文（所有论文）的份额

表 2-8　宏观管理与政策领域受 NSFC 资助与非 NSFC 资助的中国 WoS 论文 FWCI 值

论文集合	2009~2014 年		2015~2019 年	
	论文数量/篇	FWCI	论文数量/篇	FWCI
受 NSFC 资助论文	3 845	1.08	16 664	1.35
非 NSFC 资助论文	8 676	1.08	16 822	1.14

针对宏观管理与政策领域的 9 个学科方向而言，如图 2-19 所示，公共管理、公共安全与危机管理、信息资源管理、资源与环境管理、科技创新管理与政策、社会治理与社会福利、区域发展与城市治理等 7 个学科方向科学资助（NSFC）在领域内高被引论文产出中发挥了有力的推动作用。而针对公共卫生与健康管理、教育与文化管理两个学科方向，科学资助（NSFC）的推动作用有待提升。其中，2009~2014 年公共卫生与健康管理领域高被引论文受资助比例（60.0%）高于中国

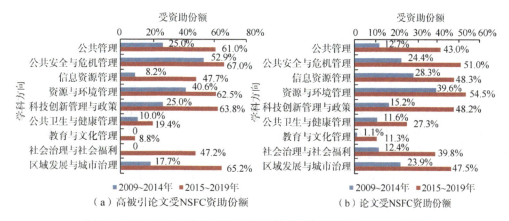

图 2-19　2009~2014 年与 2015~2019 年中国各学科方向所有论文与
高被引论文受 NSFC 资助比例

所有论文受资助比例(37.3%),但 2015~2019 年前者(47.3%)却低于后者(62.8%);
同时, 2009~2014 年、2015~2019 年中国该领域高被引论文受 NSFC 资助比例分别
为 10.0%、19.4%,均低于中国所有论文受 NSFC 资助比例 (11.6%、27.3%);教
育与文化管理领域存在同样的情况。这表明科学资助 (NSFC) 对这两个学科方向
高水平成果产出的推动作用有待进一步提升。

2.3　学科方向发展态势分析

在 2.2 节对于宏观管理与政策学科发展的总体态势进行分析的基础上,本节
进一步细化分析层次,具体从整体产出、国际(地区)合作、研究关键词、学科
交叉融合、研究主题与研究热点、论文受资助情况六个维度展开分析,旨在分析
中国与世界主要国家(地区)在各学科方向的发展态势及其在国际(地区)比较
中的位势,为我国科技政策相关部门制定相关领域的学科规划提供参考。受篇幅
限制,本节在正文部分主要呈现对学科方向发展态势的总体分析结论。感兴趣的
读者可以查阅附录 1,获得完整的分析结果。

2.3.1　公共管理

当今世界正经历着百年未有之大变局,国际形势的不稳定性与不确定性更加
突出,政治、经济、社会等领域不可预见的黑天鹅、灰犀牛事件不断发生,对全
球治理的动态性、适应性、有效性提出了更高的要求,也促进了公共管理领域相
关研究成果的涌现。公共管理学是研究政府及相关公共部门为实现经济、政治、
文化和社会发展目标,制定公共政策和实施综合管理行为的学科群总和,在宏观

管理与政策学科中扮演着基础性作用。公共管理作为当代中国哲学社会科学中发展最快的学科领域之一,其地位也逐步从边缘走向中心。

1. 学科方向发展态势

从总体趋势来看,2009~2019 年公共管理领域的论文数量呈现稳步增长态势,从该学科方向占宏观管理与政策领域的论文份额来看呈现略微下降的态势,可以反映出该学科领域的增速低于宏观管理与政策领域整体增速(图 2-20)。此外,该领域论文的学科交叉度在 2015~2019 年相比 2009~2014 年略稳中略升。

图 2-20　2009~2019 年公共管理领域 WoS 论文数量及其占宏观管理与政策领域的份额

从发文期刊分布来看,学科领域高频发文期刊可以从一定程度上表征该学科领域的研究范畴,2009~2014 年与 2015~2019 年公共管理领域的 TOP20 发文期刊重合度较高,*Electoral Studies* 和 *International Journal of Project Management* 在两个时间窗内均位列 TOP5 期刊;前后两个时间窗比较来看,刊载该领域论文数量排名上升较多的期刊为 *Public Management Review*、*Accounting Auditing & Accountability Journal*、*Journal of Management in Engineering* 等(图 2-21、图 2-22 和表 2-9)。

从关键词分布来看,学科领域的高频关键词可从一定程度上表征该学科领域的研究内容,而不同时间窗发文高频关键词的变化,可以在一定程度上揭示该学科领域可能的一些新的研究趋势。2015~2019 年与 2009~2014 年公共管理领域的高频关键词大体相同,主要有 elections、political parties、governance、gender 等,在一定程度上反映出该领域的研究围绕着选举、政治团体、政府职能、性别等研究点展开。从高频关键词的频次变化来看,public opinion、populism 等词在后一个时间窗频次排名上升明显,可见该领域的研究中舆论、民粹主义等研究点越来越活跃(图 2-23 和表 2-10)。

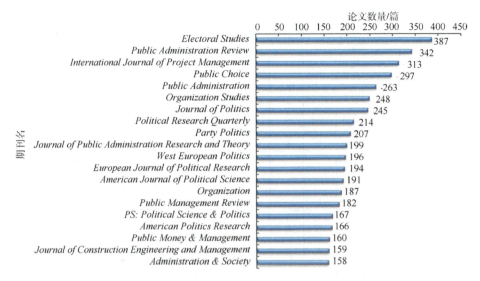

图 2-21　2009~2014 年公共管理领域 WoS 论文的 TOP20 发文期刊

图 2-22　2015~2019 年公共管理领域 WoS 论文的 TOP20 发文期刊

表 2-9　2009~2014 年、2015~2019 年公共管理领域 WoS 论文的 TOP20 发文期刊

2009~2014 年					2015~2019 年				
期刊名	论文数量/篇	前6年排名	后5年排名	排名变化	期刊名	论文数量/篇	后5年排名	前6年排名	排名变化
Electoral Studies	387	1	1	0	Electoral Studies	414	1	1	0
Public Administration Review	342	2	7	−5	International Journal of Project Management	334	2	3	1

续表

2009~2014 年					2015~2019 年				
期刊名	论文数量/篇	前6年排名	后5年排名	排名变化	期刊名	论文数量/篇	后5年排名	前6年排名	排名变化
International Journal of Project Management	313	3	2	1	Party Politics	322	3	9	6
Public Choice	297	4	30	−26	Public Management Review	316	4	15	11
Public Administration	263	5	9	−4	Organization Studies	280	5	6	1
Organization Studies	248	6	5	1	Journal of Politics	272	6	7	1
Journal of Politics	245	7	6	1	Public Administration Review	229	7	2	−5
Political Research Quarterly	214	8	16	−8	Accounting Auditing & Accountability Journal	208	8	31	23
Party Politics	207	9	3	6	Public Administration	205	9	5	−4
Journal of Public Administration Research and Theory	199	10	20	−10	Public Money & Management	202	10	18	8
West European Politics	196	11	13	−2	Journal of Management in Engineering	202	10	43	33
European Journal of Political Research	194	12	31	−19	Sustainability	199	12	473	461
American Journal of Political Science	191	13	22	−9	West European Politics	196	13	11	−2
Organization	187	14	24	−10	Journal of Construction Engineering and Management	190	14	19	5
Public Management Review	182	15	4	11	Human Relations	187	15	23	8
PS：Political Science & Politics	167	16	44	−28	Political Research Quarterly	175	16	8	−8
American Politics Research	166	17	28	−11	American Review of Public Administration	175	16	22	6
Public Money & Management	160	18	10	8	Parliamentary Affairs	175	16	28	12
Journal of Construction Engineering and Management	159	19	14	5	Administration & Society	170	19	20	1
Administration & Society	158	20	19	1	Critical Perspectives on Accounting	169	20	84	64
					Journal of Public Administration Research and Theory	169	20	10	−10

注：数量是指该期刊上发表了本学科方向的论文数量，非该期刊所有论文数量。期刊排名统计只依据期刊名，未对期刊更名情况做处理；排名变化为正数表示排名进步，为负数表示排名退步

（a）2009~2014 年 　　　　　　　　　　　　　　（b）2015~2019 年

图 2-23 2009~2014 年、2015~2019 年公共管理领域 WoS 论文的高频关键词词云图

表 2-10 2009~2014 年、2015~2019 年公共管理领域 WoS 论文 TOP30 高频关键词

2009~2014 年					2015~2019 年				
关键词	频次	前 6 年排名	后 5 年排名	排名变化	关键词	频次	后 5 年排名	前 6 年排名	排名变化
elections	349	1	1	0	elections	405	1	1	0
governance	274	2	5	−3	political parties	391	2	4	2
leadership	245	3	11	−8	public opinion	323	3	15	12
political parties	225	4	2	2	gender	322	4	7	3
accountability	223	5	8	−3	governance	308	5	2	−3
project management	223	5	7	−2	local government	292	6	10	4
gender	206	7	4	3	project management	288	7	5	−2
trade unions	198	8	12	−4	accountability	276	8	5	−3
voting	189	9	24	−15	representation	270	9	18	9
local government	188	10	6	4	populism	269	10	131	121
identity	175	11	16	−5	leadership	262	11	3	−8
power	163	12	27	−15	trade unions	236	12	8	−4
discourse	162	13	26	−13	democracy	196	13	21	8
organizational change	154	14	73	−59	inequality	193	14	55	41
public opinion	153	15	3	12	welfare state	190	15	19	4
new public management	151	16	39	−23	identity	188	16	11	−5
institutions	151	16	55	−39	ideology	186	17	35	18
representation	147	18	9	9	public policy	182	18	31	13
welfare state	146	19	15	4	Germany	176	19	38	19
institutional theory	145	20	20	0	institutional theory	175	20	20	0
political economy	130	21	25	−4	innovation	175	20	34	14

续表

2009~2014 年				2015~2019 年				
关键词	频次	前 6 年排名	后 5 年排名	排名变化	关键词	频次	后 5 年排名	前 6 年排名	排名变化
democracy	130	21	13	8	collaboration	173	22	48	26
Spain	128	23	42	−19	China	172	23	31	8
performance	128	23	55	−32	voting	171	24	9	−15
regulation	126	25	31	−6	political economy	170	25	21	−4
political participation	126	25	46	−21	discourse	168	26	13	−13
evaluation	123	27	46	−19	power	164	27	12	−15
institutional change	122	28	38	−10	sustainability	161	28	140	112
decentralization	121	29	61	−32	legitimacy	159	29	38	9
tax competition	121	29	88	−59	neoliberalism	157	30	93	63

注：排名为正数表示排名进步，为负数表示排名退步

从研究热点来看，该学科方向热点研究主题包含"公私合营项目管理"（ID：1327）、"公共组织与组织学习"（ID：499），以及"选举制度与民主体制"（ID：119）。其中，"公私合营项目管理"（ID：1327）和"公共组织与组织学习"（ID：499）增速相对较快；"选举制度与民主体制"（ID：119）研究规模相对较大，并且影响力呈现不断增长的态势，表明该热点主题呈现出越来越热的趋势（图2-24、表 2-11 和表 2-12）。

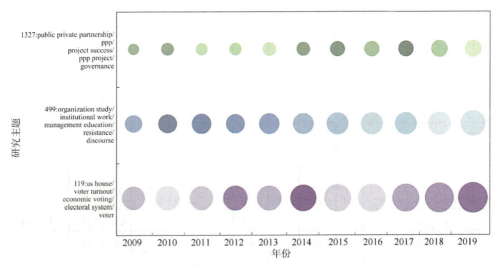

图 2-24 2009~2019 年公共管理领域研究热点主题

注：研究主题名称见表 2-11；圆圈大小表示主题论文量多少，代表主题规模；圆圈颜色深浅表示论文的学科归一化篇均引文 FWCI，代表主题热度；研究热点遴选指标数据见表 2-12

表 2-11　公共管理领域研究主题

ID	研究主题标签	研究主题名称
1327	public private partnership/ppp/project success/ppp project/governance	公私合营项目管理
499	organization study/institutional work/management education/resistance/discourse	公共组织与组织学习
119	us house/voter turnout/economic voting/electoral system/voter	选举制度与民主体制
732	public service motivation/public administration/performance management/new public management/public value	公共行政与公共服务
2875	mixed methods research/concept mapping/evaluator/participatory evaluation/logic model	公共管理研究方法
836	industrial relation/collective bargaining/welfare state/trade union/policy transfer	产业政策与国家
2312	tax competition/fiscal decentralization/transfer pricing/federalism/formula apportionment	税收与财政政策

注：研究主题标签为各个研究主题（论文簇）的高频关键词；研究主题名称为专家判读的结果；研究主题排序同表 2-12

表 2-12　公共管理领域研究主题的研究热点遴选指标得分与排名

ID	研究主题标签	2009~2019 年论文总数/篇	2009~2019 年论文增速		2015~2019 年 FWCI		2015~2019 年 TC		综合排名	是否研究热点
			增速	排名	FWCI	排名	TC	排名		
1327	public private partnership/ppp/project success/ppp project/governance	4 391	9.4%	1	1.25	1	19 270	4	1	是
499	organization study/institutional work/management education/resistance/discourse	9 845	7.9%	2	1.17	2	36 351	2	1	是
119	us house/voter turnout/economic voting/electoral system/voter	15 480	5.6%	4	0.88	5	40 343	1	3	是
732	public service motivation/public administration/performance management/new public management/public value	7 780	5.1%	6	1.10	3	25 435	3	4	否
2875	mixed methods research/concept mapping/evaluator/participatory evaluation/logic model	1 663	6.7%	3	1.07	4	4 840	6	5	否
836	industrial relation/collective bargaining/welfare state/trade union/policy transfer	7 169	5.1%	5	0.85	6	17 046	5	6	否
2312	tax competition/fiscal decentralization/transfer pricing/federalism/formula apportionment	2 366	4.2%	7	0.61	7	3 782	7	7	否

注：①论文增速为复合年均增长率；②TC 为研究主题的总被引频次（total citations）；③综合排名为论文增速、FWCI 和 TC 三个排名的综合排名，具体见 2.1.3 节；④研究主题名称参见表 2-11，研究主题按照综合排名排序

其中，研究热点"公共组织与组织学习"（ID：499）的论文增速相对较快，关注组织中的学习与方法、机构变革等问题，其中相对较新的词为 institutional logics、uncertainty 等（图 2-25）。近年来，随着环境越发复杂、竞争日益加剧、信息流动加速，通过知识和信息的获取、传播、整合、应用、转化，不断提高组织创新水平的"组织学习"已越来越成为各组织提高自身适应力和竞争力的重要手段，也成为学界新的研究热点之一。国内关于组织学习理论的研究主要围绕创新、企业管理、学习型组织等内容展开，知识管理、系统动力学、组织变革、组织创新、组织结构等是研究中的热点词汇。

研究热点"选举制度与民主体制"（ID：119）研究规模相对较大，影响力呈不断增长的态势。该研究主题围绕着民主体制、选举制度与选举中的政府责任、公共政策、立法与政治等相关问题展开。其中，较新的关键词有 health policy、radical、satisfaction、gender quotas 等。可见，近年来该主题相关研究对民主和选举制度中性别配额和健康政策方面的关注度有所上升。选举制度作为政治制度的重要组成部分，反映着国家本质和政权组织形式，其完善程度往往是衡量一个国家民主化程度的重要标准。从某种程度上来说，选举制度和民主体制涉及公共管理的政治制度问题，也成为此领域研究的永恒话题（图 2-26）。

2. 中国本学科方向发展格局

总体来看，2009~2019 年中国公共管理领域研究的发展态势有以下表现。

从成果产出规模与影响力来看，中国公共管理领域进步迅速，论文规模国际（地区）排名由 2009 年的第 23 名上升到 2019 年的第 8 名（图 2-27），学术影响力排名由第 19 名上升到第 10 名，高被引论文产出规模排名由第 16 名上升到第 11 名。但同美国相比，中国在该领域还存在较大的差距，2019 年论文数量、被引频次和高被引论文数量占美国相应指标的份额为 14.3%、12.6%、12.4%。在公共管理领域的三个研究热点主题中，中国在"公共组织与组织学习"（ID：499）、"选举制度与民主体制"（ID：119）研究主题上的发文数量与美国相比也存在较大的差距（表 2-13）。

从国际（地区）合作来看，如图 2-28、图 2-29、表 2-14 和表 2-15 所示，中国在合作网络中地位的排名从第 12 位上升到第 7 位，越来越靠近网络中心位置，中国在该领域的合作论文较多的国家（地区）为美国、澳大利亚、英国、新加坡等，这些国家（地区）与中国的合作，在其国际（地区）合作中的地位呈现出越来越重要的趋势。

从论文资助来看，中国公共管理领域的论文受资助比例提升迅速，2019 年有 71.3% 的论文受到资助；NSFC 是中国该领域论文的主要资助机构，2019 年论文资助份额为 66.3%。从资助成效（图 2-30 和图 2-31）来看，2009~2014 年、2015~2019

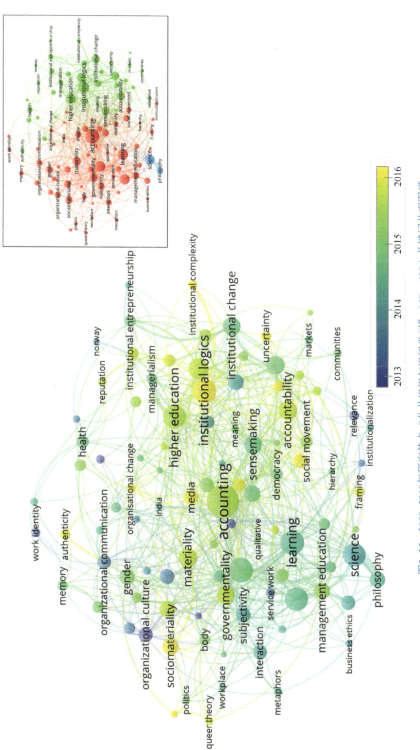

图2-25　2009—2019年研究热点"公共组织与组织学习"（ID：499）关键词共现图谱

注：小图是大图的缩小版。大图关键词颜色标签为其平均发表年，小图关键词的绿色标签代表其所属的不同聚类

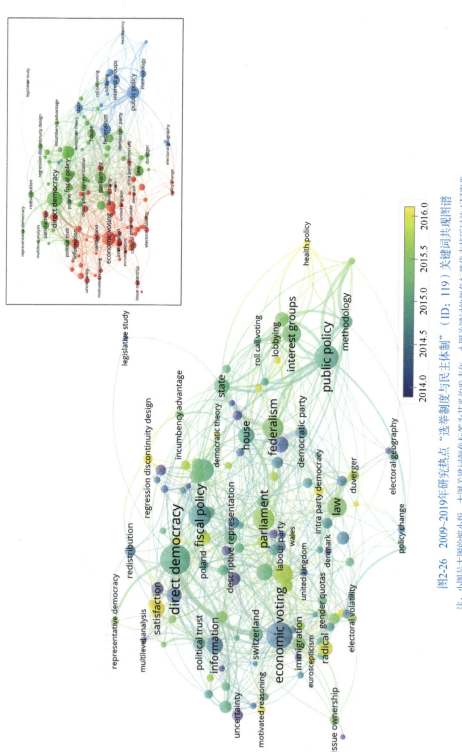

图2-26 2009~2019年研究热点"选举制度与民主体制"（ID：119）关键词共现图谱

注：小图是大图的缩小版，大图关键词颜色标签为其平均发表年，小图关键词颜色标签代表其所属的不同聚类

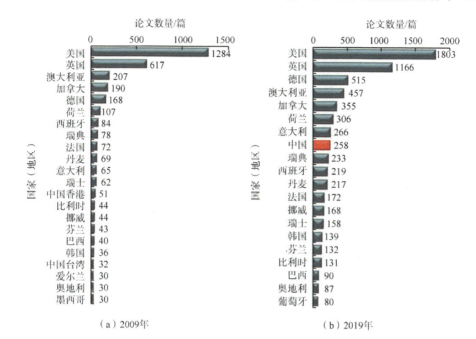

（a）2009年　　　　　　　　　　　　　（b）2019年

图 2-27　2009 年和 2019 年公共管理领域 WoS 论文数量 TOP20 国家（地区）

注：2009 年中国论文数量为 26 篇，排名第 23 名

表 2-13　2009~2019 年中国、美国在公共管理领域研究热点的 WoS 论文数量与世界份额

ID	指标	2009 年	2010 年	2011 年	2012 年	2013 年	2014 年	2015 年	2016 年	2017 年	2018 年	2019 年
1327	世界论文数/篇	237	310	285	298	366	367	434	464	478	570	582
	美国论文数/篇	62	76	48	60	71	63	77	80	99	91	88
	美国论文份额	26.2%	24.5%	16.8%	20.1%	19.4%	17.2%	17.7%	17.2%	20.7%	16.0%	15.1%
	中国论文数/篇	13	15	25	24	33	38	62	76	86	149	142
	中国论文份额	5.5%	4.8%	8.8%	8.1%	9.0%	10.4%	14.3%	16.4%	18.0%	26.1%	24.4%
499	世界论文数/篇	606	693	802	723	849	867	951	975	992	1086	1301
	美国论文数/篇	154	176	197	194	211	220	204	233	220	241	284
	美国论文份额	25.4%	25.4%	24.6%	26.8%	24.9%	25.4%	21.5%	23.9%	22.2%	22.2%	21.8%
	中国论文数/篇	2	2	3	3	3	11	7	14	16	10	13
	中国论文份额	0.3%	0.3%	0.4%	0.4%	0.4%	1.3%	0.7%	1.4%	1.6%	0.9%	1.0%
119	世界论文数/篇	1084	1164	1149	1242	1244	1392	1482	1565	1539	1758	1861
	美国论文数/篇	605	587	643	657	602	707	704	744	693	793	816
	美国论文份额	55.8%	50.4%	56.0%	52.9%	48.4%	50.8%	47.5%	47.5%	45.0%	45.1%	43.8%
	中国论文数/篇	1	0	0	3	2	2	7	11	7	6	14
	中国论文份额	0.1%	0	0	0.2%	0.2%	0.1%	0.5%	0.7%	0.5%	0.3%	0.8%

注：国家（地区）论文份额为论文世界份额，即国家（地区）的论文数量占世界论文数量的份额

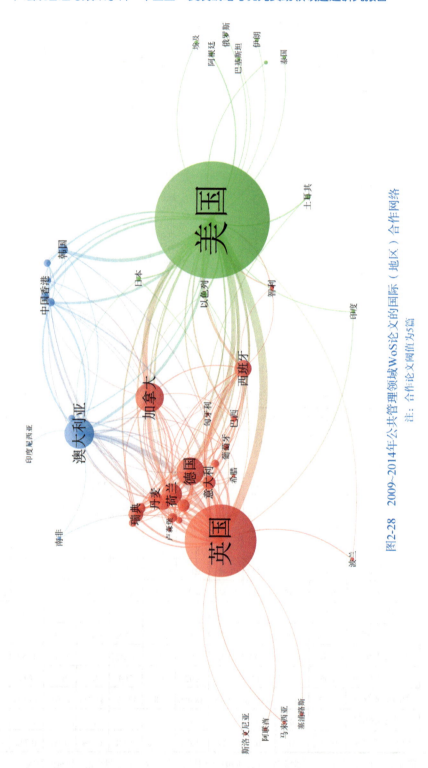

图2-28　2009~2014年公共管理领域WoS论文的国际（地区）合作网络

注：合作论文阈值为5篇

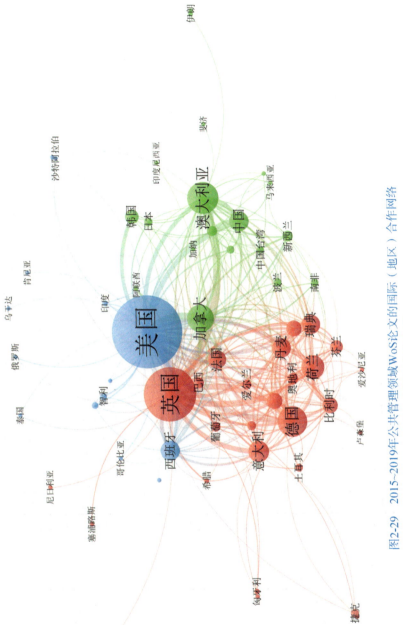

图2-29　2015~2019年公共管理领域WoS论文的国际（地区）合作网络

注：合作论文阈值为5篇

表 2-14　公共管理领域国际（地区）合作网络 PageRank 值 TOP20 国家（地区）

2009~2014 年				2015~2019 年			
国家（地区）		得分	排名	国家（地区）		得分	排名
中文名	英文名			中文名	英文名		
美国	USA	0.168	1	英国	UK	0.139	1
英国	UK	0.162	2	美国	USA	0.133	2
澳大利亚	Australia	0.054	3	澳大利亚	Australia	0.064	3
德国	Germany	0.049	4	德国	Germany	0.055	4
加拿大	Canada	0.049	5	加拿大	Canada	0.042	5
荷兰	Netherlands	0.038	6	荷兰	Netherlands	0.039	6
法国	France	0.032	7	中国	China	0.033	7
丹麦	Denmark	0.027	8	意大利	Italy	0.033	8
意大利	Italy	0.027	9	法国	France	0.029	9
西班牙	Spain	0.026	10	西班牙	Spain	0.028	10
瑞士	Switzerland	0.024	11	丹麦	Denmark	0.026	11
中国	China	0.024	12	瑞典	Sweden	0.025	12
中国香港	Hong Kong，China	0.021	13	比利时	Belgium	0.024	13
捷克	Czech Republic	0.020	14	瑞士	Switzerland	0.023	14
斯洛伐克	Slovakia	0.020	15	挪威	Norway	0.023	15
瑞典	Sweden	0.020	16	中国香港	Hong Kong，China	0.015	16
比利时	Belgium	0.019	17	奥地利	Austria	0.015	17
挪威	Norway	0.019	18	芬兰	Finland	0.013	18
韩国	Republic of Korea	0.016	19	葡萄牙	Portugal	0.012	19
奥地利	Austria	0.013	20	新西兰	New Zealand	0.011	20

注：TOP20 国家（地区）按照相应年度的 PageRank 值遴选，表中数值只显示小数点后 3 位，排名按 PageRank 实际值排序

表 2-15　公共管理领域中国的 TOP20 合作国家（地区）

2009~2014 年						2015~2019 年					
国家（地区）		与中国合作论文		所有合作论文		国家（地区）		与中国合作论文		所有合作论文	
中文名	英文名	论文数/篇	排名	论文数/篇	比例	中文名	英文名	论文数/篇	排名	论文数/篇	比例
美国	USA	70	1	1 529	4.6%	美国	USA	175	1	2 101	8.3%
中国香港	Hong Kong，China	63	2	179	35.2%	澳大利亚	Australia	147	2	952	15.4%
澳大利亚	Australia	34	3	529	6.4%	中国香港	Hong Kong，China	95	3	209	45.5%

续表

2009~2014 年					2015~2019 年					
国家（地区）		与中国合作论文		所有合作论文		国家（地区）		与中国合作论文		所有合作论文
中文名	英文名	论文数/篇	排名	论文数/篇	比例	中文名	英文名	论文数/篇	排名	论文数/篇	比例
英国	UK	30	4	1 500	2.0%	英国	UK	56	4	2 108	2.7%
新加坡	Singapore	24	5	96	25.0%	新加坡	Singapore	36	5	151	23.8%
中国台湾	Taiwan，China	14	6	71	19.7%	中国台湾	Taiwan，China	21	6	72	29.2%
挪威	Norway	8	7	154	5.2%	挪威	Norway	17	7	321	5.3%
荷兰	Netherlands	7	8	393	1.8%	马来西亚	Malaysia	15	8	59	25.4%
法国	France	6	9	285	2.1%	荷兰	Netherlands	15	8	621	2.4%
韩国	Republic of Korea	5	10	155	3.2%	加拿大	Canada	13	10	683	1.9%
加拿大	Canada	5	10	499	1.0%	波兰	Poland	12	11	68	17.6%
新西兰	New Zealand	4	12	93	4.3%	法国	France	12	11	448	2.7%
巴西	Brazil	4	12	67	6.0%	新西兰	New Zealand	11	13	179	6.1%
丹麦	Denmark	3	14	211	1.4%	韩国	Republic of Korea	11	13	191	5.8%
德国	Germany	3	14	483	0.6%	巴基斯坦	Pakistan	9	15	44	20.5%
日本	Japan	3	14	61	4.9%	日本	Japan	9	15	105	8.6%
意大利	Italy	2	17	247	0.8%	意大利	Italy	7	17	496	1.4%
捷克	Czech Republic	2	17	25	8.0%	爱尔兰	Ireland	5	18	148	3.4%
阿联酋	United Arab Emirates	2	17	20	10.0%	巴西	Brazil	5	18	123	4.1%
南非	South Africa	2	17	31	6.5%	丹麦	Denmark	5	18	409	1.2%
卢森堡	Luxembourg	2	17	29	6.9%						
瑞典	Sweden	2	17	200	1.0%						
马来西亚	Malaysia	2	17	23	8.7%						
希腊	Greece	2	17	41	4.9%						
菲律宾	Philippines	2	17	6	33.3%						
智利	Chile	2	17	42	4.8%						

注：比例为各国家（地区）与中国的合作论文数量占本国（地区）所有合作论文总量的份额

年中国该领域高被引论文受资助比例（33.3%、81.8%）均高于相应时间窗中国所有论文受资助比例（21.1%、67.7%）；受 NSFC 资助的高被引论文也有相同的特征，受 NSFC 资助的高被引论文比例（25.0%、61.0%）高于受其资助的所有论文比例（12.7%、43.0%），表明科学资助，尤其是 NSFC 的资助在高学术影响力论文的产出中发挥了重要的推动作用。

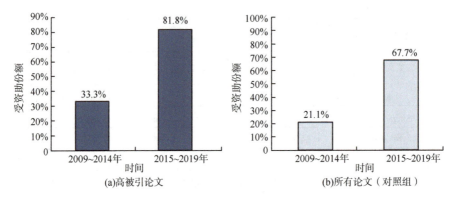

图 2-30 中国公共管理领域高被引 WoS 论文、所有 WoS 论文受资助比例

注：受资助份额为中国该领域受资助的高被引论文（所有论文）数量占中国该领域高被引论文（所有论文）的份额

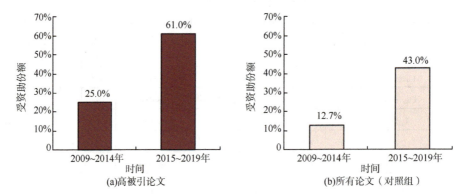

图 2-31 中国公共管理领域高被引 WoS 论文、所有 WoS 论文受 NSFC 资助比例

注：受资助份额为中国该领域受 NSFC 资助的高被引论文（所有论文）数量占中国该领域高被引论文（所有论文）的份额

2.3.2 公共安全与危机管理

随着世界政治、经济格局加速演进，新兴科技影响力日益增强，各类风险性问题逐渐凸显，各国经济社会的健康有序发展面临一系列重要挑战。生物安全、经济安全、重大灾害（事件）、网络安全以及由新兴技术应用导致的社会安全等风险亟待科学高效的防范和化解机制。党的十八大以来，习近平总书记多次强调了总体国家安全观的重要性，明确事关新时代国家安全工作方向性、全局性的重大问题，为我国公共安全与危机管理领域的相关研究提供了战略指引。新冠疫情防控对公共危机管理与风险治理提出更高的要求。公共安全与危机管理已经成为我国宏观管理与政策研究的重要领域，对于国家治理体系与治理能力现代化具有重要意义。

1．学科方向发展态势

从总体趋势来看，2009~2019 年公共安全与危机管理领域的论文数量基本呈现稳步增长态势，公共安全与危机管理是宏观管理与政策领域的学科方向之一，该学科领域占宏观管理与政策领域的论文份额基本保持平稳（图 2-32）。该领域论文学科交叉度 2015~2019 年相比 2009~2014 年略有上升，基本保持稳定。

图 2-32　2009~2019 年公共安全与危机管理领域 WoS 论文数量及其占宏观管理与政策领域的份额

从发文期刊分布来看，2009~2014 年与 2015~2019 年公共安全与危机管理领域的 TOP20 发文期刊比较相似，*Safety Science* 和 *Public Relations Review* 是发表该领域论文较多的期刊；前后两个时间窗比较来看，在发文数量上排名上升较多的期刊为 *International Journal of Environmental Research and Public Health* 和 *International Journal of Disaster Risk Reduction* 等（图 2-33、图 2-34 和表 2-16）。

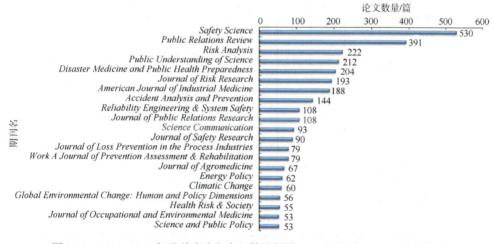

图 2-33　2009~2014 年公共安全与危机管理领域 WoS 论文的 TOP20 发文期刊

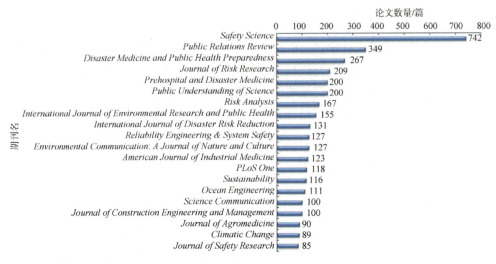

图 2-34 2015~2019 年公共安全与危机管理领域 WoS 论文的 TOP20 发文期刊

表 2-16 2009~2014 年、2015~2019 年公共安全与危机管理领域 WoS 论文的 TOP20 发文期刊

2009~2014 年				2015~2019 年				
期刊名	论文数量/篇	前6年排名	后5年排名	排名变化	期刊名	论文数量/篇	后5年排名	前6年排名	排名变化
Safety Science	530	1	1	0	Safety Science	742	1	1	0
Public Relations Review	391	2	2	0	Public Relations Review	349	2	2	0
Risk Analysis	222	3	7	−4	Disaster Medicine and Public Health Preparedness	267	3	5	2
Public Understanding of Science	212	4	5	−1	Journal of Risk Research	209	4	6	2
Disaster Medicine and Public Health Preparedness	204	5	3	2	Prehospital and Disaster Medicine	200	5	\	\
Journal of Risk Research	193	6	4	2	Public Understanding of Science	200	5	4	−1
American Journal of Industrial Medicine	188	7	12	−5	Risk Analysis	167	7	3	−4
Accident Analysis and Prevention	144	8	21	−13	International Journal of Environmental Research and Public Health	155	8	50	42
Reliability Engineering & System Safety	108	9	10	−1	International Journal of Disaster Risk Reduction	131	9	150	141
Journal of Public Relations Research	108	9	27	−18	Reliability Engineering & System Safety	127	10	9	−1

续表

2009~2014 年					2015~2019 年				
期刊名	论文数量/篇	前 6 年排名	后 5 年排名	排名变化	期刊名	论文数量/篇	后 5 年排名	前 6 年排名	排名变化
Science Communication	93	11	16	−5	Environmental Communication-A Journal of Nature and Culture	127	10	22	12
Journal of Safety Research	90	12	20	−8	American Journal of Industrial Medicine	123	12	7	−5
Journal of Loss Prevention in the Process Industries	79	13	23	−10	PLoS One	118	13	30	17
Work-A Journal of Prevention Assessment & Rehabilitation	79	13	25	−12	Sustainability	116	14	134	120
Journal of Agromedicine	67	15	18	−3	Ocean Engineering	111	15	90	75
Energy Policy	62	16	40	−24	Science Communication	100	16	11	−5
Climatic Change	60	17	19	−2	Journal of Construction Engineering and Management	100	16	25	9
Global Environmental Change : Human and Policy Dimensions	56	18	29	−11	Journal of Agromedicine	90	18	15	−3
Health Risk & Society	55	19	46	−27	Climatic Change	89	19	17	−2
Journal of Occupational and Environmental Medicine	53	20	31	−11	Journal of Safety Research	85	20	12	−8
Science and Public Policy	53	20	57	−37					

注：数量是指该期刊上发表了本学科方向的论文数量，非该期刊所有论文数量。期刊排名统计只依据期刊名，未对期刊更名情况做处理；排名变化为正数表示排名进步，为负数表示排名退步，排名变化为\表示期刊在另一个时间窗不存在或者存在更名情况

　　从关键词分布来看，学科领域的高频关键词可从一定程度上表征该学科领域的研究内容，2015~2019 年相比 2009~2014 年，公共安全与危机管理领域 TOP5 高频关键词较为相似，相同的高频词为 climate change、risk perception、safety、risk；有一些关键词在后一个时间窗频次排名上升明显，比如 social media、science communication、crisis communication 等，可见社交媒体、科学交流等相关研究在该领域后 5 年的研究中越发重要（图 2-35 和表 2-17）。

|（a）2009~2014 年 | （b）2015~2019 年 |

图 2-35　2009~2014 年、2015~2019 年公共安全与危机管理领域 WoS 论文的高频关键词词云图

表 2-17　2009~2014 年、2015~2019 年公共安全与危机管理领域 WoS 论文 TOP30 高频关键词

2009~2014 年				2015~2019 年				
关键词	频次	前 6 年排名	后 5 年排名	排名变化	关键词	频次	后 5 年排名	前 6 年排名	排名变化
climate change	340	1	1	0	climate change	598	1	1	0
risk perception	309	2	2	0	risk perception	412	2	2	0
risk	295	3	5	−2	safety	289	3	4	1
safety	237	4	3	1	social media	245	4	14	10
risk communication	181	5	7	−2	risk	236	5	3	−2
disaster	161	6	6	0	disaster	227	6	6	0
public relations	153	7	12	−5	risk communication	218	7	5	−2
nanotechnology	140	8	39	−31	science communication	172	8	21	13
safety climate	124	9	9	0	safety climate	156	9	9	0
earthquake	121	10	31	−21	disasters	153	10	16	6
risk assessment	119	11	11	0	risk assessment	145	11	11	0
risk management	117	12	18	−6	public relations	138	12	7	−5
communication	117	12	14	−2	crisis communication	137	13	23	10
social media	112	14	4	10	communication	136	14	12	−2
trust	112	14	16	−2	construction safety	129	15	114	99
disasters	106	16	10	6	trust	124	16	14	−2
injury	106	16	28	−12	emergency preparedness	121	17	23	6
occupational health	102	18	23	−5	risk management	117	18	12	−6
safety culture	98	19	27	−8	preparedness	113	19	29	10
agriculture	90	20	36	−16	China	113	19	59	40
science communication	89	21	8	13	safety management	107	21	23	2
uncertainty	86	22	22	0	uncertainty	103	22	22	0
crisis communication	83	23	13	10	occupational health	102	23	18	−5

续表

2009~2014 年					2015~2019 年				
关键词	频次	前 6 年排名	后 5 年排名	排名变化	关键词	频次	后 5 年排名	前 6 年排名	排名变化
safety management	83	23	21	2	public engagement	97	24	28	4
emergency preparedness	83	23	17	6	construction	95	25	29	4
occupational safety	81	26	40	−14	disaster medicine	94	26	70	44
accidents	79	27	44	−17	safety culture	92	27	19	−8
public engagement	77	28	24	4	framing	91	28	39	11
construction	76	29	25	4	disaster planning	91	28	42	14
media	76	29	45	−16	injury	91	28	16	−12
preparedness	76	29	19	10					

注：排名为正数表示排名进步，为负数表示排名退步

　　从研究热点来看，在公共安全与危机管理领域的各个研究主题中，研究热点主题是"海事风险识别与管理"（ID：2860）、"风险感知、风险沟通与公众理解"（ID：766）和"职业安全与生产管理"（ID：927）。其中，"海事风险识别与管理"（ID：2860）论文数量增长速度最快，且热度也较高；"风险感知、风险沟通与公众理解"（ID：766）论文研究体量最大，热度也相对较高；"职业安全与生产管理"（ID：927）2015~2019 年热度呈不断增长趋势（图 2-36、表 2-18 和表 2-19）。

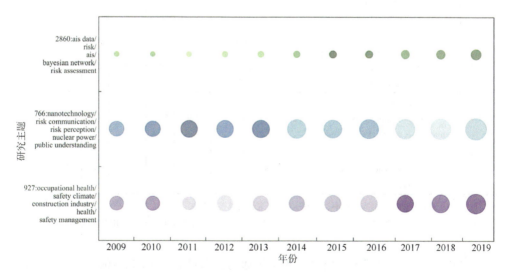

图 2-36　2009~2019 年公共安全与危机管理领域研究热点主题

注：研究主题名称见表 2-18；圆圈大小表示主题论文量多少，代表主题规模；圆圈颜色深浅表示论文的学科归一化篇均引文 FWCI，代表主题热度；研究热点遴选指标数据见表 2-19

表 2-18　公共安全与危机管理领域研究主题

ID	研究主题标签	研究主题名称
2860	ais data/risk/ais/bayesian network/risk assessment	海事风险识别与管理
766	nanotechnology/risk communication/risk perception/nuclear power/public understanding	风险感知、风险沟通与公众理解
927	occupational health/safety climate/construction industry/health/safety management	职业安全与生产管理
2898	public relation/crisis communication/social medium/crisis management/twitter	公共关系、危机沟通与危机管理
1934	disaster/earthquake/disaster preparedness/great east japan earthquake/mass casualty incident	灾害及突发事件应急管理

注：研究主题标签为各个研究主题（论文簇）的高频关键词；研究主题名称为专家判读的结果；研究主题排序同表 2-19

表 2-19　公共安全与危机管理领域研究主题的研究热点遴选指标得分与排名

ID	研究主题标签	2009~2019 年论文总数/篇	2009~2019 年论文增速		2015~2019 年FWCI		2015~2019 年TC		综合排名	是否研究热点
			增速	排名	FWCI	排名	TC	排名		
2860	ais data/risk/ais/bayesian network/risk assessment	1 136	15.5%	1	1.45	1	5 822	3	1	是
766	nanotechnology/risk communication/risk perception/nuclear power/public understanding	7 824	7.7%	2	1.15	2	27 560	1	1	是
927	occupational health/safety climate/construction industry/health/safety management	6 043	7.0%	3	1.00	3	18 214	2	3	是
2898	public relation/crisis communication/social medium/crisis management/twitter	1 626	4.9%	4	0.86	4	4 667	5	4	否
1934	disaster/earthquake/disaster preparedness/great east japan earthquake/mass casualty incident	3 528	3.6%	5	0.51	5	5 167	4	5	否

注：①论文增速为复合年均增长率；②TC 为研究主题的总被引频次；③综合排名为论文增速、FWCI 和 TC 三个排名的综合排名，具体见 2.1.3 节；④研究主题名称参见表 2-18，研究主题按照综合排名排序

　　其中，研究热点"风险感知、风险沟通与公众理解"（ID：766）主要围绕着风险和危机管理的政策，以及在能源和通信等技术领域的风险沟通与公众接受度等问题展开。除了危机本身的规避与应对外，危机所产生的影响也是近年来公共

安全与危机管理领域关注的热点之一，尤其是风险感知、风险沟通与公众理解。而风险传播与感知、公众接受度、危机管理政策的制定与优化等问题也逐渐成为这一研究主题下的热点研究内容。其中比较新的研究关键词有 China、responsible research、innovation，可见该热点主题的研究越来越关注中国相关问题（图 2-37）。研究热点"职业安全与生产管理"（ID：927）围绕着职业中的伤害与处理、风险与安全管理防控等研究问题展开，其中相对较新的关键词有 construction safety、worker safety、safety management system 等（图 2-38）。

2. 中国本学科方向发展格局

总体来看，2009~2019 年中国公共安全与危机管理领域的发展态势有以下表现。

从成果产出规模与影响力来看，中国取得较快的进步，论文规模（图 2-39）、学术影响力和高被引论文数量三项的国际（地区）排名均从 2009 年的第 10 名上升到 2019 年的第 2 名。同美国相比，2019 年中国论文数量、被引频次和高被引论文数量占美国相应指标的份额为 43.5%、62.5%、89.1%。在该学科领域的三个研究热点主题中，中国在其中两个热点主题［"风险感知、风险沟通与公众理解"（ID：766）"职业安全与生产管理"（ID：927）］发文与美国也存在差距（表 2-20）。

从国际（地区）合作来看，如图 2-40、图 2-41、表 2-21 和表 2-22 所示，中国在合作网络中地位的排名从 2009 年的第 7 位上升到 2019 年的第 4 位，越来越靠近网络中心位置，中国在该领域的合作论文较多的国家（地区）为美国、澳大利亚、英国、荷兰等，这些国家（地区）与中国的合作在其国际（地区）合作中的地位呈现出越来越重要的趋势。

从论文资助来看，中国公共安全与危机管理领域的论文受资助比例提升迅速，2019 年有 81.9% 的论文受到资助；NSFC 是中国该领域论文的主要资助机构，论文资助比例为 52.2%。从资助成效（图 2-42 和图 2-43）来看，2009~2014 年、2015~2019 年，中国该领域高被引论文受资助比例（64.7%、91.0%）均高于相应时间窗中国所有论文受资助比例（45.8%、78.7%）；受 NSFC 资助的高被引论文比例（52.9%、67.0%）高于中国所有论文受 NSFC 资助比例（24.4%、51.0%），表明科学资助，尤其是 NSFC 资助在高学术影响力论文的产出中发挥了重要的推动作用。

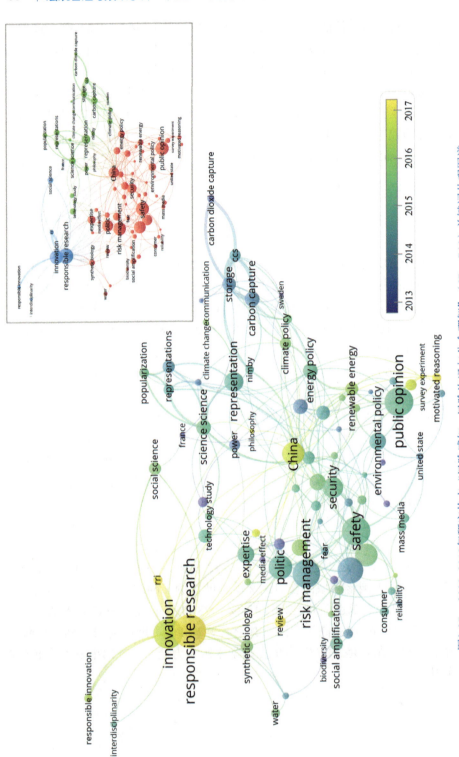

图2-37 2009~2019年研究热点"风险感知、风险沟通与公众理解"（ID：766）关键词共现图谱
注：小图是大图的缩小版。大图关键词颜色标签为其平均发表年，小图关键词的颜色标签代表其所属的不同聚类

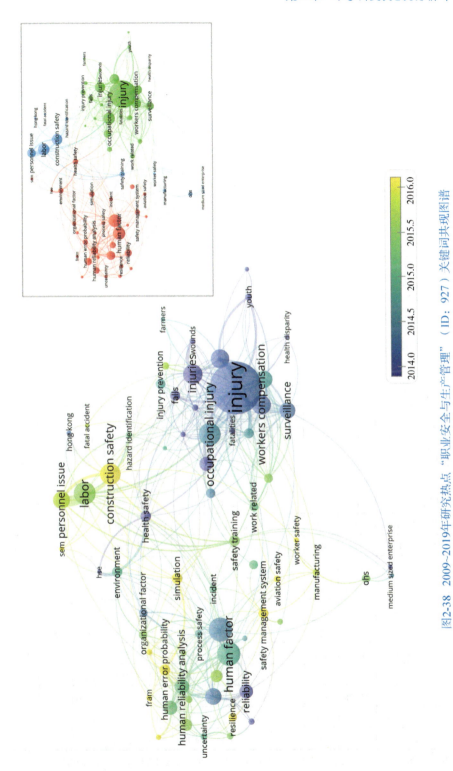

图2-38 2009~2019年研究热点 "职业安全与生产管理"（ID：927）关键词共现图谱

注：小图是大图的缩小版，大图关键词颜色标签代表其所属的不同聚类

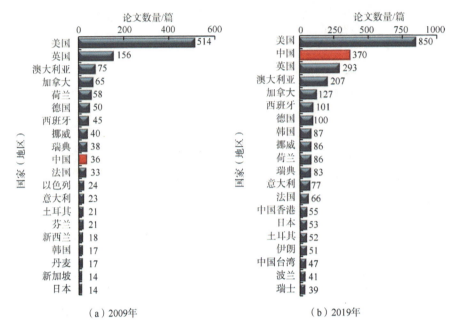

（a）2009年　　　　　　　　（b）2019年

图 2-39　2009 年和 2019 年公共安全与危机管理领域 WoS 论文数量 TOP20 国家（地区）

表 2-20　2009~2019 年中国、美国在公共安全与危机管理领域研究热点的
WoS 论文数量与世界份额

ID	指标	2009 年	2010 年	2011 年	2012 年	2013 年	2014 年	2015 年	2016 年	2017 年	2018 年	2019 年
2860	世界论文数/篇	51	47	55	68	76	89	108	111	150	166	215
	美国论文数/篇	9	5	7	2	9	7	6	17	22	21	14
	美国论文份额	17.6%	10.6%	12.7%	2.9%	11.8%	7.9%	5.6%	15.3%	14.7%	12.7%	6.5%
	中国论文数/篇	6	4	1	4	9	15	17	22	38	67	93
	中国论文份额	11.8%	8.5%	1.8%	5.9%	11.8%	16.9%	15.7%	19.8%	25.3%	40.4%	43.3%
766	世界论文数/篇	471	504	593	621	645	758	696	779	846	925	986
	美国论文数/篇	133	156	214	192	216	278	241	296	305	373	366
	美国论文份额	28.2%	31.0%	36.1%	30.9%	33.5%	36.7%	34.6%	38.0%	36.1%	40.3%	37.1%
	中国论文数/篇	5	11	10	8	15	19	15	29	43	60	80
	中国论文份额	1.1%	2.2%	1.7%	1.3%	2.3%	2.5%	2.2%	3.7%	5.1%	6.5%	8.1%
927	世界论文数/篇	412	434	364	530	510	514	571	597	613	686	812
	美国论文数/篇	136	150	114	162	174	181	167	181	183	172	199
	美国论文份额	33.0%	34.6%	31.3%	30.6%	34.1%	35.2%	29.2%	30.3%	29.9%	25.1%	24.5%
	中国论文数/篇	7	14	11	19	34	24	41	47	60	102	175
	中国论文份额	1.7%	3.2%	3.0%	3.6%	6.7%	4.7%	7.2%	7.9%	9.8%	14.9%	21.6%

注：国家（地区）论文份额为论文世界份额，即国家（地区）的论文数量占世界论文数量的份额

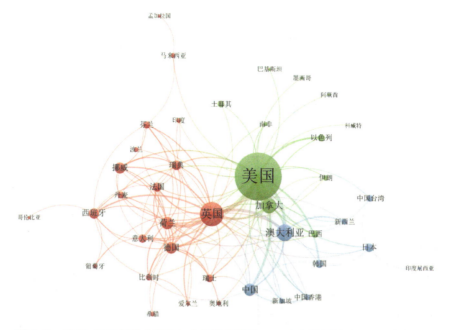

图 2-40 2009~2014 年公共安全与危机管理领域 WoS 论文的国际（地区）合作网络
注：合作论文阈值为 5 篇

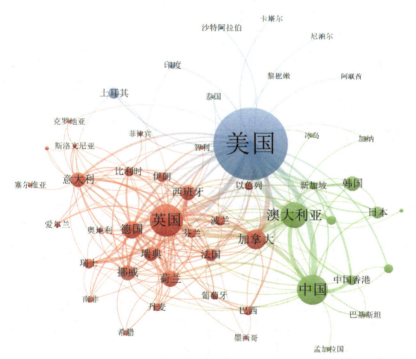

图 2-41 2015~2019 年公共安全与危机管理领域 WoS 论文的国际（地区）合作网络
注：合作论文阈值为 5 篇

表 2-21 公共安全与危机管理领域国际合作网络 PageRank 值 TOP20 国家（地区）

2009~2014 年				2015~2019 年			
国家（地区）		得分	排名	国家（地区）		得分	排名
中文名	英文名			中文名	英文名		
美国	USA	0.175	1	美国	USA	0.158	1
英国	UK	0.134	2	英国	UK	0.106	2
澳大利亚	Australia	0.065	3	澳大利亚	Australia	0.069	3
加拿大	Canada	0.057	4	中国	China	0.062	4
荷兰	Netherlands	0.053	5	德国	Germany	0.040	5
德国	Germany	0.051	6	加拿大	Canada	0.038	6
中国	China	0.034	7	意大利	Italy	0.036	7
西班牙	Spain	0.029	8	荷兰	Netherlands	0.034	8
法国	France	0.028	9	挪威	Norway	0.030	9
挪威	Norway	0.027	10	西班牙	Spain	0.027	10
意大利	Italy	0.026	11	法国	France	0.026	11
瑞典	Sweden	0.025	12	瑞典	Sweden	0.025	12
芬兰	Finland	0.021	13	中国香港	Hong Kong，China	0.021	13
比利时	Belgium	0.020	14	比利时	Belgium	0.020	14
日本	Japan	0.019	15	瑞士	Switzerland	0.019	15
瑞士	Switzerland	0.018	16	捷克	Czech Republic	0.019	16
中国香港	Hong Kong，China	0.016	17	斯洛伐克	Slovakia	0.019	17
韩国	Republic of Korea	0.016	18	芬兰	Finland	0.019	18
以色列	Israel	0.015	19	新西兰	New Zealand	0.013	19
新西兰	New Zealand	0.014	20	韩国	Republic of Korea	0.013	20

注：TOP20 国家（地区）按照相应年度的 PageRank 值遴选，表中数值只显示小数点后 3 位，排名按 PageRank 实际值排序

表 2-22 公共安全与危机管理领域中国的 TOP20 合作国家（地区）

2009~2014 年						2015~2019 年					
国家（地区）		与中国合作论文		所有合作论文		国家（地区）		与中国合作论文		所有合作论文	
中文名	英文名	论文数/篇	排名	论文数/篇	比例	中文名	英文名	论文数/篇	排名	论文数/篇	比例
美国	USA	50	1	570	8.8%	美国	USA	142	1	911	15.6%
澳大利亚	Australia	24	2	239	10.0%	澳大利亚	Australia	80	2	426	18.8%
中国香港	Hong Kong，China	15	3	49	30.6%	英国	UK	65	3	590	11.0%
英国	UK	14	4	412	3.4%	中国香港	Hong Kong，China	63	4	139	45.3%
瑞士	Switzerland	10	5	67	14.9%	荷兰	Netherlands	28	5	183	15.3%

续表

2009~2014 年					2015~2019 年				
国家（地区）		与中国合作论文		所有合作论文	国家（地区）		与中国合作论文		所有合作论文
中文名	英文名	论文数/篇	排名	论文数/篇	比例	中文名	英文名	论文数/篇	排名	论文数/篇	比例

中文名	英文名	论文数/篇	排名	论文数/篇	比例	中文名	英文名	论文数/篇	排名	论文数/篇	比例
荷兰	Netherlands	8	6	149	5.4%	韩国	Republic of Korea	15	6	99	15.2%
加拿大	Canada	7	7	199	3.5%	新加坡	Singapore	15	6	70	21.4%
比利时	Belgium	6	8	54	11.1%	日本	Japan	13	8	87	14.9%
韩国	Republic of Korea	5	9	60	8.3%	巴基斯坦	Pakistan	13	8	33	39.4%
新加坡	Singapore	5	9	47	10.6%	加拿大	Canada	12	10	259	4.6%
巴基斯坦	Pakistan	4	11	16	25.0%	葡萄牙	Portugal	12	10	59	20.3%
日本	Japan	4	11	62	6.5%	法国	France	11	12	121	9.1%
德国	Germany	4	11	130	3.1%	德国	Germany	9	13	200	4.5%
瑞典	Sweden	2	14	79	2.5%	意大利	Italy	8	14	163	4.9%
法国	France	2	14	75	2.7%	挪威	Norway	6	15	143	4.2%
挪威	Norway	2	14	96	2.1%	中国台湾	Taiwan, China	6	15	41	14.6%
						芬兰	Finland	6	15	91	6.6%
						孟加拉国	Bangladesh	5	18	18	27.8%
						瑞士	Switzerland	5	18	106	4.7%
						瑞典	Sweden	4	20	133	3.0%
						波兰	Poland	4	20	38	10.5%
						巴西	Brazil	4	20	57	7.0%
						印度	India	4	20	26	15.4%

注：比例为各国家（地区）与中国的合作论文数量占本国（地区）所有合作论文总量的份额。2009~2014 年因为并列 17 数量过多，所以只取排名前 14 位

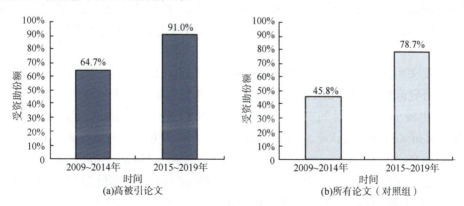

图 2-42　中国公共安全与危机管理领域高被引 WoS 论文、所有 WoS 论文受资助比例

注：受资助份额为中国该领域受资助的高被引论文（所有论文）数量占中国该领域高被引论文（所有论文）的份额

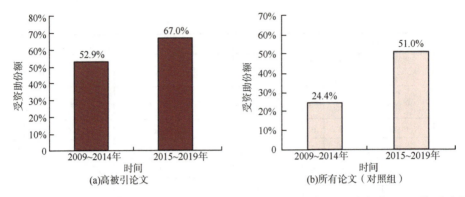

图 2-43　中国公共安全与危机管理领域高被引 WoS 论文、所有 WoS 论文受 NSFC 资助比例
注：受资助份额为中国该领域受 NSFC 资助的高被引论文（所有论文）数量占中国该领域高被引论文（所有论文）的份额

2.3.3　信息资源管理

大数据时代的到来给信息资源管理学科发展带来了新的机遇和挑战。一方面，数据与信息的可及性、可分析性大大增强，相关问题受到高度关注，数据科学、大数据技术等与信息资源管理相关的学科开始兴起，为信息资源管理学科发展注入了新的活力。另一方面，传统的理念、理论、方法、技术、工具等越来越凸显其局限性，亟须进一步拓展研究范围，推动实现研究范式的多元化、适应性。

1. 学科方向发展态势

从总体趋势来看，2009~2019 年信息资源管理的论文数量呈现缓慢增长态势；信息资源管理是宏观管理与政策领域的学科方向之一，该学科领域占宏观管理与政策领域的论文份额有所下降，可见该学科领域的增长速度低于宏观管理与政策领域整体增速（图 2-44）。相比 2009~2014 年，该领域论文学科交叉度在 2015~2019 年有所上升。

从发文期刊分布来看，学科领域高频发文期刊可以从一定程度上表征该学科领域的研究范畴，2009~2014 年与 2015~2019 年信息资源管理领域的 TOP20 发文期刊变化较小，两个时间窗的 TOP3 期刊均为 *Scientometrics*、*Journal of the Association for Information Science and Technology*（更名前名称为 *Journal of the American Society for Information Science and Technology*）和 *Journal of Informetrics*；前后两个时间窗比较来看，刊载该领域论文数量排名上升较多的期刊为 *PLoS One* 和 *College & Research Libraries* 等（图 2-45、图 2-46 和表 2-23）。

图 2-44　2009~2019 年信息资源管理领域 WoS 论文数量及其占宏观管理与政策领域的份额

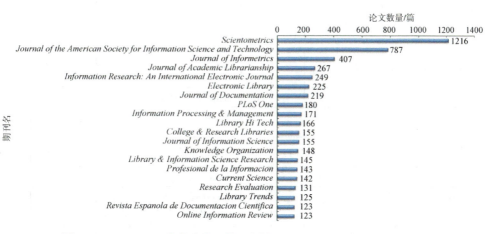

图 2-45　2009~2014 年信息资源管理领域 WoS 论文的 TOP20 发文期刊

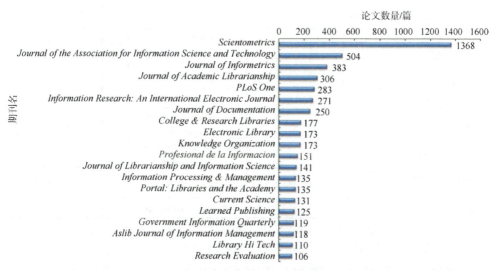

图 2-46　2015~2019 年信息资源管理领域 WoS 论文的 TOP20 发文期刊

表 2-23 2009~2014 年、2015~2019 年信息资源管理领域 WoS 论文的 TOP20 发文期刊

2009~2014 年					2015~2019 年				
期刊名	论文数量/篇	前6年排名	后5年排名	排名变化	期刊名	论文数量/篇	后5年排名	前6年排名	排名变化
Scientometrics	1216	1	1	0	*Scientometrics*	1368	1	1	0
Journal of the American Society for Information Science and Technology	787	2	\	\	*Journal of the Association for Information Science and Technology*[1]	504	2	2	0
Journal of Informetrics	407	3	3	0	*Journal of Informetrics*	383	3	3	0
Journal of Academic Librarianship	267	4	4	0	*Journal of Academic Librarianship*	306	4	4	0
Information Research: An International Electronic Journal	249	5	6	−1	*PLoS One*	283	5	8	3
Electronic Library	225	6	9	−3	*Information Research: An International Electronic Journal*	271	6	5	−1
Journal of Documentation	219	7	7	0	*Journal of Documentation*	250	7	7	0
PLoS One	180	8	5	3	*College & Research Libraries*	177	8	11	3
Information Processing & Management	171	9	13	−4	*Electronic Library*	173	9	6	−3
Library Hi Tech	166	10	19	−9	*Knowledge Organization*	173	9	13	4
College & Research Libraries	155	11	8	3	*Profesional de la Informacion*	151	11	15	4
Journal of Information Science	155	11	29	−18	*Journal of Librarianship and Information Science*	141	12	28	16
Knowledge Organization	148	13	9	4	*Information Processing & Management*	135	13	9	−4
Library & Information Science Research	145	14	21	−7	*Portal: Libraries and the Academy*	135	13	23	10
Profesional de la Informacion	143	15	11	4	*Current Science*	131	15	16	1
Current Science	142	16	15	1	*Learned Publishing*	125	16	22	6
Research Evaluation	131	17	20	−3	*Government Information Quarterly*	119	17	31	14
Library Trends	125	18	22	−4	*Aslib Journal of Information Management*	118	18	125	107
Revista Espanola de Documentacion Cientifica	123	19	28	−9	*Library Hi Tech*	110	19	10	−9
Online Information Review	123	19	23	−4	*Research Evaluation*	106	20	17	−3

注：期刊排名统计只依据期刊名，未对期刊更名情况做处理；排名变化为正数表示排名进步，为负数表示排名退步，排名变化为\表示期刊在另一个时间窗不存在或者存在更名情况

1）*Journal of the Association for Information Science and Technology* 与 *Journal of the American Society for Information Science and Technology* 为同一本刊更名操作，仅对此本期刊做了更名处理

　　从关键词分布来看，学科领域的高频关键词可从一定程度上表征该学科领域的研究内容，信息资源管理领域的研究在 2009~2014 年和 2015~2019 年两个时间窗，均围绕着 bibliometrics、citation analysis、information retrieval 等高频关键词展开；其中，在后一个时间窗频次排名上升明显的高频词有 open access、social media、altmetrics 等，表明该领域的研究方向受到开放获取政策、网络等新型数据资源的影响（图 2-47 和表 2-24）。

（a）2009~2014 年　　　　　　　　　　　（b）2015~2019 年

图 2-47　2009~2014 年、2015~2019 年信息资源管理领域 WoS 论文的高频关键词词云图

表 2-24　2009~2014 年、2015~2019 年信息资源管理领域 WoS 论文 TOP30 高频关键词

2009~2014 年				2015~2019 年			
关键词	频次	前 6 年排名	后 5 年排名	排名变化	关键词	频次	后 5 年排名	前 6 年排名	排名变化
bibliometrics	594	1	1	0	bibliometrics	860	1	1	0
citation analysis	367	2	2	0	citation analysis	375	2	2	0
information retrieval	338	3	4	−1	scientometrics	270	3	6	3
impact factor	270	4	14	−10	information retrieval	261	4	3	−1
H-index	242	5	12	−7	open access	260	5	18	13
scientometrics	220	6	3	3	social media	257	6	17	11
research	217	7	18	−11	information literacy	240	7	13	6
knowledge sharing	196	8	12	−4	academic libraries	238	8	11	3
knowledge management	187	9	21	−12	bibliometric analysis	228	9	19	10
citations	186	10	10	0	citations	206	10	10	0
academic libraries	181	11	8	3	peer review	206	10	12	2
peer review	173	12	10	2	knowledge sharing	205	12	8	−4
information literacy	162	13	7	6	H-index	205	12	5	−7

续表

2009~2014 年					2015~2019 年				
关键词	频次	前 6 年排名	后 5 年排名	排名变化	关键词	频次	后 5 年排名	前 6 年排名	排名变化
evaluation	155	14	22	−8	impact factor	196	14	4	−10
collaboration	141	15	16	−1	altmetrics	183	15	208	193
digital libraries	133	16	99	−83	collaboration	182	16	15	−1
social media	132	17	6	11	Web of Science	176	17	19	2
open access	128	18	5	13	research	165	18	7	−11
Web of Science	126	19	17	2	research evaluation	164	19	25	6
bibliometric analysis	126	19	9	10	social network analysis	149	20	28	8
Web 2.0	126	19	118	−99	knowledge management	132	21	9	−12
China	123	22	29	−7	evaluation	130	22	14	−8
citation	120	23	23	0	citation	124	23	23	0
internet	119	24	133	−109	transparency	120	24	89	65
research evaluation	116	25	19	6	higher education	110	25	38	13
libraries	115	26	55	−29	scopus	109	26	57	31
information science	115	26	60	−34	authorship	104	27	44	17
social network analysis	108	28	20	8	gender	104	27	75	48
publications	107	29	29	0	China	103	29	22	−7
universities	102	30	56	−26	publications	103	29	29	0
social networks	102	30	43	−13					

注：排名为正数表示排名进步，为负数表示排名退步

从研究热点来看，在信息资源管理领域的各个研究主题中，研究热点主题是"电子政务与开放数据管理"（ID：3107）、"知识共享与知识学习"（ID：2025）、"文献计量方法与应用"（ID：108）、"文本挖掘方法与应用"（ID：2632）、"数据管理与数据挖掘"（ID：3427）和"图书馆教学与信息素养"（ID：2232）。其中，"电子政务与开放数据管理"（ID：3107）和"知识共享与知识学习"（ID：2025）规模相对较小，增长速度较快，热度相对较高；"文献计量方法与应用"（ID：108）是研究规模大、增速相对较快且热度较高的一个研究热点主题，且近年来热度呈现持续升高态势（图 2-48、表 2-25 和表 2-26）。

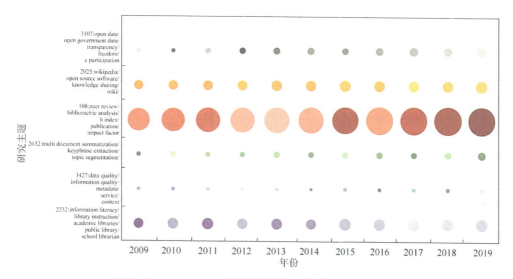

图 2-48　2009~2019 年信息资源管理领域研究热点主题

注：研究主题名称见表 2-25；圆圈大小表示主题论文量多少，代表主题规模；圆圈颜色深浅表示论文的学科归一化篇均引文 FWCI，代表主题热度；研究热点遴选指标数据见表 2-26

表 2-25　信息资源管理领域研究主题

ID	研究主题标签	研究主题名称
3107	open data/open government data/transparency/freedom/e participation	电子政务与开放数据管理
2025	wikipedia/open source software/knowledge sharing/wiki	知识共享与知识学习
108	peer review/bibliometric analysis/h index/publication/impact factor	文献计量方法与应用
2632	multi document summarization/keyphrase extraction/topic segmentation	文本挖掘方法与应用
3427	data quality/information quality/metadata/service/context	数据管理与数据挖掘
2232	information literacy/library instruction/academic libraries/public library/school librarian	图书馆教学与信息素养
3051	e book/legibility/visual fatigue/annotation/visual performance	阅读习惯与偏好
295	query expansion/clef/information retrieval/relevance feedback/query	信息组织与信息检索
2649	crawler/link analysis/PageRank/matrix equation/google matrix	网络分析与数据挖掘
3338	folksonomy/social tagging/tag recommendation/tag/library	社交信息管理与用户分析
3164	archive/preservation/records management/digital history/presidential library	图书档案的保存与数字化
3674	cerif/electronic thesis/web analytic/metadata management/dissertation	图书信息管理中的数据与方法

注：研究主题标签为各个研究主题（论文簇）的高频关键词；研究主题名称为专家判读的结果；研究主题排序同表 2-26

表 2-26　信息资源管理领域研究主题的研究热点遴选指标得分与排名

ID	研究主题标签	2009~2019 年论文总数/篇	2009~2019 年论文增速		2015~2019 年 FWCI		2015~2019 年 TC		综合排名	是否研究热点
			增速	排名	FWCI	排名	TC	排名		
3107	open data/open government data/transparency/freedom/e participation	958	16.2%	1	1.40	1	5 136	4	1	是
2025	wikipedia/open source software/knowledge sharing/wiki	2 211	5.7%	4	1.30	2	8 987	2	2	是
108	peer review/bibliometric analysis/h index/publication/impact factor	14 750	4.8%	5	1.22	3	51 717	1	3	是
2632	multi document summarization/keyphrase extraction/topic segmentation	672	14.6%	2	0.85	4	1 662	6	4	是
3427	data quality/information quality/metadata/service/context	230	7.5%	3	0.67	6	521	10	5	是
2232	information literacy/library instruction/academic libraries/public library/school librarian	2 488	4.3%	6	0.57	8	4 325	5	5	是
3051	e book/legibility/visual fatigue/annotation/visual performance	746	2.2%	8	0.71	5	1 505	7	7	否
295	query expansion/clef/information retrieval/relevance feedback/query	5 014	−2.5%	9	0.48	10	6 582	3	8	否
2649	crawler/link analysis/PageRank/matrix equation/google matrix	668	−5.0%	11	0.65	7	1 063	8	9	否
3338	folksonomy/social tagging/tag recommendation/tag/library	380	−4.8%	10	0.56	9	544	9	10	否
3164	archive/preservation/records management/digital history/presidential library	493	2.7%	7	0.30	12	380	11	11	否
3674	cerif/electronic thesis/web analytic/metadata management/dissertation	171	−8.1%	12	0.36	11	127	12	12	否

注：①论文增速为复合年均增长率；②TC 为研究主题的总被引频次；③综合排名为论文增速、FWCI 和 TC 三个排名的综合排名，具体见 2.1.3 节；④研究主题名称参见表 2-25，研究主题按照综合排名排序

其中，研究热点"电子政务与开放数据管理"（ID：3107）的研究围绕着数据、信息技术、信息服务等问题展开，其中相对较新的词为 big data、citizen participation 等（图 2-49）。大数据时代，信息的搜集与处理对政府进行政务管理与信息公开具有重要的推动作用，而"互联网+政务服务"也逐渐成为实现法治政府、政府信息公开常态化、构建现代治理体系的有效路径。在此背景下，世界各国该研究主题的相关研究成果加速涌现，2009~2019 年论文复合年均增长率为16.2%，位列信息资源管理领域各研究主题首位。中国学者的研究着重分析我国中央和地方层面公共政策决策透明化的现状和差异，决策者公开决策信息的微观动机，决策透明化对民众认知政府清廉、公共决策接受度以及公共服务满意度的复杂影响等。

研究热点"知识共享与知识学习"（ID：2025）的研究围绕网络环境下开源软件等开源资源的交流与合作、网络分析、信息共享与信任等问题展开，其中相对较新的词为 reciprocity、information sharing 等（图 2-50）。近年来，区域开放合作新格局、组织边界模糊化等趋势对跨界知识共享、知识学习提出了新的要求，而信息技术的飞速发展为实时知识共享、知识学习创造了条件。因此，越来越多的研究围绕着网络环境下开源软件等开源资源的交流与合作、网络分析、信息共享与信任等问题展开分析。国内目前针对该主题的研究主要围绕知识共享与人才激励或企业绩效等因素间的联动关系、知识学习对技术创新（行为）的影响及其内在机制等内容展开。

2. 中国本学科方向发展格局

总体来看，2009~2019 年中国信息资源管理领域的发展态势有以下表现。

从成果产出规模与影响力来看，中国具有一定的优势，2009 年论文规模（图2-51）、学术影响力和高被引论文数量三项的国际（地区）排名均为第 5 名，在2019 年这三项排名均攀升至第 2 名。同美国相比，2019 年中国论文数量、被引频次和高被引论文数量占美国相应指标的份额为 57.6%、63.6%、66.1%。在该学科领域的六个研究热点主题中，中国在其中四个热点主题［"文献计量方法与应用"（ID：108）、"数据管理与数据挖掘"（ID：3427）、"电子政务与开放数据管理"（ID：3107）、"图书馆教学与信息素养"（ID：2232）］发文与美国存在差距（表 2-27）。

从国际（地区）合作来看，如图 2-52、图 2-53、表 2-28 所示，中国在合作网络中地位的排名始终保持第 3 位，接近网络中心位置。中国在该领域的合作论文较多的国家（地区）为美国、英国、澳大利亚、比利时等，这些国家（地区）与中国的合作在其国际（地区）合作中的地位呈现出越来越重要的趋势。

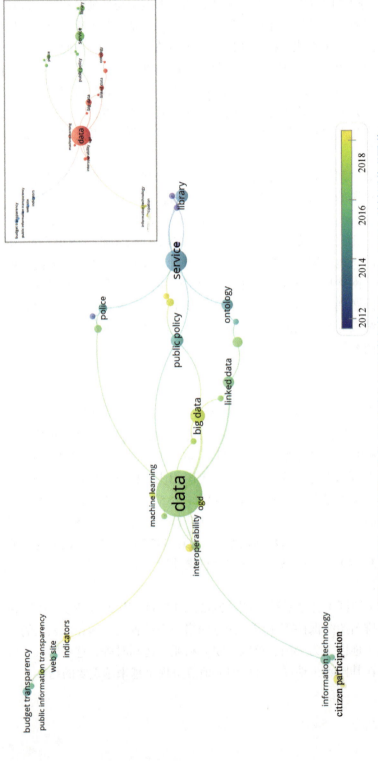

图2-49 2009~2019年研究热点"电子政务与开放数据管理"(ID: 3107)关键词共现图谱

注:小图是大图的缩小版,大图关键词颜色标签代表其平均发表年,小图关键词的颜色标签代表其所属的不同聚类

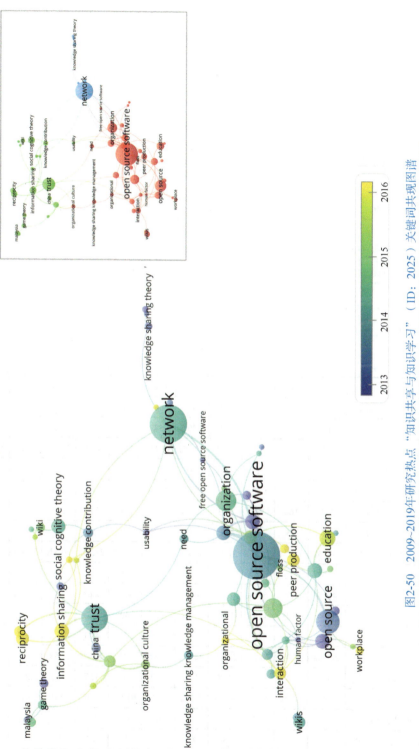

图2-50　2009~2019年研究热点"知识共享与知识学习"（ID：2025）关键词共现图谱

注：小图是大图的缩小版，大图关键词颜色标签为其平均发表年，小图关键词的颜色标签代表其所属的不同聚类

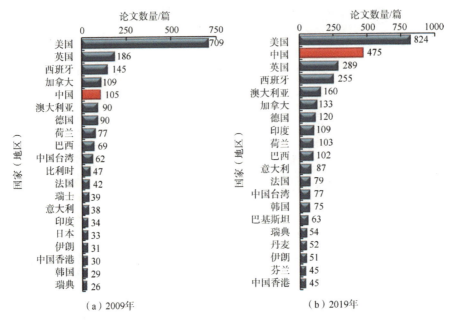

（a）2009年 　　　　　（b）2019年

图 2-51　2009 年和 2019 年信息资源管理领域 WoS 论文数量 TOP20 国家（地区）

表 2-27　2009~2019 年中国、美国在信息资源管理领域研究热点的 WoS 论文数量与世界份额

ID	指标	2009 年	2010 年	2011 年	2012 年	2013 年	2014 年	2015 年	2016 年	2017 年	2018 年	2019 年
3107	世界论文数/篇	37	28	52	67	81	94	74	100	137	122	166
	美国论文数/篇	16	15	9	27	30	33	12	28	32	21	31
	美国论文份额	43.2%	53.6%	17.3%	40.3%	37.0%	35.1%	16.2%	28.0%	23.4%	17.2%	18.7%
	中国论文数/篇	0	0	1	1	4	3	1	5	8	10	17
	中国论文份额	0	0	1.9%	1.5%	4.9%	3.2%	1.4%	5.0%	5.8%	8.2%	10.2%
2025	世界论文数/篇	151	165	175	183	207	202	226	215	211	213	263
	美国论文数/篇	52	63	61	57	76	70	69	54	56	69	62
	美国论文份额	34.4%	38.2%	34.9%	31.1%	36.7%	34.7%	30.5%	25.1%	26.5%	32.4%	23.6%
	中国论文数/篇	7	7	12	17	17	30	33	27	36	39	81
	中国论文份额	4.6%	4.2%	6.9%	9.3%	8.2%	14.9%	14.6%	12.6%	17.1%	18.3%	30.8%
108	世界论文数/篇	998	1088	1196	1216	1313	1337	1401	1527	1519	1563	1592
	美国论文数/篇	281	294	360	284	315	336	350	403	417	460	426
	美国论文份额	28.2%	27.0%	30.1%	23.4%	24.0%	25.1%	25.0%	26.4%	27.5%	29.4%	26.8%
	中国论文数/篇	45	63	78	118	127	130	141	157	153	205	226
	中国论文份额	4.5%	5.8%	6.5%	9.7%	9.7%	9.7%	10.1%	10.3%	10.1%	13.1%	14.2%
2632	世界论文数/篇	30	47	35	44	69	53	62	72	59	84	117
	美国论文数/篇	4	9	6	8	12	14	9	15	9	8	7

续表

ID	指标	2009 年	2010 年	2011 年	2012 年	2013 年	2014 年	2015 年	2016 年	2017 年	2018 年	2019 年
2632	美国论文份额	13.3%	19.1%	17.1%	18.2%	17.4%	26.4%	14.5%	20.8%	15.3%	9.5%	6.0%
	中国论文数/篇	5	10	7	11	14	8	8	19	22	21	49
	中国论文份额	16.7%	21.3%	20.0%	25.0%	20.3%	15.1%	12.9%	26.4%	37.3%	25.0%	41.9%
3427	世界论文数/篇	17	19	20	17	18	13	21	21	23	26	35
	美国论文数/篇	6	10	4	11	3	1	1	3	5	2	4
	美国论文份额	35.3%	52.6%	20.0%	64.7%	16.7%	7.7%	4.8%	14.3%	21.7%	7.7%	11.4%
	中国论文数/篇	1	3	1	0	3	3	5	0	2	0	3
	中国论文份额	5.9%	15.8%	5.0%	0	16.7%	23.1%	23.8%	0	8.7%	0	8.6%
2232	世界论文数/篇	180	206	237	199	217	182	258	245	251	240	273
	美国论文数/篇	103	106	100	86	109	84	115	119	134	133	129
	美国论文份额	57.2%	51.5%	42.2%	43.2%	50.2%	46.2%	44.6%	48.6%	53.4%	55.4%	47.3%
	中国论文数/篇	11	2	3	2	6	3	8	11	10	13	19
	中国论文份额	6.1%	1.0%	1.3%	1.0%	2.8%	1.6%	3.1%	4.5%	4.0%	5.4%	7.0%

注：国家（地区）论文份额为论文世界份额，即国家（地区）的论文数量占世界论文数量的份额

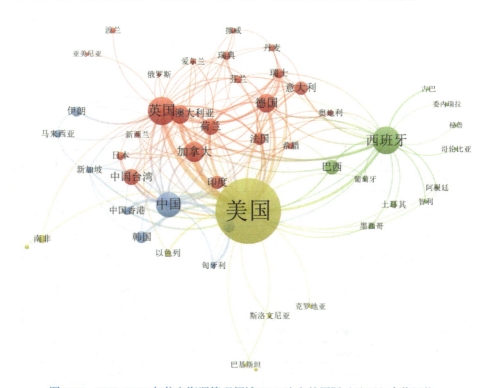

图 2-52　2009~2014 年信息资源管理领域 WoS 论文的国际（地区）合作网络

注：合作论文阈值为 5 篇

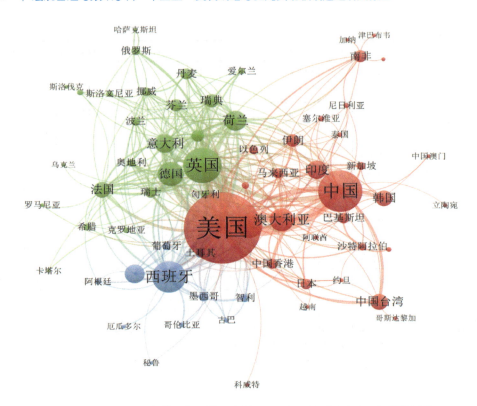

图 2-53   2015~2019 年信息资源管理领域 WoS 论文的国际（地区）合作网络

注：合作论文阈值为 5 篇

表 2-28   信息资源管理领域国际（地区）合作网络 PageRank 值 TOP20 国家（地区）

2009~2014 年				2015~2019 年			
国家（地区）		得分	排名	国家（地区）		得分	排名
中文名	英文名			中文名	英文名		
美国	USA	0.174	1	美国	USA	0.144	1
英国	UK	0.099	2	英国	UK	0.088	2
中国	China	0.071	3	中国	China	0.075	3
西班牙	Spain	0.071	4	西班牙	Spain	0.050	4
荷兰	Netherlands	0.049	5	荷兰	Netherlands	0.039	5
德国	Germany	0.048	6	加拿大	Canada	0.038	6
加拿大	Canada	0.043	7	澳大利亚	Australia	0.038	7
澳大利亚	Australia	0.038	8	德国	Germany	0.035	8
法国	France	0.029	9	法国	France	0.030	9
比利时	Belgium	0.027	10	意大利	Italy	0.027	10

续表

2009~2014 年				2015~2019 年			
国家（地区）		得分	排名	国家（地区）		得分	排名
中文名	英文名			中文名	英文名		
瑞士	Switzerland	0.022	11	比利时	Belgium	0.023	11
意大利	Italy	0.020	12	瑞士	Switzerland	0.019	12
中国香港	Hong Kong，China	0.018	13	南非	South Africa	0.017	13
中国台湾	Taiwan，China	0.018	14	中国香港	Hong Kong，China	0.016	14
新加坡	Singapore	0.015	15	瑞典	Sweden	0.015	15
韩国	Republic of Korea	0.014	16	芬兰	Finland	0.014	16
巴西	Brazil	0.013	17	中国台湾	Taiwan，China	0.013	17
芬兰	Finland	0.011	18	日本	Japan	0.012	18
匈牙利	Hungary	0.011	19	挪威	Norway	0.012	19
瑞典	Sweden	0.011	20	沙特阿拉伯	Saudi Arabia	0.012	20

注：TOP20 国家（地区）按照相应年度的 PageRank 值遴选，表中数值只显示小数点后 3 位，排名按 PageRank 实际值排序

从论文资助来看，中国信息资源管理领域的论文受资助比例提升迅速，2019 年有 73.3% 的论文受到资助；NSFC 是中国该领域论文的主要资助机构，论文资助比例为 47.4%。从资助成效来看，如图 2-54 所示，2015~2019 年中国该领域高被引论文受资助比例（72.5%）相比 2009~2014 年（30.6%）提升了一倍多，并且 2009~2014 年该比例低于中国所有论文受资助比例（44.7%），但 2015~2019 年该比例高于中国所有论文受资助比例（71.8%）；从 NSFC 的资助成效来看，如图 2-55 所示，2009~2014 年中国该领域高被引论文受 NSFC 资助比例为 8.2%，较大

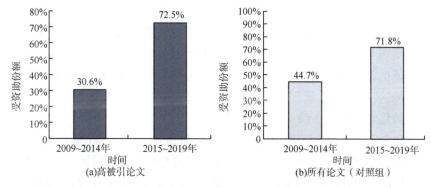

图 2-54　中国信息资源管理领域高被引 WoS 论文、所有 WoS 论文受资助比例

注：受资助份额为中国该领域受资助的高被引论文（所有论文）数量占中国该领域高被引论文（所有论文）的份额

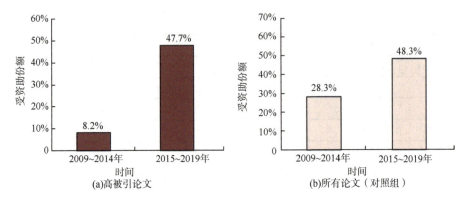

图 2-55　中国信息资源管理领域高被引 WoS 论文、所有 WoS 论文受 NSFC 资助比例
注：受资助份额为中国该领域受 NSFC 资助的高被引论文（所有论文）数量占中国该领域高被引论文（所有论文）的份额

程度低于中国所有论文受 NSFC 资助比例（28.3%）；但在 2015~2019 年前者（47.7%）与后者（48.3%）已相差无几，表明科学资助，尤其是 NSFC 资助在高学术影响力论文的产出中发挥了越来越重要的推进作用。

2.3.4　资源与环境管理

近年来，随着经济全球化进程的加快，资源占有量的多寡以及资源利用率的高低越来越成为各国综合国力的重要表征，与国家安全战略紧密相关，但随之而来的能源枯竭、环境污染等一系列问题也逐渐成为各国发展中面临的重大挑战，直接影响经济的可持续发展。因此，资源与环境管理作为宏观管理与政策领域的重要学科方向越来越受到各界的高度关注。

1. 学科方向发展态势

从总体趋势来看，2009~2019 年资源与环境管理领域的论文数量呈现快速增长态势；资源与环境管理是宏观管理与政策领域的学科方向之一，其占宏观管理与政策领域的论文份额提升了 10 个百分点，可见其增速远高于宏观管理与政策领域的整体增速(图 2-56)。该领域论文的学科交叉度在 2015~2019 年相比 2009~2014 年基本保持稳定，略有下降。

从发文期刊分布来看，学科领域高频发文期刊可以从一定程度上表征该学科领域的研究范畴，2009~2014 年与 2015~2019 年资源与环境管理领域的 TOP20 发文期刊重合度较高，*Journal of Cleaner Production*、*Energy*、*Energy Policy* 均是该领域两个时间窗的高频发文期刊；前后两个时间窗比较来看，刊载该领域论文数量排名上升较多的期刊为 *Sustainability*、*Energies*、*Water* 等（图 2-57、图 2-58 和表 2-29）。

图 2-56　2009~2019 年资源与环境管理领域 WoS 论文数量及其占宏观管理与政策领域的份额

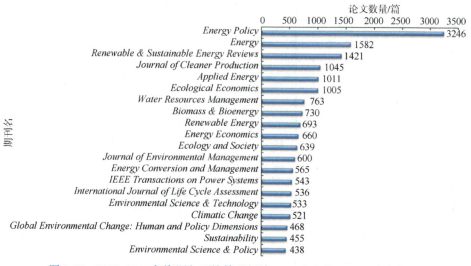

图 2-57　2009~2014 年资源与环境管理领域 WoS 论文的 TOP20 发文期刊

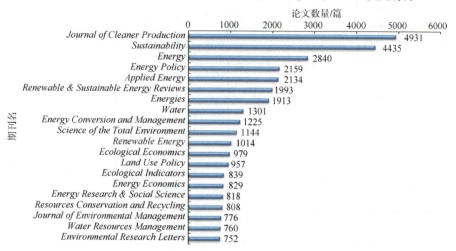

图 2-58　2015~2019 年资源与环境管理领域 WoS 论文的 TOP20 发文期刊

表 2-29 2009~2014 年、2015~2019 年资源与环境管理领域 WoS 论文的 TOP20 发文期刊

2009~2014 年					2015~2019 年				
期刊名	论文数量/篇	前6年排名	后5年排名	排名变化	期刊名	论文数量/篇	后5年排名	前6年排名	排名变化
Energy Policy	3246	1	4	−3	*Journal of Cleaner Production*	4931	1	4	3
Energy	1582	2	3	−1	*Sustainability*	4435	2	19	17
Renewable & Sustainable Energy Reviews	1421	3	6	−3	*Energy*	2840	3	2	−1
Journal of Cleaner Production	1045	4	1	3	*Energy Policy*	2159	4	1	−3
Applied Energy	1011	5	5	0	*Applied Energy*	2134	5	5	0
Ecological Economics	1005	6	12	−6	*Renewable & Sustainable Energy Reviews*	1993	6	3	−3
Water Resources Management	763	7	19	−12	*Energies*	1913	7	45	38
Biomass & Bioenergy	730	8	38	−30	*Water*	1301	8	128	120
Renewable Energy	693	9	11	−2	*Energy Conversion and Management*	1225	9	13	4
Energy Economics	660	10	15	−5	*Science of the Total Environment*	1144	10	47	37
Ecology and Society	639	11	27	−16	*Renewable Energy*	1014	11	9	−2
Journal of Environmental Management	600	12	18	−6	*Ecological Economics*	979	12	6	−6
Energy Conversion and Management	565	13	9	4	*Land Use Policy*	957	13	24	11
IEEE Transactions on Power Systems	543	14	25	−11	*Ecological Indicators*	839	14	26	12
International Journal of Life Cycle Assessment	536	15	28	−13	*Energy Economics*	829	15	10	−5
Environmental Science & Technology	533	16	47	−31	*Energy Research & Social Science*	818	16	\	\
Climatic Change	521	17	29	−12	*Resources Conservation and Recycling*	808	17	21	4
Global Environmental Change : Human and Policy Dimensions	468	18	40	−22	*Journal of Environmental Management*	776	18	12	−6
Sustainability	455	19	2	17	*Water Resources Management*	760	19	7	−12
Environmental Science & Policy	438	20	23	−3	*Environmental Research Letters*	752	20	30	10

注：期刊排名统计只依据期刊名，未对期刊更名情况做处理；排名变化为正数表示排名进步，为负数表示排名退步，排名变化为\表示期刊在另一个时间窗不存在或者存在更名情况

从关键词分布来看，学科领域的高频关键词可从一定程度上表征该学科领域的研究内容，2015~2019 年相比 2009~2014 年，资源与环境管理领域的高频关键词大体相同，为 climate change、sustainability、renewable energy、China 等；有一些高频关键词在后一个时间窗频次排名上升相对明显，比如 ecosystem services、energy efficiency、CO_2 emissions 等（图 2-59 和表 2-30）。

（a）2009~2014 年　　　　　　　　　　　　（b）2015~2019 年

图 2-59　2009~2014 年、2015~2019 年资源与环境管理领域 WoS 论文的高频关键词词云图

表 2-30　2009~2014 年、2015~2019 年资源与环境管理领域 WoS 论文 TOP30 高频关键词

2009~2014 年				2015~2019 年				
关键词	频次	前 6 年排名	后 5 年排名	排名变化	关键词	频次	后 5 年排名	前 6 年排名	排名变化
climate change	3178	1	1	0	climate change	4821	1	1	0
sustainability	1887	2	2	0	sustainability	3467	2	2	0
renewable energy	1185	3	3	0	renewable energy	2343	3	3	0
China	1174	4	4	0	China	2244	4	4	0
sustainable development	1098	5	7	−2	life cycle assessment	1970	5	7	2
energy	952	6	13	−7	ecosystem services	1810	6	12	6
life cycle assessment	950	7	5	2	sustainable development	1510	7	5	−2
uncertainty	920	8	12	−4	energy efficiency	1384	8	13	5
adaptation	895	9	9	0	adaptation	1374	9	9	0
biomass	894	10	16	−6	optimization	1355	10	11	1
optimization	847	11	10	1	resilience	1244	11	18	7
ecosystem services	839	12	6	6	uncertainty	1225	12	8	−4
energy efficiency	802	13	8	5	energy	1166	13	6	−7
governance	709	14	14	0	governance	1117	14	14	0
agriculture	673	15	15	0	agriculture	1058	15	15	0

续表

2009~2014 年				2015~2019 年				
关键词	频次	前6年排名	后5年排名	排名变化	关键词	频次	后5年排名	前6年排名	排名变化
bioenergy	663	16	21	−5	biomass	1018	16	10	−6
environment	627	17	26	−9	energy consumption	952	17	24	7
resilience	608	18	11	7	CO_2 emissions	936	18	50	32
biodiversity	576	19	22	−3	vulnerability	857	19	20	1
vulnerability	566	20	19	1	economic growth	843	20	53	33
biofuels	524	21	98	−77	bioenergy	769	21	16	−5
irrigation	502	22	39	−17	biodiversity	741	22	19	−3
willingness to pay	481	23	27	−4	organic rankine cycle	734	23	84	61
energy consumption	473	24	17	7	wind power	729	24	29	5
deforestation	463	25	31	−6	food security	712	25	35	10
exergy	447	26	37	−11	environment	678	26	17	−9
policy	442	27	33	−6	willingness to pay	650	27	23	−4
conservation	438	28	34	−6	circular economy	640	28	1152	1124
wind power	434	29	24	5	energy storage	634	29	110	81
LCA	421	30	30	0	LCA	631	30	30	0

注：排名为正数表示排名进步，为负数表示排名退步

从研究热点来看，在资源与环境管理领域的各个研究主题中，研究热点主题是"储能技术控制与管理"（ID：1738）、"生态系统服务评估与分析"（ID：1521）、"热能经济性评估与分析"（ID：1752）、"能源消耗与碳排放"（ID：310）以及"热力能源运行与控制"（ID：1733）。其中，"储能技术控制与管理"（ID：1738）研究规模增速最快，热度也较高；"生态系统服务评估与分析"（ID：1521）和"热能经济性评估与分析"（ID：1752）在2009~2019年的前半段热度较高，但在后半段有所减弱；"能源消耗与碳排放"（ID：310）和"热力能源运行与控制"（ID：1733）在2009~2019年的后半段热度高于前半段，特别是前者在近年来热度呈现不断增长的态势（图2-60、表2-31和表2-32）。

其中，研究热点"储能技术控制与管理"（ID：1738）的研究围绕着电池储能系统、空气储能等研究问题展开（图2-61）。其中，储能系统的研究重点是关系到储能装置寿命周期、安全性和经济性的能量管理和控制技术。该领域的发展对于有效缓解全球面临的能源危机具有重要意义，因此备受学术界关注。2009~2019年全球该主题论文增速达到27.1%，远超资源与环境管理领域的其他

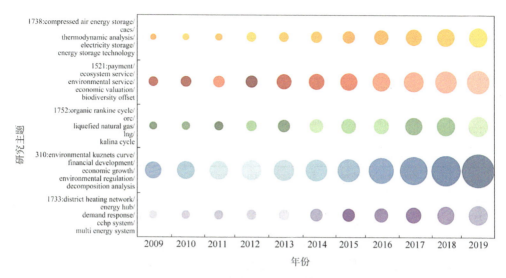

图 2-60　2009~2019 年资源与环境管理领域研究热点主题

注：研究主题名称见表 2-31；圆圈大小表示主题论文量多少，代表主题规模；圆圈颜色深浅表示论文的学科归一化篇均引文 FWCI，代表主题热度；研究热点遴选指标数据见表 2-32

表 2-31　资源与环境管理领域研究主题

ID	研究主题标签	研究主题名称
1738	compressed air energy storage/caes/thermodynamic analysis/electricity storage/energy storage technology	储能技术控制与管理
1521	payment/ecosystem service/environmental service/economic valuation/biodiversity offset	生态系统服务评估与分析
1752	organic rankine cycle/orc/liquefied natural gas/lng/kalina cycle	热能经济性评估与分析
310	environmental kuznets curve/financial development/economic growth/environmental regulation/decomposition analysis	能源消耗与碳排放
1733	district heating network/energy hub/demand response/cchp system/multi energy system	热力能源运行与控制
825	sustainability transition/solar home system/feed/social acceptance/rural electrification	可再生能源利用及管理
1083	short term load forecasting/wind speed/electricity price forecasting/wind speed forecasting/day	能源需求与消耗预测仿真
2513	industrial symbiosis/circular economy/industrial ecology/eco industrial park/steel	循环经济与可持续发展
1662	life cycle assessment/greenhouse gas emission/carbon footprint/food waste/lca	农牧业可持续发展与管理
696	disaster risk reduction/vulnerability/flood/flood risk assessment/natural disaster	灾害影响评估及案例分析
1256	life cycle assessment/lca/green chemistry/environmental assessment/life cycle	绿色经济与可持续发展

续表

ID	研究主题标签	研究主题名称
1134	water footprint/virtual water/water energy food nexus/food/water market	水资源对生态系统的影响
2451	machine tool/sustainable manufacturing/energy performance contracting/machining process/energy management	能源消耗仿真与测度
1096	theory/intention/planned behavior/physical activity/implementation intention	环境政策的公众接受度
970	redd/deforestation/non timber forest product/brazilian amazon/oil palm	林业可持续发展与资源管理
448	unit commitment problem/transmission expansion planning/economic dispatch problem/valve point effect/market power	能源供给策略与评估
1572	reference evapotranspiration/neural network/pan evaporation/ann/artificial neural network model	环境综合评价模型与方法
1346	geoengineering/international environmental agreement/solar radiation management/social cost/degrees c	气候变化协定与气候政策
1419	climate change/climate variability/aquacrop model/adaptation strategy/uncertainty	气候变化对农业的影响
2072	ecological footprint/degrowth/human appropriation/sustainability indicator/net primary production	可持续发展政策与效果评估
416	co management/community forestry/water governance/decentralization/natural resource management	自然资源管理案例研究
1845	municipal solid waste management/fuel/energy recovery/energy plant/waste	循环经济与废弃物回收
3049	life cycle assessment/energy return/eroi/energy payback time/indium	能源环境影响与评估
733	biomass/biofuel/switchgrass/life cycle assessment/energy	生物燃料利用及管理
2868	higher education/university/sustainability education/sustainable development/engineering	教育可持续发展战略与政策
3646	land consolidation/slovenia/croatia/land fragmentation/poland	土地资源管理与政策
2308	wind speed/wind energy potential/wind resource assessment/wind characteristic/hydropower	可再生能源开发与评估
2469	resource curse/artisanal/small scale mining/social licence/oil	采掘生产管理与经济评价
2712	indoor air pollution/biomass fuel/exposure/child/cookstofe	环境污染与健康管理
1494	water distribution network/leak detection/water hammer/pipeline/turbine	水资源网络控制与优化
1714	interval/reservoir operation/fuzzy linear programming problem/uncertainty/fuzzy parameter	水资源管理模型与方法
832	desertification/african savanna/land degradation/sahel/critical transition	林牧业生态治理与评估
1620	global value chain/fair trade/global production network/forest certification/farmers market	农业政策与区域可持续发展
1955	emergy/emergy analysis/emergy evaluation/heat recovery steam generator/combined cycle power plant	能源经济性评估与分析
3457	graph model/brownfield/brownfield redevelopment/czech republic/remediation	生态修复与治理方法

续表

ID	研究主题标签	研究主题名称
1975	reuse/greywater/rainwater harvesting system/wastewater/water reuse	水资源回收管理与评估
3035	cacao/theobroma cacao l/cocoa/genetic diversity/agroforestry system	农林可持续发展模式与案例分析
2977	finite time/beta type/ecological optimization/engine/stirling engine	热能控制与优化
1052	discrete choice experiment/contingent valuation/willingness/conjoint analysis/consumer preference	能源环境经济模型及评估
3161	energy security/european natural gas market/portfolio theory/global energy governance/russia	区域与国家能源安全案例分析
3180	environmental justice/green criminology/landfill site/congenital anomaly/cumulative risk assessment	环境政策与环境伦理分析
3121	health impact assessment/strategic environmental assessment/eia/cumulative effects assessment/	燃料空气污染对健康的影响
2841	real option/investment decision/uncertainty/timing/flexibility	能源投资与价值评估
3117	continental shelf/national jurisdiction/antarctica/sea convention/cobalt	海洋生态管理与区域治理

注：研究主题标签为各个研究主题（论文簇）的高频关键词；研究主题名称为专家判读的结果；研究主题排序同表 2-32

表 2-32　资源与环境管理领域研究主题的研究热点遴选指标得分与排名

ID	研究主题标签	2009~2019年论文总数/篇	2009~2019 年论文增速		2015~2019 年FWCI		2015~2019 年TC		综合排名	是否研究热点
			增速	排名	FWCI	排名	TC	排名		
1738	compressed air energy storage/caes/thermodynamic analysis/electricity storage/energy storage technology	3 437	27.1%	1	1.61	2	40 731	6	1	是
1521	payment/ecosystem service/environmental service/economic valuation/biodiversity offset	6 088	20.7%	3	1.18	7	48 751	4	2	是
1752	organic rankine cycle/orc/liquefied natural gas/lng/kalina cycle	4 324	21.9%	2	1.45	6	39 967	8	3	是
310	environmental kuznets curve/financial development/economic growth/environmental regulation/decomposition analysis	12 760	15.2%	12	1.56	5	107 539	1	4	是
1733	district heating network/energy hub/demand response/cchp system/multi energy system	3 672	19.8%	5	1.58	3	36 112	12	5	是
825	sustainability transition/solar home system/feed/social acceptance/rural electrification	8 823	16.1%	11	1.09	9	63 146	2	6	否

续表

ID'	研究主题标签	2009~2019年论文总数/篇	2009~2019年论文增速		2015~2019年 FWCI		2015~2019年 TC		综合排名	是否研究热点
			增速	排名	FWCI	排名	TC	排名		
1083	short term load forecasting/wind speed/electricity price forecasting/wind speed forecasting/day	4 074	16.7%	8	1.69	1	35 767	14	7	否
2513	industrial symbiosis/circular economy/industrial ecology/eco industrial park/steel	2 335	17.0%	6	1.57	4	22 532	20	8	否
1662	life cycle assessment/greenhouse gas emission/carbon footprint/food waste/lca	5 348	16.7%	9	1.07	10	36 717	11	8	否
696	disaster risk reduction/vulnerability/flood/flood risk assessment/natural disaster	9 997	16.7%	7	0.86	27	54 391	3	10	否
1256	life cycle assessment/lca/green chemistry/environmental assessment/life cycle	5 348	15.1%	13	1.06	11	35 283	15	11	否
1134	water footprint/virtual water/water energy food nexus/food/water market	6 443	10.9%	19	1.03	13	37 031	10	12	否
2451	machine tool/sustainable manufacturing/energy performance contracting/machining process/energy management	2 028	20.6%	4	1.03	14	12 826	28	13	否
1096	theory/intention/planned behavior/physical activity/implementation intention	6 743	12.9%	16	0.91	22	35 803	13	14	否
970	redd/deforestation/non timber forest product/brazilian amazon/oil palm	7 645	8.7%	25	0.92	21	39 865	9	15	否
448	unit commitment problem/transmission expansion planning/economic dispatch problem/valve point effect/market power	6 490	8.8%	23	0.96	17	34 998	16	16	否
1572	reference evapotranspiration/neural network/pan evaporation/ann/artificial neural network model	4 381	8.8%	24	1.05	12	22 093	21	17	否
1346	geoengineering/international environmental agreement/solar radiation management/social cost/degrees c	5 776	6.7%	33	1.13	8	34 088	17	18	否
1419	climate change/climate variability/aquacrop model/adaptation strategy/uncertainty	5 854	12.3%	17	0.87	26	31 590	18	19	否

续表

ID	研究主题标签	2009~2019年论文总数/篇	2009~2019年论文增速		2015~2019年FWCI		2015~2019年TC		综合排名	是否研究热点
			增速	排名	FWCI	排名	TC	排名		
2072	ecological footprint/degrowth/human appropriation/sustainability indicator/net primary production	2 841	9.1%	22	0.99	15	13 981	26	20	否
416	co management/community forestry/water governance/decentralization/natural resource management	11 109	8.2%	27	0.73	32	46 090	5	21	否
1845	municipal solid waste management/fuel/energy recovery/energy plant/waste	3 726	7.7%	29	0.95	20	19 616	22	22	否
3049	life cycle assessment/energy return/eroi/energy payback time/indium	1 325	10.1%	21	0.96	18	7 396	35	23	否
733	biomass/biofuel/switchgrass/life cycle assessment/energy	9 578	5.3%	37	0.76	31	40 693	7	24	否
2868	higher education/university/sustainability education/sustainable development/engineering	1 599	14.3%	14	0.84	28	7 988	34	25	否
3646	land consolidation/slovenia/croatia/land fragmentation/poland	298	16.4%	10	0.88	25	1 178	44	26	否
2308	wind speed/wind energy potential/wind resource assessment/wind characteristic/hydropower	2 325	6.6%	34	0.96	16	12 223	30	27	否
2469	resource curse/artisanal/small scale mining/social licence/oil	2 859	13.4%	15	0.70	34	11 237	32	28	否
2712	indoor air pollution/biomass fuel/exposure/child/cookstofe	2 152	10.2%	20	0.80	29	9 162	33	29	否
1494	water distribution network/leak detection/water hammer/pipeline/turbine	3 992	11.2%	18	0.61	38	13 623	27	30	否
1714	interval/reservoir operation/fuzzy linear programming problem/uncertainty/fuzzy parameter	3 856	7.3%	30	0.80	30	15 320	25	31	否
832	desertification/african savanna/land degradation/sahel/critical transition	7 673	5.9%	35	0.71	33	29 472	19	32	否
1620	global value chain/fair trade/global production network/forest certification/farmers market	4 670	8.0%	28	0.64	36	16 081	24	33	否
1955	emergy/emergy analysis/emergy evaluation/heat recovery steam generator/combined cycle power plant	2 898	5.6%	36	0.88	24	12 166	31	34	否

续表

ID	研究主题标签	2009~2019年论文总数/篇	2009~2019年论文增速		2015~2019年FWCI		2015~2019年TC		综合排名	是否研究热点
			增速	排名	FWCI	排名	TC	排名		
3457	graph model/brownfield/brownfield redevelopment/czech republic/remediation	473	6.9%	32	0.95	19	2 300	42	35	否
1975	reuse/greywater/rainwater harvesting system/wastewater/water reuse	3 626	7.2%	31	0.63	37	12 747	29	36	否
3035	cacao/theobroma cacao l/cocoa/genetic diversity/agroforestry system	1 564	8.5%	26	0.58	39	5 159	37	37	否
2977	finite time/beta type/ecological optimization/engine/stirling engine	1 183	−0.1%	44	0.88	23	5 829	36	38	否
1052	discrete choice experiment/contingent valuation/willingness/conjoint analysis/consumer preference	6 248	4.2%	41	0.54	40	16 856	23	39	否
3161	energy security/european natural gas market/portfolio theory/global energy governance/russia	1 187	4.4%	39	0.65	35	4 061	38	40	否
3180	environmental justice/green criminology/landfill site/congenital anomaly/cumulative risk assessment	1 010	5.2%	38	0.52	41	3 012	39	41	否
3121	health impact assessment/strategic environmental assessment/eia/cumulative effects assessment	1 212	4.3%	40	0.50	42	2 810	40	42	否
2841	real option/investment decision/uncertainty/timing/flexibility	1 271	1.6%	43	0.41	43	2 440	41	43	否
3117	continental shelf/national jurisdiction/antarctica/sea convention/cobalt	1 205	3.3%	42	0.28	44	1 414	43	44	否

注：①论文增速为复合年均增长率；②TC 为研究主题的总被引频次；③综合排名为论文增速、FWCI 和 TC 三个排名的综合排名，具体见 2.1.3 节；④研究主题名称参见表 2-31，研究主题按照综合排名排序

研究主题（表 2-32）。该热点主题的论文研究中相对较新的词为 linear programming、sector coupling、wind power curtailment（图 2-61）。

研究热点"生态系统服务评估与分析"（ID：1521）的研究围绕着土地使用与覆盖、生物多样性保护、环境服务等研究问题展开，其中相对较新的词为 land use、land cover 等（图 2-62）。Holdren 和 Ehrlich（1974）首次提出了生态系统服务的概念，Daily（1997）将其定义为自然生态系统及其物种所提供的能够满足和维持人类生活需要的条件和过程。该定义强调了生态系统服务对人类生存的重要性。近年来，随着环境污染、生物多样性日益锐减等危机的出现，实现生态

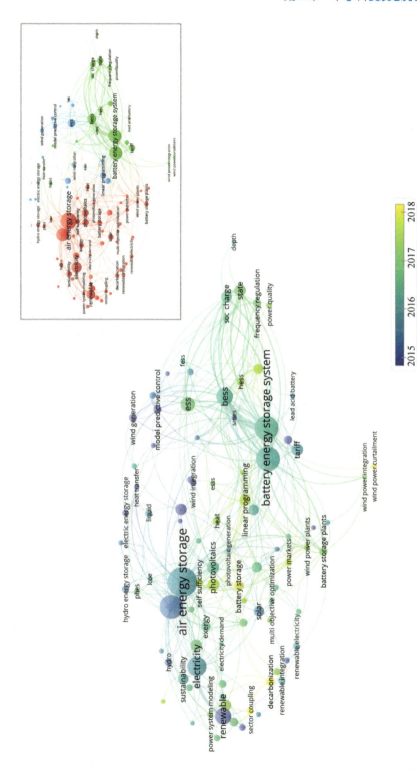

图2-61　2009~2019年研究热点"储能技术控制与管理"（ID：1738）关键词共现图谱

注：小图是大图的缩小版，大图关键词颜色标签为其平均发表年，小图关键词的颜色标签代表其所属的不同聚类

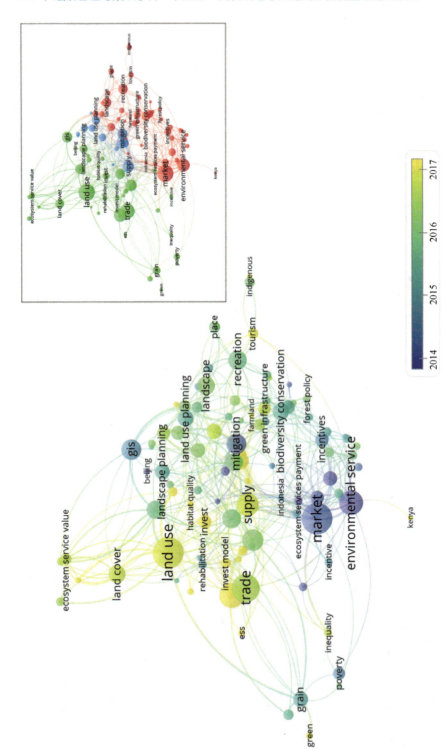

图2-62 2009~2019年研究热点"生态系统服务评估与分析"(ID: 1521)关键词共现图谱

注:小图是大图的缩小版,大图关键词颜色标签为其平均发表年,小图关键词颜色标签代表其所属的不同聚类

系统服务的客观评估与分析，推进生物多样性保护等研究问题越来越成为资源
环境领域关注的热点话题。国内研究目前重点聚焦海洋、湖泊、森林、草地等
生态系统服务价值与功能评估，为相应区域的综合管理与可持续发展提供决策
支持。

2. 中国本学科方向发展格局

总体来看，2009~2019 年中国资源与环境管理领域的发展态势有以下表现。

从成果产出规模与影响力来看，中国进步明显且优势突出，2009 年论文规模
（图 2-63）、学术影响力和高被引论文数量三项的国际（地区）排名分别为第 3
名、第 6 名、第 5 名；发展至 2019 年这三项排名均攀升至第 1 名。同第 2 名美国
相比，2019 年中国论文数量（图 2-63）、被引频次和高被引论文数量分别是美国
的 1.2 倍、1.4 倍和 1.8 倍。这一趋势从侧面反映出当前"推进绿色发展、循环发
展、低碳发展"和"建设美丽中国"的战略部署对于资源与环境管理领域相关研
究的重要引领作用。在该学科领域的 5 个研究热点主题的论文产出规模上，2019
年中国均领先于美国，其中在"储能技术控制与管理"（ID：1738）、"生态系
统服务评估与分析"（ID：1521）两个热点主题上，中国发展至 2018 年或 2019
年才得以反超美国，且超出美国论文数量相对较少（表 2-33）。

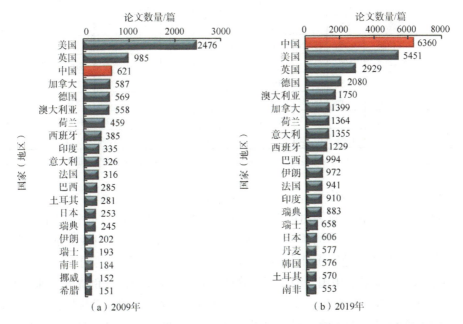

图 2-63　2009 年和 2019 年资源与环境管理领域 WoS 论文数量 TOP20 国家（地区）

表 2-33 2009~2019 年中国、美国在资源与环境管理领域研究热点的 WoS 论文数量与世界份额

ID	指标	2009 年	2010 年	2011 年	2012 年	2013 年	2014 年	2015 年	2016 年	2017 年	2018 年	2019 年
1738	世界论文数/篇	67	85	94	176	179	245	290	420	518	628	735
	美国论文数/篇	21	20	31	48	48	69	68	78	86	120	111
	美国论文份额	31.3%	23.5%	33.0%	27.3%	26.8%	28.2%	23.4%	18.6%	16.6%	19.1%	15.1%
	中国论文数/篇	2	2	6	13	22	32	56	69	74	112	156
	中国论文份额	3.0%	2.4%	6.4%	7.4%	12.3%	13.1%	19.3%	16.4%	14.3%	17.8%	21.2%
1521	世界论文数/篇	172	216	258	278	454	498	594	686	814	991	1127
	美国论文数/篇	61	70	79	91	131	128	166	162	195	230	226
	美国论文份额	35.5%	32.4%	30.6%	32.7%	28.9%	25.7%	27.9%	23.6%	24.0%	23.2%	20.1%
	中国论文数/篇	19	35	55	40	57	69	82	80	153	232	309
	中国论文份额	11.0%	16.2%	21.3%	14.4%	12.6%	13.9%	13.8%	11.7%	18.8%	23.4%	27.4%
1752	世界论文数/篇	113	131	149	213	299	376	433	482	597	712	819
	美国论文数/篇	14	18	21	20	42	37	43	42	46	53	60
	美国论文份额	12.4%	13.7%	14.1%	9.4%	14.0%	9.8%	9.9%	8.7%	7.7%	7.4%	7.3%
	中国论文数/篇	17	26	31	49	72	105	103	135	187	237	306
	中国论文份额	15.0%	19.8%	20.8%	23.0%	24.1%	27.9%	23.8%	28.0%	31.3%	33.3%	37.4%
310	世界论文数/篇	558	642	705	818	890	962	1059	1356	1594	1878	2298
	美国论文数/篇	161	164	170	167	198	203	178	229	268	282	313
	美国论文份额	28.9%	25.5%	24.1%	20.4%	22.2%	21.1%	16.8%	16.9%	16.8%	15.0%	13.6%
	中国论文数/篇	52	83	123	174	217	301	394	543	753	964	1332
	中国论文份额	9.3%	12.9%	17.4%	21.3%	24.4%	31.3%	37.2%	40.0%	47.2%	51.3%	58.0%
1733	世界论文数/篇	125	131	150	186	212	301	317	379	476	632	763
	美国论文数/篇	15	18	19	11	20	28	32	33	37	72	72
	美国论文份额	12.0%	13.7%	12.7%	5.9%	9.4%	9.3%	10.1%	8.7%	7.8%	11.4%	9.4%
	中国论文数/篇	5	14	13	18	25	44	62	77	143	230	310
	中国论文份额	4.0%	10.7%	8.7%	9.7%	11.8%	14.6%	19.6%	20.3%	30.0%	36.4%	40.6%

注：国家（地区）论文份额为论文世界份额，即国家（地区）的论文数量占世界论文数量的份额

从国际（地区）合作来看，如图 2-64、图 2-65、表 2-34 和表 2-35 所示，中国在合作网络中地位的排名由第 7 名上升至第 4 名，愈加靠近网络中心位置，中国在该领域合作论文较多的国家（地区）为美国、英国、澳大利亚、加拿大等，中国正在成为各国（地区）开展国际（地区）合作时越来越重要的合作对象。

从论文资助来看，中国资源与环境管理领域的论文受资助比例提升迅速，2019年有 87.3% 的论文受到资助；NSFC 是中国该领域论文的主要资助机构，论文资助比例为 54.5%。从资助成效来看，如图 2-66 所示，2009~2014 年、2015~2019 年中国该领域高被引论文受资助比例（75.6%、87.7%）均高于相应时间窗中国所有论文受资助比例（73.3%、86.0%）；NSFC 资助也有相同的结论，如图 2-67 所示，2009~

2014 年、2015~2019 年中国该领域高被引论文受 NSFC 资助比例分别为 40.6%、62.5%，均高于中国所有论文受 NSFC 资助比例（39.6%、54.5%），表明科学资助，尤其是 NSFC 的资助在高学术影响力论文产出中发挥了有力的推进作用。

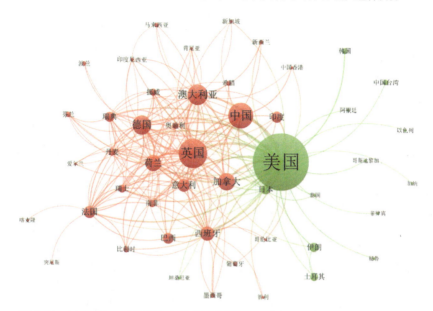

图 2-64　2009~2014 年资源与环境管理领域 WoS 论文的国际（地区）合作网络

注：合作论文阈值为 39 篇

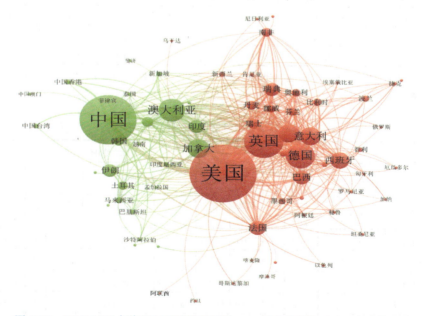

图 2-65　2015~2019 年资源与环境管理领域 WoS 论文的国际（地区）合作网络

注：合作论文阈值为 39 篇

表 2-34　资源与环境管理领域国际（地区）合作网络 PageRank 值 TOP20 国家（地区）

2009~2014 年				2015~2019 年			
国家（地区）		得分	排名	国家（地区）		得分	排名
中文名	英文名			中文名	英文名		
美国	USA	0.124	1	美国	USA	0.098	1
英国	UK	0.078	2	英国	UK	0.075	2
德国	Germany	0.056	3	德国	Germany	0.052	3
荷兰	Netherlands	0.048	4	中国	China	0.050	4
澳大利亚	Australia	0.043	5	澳大利亚	Australia	0.042	5
法国	France	0.042	6	荷兰	Netherlands	0.042	6
中国	China	0.038	7	法国	France	0.035	7
加拿大	Canada	0.034	8	意大利	Italy	0.030	8
西班牙	Spain	0.027	9	加拿大	Canada	0.028	9
意大利	Italy	0.027	10	西班牙	Spain	0.026	10
瑞典	Sweden	0.022	11	瑞典	Sweden	0.023	11
瑞士	Switzerland	0.021	12	瑞士	Switzerland	0.019	12
奥地利	Austria	0.019	13	丹麦	Denmark	0.018	13
丹麦	Denmark	0.019	14	巴西	Brazil	0.017	14
日本	Japan	0.017	15	奥地利	Austria	0.016	15
巴西	Brazil	0.017	16	南非	South Africa	0.014	16
挪威	Norway	0.015	17	日本	Japan	0.014	17
南非	South Africa	0.015	18	比利时	Belgium	0.014	18
比利时	Belgium	0.015	19	挪威	Norway	0.014	19
印度	India	0.013	20	芬兰	Finland	0.014	20

注：TOP20 国家（地区）按照相应年度的 PageRank 值遴选，表中数值只显示小数点后 3 位，排名按 PageRank 实际值排序

表 2-35　资源与环境管理领域中国的 TOP20 合作国家（地区）

2009~2014 年						2015~2019 年					
国家（地区）		与中国合作论文		所有合作论文		国家（地区）		与中国合作论文		所有合作论文	
中文名	英文名	论文数/篇	排名	论文数/篇	比例	中文名	英文名	论文数/篇	排名	论文数/篇	比例
美国	USA	1 051	1	7 077	14.9%	美国	USA	2 894	1	11 943	24.2%
加拿大	Canada	424	2	2 049	20.7%	英国	UK	1 141	2	7 828	14.6%
英国	UK	331	3	4 070	8.1%	澳大利亚	Australia	872	3	4 493	19.4%
澳大利亚	Australia	265	4	2 319	11.4%	加拿大	Canada	710	4	3 457	20.5%
日本	Japan	215	5	883	24.3%	中国香港	Hong Kong, China	490	5	847	57.9%

续表

| 2009~2014 年 | | | | | 2015~2019 年 | | | | |
| 国家（地区） | | 与中国合作论文 | | 所有合作论文 | 国家（地区） | | 与中国合作论文 | | 所有合作论文 |
中文名	英文名	论文数/篇	排名	论文数/篇	比例	中文名	英文名	论文数/篇	排名	论文数/篇	比例
德国	Germany	173	6	2 618	6.6%	日本	Japan	465	6	1 562	29.8%
中国香港	Hong Kong, China	162	7	332	48.8%	德国	Germany	438	7	5 123	8.5%
荷兰	Netherlands	113	8	2 393	4.7%	荷兰	Netherlands	381	8	4 003	9.5%
奥地利	Austria	62	9	779	8.0%	巴基斯坦	Pakistan	288	9	742	38.8%
意大利	Italy	58	10	1 302	4.5%	法国	France	236	10	2 868	8.2%
丹麦	Denmark	52	11	769	6.8%	丹麦	Denmark	230	11	1 643	14.0%
新加坡	Singapore	50	12	296	16.9%	新加坡	Singapore	222	12	714	31.1%
瑞士	Switzerland	50	12	993	5.0%	意大利	Italy	196	13	2 931	6.7%
瑞典	Sweden	50	12	1 062	4.7%	瑞典	Sweden	186	14	2 309	8.1%
挪威	Norway	44	15	725	6.1%	中国台湾	Taiwan, China	171	15	369	46.3%
法国	France	43	16	1 652	2.6%	奥地利	Austria	141	16	1 447	9.7%
印度	India	39	17	683	5.7%	印度	India	119	17	1 286	9.3%
新西兰	New Zealand	38	18	395	9.6%	瑞士	Switzerland	118	18	1 886	6.3%
中国台湾	Taiwan, China	35	19	190	18.4%	芬兰	Finland	114	19	1 101	10.4%
沙特阿拉伯	Saudi Arabia	29	20	185	15.7%	挪威	Norway	114	19	1 304	8.7%

注：比例为各国家（地区）与中国的合作论文数量占本国（地区）所有合作论文总量的份额

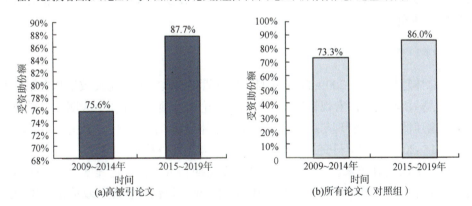

图 2-66　中国资源与环境管理领域高被引 WoS 论文、所有 WoS 论文受资助比例

注：受资助份额为中国该领域受资助的高被引论文（所有论文）数量占中国该领域高被引论文（所有论文）的份额

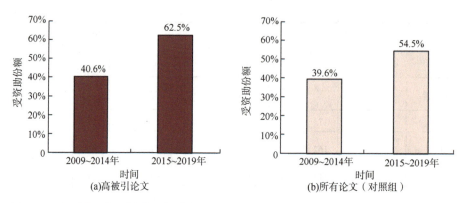

图 2-67　中国资源与环境管理领域高被引 WoS 论文、所有 WoS 论文受 NSFC 资助比例

注：受资助份额为中国该领域受 NSFC 资助的高被引论文（所有论文）数量占中国该领域高被引论文（所有论文）的份额

2.3.5　科技创新管理与政策

随着新一轮科技革命与产业变革加速演进，人工智能、5G 通信、工业互联网等新兴技术实现多点革命性突破，数字经济、共享经济和智能制造成为全球经济增长新动力，加速重构全球创新版图、重塑全球经济结构。在世界科技创新大潮中，中国将建设科技强国摆在推动实现社会主义现代化进程的突出位置，加快各领域战略布局，着力提升自主创新能力，突破关键核心技术和创新能力，聚力依靠创新驱动的内涵型增长。科技创新管理与政策领域的研究和发展，对中国的科技强国建设之路具有重要意义。在此背景下，科技创新管理与政策领域相关研究成果加速涌现。

1. 学科方向发展态势

从总体趋势来看，2009~2019 年科技创新管理与政策领域论文数量基本保持平稳，该学科领域论文占宏观管理与政策领域的论文份额略有下降，表明该学科领域论文的增速低于宏观管理与政策领域论文的整体增速（图 2-68）。此外，该领域论文在 2015~2019 年的学科交叉度相比 2009~2014 年保持稳定。

从发文期刊分布来看，学科领域高频发文期刊可以在一定程度上表征该学科领域的研究范畴，2009~2014 年与 2015~2019 年科技创新管理与政策领域相同的 TOP5 发文期刊为 *Technological Forecasting and Social Change*、*Research Policy* 和 *Strategic Management Journal*；从前后两个时间窗比较来看，刊载该领域论文数量排名上升较多的期刊为 *Sustainability* 和 *Journal of Business Research* 等（图 2-69、图 2-70 和表 2-36）。

图 2-68　2009~2019 年科技创新管理与政策领域 WoS 论文数量及其占宏观管理与政策领域论文的份额

图 2-69　2009~2014 年科技创新管理与政策领域 WoS 论文的 TOP20 发文期刊

图 2-70　2015~2019 年科技创新管理与政策领域 WoS 论文的 TOP20 发文期刊

表 2-36 2009~2014 年、2015~2019 年科技创新管理与政策领域 WoS 论文的 TOP20 发文期刊

2009~2014 年					2015~2019 年				
期刊名	论文数量/篇	前 6 年排名	后 5 年排名	排名变化	期刊名	论文数量/篇	后 5 年排名	前 6 年排名	排名变化
Research Policy	469	1	2	−1	Technological Forecasting and Social Change	667	1	2	1
Technological Forecasting and Social Change	445	2	1	1	Research Policy	389	2	1	−1
Journal of Product Innovation Management	292	3	19	−16	Sustainability	348	3	374	371
Strategic Management Journal	275	4	5	−1	Journal of Business Research	330	4	12	8
Telecommunications Policy	258	5	11	−6	Strategic Management Journal	273	5	4	−1
Journal of Knowledge Management	241	6	8	−2	The Journal of Technology Transfer	270	6	12	6
Technovation	240	7	19	−12	Technology Analysis & Strategic Management	256	7	11	4
Futures	239	8	13	−5	Journal of Knowledge Management	205	8	6	−2
Organization Science	219	9	17	−8	European Planning Studies	179	9	14	5
International Journal of Technology Management	217	10	23	−13	R&D Management	169	10	16	6
Technology Analysis & Strategic Management	216	11	7	4	Telecommunications Policy	166	11	5	−6
Journal of Business Research	197	12	4	8	Management Decision	160	12	18	6
The Journal of Technology Transfer	197	12	6	6	Futures	155	13	8	−5
European Planning Studies	185	14	9	5	Regional Studies	150	14	22	8
Industrial and Corporate Change	162	15	16	−1	Knowledge Management Research & Practice	147	15	23	8
R&D Management	158	16	10	6	Industrial and Corporate Change	137	16	15	−1
African Journal of Business Management	156	17	\	\	Organization Science	133	17	9	−8
Management Decision	150	18	12	6	Science and Public Policy	133	17	25	8
Industrial Marketing Management	142	19	24	−5	Technovation	131	19	7	−12
Industry and Innovation	137	20	21	−1	Journal of Product Innovation Management	131	19	3	−16
Scientometrics	137	20	21	−1					

注：数量是指该期刊上发表的本学科方向的论文数量，非该期刊所有论文数量。期刊排名统计只依据期刊名，未对期刊更名情况做处理；排名变化为正数表示排名进步，为负数表示排名退步，排名变化为 \ 表示期刊在另一个时间窗不存在或者存在更名情况

　　从关键词分布来看，学科领域的高频关键词可以在一定程度上表征该学科领域的研究内容，而不同时间窗发文高频关键词变化，可以在一定程度上揭示该学科领域可能出现的一些新的研究趋势。2015~2019 年相比 2009~2014 年，科技创新管理与政策领域相同的 TOP5 高频关键词为 innovation、knowledge management、China、patents 等；有一些高频关键词在后一个时间窗频次排名上升相对明显，如 open innovation、crowdfunding 等，可见开放创新、科研众筹的相关研究越发活跃，特别是科研众筹，在前一个时间窗研究相对较少，但在后一个时间窗研究热度较高，是近年涌现的一个相对较新和较热的研究问题（图 2-71 和表 2-37）。

（a）2009~2014 年　　　　　　　　　　　（b）2015~2019 年

图 2-71　2009~2014 年、2015~2019 年科技创新管理与政策领域 WoS 论文的高频关键词词云图

表 2-37　2009~2014 年、2015~2019 年科技创新管理与政策领域 WoS 论文 TOP30 高频关键词

2009~2014 年				2015~2019 年				
关键词	频次	前 6 年排名	后 5 年排名	排名变化	关键词	频次	后 5 年排名	前 6 年排名	排名变化
innovation	1297	1	1	0	innovation	1341	1	1	0
knowledge management	575	2	2	0	knowledge management	346	2	2	0
China	326	3	4	−1	open innovation	335	3	11	8
patents	264	4	5	−1	China	309	4	3	−1
knowledge transfer	231	5	9	−4	patents	290	5	4	−1
entrepreneurship	231	5	7	−2	absorptive capacity	283	6	13	7
performance	226	7	11	−4	entrepreneurship	266	7	5	−2
technology transfer	215	8	15	−7	venture capital	245	8	10	2
organizational learning	205	9	16	−7	knowledge transfer	227	9	5	−4
venture capital	204	10	8	2	crowdfunding	218	10	665	655
open innovation	198	11	3	8	performance	213	11	7	−4
R&D	185	12	14	−2	dynamic capabilities	192	12	26	14

续表

2009~2014 年					2015~2019 年				
关键词	频次	前 6 年排名	后 5 年排名	排名变化	关键词	频次	后 5 年排名	前 6 年排名	排名变化
absorptive capacity	180	13	6	7	firm performance	190	13	27	14
intellectual property	174	14	28	−14	R&D	189	14	12	−2
social capital	153	15	18	−3	technology transfer	186	15	8	−7
digital divide	152	16	19	−3	organizational learning	185	16	9	−7
knowledge	152	16	26	−10	innovation performance	170	17	59	42
learning	144	18	46	−28	social capital	169	18	15	−3
strategy	139	19	36	−17	digital divide	163	19	16	−3
market orientation	134	20	34	−14	SMEs	159	20	33	13
new product development	127	21	29	−8	networks	149	21	24	3
knowledge sharing	126	22	37	−15	entrepreneurial orientation	148	22	47	25
biotechnology	124	23	64	−41	intellectual capital	148	22	28	6
internet	122	24	56	−32	ambidexterity	137	24	65	41
networks	122	24	21	3	exploration	134	25	48	23
dynamic capabilities	118	26	12	14	knowledge	130	26	16	−10
firm performance	117	27	13	14	collaboration	128	27	44	17
intellectual capital	116	28	22	6	intellectual property	126	28	14	−14
telecommunications	115	29	113	−84	new product development	123	29	21	−8
resource-based view	113	30	45	−15	innovation policy	122	30	54	24

注：排名为正数表示排名进步，为负数表示排名退步

从研究热点来看，该学科方向热点研究主题包含"企业融资模式创新"（ID：2684）、"知识管理与创新模式"（ID：10）、"高等教育管理与产学研合作"（ID：2231）。其中"企业融资模式创新"（ID：2684）和"高等教育管理与产学研合作"（ID：2231）增速较快；"知识管理与创新模式"（ID：10）研究规模相对较大，在2009~2014年热度较高，但在近年来热度有所减弱（表2-38、图2-72和表2-39）。

表 2-38 科技创新管理与政策领域研究主题

ID	研究主题标签	研究主题名称
2684	venture capital/crowdfunding/private equity/online peer/R&D subsidy	企业融资模式创新
10	absorptive capacity/open innovation/knowledge management/innovative performance/dynamic capability	知识管理与创新模式

续表

ID	研究主题标签	研究主题名称
2231	academic entrepreneurship/entrepreneurial university/university industry collaboration/university spin off/university technology transfer	高等教育管理与产学研合作
2343	future/case/technology/foresight/scenario	技术预见与技术路线图制定
1889	digital divide/case/impact/China/internet	数字经济与数字技术管理
1598	patent/intellectual property right/copyright/fair use/piracy	知识产权管理与政策

注：研究主题标签为各个研究主题（论文簇）的高频关键词；研究主题名称为专家判读的结果；研究主题排序同表 2-39

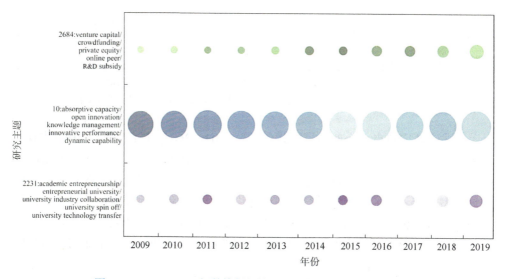

图 2-72　2009~2019 年科技创新管理与政策领域研究热点主题

注：研究主题名称见表 2-38；圆圈大小表示主题论文量多少，代表主题规模，圆圈颜色深浅表示论文的学科归一化篇均引文 FWCI，代表主题热度，研究热点遴选指标数据见表 2-39

表 2-39　科技创新管理与政策领域研究主题的研究热点遴选指标得分与排名

ID	研究主题标签	2009~2019 年论文总数/篇	2009~2019 年论文增速		2015~2019 年 FWCI		2015~2019 年 TC		综合排名	是否研究热点
			增速	排名	FWCI	排名	TC	排名		
2684	venture capital/crowdfunding/private equity/online peer/ R&D subsidy	1 829	16.3%	1	1.46	1	11 779	2	1	是
10	absorptive capacity/open innovation/knowledge management/innovative performance/dynamic capability	17 317	2.6%	4	1.10	2	66 869	1	2	是

续表

ID	研究主题标签	2009~2019 年论文总数/篇	2009~2019 年论文增速		2015~2019 年 FWCI		2015~2019 年 TC		综合排名	是否研究热点
			增速	排名	FWCI	排名	TC	排名		
2231	academic entrepreneurship/entrepreneurial university/university industry collaboration/university spin off/university technology transfer	2 210	10.2%	2	1.03	3	8 708	3	3	是
2343	future/case/technology/foresight/scenario	2 071	6.4%	3	0.86	4	6 917	4	4	否
1889	digital divide/case/impact/China/internet	2 844	2.0%	5	0.70	5	6 458	5	5	否
1598	patent/intellectual property right/copyright/fair use/piracy	3 584	−1.3%	6	0.43	6	4 955	6	6	否

注：①论文增速为复合年均增长率；②TC 为研究主题的总被引频次；③综合排名为论文增速、FWCI 和 TC 三个排名的综合排名，具体见 2.1.3 节；④研究主题名称参见表 2-38，研究主题按照综合排名排序

其中，研究热点"企业融资模式创新"（ID：2684）围绕着研发中的政府补贴和政策、企业与政府投资决策等研究问题展开，其中相对较新的词为 fintech、success、investment performance 等（图 2-73）。作为技术创新体系的主体，企业在创新型国家（地区）和世界科技强国建设进程中的政策地位愈加凸显，如何更加精准地激发企业创新动力、引导企业开展更为有效的创新活动，成为科技创新管理与政策领域关注的焦点。其中，研发中的政府补贴和政策、企业与政府投资决策等也成为研究中的热点问题。

研究热点"知识管理与创新模式"（ID：10）围绕着创新政策、组织学习、中小型企业等研究问题展开，其中相对较新的词为 entrepreneurial orientation、ambidexterity 等（图 2-74）。知识管理的过程就是获取、创造、转化知识并以此实现显性知识和隐性知识管理的过程，知识管理能够通过信息流传递实现对技术创新的导向作用，构建创新价值链。近年来，知识管理在促进科技创新中的重要性日益凸显，如何通过知识管理及创新模式的优化提升企业等创新主体的知识获取能力以进行价值创造、实现转型升级成为学术界、企业界关注的热点。具体而言，这一热点主题的研究围绕创新政策、组织学习、中小型企业等问题展开，研究规模较大，2009~2019 年论文总数达到 17 317 篇（表 2-39），居本领域各研究主题首位。国内目前的研究热点集中在知识共享、转移与创新、企业与个人知识管理、知识管理系统、人工智能与共享经济等新趋势下的知识共享等领域。

研究热点"高等教育管理与产学研合作"（ID：2231）围绕着产学研合作、技术转化等问题展开，其中相对较新的词为 efficiency、privilege、university industry linkages 等（图 2-75）。科技创新需要平台基础、人才动能，而高等教育的质量和

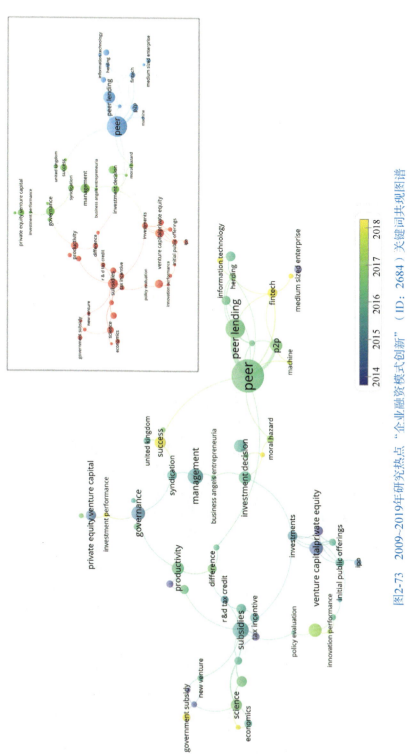

图2-73　2009~2019年研究热点"企业融资模式创新"（ID：2684）关键词共现图谱

注：小图是大图的缩小版，大图关键词颜色标签为其平均发表年，小图关键词的颜色标签代表其所属的不同聚类

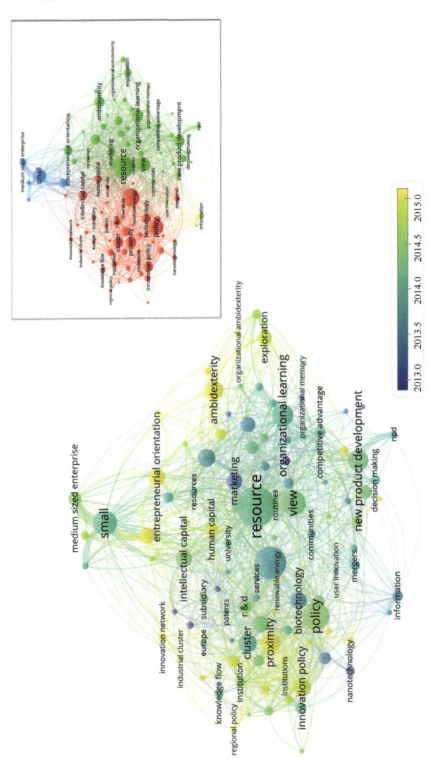

图2-74 2009～2019年研究热点"知识管理与创新模式"(ID: 10)关键词共现图谱

注：小图是大图的缩小版，大图关键词颜色标签代表其所属的不同聚类

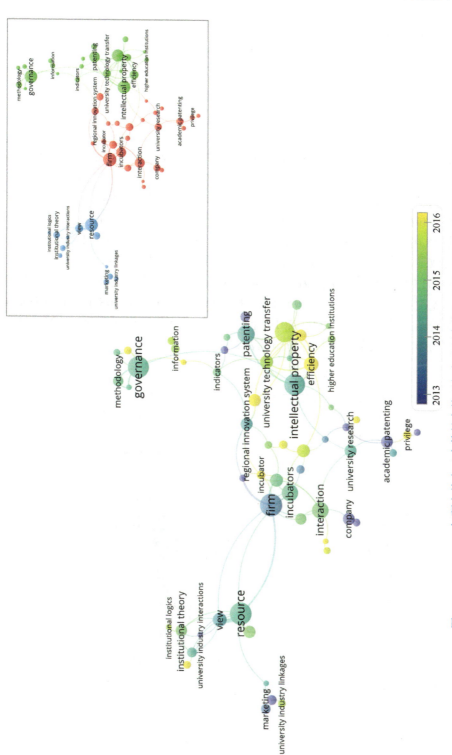

图2-75　2009~2019年研究热点 "高等教育管理与产学研合作"（ID：2231）关键词共现图谱

注：小图是大图的缩小版，大图关键词颜色标签为其平均发表年，小图关键词的颜色标签代表其所属的不同聚类

水平直接关系到科技创新人才的培养，进而影响产学研的融合发展。打通基础研究的"最先一公里"和成果转化的"最后一公里"是赋能科技创新的关键问题，同时也推动着高等教育管理与产学研合作成为新的研究热点，相关成果产出加速涌现。

2. 中国本学科方向发展格局

总体来看，2009~2019 年中国科技创新管理与政策领域的发展态势有以下表现。

从成果产出规模与影响力来看，中国该领域取得较快的进步，论文规模、学术影响力和高被引论文三项的国家（地区）排名分别从 2009 年的第 13 名、第 15 名、第 18 名上升至 2019 年的第 2 名、第 3 名、第 7 名。同美国相比，2019 年中国论文数量、被引频次和高被引论文数量占美国相应指标的份额分别为 71.2%、53.0%、31.7%。在该学科领域的三个研究热点主题中，中国论文产出进步较快，和美国差距不大。2009 年和 2019 年科技创新管理与政策领域 WoS 论文数量 TOP20 国家（地区）见图 2-76。2009~2019 年中国、美国在科技创新管理与政策领域研究热点的 WoS 论文数量和世界份额见表 2-40。

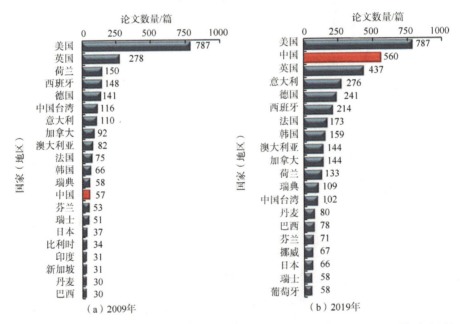

图 2-76　2009 年和 2019 年科技创新管理与政策领域 WoS 论文数量 TOP20 国家（地区）

表 2-40　2009~2019 年中国、美国在科技创新管理与政策领域研究热点的
WoS 论文数量和世界份额

ID	指标	2009 年	2010 年	2011 年	2012 年	2013 年	2014 年	2015 年	2016 年	2017 年	2018 年	2019 年
2684	世界论文数/篇	85	95	87	92	118	144	137	205	215	267	384
	美国论文数/篇	37	29	41	34	48	54	49	78	72	94	112
	美国论文份额	43.5%	30.5%	47.1%	37.0%	40.7%	37.5%	35.8%	38.0%	33.5%	35.2%	29.2%
	中国论文数/篇	0	0	4	3	5	12	16	24	45	58	107
	中国论文份额	0	0	4.6%	3.3%	4.2%	8.3%	11.7%	11.7%	20.9%	21.7%	27.9%
10	世界论文数/篇	1396	1464	1662	1585	1478	1462	1574	1690	1599	1595	1812
	美国论文数/篇	426	403	425	428	396	379	392	364	343	362	367
	美国论文份额	30.5%	27.5%	25.6%	27.0%	26.8%	25.9%	24.9%	21.5%	21.5%	22.7%	20.3%
	中国论文数/篇	41	58	81	66	102	116	147	156	157	204	330
	中国论文份额	2.9%	4.0%	4.9%	4.2%	6.9%	7.9%	9.3%	9.2%	9.8%	12.8%	18.2%
2231	世界论文数/篇	120	173	171	193	168	176	180	228	216	267	318
	美国论文数/篇	37	28	44	46	44	43	38	46	31	66	50
	美国论文份额	30.8%	16.2%	25.7%	23.8%	26.2%	24.4%	21.1%	20.2%	14.4%	24.7%	15.7%
	中国论文数/篇	1	5	2	4	6	5	8	13	11	31	36
	中国论文份额	0.8%	2.9%	1.2%	2.1%	3.6%	2.8%	4.4%	5.7%	5.1%	11.6%	11.3%

注：论文份额为论文世界份额，即国家的论文数量占世界论文数量的份额

　　从国际（地区）合作来看，如图 2-77、图 2-78、表 2-41 和表 2-42 所示，中国在该领域国际（地区）合作网络中的排名从 2009~2014 年的第 9 位上升到 2015~2019 年的第 3 位，越来越靠近网络中心位置，中国在该领域合作论文最多的国家（地区）为美国、英国、澳大利亚、加拿大等，中国正在成为该领域国际（地区）合作中越来越重要的合作对象。

　　从论文资助来看，中国该领域的论文受资助比例提升迅速，2019 年有 74.5% 的论文受到资助；NSFC 是中国该领域论文的主要资助机构，论文资助比例为 47.3%。从资助成效来看，如图 2-79 所示，2009~2014 年和 2015~2019 年，中国该领域高被引论文受资助比例（30.0% 和 74.1%）均高于相应时间内中国所有论文受资助比例（21.7% 和 71.9%）；从 NSFC 的资助成效来看，如图 2-80 所示，2009~2014 年和 2015~2019 年中国该领域高被引论文受 NSFC 资助比例分别为 25.0% 和 63.8%，均高于中国所有论文受 NSFC 资助比例（15.2% 和 48.2%），这表明科学资助，尤其是 NSFC 资助在高学术影响力论文的产出中发挥了重要的推动作用。

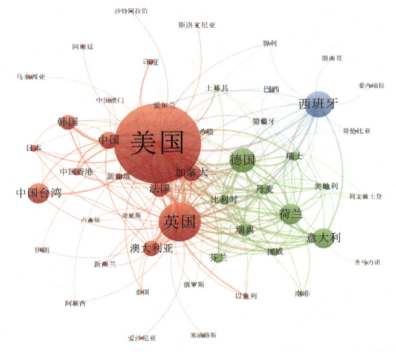

图 2-77 2009~2014 年科技创新管理与政策领域 WoS 论文的国际（地区）合作网络

注：合作论文阈值为 5 篇

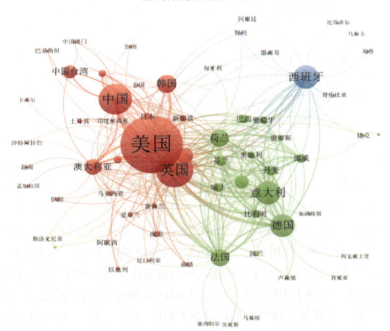

图 2-78 2015~2019 年科技创新管理与政策领域 WoS 论文的国际（地区）合作网络

注：合作论文阈值为 5 篇

表 2-41　科技创新管理与政策领域国际（地区）合作网络 PageRank 值 TOP20 国家（地区）

2009~2014 年				2015~2019 年			
国家（地区）		得分	排名	国家（地区）		得分	排名
中文名	英文名			中文名	英文名		
美国	USA	0.176	1	美国	USA	0.139	1
英国	UK	0.124	2	英国	UK	0.110	2
荷兰	Netherlands	0.058	3	中国	China	0.054	3
德国	Germany	0.054	4	德国	Germany	0.053	4
西班牙	Spain	0.050	5	法国	France	0.049	5
意大利	Italy	0.046	6	意大利	Italy	0.046	6
法国	France	0.038	7	西班牙	Spain	0.045	7
加拿大	Canada	0.037	8	荷兰	Netherlands	0.043	8
中国	China	0.037	9	澳大利亚	Australia	0.040	9
比利时	Belgium	0.031	10	加拿大	Canada	0.032	10
丹麦	Denmark	0.030	11	瑞典	Sweden	0.026	11
澳大利亚	Australia	0.030	12	比利时	Belgium	0.022	12
瑞典	Sweden	0.023	13	丹麦	Denmark	0.022	13
瑞士	Switzerland	0.020	14	瑞士	Switzerland	0.020	14
韩国	Republic of Korea	0.018	15	挪威	Norway	0.017	15
挪威	Norway	0.017	16	芬兰	Finland	0.017	16
奥地利	Austria	0.015	17	奥地利	Austria	0.015	17
中国香港	Hong Kong，China	0.014	18	韩国	Republic of Korea	0.015	18
芬兰	Finland	0.014	19	中国香港	Hong Kong，China	0.013	19
中国台湾	Taiwan，China	0.013	20	新加坡	Singapore	0.011	20

注：TOP20 国家（地区）按照相应年度的 PageRank 值遴选，表中数值只显示小数点后 3 位，排名按 PageRank 实际值排序

表 2-42　科技创新管理与政策领域中国的 TOP20 合作国家（地区）

2009~2014 年						2015~2019 年					
国家（地区）		与中国合作论文		所有合作论文		国家（地区）		与中国合作论文		所有合作论文	
中文名	英文名	论文数/篇	排名	论文数/篇	比例	中文名	英文名	论文数/篇	排名	论文数/篇	比例
美国	USA	148	1	1602	9.2%	美国	USA	278	1	1729	16.1%
英国	UK	65	2	1010	6.4%	英国	UK	144	2	1271	11.3%
中国香港	Hong Kong，China	37	3	142	26.1%	中国香港	Hong Kong，China	71	3	171	41.5%

续表

2009~2014 年					2015~2019 年				
国家（地区）		与中国合作论文		所有合作论文	国家（地区）		与中国合作论文		所有合作论文
中文名	英文名	论文数/篇	排名	论文数/篇	比例	中文名	英文名	论文数/篇	排名	论文数/篇	比例

中文名	英文名	论文数/篇	排名	论文数/篇	比例	中文名	英文名	论文数/篇	排名	论文数/篇	比例
中国台湾	Taiwan，China	25	4	143	17.5%	澳大利亚	Australia	70	4	408	17.2%
加拿大	Canada	21	5	398	5.3%	中国台湾	Taiwan，China	65	5	178	36.5%
澳大利亚	Australia	18	6	277	6.5%	加拿大	Canada	56	6	437	12.8%
西班牙	Spain	17	7	393	4.3%	韩国	Republic of Korea	26	7	237	11.0%
韩国	Republic of Korea	14	8	194	7.2%	法国	France	24	8	532	4.5%
比利时	Belgium	14	8	253	5.5%	德国	Germany	24	8	601	4.0%
法国	France	14	8	336	4.2%	丹麦	Denmark	20	10	258	7.8%
德国	Germany	13	11	503	2.6%	新加坡	Singapore	19	11	133	14.3%
荷兰	Netherlands	11	12	504	2.2%	荷兰	Netherlands	19	11	509	3.7%
丹麦	Denmark	10	13	237	4.2%	中国澳门	Macao，China	16	13	33	48.5%
日本	Japan	8	14	93	8.6%	巴基斯坦	Pakistan	15	14	36	41.7%
新加坡	Singapore	7	15	111	6.3%	芬兰	Finland	13	15	198	6.6%
挪威	Norway	5	16	135	3.7%	意大利	Italy	12	16	570	2.1%
中国澳门	Macao，China	5	16	18	27.8%	马来西亚	Malaysia	10	17	72	13.9%
马来西亚	Malaysia	4	18	40	10.0%	日本	Japan	9	18	104	8.7%
奥地利	Austria	4	18	115	3.5%	瑞典	Sweden	9	18	301	3.0%
瑞士	Switzerland	3	20	184	1.6%	挪威	Norway	9	18	177	5.1%
瑞典	Sweden	3	20	204	1.5%						

注：比例为各国家（地区）与中国的合作论文数量占所有合作论文的份额

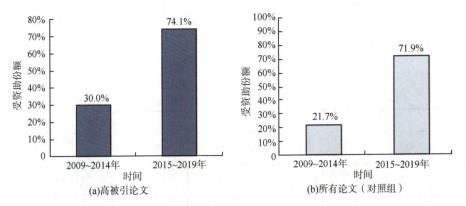

(a)高被引论文 (b)所有论文（对照组）

图 2-79　中国科技创新管理与政策领域高被引 WoS 论文、所有 WoS 论文受资助比例

注：受资助份额为中国该领域受资助的高被引论文（所有论文）数量占中国该领域高被引论文（所有论文）的份额

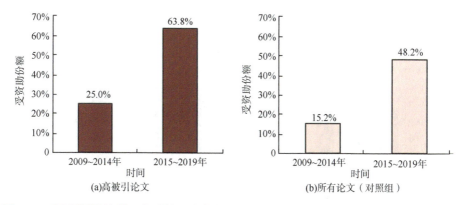

图 2-80　中国科技创新管理与政策领域高被引 WoS 论文、所有 WoS 论文受 NSFC 资助比例

注：受资助份额为中国该领域受 NSFC 资助的高被引论文（所有论文）数量占中国该领域高被引论文（所有论文）的份额

从上述结论可以看出，我国该领域取得了较快进步。这与党的十八大以来，以习近平同志为核心的党中央高度重视科技创新工作，把创新作为引领发展的第一动力，作为建设现代化经济体系战略支撑的发展背景是密不可分的。我国坚持走自主创新与开放创新相结合的道路，科技创新事业实现了历史性、跨越式发展，也为国际（地区）合作的开展提供了"学术底气"和"鲜活案例"。

2.3.6　公共卫生与健康管理

公共卫生是服务于全体国民健康的公共事业，随着社会经济的发展以及医学科技的进步和健康需求的增长，公共卫生的范畴越来越广泛。而健康管理作为公共卫生服务的重要组成部分，对提升全民健康素养、健康水平和促进健康服务业的成长发挥了不可或缺的重要作用。公共卫生与健康管理领域的研究和发展，对于提高民众健康水平和生活质量具有重要意义。2020 年由新冠疫情引发的全球公共卫生危机更加凸显了公共卫生与健康管理对人类社会繁荣稳定发展的重要性。

1. 学科方向发展态势

从总体趋势来看，2009~2019 年公共卫生与健康管理领域论文数量呈现稳步增长态势，该领域论文占宏观管理与政策领域论文份额基本保持平稳，可以反映出该学科领域论文的增速基本与宏观管理与政策领域论文整体保持一致（图2-81）。此外，该领域论文在 2015~2019 年的学科交叉度相比 2009~2014 年基本保持稳定。

图 2-81　2009~2019 年公共卫生与健康管理领域 WoS 论文数量及其占宏观管理与
政策领域论文的份额

从发文期刊分布来看，学科领域高频发文期刊可以在一定程度上表征该学科领域的研究范畴，*PLoS One*、*BMC Health Services Research*、*Social Science & Medicine* 和 *BMC Public Health* 均是 2009~2014 年与 2015~2019 年公共卫生与健康管理领域的 TOP5 发文期刊。从前后两个时间窗比较来看，该领域 TOP20 期刊变化相对较大，其中，刊载该领域论文数量排名上升较多的期刊为 *BMJ Open*、*BMC Pregnancy and Childbirth*、*International Journal for Equity in Health* 等（图 2-82、图 2-83 和表 2-43）。

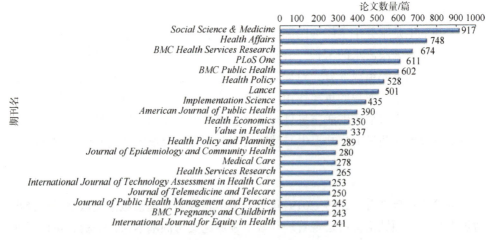

图 2-82　2009~2014 年公共卫生与健康管理领域 WoS 论文的
TOP20 发文期刊

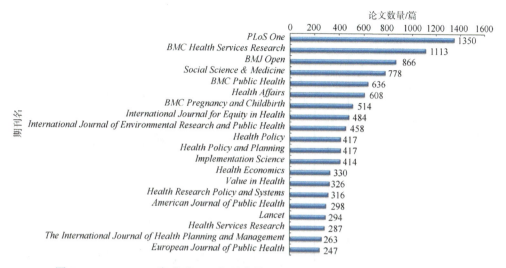

图 2-83　2015~2019 年公共卫生与健康管理领域 WoS 论文的 TOP20 发文期刊

表 2-43　2009~2014 年、2015~2019 年公共卫生与健康管理领域 WoS 论文的 TOP20 发文期刊

2009~2014 年					2015~2019 年				
期刊名	论文数量/篇	前 6 年排名	后 5 年排名	排名变化	期刊名	论文数量/篇	后 5 年排名	前 6 年排名	排名变化
Social Science & Medicine	917	1	4	−3	PLoS One	1350	1	4	3
Health Affairs	748	2	6	−4	BMC Health Services Research	1113	2	3	1
BMC Health Services Research	674	3	2	1	BMJ Open	866	3	34	31
PLoS One	611	4	1	3	Social Science & Medicine	778	4	1	−3
BMC Public Health	602	5	5	0	BMC Public Health	636	5	5	0
Health Policy	528	6	10	−4	Health Affairs	608	6	2	−4
Lancet	501	7	17	−10	BMC Pregnancy and Childbirth	514	7	19	12
Implementation Science	435	8	12	−4	International Journal for Equity in Health	484	8	20	12
American Journal of Public Health	390	9	16	−7	International Journal of Environmental Research and Public Health	458	9	79	70
Health Economics	350	10	13	−3	Health Policy	417	10	6	−4
Value in Health	337	11	14	−3	Health Policy and Planning	417	10	12	2
Health Policy and Planning	289	12	10	2	Implementation Science	414	12	8	−4
Journal of Epidemiology and Community Health	280	13	31	−18	Health Economics	330	13	10	−3
Medical Care	278	14	27	−13	Value in Health	326	14	11	−3

续表

2009~2014 年					2015~2019 年				
期刊名	论文数量/篇	前6年排名	后5年排名	排名变化	期刊名	论文数量/篇	后5年排名	前6年排名	排名变化
Health Services Research	265	15	18	−3	*Health Research Policy and Systems*	316	15	41	26
International Journal of Technology Assessment in Health Care	253	16	30	−14	*American Journal of Public Health*	298	16	9	−7
Journal of Telemedicine and Telecare	250	17	43	−26	*Lancet*	294	17	7	−10
Journal of Public Health Management and Practice	245	18	21	−3	*Health Services Research*	287	18	15	−3
BMC Pregnancy and Childbirth	243	19	7	12	*The International Journal of Health Planning and Management*	263	19	59	40
International Journal for Equity in Health	241	20	8	12	*European Journal of Public Health*	247	20	26	6

注：数量是指该期刊上发表的本学科方向的论文数量，非该期刊所有论文数量。期刊排名统计只依据期刊名，未对期刊更名情况做处理；排名变化为正数表示排名进步，为负数表示排名退步

从关键词分布来看，学科领域的高频关键词可以在一定程度上表征该学科领域的研究内容，而不同时间窗发文高频关键词变化，可以在一定程度上揭示该学科领域可能的一些新的研究趋势。2015~2019 年相比 2009~2014 年，公共卫生与健康管理领域的相同的 TOP5 高频关键词有 telemedicine、health policy；前后两个时间窗相比，TOP30 关键词及排名变化相对较大，有一些高频关键词在后一个时间窗频次排名上升相对明显，如 telemedicine、implementation、public health、food insecurity、maternal health 等（图 2-84 和表 2-44）。

（a）2009~2014 年　　　　　　　　　（b）2015~2019 年

图 2-84　2009~2014 年、2015~2019 年公共卫生与健康管理领域 WoS 论文的高频关键词词云图

表 2-44　2009~2014 年、2015~2019 年公共卫生与健康管理领域 WoS 论文 TOP30 高频关键词

2009~2014 年				2015~2019 年				
关键词	频次	前 6 年排名	后 5 年排名	排名变化	关键词	频次	后 5 年排名	前 6 年排名	排名变化
mortality	611	1	7	−6	telemedicine	739	1	4	3
health	535	2	6	−4	implementation	725	2	14	12
health policy	475	3	3	0	health policy	711	3	3	0
telemedicine	462	4	1	3	mental health	709	4	6	2
education	456	5	11	−6	public health	671	5	8	3
mental health	447	6	4	2	health	668	6	2	−4
evidence-based practice	447	6	13	−7	mortality	607	7	1	−6
public health	441	8	5	3	health insurance	599	8	9	1
health insurance	435	9	8	1	food insecurity	579	9	61	52
homelessness	359	10	10	0	homelessness	578	10	10	0
maternal mortality	355	11	30	−19	education	558	11	5	−6
self-rated health	346	12	27	−15	maternal health	549	12	38	26
socioeconomic status	342	13	24	−11	evidence-based practice	527	13	6	−7
implementation	341	14	2	12	qualitative research	479	14	27	13
primary care	339	15	17	−2	quality improvement	475	15	17	2
quality of life	338	16	21	−5	social determinants of health	470	16	93	77
quality improvement	321	17	15	2	primary care	460	17	15	−2
health inequalities	315	18	26	−8	China	459	18	21	3
health disparities	288	19	22	−3	telehealth	426	19	25	6
primary health care	272	20	23	−3	systematic review	418	20	54	34
China	264	21	18	3	quality of life	410	21	16	−5
health care	262	22	31	−9	health disparities	396	22	19	−3
evidence-based medicine	261	23	66	−43	primary health care	389	23	20	−3
evaluation	258	24	33	−9	socioeconomic status	381	24	13	−11
telehealth	257	25	19	6	quality of care	374	25	35	10
poverty	256	26	28	−2	health inequalities	360	26	18	−8
qualitative research	253	27	14	13	self-rated health	359	27	12	−15
social capital	243	28	47	−19	poverty	357	28	26	−2
EQ-5D	241	29	78	−49	depression	329	29	49	20
immigrants	241	29	45	−16	maternal mortality	324	30	11	−19

注：排名为正数表示排名进步，为负数表示排名退步

从研究热点来看，该学科方向热点研究主题包含"公共卫生技术对健康的影响"（ID：221）、"粮食与食品安全管理"（ID：2738）、"药物管理与政策"（ID：1833）、"区域及群体健康差异"（ID：494）和"就业情况与健康管理"（ID：2624）。其中，"公共卫生技术对健康的影响"（ID：221）和"区域及群体健康差异"（ID：494）研究规模较大；"粮食与食品安全管理"（ID：2738）、"药物管理与政策"（ID：1833）论文增速较快，且热度相对较高，特别是"药物管理与政策"（ID：1833）的热度呈不断增长的趋势（图 2-85、表 2-45 和表 2-46）。

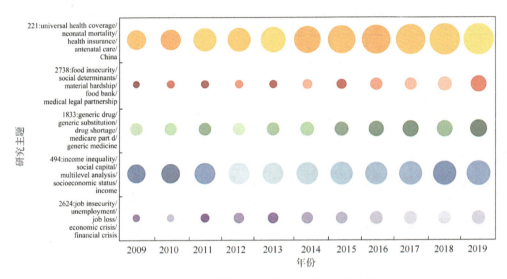

图 2-85　2009~2019 年公共卫生与健康管理领域研究热点主题

注：研究主题名称见表 2-45；圆圈大小表示主题论文量多少，代表主题规模，圆圈颜色深浅表示论文的学科归一化篇均引文 FWCI，代表主题热度，研究热点遴选指标数据见表 2-46

表 2-45　公共卫生与健康管理领域研究主题

ID	研究主题标签	研究主题名称
221	universal health coverage/neonatal mortality/health insurance/antenatal care/China	公共卫生技术对健康的影响
2738	food insecurity/social determinants/material hardship/food bank/medical legal partnership	粮食与食品安全管理
1833	generic drug/generic substitution/drug shortage/medicare part d/generic medicine	药物管理与政策
494	income inequality/social capital/multilevel analysis/socioeconomic status/income	区域及群体健康差异
2624	job insecurity/unemployment/job loss/economic crisis/financial crisis	就业情况与健康管理
480	knowledge translation/implementation research/facilitator/nurse/primary care	公共卫生政策制定与评估
3157	medical tourism/trade/india/health/thailand	新型诊疗技术应用与管理

续表

ID	研究主题标签	研究主题名称
1613	telemedicine/teledermatology/telehealth/telepsychiatry/videoconferencing	远程医疗应用与管理
1309	acculturation/refugee/interpreter/cultural competence/asylum seeker	医疗保健与护理管理
949	health technology assessment/cost effectiveness analysis/eq 5d/health state/economic evaluation	公共卫生技术评估
177	health insurance/medicaid expansion/affordable care act/pay/adverse selection	公共卫生政策与管理
2584	multisystemic therapy/parent child interaction therapy/parenting programme/triple p positive parenting program/parenting intervention	家庭健康教育与治疗
2267	homelessness/homeless youth/person/street/mental illness	社会救助与社会福利
3382	race/racism/bidil/politic/epigenetic	人种及种族差异
2994	local health department/public health ethic/accreditation/competency	公共卫生政策与区域治理

注：研究主题标签为各个研究主题（论文簇）的高频关键词；研究主题名称为专家判读的结果；研究主题排序同表 2-46

表 2-46　公共卫生与健康管理领域研究主题的研究热点遴选指标得分与排名

ID	研究主题标签	2009~2019 年论文总数/篇	2009~2019 年论文增速		2015~2019 年 FWCI		2015~2019 年 TC		综合排名	是否研究热点
			增速	排名	FWCI	排名	TC	排名		
221	universal health coverage/neonatal mortality/health insurance/antenatal care/China	15 633	10.0%	3	1.13	4	70 207	1	1	是
2738	food insecurity/social determinants/material hardship/food bank/medical legal partnership	2 438	19.8%	1	1.20	2	11 240	9	2	是
1833	generic drug/generic substitution/drug shortage/medicare part d/generic medicine	4 371	6.8%	8	1.27	1	17 035	6	3	是
494	income inequality/social capital/multilevel analysis/socioeconomic status/income	10 620	6.0%	10	1.03	5	36 367	3	4	是
2624	job insecurity/unemployment/job loss/economic crisis/financial crisis	2 594	14.0%	2	1.01	6	10 399	10	4	是
480	knowledge translation/implementation research/facilitator/nurse/primary care	10 542	5.9%	11	0.97	8	37 016	2	6	否
3157	medical tourism/trade/india/health/thailand	1 313	7.0%	7	1.17	3	4 644	13	7	否
1613	telemedicine/teledermatology/telehealth/telepsychiatry/videoconferencing	3 648	6.7%	9	0.99	7	11 749	8	8	否
1309	acculturation/refugee/interpreter/cultural competence/asylum seeker	6 272	8.1%	4	0.79	13	17 032	7	8	否

续表

ID	研究主题标签	2009~2019年论文总数/篇	2009~2019年论文增速		2015~2019年 FWCI		2015~2019年 TC		综合排名	是否研究热点
			增速	排名	FWCI	排名	TC	排名		
949	health technology assessment/cost effectiveness analysis/eq 5d/health state/economic evaluation	7 475	4.4%	13	0.97	9	24 854	5	10	否
177	health insurance/medicaid expansion/affordable care act/pay/adverse selection	12 063	3.0%	14	0.93	10	34 339	4	11	否
2584	multisystemic therapy/parent child interaction therapy/parenting programme/triple p positive parenting program/parenting intervention	2 523	7.7%	5	0.83	11	7 604	12	11	否
2267	homelessness/homeless youth/person/street/mental illness	3 172	7.0%	6	0.78	14	8 575	11	13	否
3382	race/racism/bidil/politic/epigenetic	690	5.6%	12	0.79	12	1 928	15	14	否
2994	local health department/public health ethic/accreditation/competency	1 511	2.1%	15	0.53	15	2 599	14	15	否

注：①论文增速为复合年均增长率；②TC 为研究主题的总被引频次；③综合排名为论文增速、FWCI 和 TC 三个排名的综合排名，具体见 2.1.3 节；④研究主题名称参见表 2-45，研究主题按照综合排名排序

其中，研究热点"公共卫生技术对健康的影响"（ID：221）围绕中国健康保障与经济的不均衡性、生育及流行病学等导致的死亡问题、生殖与生育相关的母婴健康问题、政府对健康管理的举措等研究问题展开，研究中相对较新的词有 universal health coverage、antenatal care、postnatal care 等（图 2-86）。近年来，科技创新领域蓬勃发展，新兴技术加速涌现，面对民众对健康问题的关注以及健康需求的不断升级，如何实现公共卫生技术与健康管理的精准对接，公共卫生技术对健康会产生何种影响等问题成为研究热点。

研究热点"粮食与食品安全管理"（ID：2738）围绕着国家（特别是发展中国家）的食品相关政策与营养健康问题，以及食品与健康管理中的社会决定因素等研究问题展开，研究中相对较新的词为 diabetes mellitus、social determinants 等（图 2-87）。据统计，全球每年约有 6 亿例食源性疾病，约有 42 万人因此而丧生，不安全食品对人类健康和经济构成了巨大威胁。粮食和食品安全对于改善健康和消除饥饿具有关键作用（特别是针对发展中国家），而这两方面也正是联合国《2030 年可持续发展议程》中的两项重要目标。

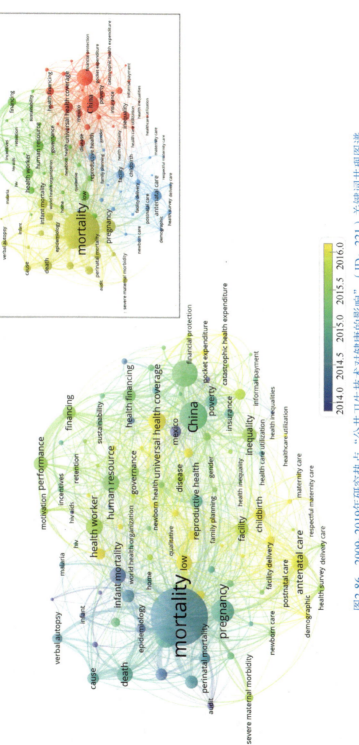

图2-86 2009~2019年研究热点 "公共卫生技术对健康的影响" （ID：221）关键词共现图谱

注：小图是大图的缩小版，大图关键词颜色标签为其平均发表年，小图关键词的颜色标签代表其所属大类的不同聚类

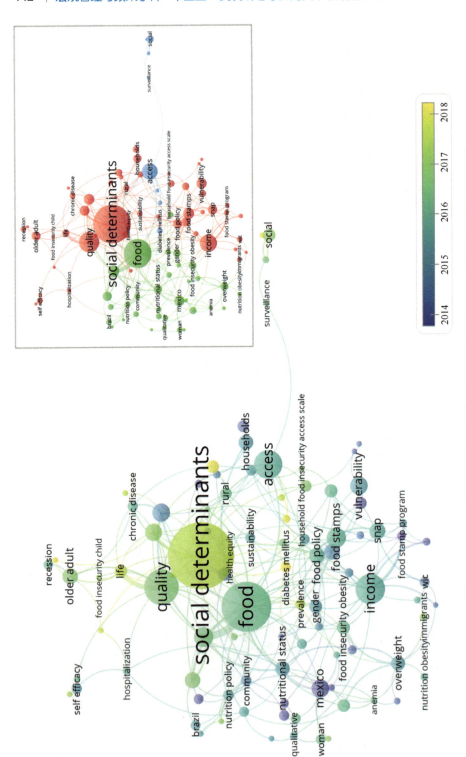

图2-87 2009~2019年研究热点"粮食与食品安全管理"（ID: 2738）关键词共现图谱

注：小图是大图的缩小版。大图关键词颜色标签为其平均发表年，小图关键词的颜色标签代表其所属的不同聚类

2. 中国本学科方向发展格局

总体来看，2009~2019 年中国公共卫生与健康管理领域的发展态势有以下表现。

从成果产出规模与影响力来看，中国在该领域取得了一定的进步，但与美国等科技发达国家还存在较大的差距。2009 年中国该领域论文规模、学术影响力和高被引论文三项指标的国际（地区）排名分别为第 19 名、第 17 名、第 13 名，在 2019 年这三项指标排名分别攀升至第 7 名、第 7 名、第 10 名。但同美国相比，2019 年中国上述三项指标占美国相应指标的份额分别为 9.5%、8.4%、6.0%。在该学科领域的 5 个研究热点主题中，中国论文产出规模也较大程度落后于美国，特别是在"粮食与食品安全管理""药物管理与政策"两个研究热点上与美国差距悬殊。2009 年和 2019 年公共卫生与健康管理领域 WoS 论文数量 TOP20 国家（地区）见图 2-88。2009~2019 年中国、美国在公共卫生与健康管理领域研究热点的 WoS 论文数量和世界份额见表 2-47。

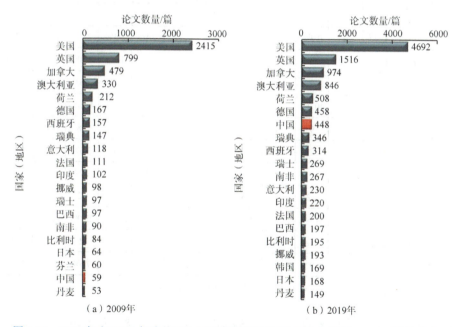

图 2-88 2009 年和 2019 年公共卫生与健康管理领域 WoS 论文数量 TOP20 国家（地区）

表 2-47 2009~2019 年中国、美国在公共卫生与健康管理领域研究热点的 WoS 论文数量和世界份额

ID	指标	2009 年	2010 年	2011 年	2012 年	2013 年	2014 年	2015 年	2016 年	2017 年	2018 年	2019 年
221	世界论文数/篇	757	834	1079	1131	1309	1473	1587	1680	1822	1989	1972
	美国论文数/篇	248	266	349	402	457	508	567	613	719	718	681
	美国论文份额	32.8%	31.9%	32.3%	35.5%	34.9%	34.5%	35.7%	36.5%	39.5%	36.1%	34.5%

续表

ID	指标	2009年	2010年	2011年	2012年	2013年	2014年	2015年	2016年	2017年	2018年	2019年
221	中国论文数/篇	34	48	69	53	80	101	105	116	149	160	178
	中国论文份额	4.5%	5.8%	6.4%	4.7%	6.1%	6.9%	6.6%	6.9%	8.2%	8.0%	9.0%
2738	世界论文数/篇	85	118	116	129	121	184	193	289	290	396	517
	美国论文数/篇	56	75	64	91	69	91	122	182	179	223	364
	美国论文份额	65.9%	63.6%	55.2%	70.5%	57.0%	49.5%	63.2%	63.0%	61.7%	56.3%	70.4%
	中国论文数/篇	0	0	0	2	0	1	1	2	3	5	7
	中国论文份额	0	0	0	1.6%	0	0.5%	0.5%	0.7%	1.0%	1.3%	1.4%
1833	世界论文数/篇	305	298	308	297	324	379	374	455	523	518	590
	美国论文数/篇	178	178	163	169	157	205	201	255	298	308	345
	美国论文份额	58.4%	59.7%	52.9%	56.9%	48.5%	54.1%	53.7%	56.0%	57.0%	59.5%	58.5%
	中国论文数/篇	0	1	1	1	7	5	9	5	11	15	15
	中国论文份额	0	0.3%	0.3%	0.3%	2.2%	1.3%	2.4%	1.1%	2.1%	2.9%	2.5%
494	世界论文数/篇	680	734	885	927	913	975	1024	1013	1100	1150	1219
	美国论文数/篇	244	295	358	342	298	373	420	412	451	503	496
	美国论文份额	35.9%	40.2%	40.5%	36.9%	32.6%	38.3%	41.0%	40.7%	41.0%	43.7%	40.7%
	中国论文数/篇	5	9	11	11	11	22	31	24	38	52	74
	中国论文份额	0.7%	1.2%	1.2%	1.2%	1.2%	2.3%	3.0%	2.4%	3.5%	4.5%	6.1%
2624	世界论文数/篇	97	102	142	207	221	252	259	317	327	309	361
	美国论文数/篇	27	22	39	65	67	71	77	79	72	58	68
	美国论文份额	27.8%	21.6%	27.5%	31.4%	30.3%	28.2%	29.7%	24.9%	22.0%	18.8%	18.8%
	中国论文数/篇	1	1	1	4	0	5	2	2	2	11	10
	中国论文份额	1.0%	1.0%	0.7%	1.9%	0	2.0%	0.8%	0.6%	0.6%	3.6%	2.8%

注：论文份额为论文世界份额，即国家的论文数量占世界论文数量的份额

从国际（地区）合作来看，如图2-89、图2-90、表2-48、表2-49所示，中国的排名在2009~2019年的前后两个时间窗均位于第16名，处于网络相对边缘位置，中国在该领域的合作论文最多的国家（地区）为美国、澳大利亚、英国、加拿大等，与宏观管理与政策领域的前5个学科方向相比，中国在该领域国际（地区）合作中的重要性相对不够凸显。

从论文资助来看，中国该领域论文受资助比例提升迅速，2019年有71.0%的论文受到资助，有31.0%的论文受到NSFC资助。从资助成效来看，如图2-91所示，2009~2014年中国该领域高被引论文受资助比例（60.0%）高于中国所有论文

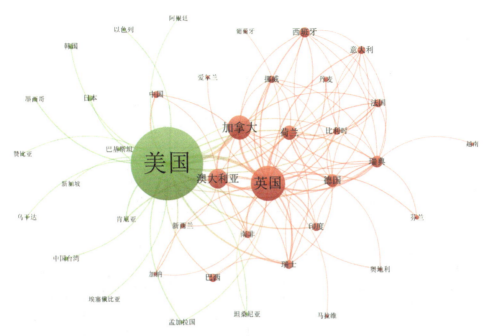

图 2-89　2009~2014 年公共卫生与健康管理领域 WoS 论文的国际（地区）合作网络

注：合作论文阈值为 50 篇

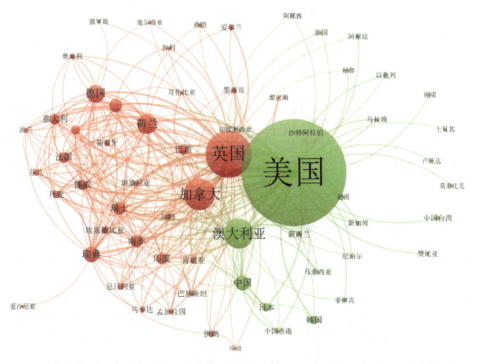

图 2-90　2015~2019 年公共卫生与健康管理领域 WoS 论文的国际（地区）合作网络

注：合作论文阈值为 50 篇

表 2-48 公共卫生与健康管理领域国际（地区）合作网络 PageRank 值 TOP20 国家（地区）

2009~2014 年				2015~2019 年			
国家（地区）		得分	排名	国家（地区）		得分	排名
中文名	英文名			中文名	英文名		
美国	USA	0.116	1	美国	USA	0.051	1
英国	UK	0.102	2	英国	UK	0.042	2
加拿大	Canada	0.046	3	澳大利亚	Australia	0.023	3
澳大利亚	Australia	0.038	4	加拿大	Canada	0.023	4
荷兰	Netherlands	0.036	5	荷兰	Netherlands	0.020	5
瑞典	Sweden	0.035	6	瑞典	Sweden	0.018	6
瑞士	Switzerland	0.030	7	瑞士	Switzerland	0.017	7
德国	Germany	0.029	8	德国	Germany	0.017	8
比利时	Belgium	0.024	9	南非	South Africa	0.016	9
南非	South Africa	0.023	10	西班牙	Spain	0.015	10
西班牙	Spain	0.022	11	意大利	Italy	0.014	11
法国	France	0.021	12	印度	India	0.014	12
印度	India	0.020	13	挪威	Norway	0.014	13
挪威	Norway	0.019	14	比利时	Belgium	0.014	14
意大利	Italy	0.018	15	法国	France	0.014	15
中国	China	0.015	16	中国	China	0.013	16
肯尼亚	Kenya	0.014	17	巴西	Brazil	0.012	17
加纳	Ghana	0.012	18	尼日利亚	Nigeria	0.011	18
芬兰	Finland	0.011	19	丹麦	Denmark	0.011	19
丹麦	Denmark	0.011	20	肯尼亚	Kenya	0.011	20

注：TOP20 国家（地区）按照相应年度的 PageRank 值遴选，表中数值只显示小数点后 3 位，排名按 PageRank 实际值排序

表 2-49 公共卫生与健康管理领域中国的 TOP20 合作国家（地区）

2009~2014 年						2015~2019 年					
国家（地区）		与中国合作论文		所有合作论文		国家（地区）		与中国合作论文		所有合作论文	
中文名	英文名	论文数/篇	排名	论文数/篇	比例	中文名	英文名	论文数/篇	排名	论文数/篇	比例
美国	USA	194	1	3801	5.1%	美国	USA	459	1	5679	8.1%
英国	UK	92	2	2981	3.1%	澳大利亚	Australia	176	2	1956	9.0%

续表

2009~2014 年						2015~2019 年					
国家（地区）		与中国合作论文		所有合作论文		国家（地区）		与中国合作论文		所有合作论文	
中文名	英文名	论文数/篇	排名	论文数/篇	比例	中文名	英文名	论文数/篇	排名	论文数/篇	比例
澳大利亚	Australia	66	3	1161	5.7%	英国	UK	161	3	4182	3.8%
加拿大	Canada	37	4	1617	2.3%	加拿大	Canada	114	4	2135	5.3%
瑞典	Sweden	33	5	779	4.2%	中国香港	Hong Kong, China	104	5	184	56.5%
中国香港	Hong Kong, China	27	6	82	32.9%	荷兰	Netherlands	62	6	1451	4.3%
印度	India	23	7	426	5.4%	日本	Japan	58	7	345	16.8%
日本	Japan	22	8	225	9.8%	印度	India	57	8	680	8.4%
芬兰	Finland	20	9	222	9.0%	瑞典	Sweden	56	9	1051	5.3%
荷兰	Netherlands	18	10	900	2.0%	巴西	Brazil	51	10	401	12.7%
中国台湾	Taiwan, China	18	10	119	15.1%	南非	South Africa	50	11	853	5.9%
德国	Germany	17	12	671	2.5%	瑞士	Switzerland	49	12	1098	4.5%
瑞士	Switzerland	16	13	701	2.3%	新加坡	Singapore	49	12	227	21.6%
墨西哥	Mexico	14	14	168	8.3%	德国	Germany	47	14	1021	4.6%
越南	Vietnam	14	14	119	11.8%	巴基斯坦	Pakistan	44	15	261	16.9%
南非	South Africa	13	16	460	2.8%	尼日利亚	Nigeria	44	15	356	12.4%
泰国	Thailand	12	17	143	8.4%	挪威	Norway	39	17	667	5.8%
菲律宾	Philippines	12	17	73	16.4%	马来西亚	Malaysia	39	17	168	23.2%
尼日利亚	Nigeria	12	17	104	11.5%	新西兰	New Zealand	38	19	271	14.0%
新加坡	Singapore	11	20	107	10.3%	芬兰	Finland	38	19	320	11.9%
法国	France	11	20	409	2.7%						
巴西	Brazil	11	20	224	4.9%						

注：比例为各国家（地区）与中国的合作论文数量占所有合作论文的份额

受资助比例（37.3%）；但 2015~2019 年前者（47.3%）却低于后者（62.8%）；从 NSFC 的资助成效来看，如图 2-92 所示，2009~2014 年和 2015~2019 年中国该领域高被引论文受 NSFC 资助比例分别为 10.0% 和 19.4%，均低于中国所有论文受 NSFC 资助比例（11.6% 和 27.3%）。分析表明整体的科学资助和 NSFC 资助在高学术影响力论文的产出中发挥的作用都不够明显，资助成效有待进一步提高。

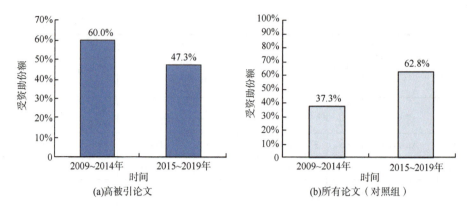

图 2-91 中国公共卫生与健康管理领域高被引 WoS 论文、所有 WoS 论文受资助比例

注：受资助份额为中国该领域受资助的高被引论文（所有论文）数量占中国该领域高被引论文（所有论文）的份额

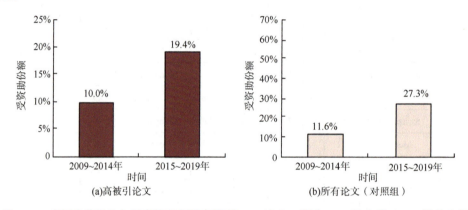

图 2-92 中国公共卫生与健康管理领域高被引 WoS 论文、所有 WoS 论文受 NSFC 资助比例

注：受资助份额为中国该领域受 NSFC 资助的高被引论文（所有论文）数量占中国该领域高被引论文（所有论文）的份额

上述结论在一定程度上反映出目前中国在该领域的整体科研实力还较为薄弱，与宏观管理与政策领域的其余学科方向（学科方向 1~5）相比，中国该领域的发展态势也相对滞后，还有待进一步补齐短板，抓住新一轮发展机遇。这一趋势与当前我国公共卫生体系不健全、健康管理不完善、民众公共卫生安全观念淡薄、领域内相关研究规模小影响力弱等突出问题密切相关，同时也折射出公共卫生与健康管理领域的发展短板，为下一步工作的开展指明了方向。

2.3.7 教育与文化管理

教育与文化管理是宏观管理与政策领域的永恒话题。随着人才资源在科技创新中地位的逐渐提升，教育问题再次被摆在各国发展的突出位置，成为一国综合国力的重要表征因素。教育与文化管理领域的研究和发展，对于更好地满足人民对美好生活的向往具有重要意义。

1. 学科方向发展态势

从总体趋势来看，2009~2019 年教育与文化管理领域论文数量呈现稳步增长态势，该领域论文占宏观管理与政策领域论文的份额，呈现基本平稳的态势，其占宏观管理与政策领域论文的份额近年来略有下降，但 2019 年开始上升（图2-93）。此外，该领域论文的学科交叉度在 2015~2019 年相比 2009~2014 年略微有所提升。

图 2-93　2009~2019 年教育与文化管理领域 WoS 论文数量及其占宏观管理与政策领域论文的份额

从发文期刊分布来看，学科领域高频发文期刊可以在一定程度上表征该学科领域的研究范畴，*Teaching and Teacher Education*、*Studies in Higher Education*、*Higher Education*、*Teachers College Record* 均是 2009~2014 年与 2015~2019 年教育与文化管理领域的 TOP5 发文期刊；从前后两个时间窗比较来看，刊载该领域论文数量排名上升较多的期刊为 *Higher Education Research & Development*、*British Journal of Sociology of Education* 等（图 2-94、图 2-95 和表 2-50）。

从关键词分布来看，学科领域的高频关键词可以在一定程度上表征该学科领域的研究内容，而不同时间窗发文高频关键词变化，可以在一定程度上揭示该学科领域可能的一些新的研究趋势，2015~2019 年相比 2009~2014 年，教育与文化管理领域的 TOP5 高频关键词相同，为 higher education、education、teacher education、professional development、assessment 等；有一些高频关键词频次在后一个时间窗排名上升相对明显，如 race、early childhood education、equity、neoliberalism、urban education、inequality 等，可见幼儿教育、不同种族文化背景下的教育特点、教育的公平性问题等是近年来备受关注的研究问题（图 2-96和表 2-51）。

图 2-94 2009~2014 年教育与文化管理领域 WoS 论文的 TOP20 发文期刊

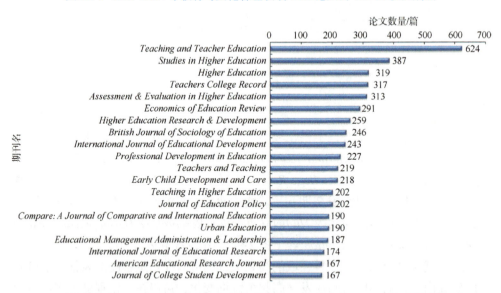

图 2-95 2015~2019 年教育与文化管理领域 WoS 论文的 TOP20 发文期刊

表 2-50　2009~2014 年、2015~2019 年教育与文化管理领域 WoS 论文的 TOP20 发文期刊

2009~2014 年				2015~2019 年				
期刊名	论文数量/篇	前 6 年排名	后 5 年排名	排名变化	期刊名	论文数量/篇	后 5 年排名	前 6 年排名	排名变化
Teaching and Teacher Education	553	1	1	0	*Teaching and Teacher Education*	624	1	1	0
Economics of Education Review	386	2	6	−4	*Studies in Higher Education*	387	2	5	3
Teachers College Record	363	3	4	−1	*Higher Education*	319	3	4	1
Higher Education	296	4	3	1	*Teachers College Record*	317	4	3	−1
Studies in Higher Education	265	5	2	3	*Assessment & Evaluation in Higher Education*	313	5	7	2
International Journal of Educational Development	248	6	9	−3	*Economics of Education Review*	291	6	2	−4
Assessment & Evaluation in Higher Education	244	7	5	2	*Higher Education Research & Development*	259	7	11	4
Journal of Education Policy	215	8	13	−5	*British Journal of Sociology of Education*	246	8	17	9
Teaching in Higher Education	213	9	13	−4	*International Journal of Educational Development*	243	9	6	−3
Phi Delta Kappan	206	10	29	−19	*Professional Development in Education*	227	10	\	\
Higher Education Research & Development	192	11	7	4	*Teachers and Teaching*	219	11	13	2
Educational Management Administration & Leadership	186	12	17	−5	*Early Child Development and Care*	218	12	\	\
Teachers and Teaching	182	13	11	2	*Teaching in Higher Education*	202	13	9	−4
Educational Studies in Mathematics	178	14	24	−10	*Journal of Education Policy*	202	13	8	−5
Educational Leadership	174	15	93	−78	*Compare：A Journal of Comparative and International Education*	190	15	33	18
Research in Higher Education	174	15	21	−6	*Urban Education*	190	15	25	10
British Journal of Sociology of Education	170	17	8	9	*Educational Management Administration & Leadership*	187	17	12	−5
British Educational Research Journal	168	18	21	−3	*International Journal of Educational Research*	174	18	171	153
Zeitschrift Fur Erziehungswissenschaft	166	19	52	−33	*American Educational Research Journal*	167	19	28	9
Journal of Education for Teaching	161	20	26	−6	*Journal of College Student Development*	167	19	22	3

注：数量是指该期刊上发表的本学科方向的论文数量，非该期刊所有论文数量。期刊排名统计只依据期刊名，未对期刊更名情况做处理；排名变化为正数表示排名进步，为负数表示排名退步，排名变化为 \ 表示期刊在另一个时间窗不存在或者存在更名情况

（a）2009~2014 年　　　　　　　　　　　（b）2015~2019 年

图 2-96　2009~2014 年、2015~2019 年教育与文化管理领域 WoS 论文的高频关键词词云图

表 2-51　2009~2014 年、2015~2019 年教育与文化管理领域 WoS 论文 TOP30 高频关键词

2009~2014 年				2015~2019 年				
关键词	频次	前6年排名	后5年排名	排名变化	关键词	频次	后5年排名	前6年排名	排名变化
higher education	855	1	1	0	higher education	1286	1	1	0
teacher education	683	2	3	−1	education	695	2	3	1
education	561	3	2	1	teacher education	673	3	2	−1
professional development	411	4	4	0	professional development	653	4	4	0
assessment	337	5	5	0	assessment	369	5	5	0
gender	320	6	6	0	gender	367	6	6	0
educational policy	261	7	7	0	educational policy	309	7	7	0
mentoring	252	8	12	−4	race	308	8	15	7
curriculum	222	9	10	−1	identity	264	9	10	1
identity	219	10	9	1	curriculum	249	10	9	−1
diversity	213	11	11	0	diversity	247	11	11	0
accountability	211	12	15	−3	mentoring	243	12	8	−4
teachers	194	13	19	−6	early childhood education	238	13	57	44
education policy	187	14	17	−3	leadership	237	14	16	2
race	185	15	8	7	equity	235	15	24	9
leadership	182	16	14	2	accountability	235	15	12	−3
policy	175	17	20	−3	education policy	233	17	14	−3
teaching	169	18	31	−13	neoliberalism	225	18	48	30
learning	168	19	46	−27	teachers	223	19	13	−6
social class	161	20	24	−4	policy	216	20	17	−3
academic achievement	159	21	28	−7	feedback	215	21	25	4
pedagogy	158	22	26	−4	China	212	22	30	8
school choice	158	22	27	−5	urban education	210	23	43	20
equity	149	24	15	9	inequality	207	24	38	14

续表

2009~2014 年					2015~2019 年				
关键词	频次	前 6 年排名	后 5 年排名	排名变化	关键词	频次	后 5 年排名	前 6 年排名	排名变化
feedback	146	25	21	4	social class	207	24	20	−4
social justice	143	26	29	−3	pedagogy	195	26	22	−4
human capital	138	27	49	−22	school choice	193	27	22	−5
international students	137	28	30	−2	academic achievement	185	28	21	−7
reflection	127	29	52	−23	social justice	179	29	26	−3
culture	125	30	66	−36	international students	176	30	28	−2
China	125	30	22	8					

注：排名为正数表示排名进步，为负数表示排名退步

从研究热点来看，该学科方向热点研究主题包含"惩罚性教育政策与管理"（ID：3672）、"跨文化教育政策与管理"（ID：2065）、"教育及学习效果的影响与评估"（ID：370）、"学前教育与基础教育管理"（ID：1805）和"博士及精英教育管理"（ID：2398）。其中"教育及学习效果的影响与评估"（ID：370）研究规模最大；"惩罚性教育政策与管理"（ID：3672）规模相对较小，增速较快，且热度一直持续较高；"跨文化教育政策与管理"（ID：2065）和"博士及精英教育管理"（ID：2398）热度也较高，特别是"博士及精英教育管理"（ID：2398）在近年来热度呈现不断增长的态势（图 2-97、表 2-52 和表 2-53）。

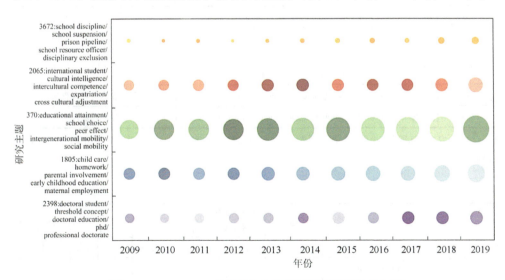

图 2-97　2009~2019 年教育与文化管理领域研究热点主题

注：研究主题名称见表 2-52；圆圈大小表示主题论文量多少，代表主题规模，圆圈颜色深浅表示论文的学科归一化篇均引文 FWCI，代表主题热度，研究热点遴选指标数据见表 2-53

表 2-52 教育与文化管理领域研究主题

ID	研究主题标签	研究主题名称
3672	school discipline/school suspension/prison pipeline/school resource officer/disciplinary exclusion	惩罚性教育政策与管理
2065	international student/cultural intelligence/intercultural competence/expatriation/cross cultural adjustment	跨文化教育政策与管理
370	educational attainment/school choice/peer effect/intergenerational mobility/social mobility	教育及学习效果的影响与评估
1805	child care/homework/parental involvement/early childhood education/maternal employment	学前教育与基础教育管理
2398	doctoral student/threshold concept/doctoral education/phd/professional doctorate	博士及精英教育管理
2214	peer assessment/peer feedback/assessment literacy/peer review/rubric	学习效果评估方法及应用
109	teacher educator/pedagogical content knowledge/lesson study/student teacher/professional learning community	教师教育及学习
2200	comparative education/world bank/tanzania/oecd/international education	区域教育政策与治理
2064	undergraduate research experience/campus climate/engineering education/white institution/student faculty interaction	教学经验及效果评估
3094	mentoring/mentoring relationship/protege/executive coaching	教师与学生关系分析
2864	student evaluation/classroom experiment/economic education/ratemyprofessorscom/economic	教学评价工具及方法
3413	religious education/pedagogy/education/pupil/school	宗教教育管理
3890	occupational licensing/death/licensing/regulation/legal education	区域文化管理案例分析
3486	prior learning/transformative learning/adult education/rpl/recognition	自主学习方法及效果评估
3439	philosophy/macintyre/camus/levinas/bildung	教育理论与教育哲学
3942	student/university/computer science/faculty/research result	学习工具及方法

注：研究主题标签为各个研究主题（论文簇）的高频关键词；研究主题名称为专家判读的结果；研究主题排序同表 2-53

表 2-53 教育与文化管理领域研究主题的研究热点遴选指标得分与排名

ID	研究主题标签	2009~2019 年论文总数/篇	2009~2019 年论文增速		2015~2019 年FWCI		2015~2019 年TC		综合排名	是否研究热点
			增速	排名	FWCI	排名	TC	排名		
3672	school discipline/school suspension/prison pipeline/school resource officer/disciplinary exclusion	437	14.7%	1	1.33	1	1 691	11	1	是

续表

ID	研究主题标签	2009~2019 年论文总数/篇	2009~2019 年论文增速		2015~2019 年 FWCI		2015~2019 年 TC		综合排名	是否研究热点
			增速	排名	FWCI	排名	TC	排名		
2065	international student/cultural intelligence/intercultural competence/expatriation/cross cultural adjustment	3 101	7.3%	7	1.22	2	9 543	4	1	是
370	educational attainment/school choice/peer effect/intergenerational mobility/social mobility	11 618	7.5%	5	1.02	6	31 174	2	1	是
1805	child care/homework/parental involvement/early childhood education/maternal employment	4 278	9.3%	2	0.95	8	11 279	3	1	是
2398	doctoral student/threshold concept/doctoral education/phd/professional doctorate	2 584	7.8%	4	1.04	4	6 878	6	5	是
2214	peer assessment/peer feedback/assessment literacy/peer review/rubric	2 224	7.3%	6	1.18	3	6 298	7	6	否
109	teacher educator/pedagogical content knowledge/lesson study/student teacher/professional learning community	13 505	5.5%	12	0.98	7	33 784	1	7	否
2200	comparative education/world bank/tanzania/oecd/international education	2 882	5.7%	11	1.03	5	7 450	5	8	否
2064	undergraduate research experience/campus climate/engineering education/white institution/student faculty interaction	2 547	8.1%	3	0.86	10	6 120	8	8	否
3094	mentoring/mentoring relationship/protege/executive coaching	1 104	6.1%	10	0.88	9	2 384	9	10	否
2864	student evaluation/classroom experiment/economic education/ratemyprofessorscom/economic	1 178	6.5%	8	0.79	11	2 200	10	11	否
3413	religious education/pedagogy/education/pupil/school	434	3.4%	13	0.77	12	639	12	12	否
3890	occupational licensing/death/licensing/regulation/legal education	174	6.2%	9	0.55	15	229	15	13	否

续表

ID	研究主题标签	2009~2019 年论文总数/篇	2009~2019 年论文增速		2015~2019 年FWCI		2015~2019 年TC		综合排名	是否研究热点
			增速	排名	FWCI	排名	TC	排名		
3486	prior learning/transformative learning/adult education/rpl/recognition	437	0	15	0.68	14	635	13	14	否
3439	philosophy/macintyre/camus/levinas/bildung	527	0.2%	14	0.49	16	409	14	15	否
3942	student/university/computer science/faculty/research result	32	−100.0%	16	0.75	13	55	16	16	否

注：①论文增速为复合年均增长率；②TC 为研究主题的总被引频次；③综合排名为论文增速、FWCI 和 TC 三个排名的综合排名，具体见 2.1.3 节；④研究主题名称参见表 2-52，研究主题按照综合排名排序

其中，研究热点"惩罚性教育政策与管理"（ID：3672）围绕着青少年教育中的纪律处分和青少年犯罪、校园安全与校园暴力防控等研究问题展开，研究中相对较新的词有 exclusionary discipline、police 等（图 2-98）。青少年是祖国的未来、民族的希望。青少年教育作为国民教育的重要环节，如何推动其融入经济社会高质量发展大潮成为我国当前亟待突破的重要课题，而"惩罚性教育政策与管理"的兴起为青少年教育提供了新的研究视角和思路。

研究热点"跨文化教育政策与管理"（ID：2065）围绕着国际人力资源的引进与管理、国际/跨国高等教育等研究问题展开，其中相对较新的词有 university rankings、cultural intelligence 等（图 2-99）。一方面，全球人才流动是当今全球化发展的重要特征，国际人力资源的引进与管理逐渐成为各国（地区）积极融入对外开放发展潮流、打造竞争优势的着力点。另一方面，跨文化教育作为各国（地区）文化交流的实践内容，在国际开放合作中发挥着越来越重要的作用。

2. 中国本学科方向发展格局

总体来看，2009~2019 年中国教育与文化管理领域的发展态势有以下表现。

从成果产出规模与影响力来看，中国取得了一定的进步，但同美国等科技发达国家（地区）相比还存在一定的差距。2009 年中国在教育与文化管理领域的论文规模、学术影响力和高被引论文的国际（地区）排名分别为第 15 名、第 25 名、第 26 名；2019 年这三项指标排名分别上升至第 5 名、第 6 名、第 6 名，占美国相应指标的份额分别为 11.2%、7.5%、7.8%，与美国差距悬殊。在该学科领域的五个研究热点主题中，中国与美国均差距较大。2009 年和 2019 年教育与文化管理领域 WoS 论文数量 TOP20 国家（地区）见图 2-100。2009~2019 年中国、美国在教育与文化管理领域研究热点的 WoS 论文数量和世界份额见表 2-54。

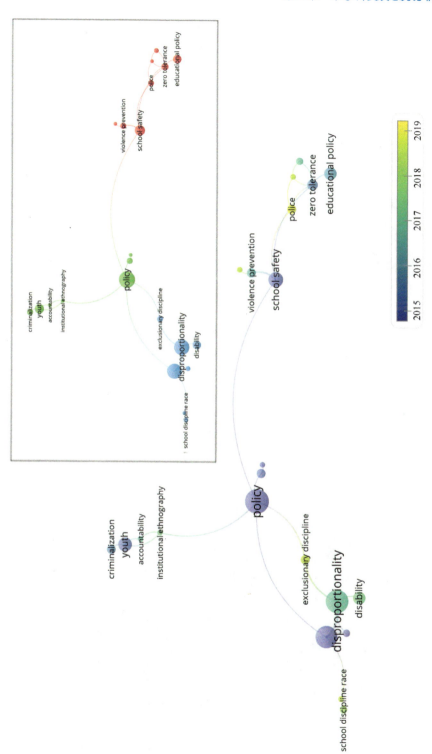

图2-98　2009~2019年研究热点 "惩罚性教育政策与管理"（ID：3672）关键词共现图谱

注：小图是大图的缩小版，大图关键词颜色标签为其平均发表年，小图关键词的颜色标签代表其所属的不同聚类

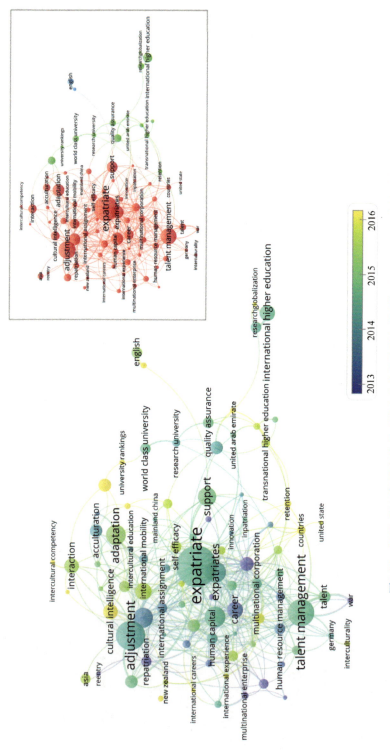

图2-99 2009~2019年研究热点"跨文化教育政策与管理"(ID:2065)关键词共现图谱

注:小图是大图的缩小版。大图关键词颜色标签为其平均发表年,小图关键词颜色标签代表其所属的不同聚类

图 2-100　2009 年和 2019 年教育与文化管理领域 WoS 论文数量 TOP20 国家（地区）

表 2-54　2009~2019 年中国、美国在教育与文化管理领域研究热点的 WoS 论文数量和世界份额

ID	指标	2009 年	2010 年	2011 年	2012 年	2013 年	2014 年	2015 年	2016 年	2017 年	2018 年	2019 年
3672	世界论文数/篇	23	17	25	15	24	34	43	49	40	76	91
	美国论文数/篇	18	13	15	11	15	26	35	41	36	65	81
	美国论文份额	78.3%	76.5%	60.0%	73.3%	62.5%	76.5%	81.4%	83.7%	90.0%	85.5%	89.0%
	中国论文数/篇	0	0	0	0	0	0	0	0	0	1	0
	中国论文份额	0	0	0	0	0	0	0	0	0	1.3%	0
2065	世界论文数/篇	211	221	253	248	291	304	279	264	283	320	427
	美国论文数/篇	73	58	68	80	79	83	90	57	66	70	98
	美国论文份额	34.6%	26.2%	26.9%	32.3%	27.1%	27.3%	32.3%	21.6%	23.3%	21.9%	23.0%
	中国论文数/篇	10	7	9	12	17	15	17	21	28	35	60
	中国论文份额	4.7%	3.2%	3.6%	4.8%	5.8%	4.9%	6.1%	8.0%	9.9%	10.9%	14.1%
370	世界论文数/篇	716	847	901	876	1016	1052	1138	1157	1165	1276	1474
	美国论文数/篇	292	380	380	394	430	467	512	552	517	553	647
	美国论文份额	40.8%	44.9%	42.2%	45.0%	42.3%	44.4%	45.0%	47.7%	44.4%	43.3%	43.9%
	中国论文数/篇	11	5	4	17	27	25	35	26	32	37	66
	中国论文份额	1.5%	0.6%	0.4%	1.9%	2.7%	2.4%	3.1%	2.2%	2.7%	2.9%	4.5%
1805	世界论文数/篇	264	279	282	286	361	360	391	453	434	523	645
	美国论文数/篇	148	147	142	163	204	201	181	236	223	258	313

续表

ID	指标	2009 年	2010 年	2011 年	2012 年	2013 年	2014 年	2015 年	2016 年	2017 年	2018 年	2019 年
1805	美国论文份额	56.1%	52.7%	50.4%	57.0%	56.5%	55.8%	46.3%	52.1%	51.4%	49.3%	48.5%
	中国论文数/篇	1	2	0	5	3	3	5	17	11	23	25
	中国论文份额	0.4%	0.7%	0	1.7%	0.8%	0.8%	1.3%	3.8%	2.5%	4.4%	3.9%
2398	世界论文数/篇	163	157	179	194	211	209	274	242	301	309	345
	美国论文数/篇	31	34	39	36	41	54	62	57	60	73	64
	美国论文份额	19.0%	21.7%	21.8%	18.6%	19.4%	25.8%	22.6%	23.6%	19.9%	23.6%	18.6%
	中国论文数/篇	0	0	1	1	5	2	3	4	7	8	13
	中国论文份额	0	0	0.6%	0.5%	2.4%	1.0%	1.1%	1.7%	2.3%	2.6%	3.8%

注：论文份额为论文世界份额，即国家的论文数量占世界论文数量的份额

　　从国际（地区）合作来看，如图 2-101、图 2-102、表 2-55 和表 2-56 所示，中国在合作网络中的排名从 2009~2014 年第 8 位上升到 2015~2019 年的第 6 位，逐渐趋近网络中心位置，中国在该领域的合作论文最多的国家（地区）为美国、澳大利亚、英国、加拿大等，中国正在成为该领域国际（地区）合作中越来越重要的合作对象。

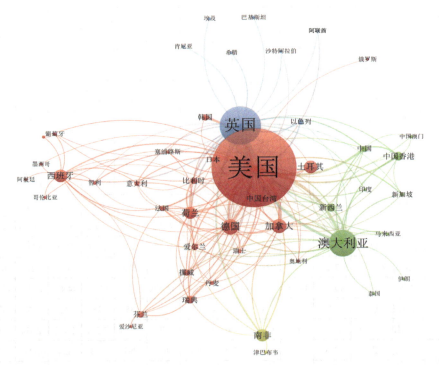

图 2-101　2009~2014 年教育与文化管理领域 WoS 论文的国际（地区）合作网络

注：合作论文阈值为 5 篇

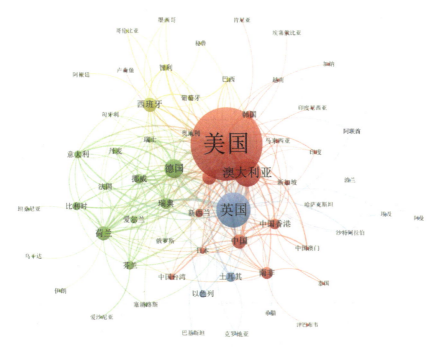

图 2-102　2015~2019 年教育与文化管理领域 WoS 论文的国际（地区）合作网络

注：合作论文阈值为 5 篇

表 2-55　教育与文化管理领域国际（地区）合作网络 PageRank 值 TOP20 国家（地区）

2009~2014 年				2015~2019 年			
国家（地区）		得分	排名	国家（地区）		得分	排名
中文名	英文名			中文名	英文名		
美国	USA	0.188	1	美国	USA	0.158	1
英国	UK	0.129	2	英国	UK	0.115	2
澳大利亚	Australia	0.073	3	澳大利亚	Australia	0.068	3
德国	Germany	0.052	4	德国	Germany	0.054	4
加拿大	Canada	0.048	5	荷兰	Netherlands	0.044	5
荷兰	Netherlands	0.039	6	中国	China	0.043	6
西班牙	Spain	0.036	7	加拿大	Canada	0.034	7
中国	China	0.030	8	西班牙	Spain	0.030	8
法国	France	0.024	9	中国香港	Hong Kong，China	0.025	9
中国香港	Hong Kong，China	0.022	10	瑞典	Sweden	0.023	10
瑞典	Sweden	0.021	11	南非	South Africa	0.019	11
南非	South Africa	0.020	12	意大利	Italy	0.019	12
爱尔兰	Ireland	0.020	13	挪威	Norway	0.019	13
芬兰	Finland	0.018	14	芬兰	Finland	0.019	14

续表

2009~2014 年				2015~2019 年			
国家（地区）		得分	排名	国家（地区）		得分	排名
中文名	英文名			中文名	英文名		
新西兰	New Zealand	0.018	15	捷克	Czech Republic	0.016	15
比利时	Belgium	0.016	16	斯洛伐克	Slovakia	0.016	16
韩国	Republic of Korea	0.014	17	比利时	Belgium	0.016	17
意大利	Italy	0.014	18	韩国	Republic of Korea	0.015	18
挪威	Norway	0.014	19	爱尔兰	Ireland	0.014	19
土耳其	Turkey	0.013	20	法国	France	0.013	20

注：TOP20 国家（地区）按照相应年度的 PageRank 值遴选，表中数值只显示小数点后 3 位，排名按 PageRank 实际值排序

表 2-56　教育与文化管理领域中国的 TOP20 合作国家（地区）

2009~2014 年						2015~2019 年					
国家（地区）		与中国合作论文		所有合作论文		国家（地区）		与中国合作论文		所有合作论文	
中文名	英文名	论文数/篇	排名	论文数/篇	比例	中文名	英文名	论文数/篇	排名	论文数/篇	比例
美国	USA	79	1	1054	7.5%	美国	USA	203	1	1545	13.1%
中国香港	Hong Kong, China	41	2	133	30.8%	中国香港	Hong Kong, China	89	2	243	36.6%
英国	UK	23	3	654	3.5%	澳大利亚	Australia	53	3	676	7.8%
澳大利亚	Australia	19	4	402	4.7%	英国	UK	52	4	1041	5.0%
加拿大	Canada	12	5	283	4.2%	中国澳门	Macao, China	45	5	80	56.3%
比利时	Belgium	12	5	85	14.1%	加拿大	Canada	30	6	353	8.5%
德国	Germany	10	7	266	3.8%	中国台湾	Taiwan, China	24	7	94	25.5%
中国澳门	Macao, China	5	8	16	31.3%	比利时	Belgium	15	8	160	9.4%
新加坡	Singapore	4	9	57	7.0%	新加坡	Singapore	13	9	80	16.3%
中国台湾	Taiwan, China	3	10	66	4.5%	德国	Germany	10	10	484	2.1%
荷兰	Netherlands	3	10	229	1.3%	荷兰	Netherlands	9	11	345	2.6%
土耳其	Turkey	3	10	80	3.8%	日本	Japan	8	12	78	10.3%
巴基斯坦	Pakistan	2	13	11	18.2%	马来西亚	Malaysia	6	13	61	9.8%
丹麦	Denmark	2	13	66	3.0%	俄罗斯	Russia	6	13	55	10.9%
印度	India	2	13	32	6.3%	新西兰	New Zealand	6	13	139	4.3%
日本	Japan	2	13	48	4.2%	南非	South Africa	5	16	176	2.8%
新西兰	New Zealand	2	13	111	1.8%	韩国	Republic of Korea	4	17	180	2.2%
						法国	France	4	17	136	2.9%

续表

2009~2014 年						2015~2019 年					
国家（地区）		与中国合作论文		所有合作论文		国家（地区）		与中国合作论文		所有合作论文	
中文名	英文名	论文数/篇	排名	论文数/篇	比例	中文名	英文名	论文数/篇	排名	论文数/篇	比例
						泰国	Thailand	4	17	36	11.1%
						芬兰	Finland	3	20	162	1.9%
						瑞士	Switzerland	3	20	115	2.6%
						巴基斯坦	Pakistan	3	20	17	17.6%
						挪威	Norway	3	20	194	1.5%

注：比例为各国家（地区）与中国的合作论文数量占所有合作论文的份额。2009~2014 年因并列第 18 名数量过多，所以只取排名前 13 名

从论文资助来看，2009~2019 年中国教育与文化管理领域的论文受资助比例快速提升，2019 年有 52.2%的论文受到资助，有 12.1%的论文受到 NSFC 资助，这两个比例均较大程度低于宏观管理与政策学科方向 2~5 的此类数据。从资助成效来看（图 2-103），2009~2014 年中国该领域高被引论文受资助比例（40.0%）较大程度高于中国所有论文受资助比例（6.4%）；但在 2015~2019 年前者（35.3%）却低于后者（48.3%）；从 NSFC 的资助成效来看（图 2-104），2009~2014 年和 2015~2019 年中国该领域高被引论文受 NSFC 资助比例分别为 0 和 8.8%，均低于中国所有论文受 NSFC 资助比例（1.1%和 11.3%），表明整体的科学资助和 NSFC 资助在高学术影响力论文的产出中发挥的作用都不够明显，资助成效有待进一步提高。

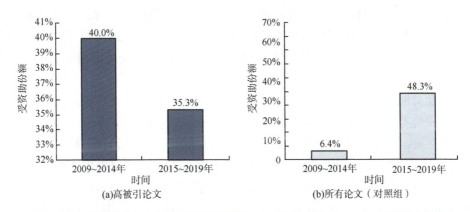

图 2-103　中国教育与文化管理领域高被引 WoS 论文、所有 WoS 论文受资助比例

注：受资助份额为中国该领域受资助的高被引论文（所有论文）数量占中国该领域高被引论文（所有论文）的份额

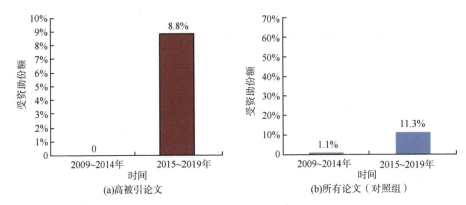

图 2-104 中国教育与文化管理领域高被引 WoS 论文、所有 WoS 论文受 NSFC 资助比例

注：受资助份额为中国该领域受 NSFC 资助的高被引论文（所有论文）数量占中国该领域高被引论文（所有论文）的份额

2.3.8 社会治理与社会福利

党的二十大报告强调"完善社会治理体系。健全共建共治共享的社会治理制度，提升社会治理效能"，这为新时代我国国家治理和社会治理指明了发展方向。与此同时，社会主要矛盾的转变使得实现人民福祉、促进包容性发展逐渐成为我国社会福利发展的首要目标。在此背景下，我国社会治理与社会福利领域的相关研究日益活跃，对我国国家治理的现代化具有重要意义。

1. 学科方向发展态势

从总体趋势来看，2009~2019 年社会治理与社会福利领域论文数量呈现缓慢增长态势，从该学科方向占宏观管理与政策领域论文的份额来看，呈现明显下降的趋势，该趋势由宏观管理与政策领域中其他一些学科方向论文数量增速迅猛导致（图 2-105）。此外，该领域论文在 2015~2019 年的学科交叉度相比 2009~2014 年略有提升。

从发文期刊分布来看，学科领域高频发文期刊可以在一定程度上表征该学科领域的研究范畴，*Demographic Research*、*Journal of Family Issues*、*Journal of Marriage and Family* 均是 2009~2014 年和 2015~2019 年社会治理与社会福利领域的 TOP5 发文期刊；从前后两个时间窗比较来看，该领域 TOP20 发文期刊变化相对较大，刊载该领域论文数量排名上升较多的期刊为 *Voluntas*、*World Development*、*Social Indicators Research*、*Journal of Development Studies* 等（图 2-106、图 2-107 和表 2-57）。

图 2-105　2009~2019 年社会治理与社会福利领域 WoS 论文数量及其占宏观管理与政策领域论文的份额

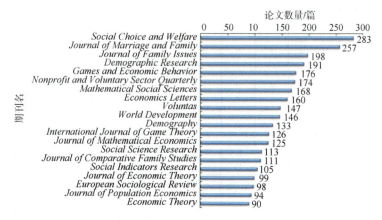

图 2-106　2009~2014 年社会治理与社会福利领域 WoS 论文的 TOP20 发文期刊

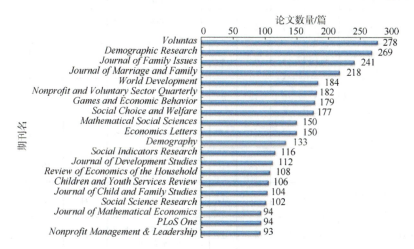

图 2-107　2015~2019 年社会治理与社会福利领域 WoS 论文的 TOP20 发文期刊

表 2-57 2009~2014 年、2015~2019 年社会治理与社会福利领域 WoS 论文的 TOP20 发文期刊

2009~2014 年					2015~2019 年				
期刊名	论文数量/篇	前6年排名	后5年排名	排名变化	期刊名	论文数量/篇	后5年排名	前6年排名	排名变化
Social Choice and Welfare	283	1	8	−7	Voluntas	278	1	9	8
Journal of Marriage and Family	257	2	4	−2	Demographic Research	269	2	4	2
Journal of Family Issues	198	3	3	0	Journal of Family Issues	241	3	3	0
Demographic Research	191	4	2	2	Journal of Marriage and Family	218	4	2	−2
Games and Economic Behavior	176	5	7	−2	World Development	184	5	10	5
Nonprofit and Voluntary Sector Quarterly	174	6	6	0	Nonprofit and Voluntary Sector Quarterly	182	6	6	0
Mathematical Social Sciences	168	7	9	−2	Games and Economic Behavior	179	7	5	−2
Economics Letters	160	8	9	−1	Social Choice and Welfare	177	8	1	−7
Voluntas	147	9	1	8	Mathematical Social Sciences	150	9	7	−2
World Development	146	10	5	5	Economics Letters	150	9	8	−1
Demography	133	11	11	0	Demography	133	11	11	0
International Journal of Game Theory	126	12	21	−9	Social Indicators Research	116	12	16	4
Journal of Mathematical Economics	125	13	18	−5	Journal of Development Studies	112	13	35	22
Social Science Research	113	14	17	−3	Review of Economics of the Household	108	14	28	14
Journal of Comparative Family Studies	111	15	73	−58	Children and Youth Services Review	106	15	45	30
Social Indicators Research	105	16	12	4	Journal of Child and Family Studies	104	16	147	131
Journal of Economic Theory	99	17	21	−4	Social Science Research	102	17	14	−3
European Sociological Review	98	18	28	−10	Journal of Mathematical Economics	94	18	13	−5
Journal of Population Economics	94	19	35	−16	PLoS One	94	18	63	45
Economic Theory	90	20	47	−27	Nonprofit Management & Leadership	93	20	32	12

注：数量是指该期刊上发表的本学科方向的论文数量，非该期刊所有论文数量。期刊排名统计只依据期刊名，未对期刊更名情况做处理；排名变化为正数表示排名进步，为负数表示排名退步

　　从关键词分布来看，学科领域的高频关键词可以在一定程度上表征该学科领域的研究内容，而不同时间窗发文高频关键词变化，可以在一定程度上揭示该学科领域可能的一些新的研究趋势。2015~2019 年相比 2009~2014 年，社会治理与社会福利领域的 TOP5 高频关键词相同，为 gender、retirement、marriage、divorce、fertility；有一些高频关键词在后一个时间窗频次排名上升相对明显，如 China、foreign aid、inequality 等，可见与中国相关的研究问题在该领域的关注度上升（图 2-108 和表 2-58）。

（a）2009~2014 年

（b）2015~2019 年

图 2-108　2009~2014 年、2015~2019 年社会治理与社会福利领域 WoS 论文的高频关键词词云图

表 2-58　2009~2014 年、2015~2019 年社会治理与社会福利领域 WoS 论文 TOP30 高频关键词

2009~2014 年				2015~2019 年			
关键词	频次	前 6 年排名	后 5 年排名	排名变化	关键词	频次	后 5 年排名	前 6 年排名	排名变化
gender	680	1	1	0	gender	912	1	1	0
marriage	346	2	3	−1	retirement	356	2	4	2
divorce	293	3	4	−1	marriage	335	3	2	−1
retirement	284	4	2	2	divorce	284	4	3	−1
fertility	270	5	5	0	fertility	277	5	5	0
family	231	6	12	−6	education	273	6	8	2
work-family conflict	220	7	7	0	work-family conflict	250	7	7	0
education	215	8	6	2	volunteering	198	8	12	4
cohabitation	193	9	15	−6	China	192	9	22	13
poverty	166	10	13	−3	employment	183	10	11	1
employment	164	11	10	1	foreign aid	171	11	16	5
volunteering	160	12	8	4	family	170	12	6	−6
women	144	13	19	−6	poverty	165	13	10	−3
work-life balance	140	14	16	−2	health	161	14	16	2

续表

2009~2014 年					2015~2019 年				
关键词	频次	前 6 年排名	后 5 年排名	排名变化	关键词	频次	后 5 年排名	前 6 年排名	排名变化
core	140	14	26	−12	cohabitation	158	15	9	−6
health	139	16	14	2	work-life balance	155	16	14	−2
foreign aid	139	16	11	5	inequality	153	17	25	8
children	136	18	20	−2	life course	150	18	31	13
parenting	131	19	21	−2	women	148	19	13	−6
India	128	20	24	−4	children	146	20	18	−2
fathers	111	21	25	−4	parenting	139	21	19	−2
social security	109	22	41	−19	development	134	22	30	8
China	109	22	9	13	older workers	133	23	26	3
time use	108	24	33	−9	India	131	24	20	−4
inequality	106	25	17	8	fathers	125	25	21	−4
work	105	26	44	−18	core	121	26	14	−12
older workers	105	26	23	3	gender equality	120	27	48	21
well-being	105	26	32	−6	job satisfaction	116	28	38	10
adolescence	104	29	44	−15	mental health	116	28	43	15
development	96	30	22	8	marital status	114	30	55	25

注：排名为正数表示排名进步，为负数表示排名退步

从研究热点来看，该学科方向热点研究主题包含"性别差异与家庭工作管理"（ID：798）、"青少年教育与个体发展"（ID：2097）和"基于性别关系的社会治理"（ID：1917）。其中"性别差异与家庭工作管理"（ID：798）研究规模最大，在 2009~2016 年热度持续较高，但在 2017~2019 年热度相对轻微减弱；"青少年教育与个体发展"（ID：2097）和"基于性别关系的社会治理"（ID：1917）研究规模相对较小，热度整体呈现不断增长的态势（图 2-109、表 2-59 和表 2-60）。

其中，研究热点"性别差异与家庭工作管理"（ID：798）围绕着工作家庭冲突及相关解决措施和政策、职业中的性别不平等、性别与劳动分工等研究问题展开，研究中比较新的词有 telework、race、gender roles 等（图 2-110）。性别差异问题客观存在，也日益成为学术研究关注的重点。其中，性别比与择偶偏好、性别身份认同规范与性别工资差距、就业质量的性别差异、环境关心的性别差异等都是性别差异问题在中国政策语境下的进一步拓展与深化。

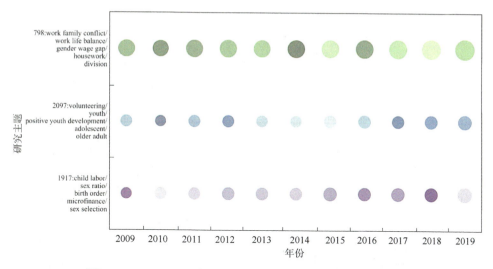

图 2-109　2009~2019 年社会治理与社会福利领域研究热点主题

注：研究主题名称见表 2-59；圆圈大小表示主题论文量多少，代表主题规模，圆圈颜色深浅表示论文的学科归一化篇均引文 FWCI，代表主题热度，研究热点遴选指标数据见表 2-60

表 2-59　社会治理与社会福利领域研究主题

ID	研究主题标签	研究主题名称
798	work family conflict/work life balance/gender wage gap/housework/division	性别差异与家庭工作管理
2097	volunteering/youth/positive youth development/adolescent/older adult	青少年教育与个体发展
1917	child labor/sex ratio/birth order/microfinance/sex selection	基于性别关系的社会治理
985	divorce/cohabitation/interparental conflict/adulthood/parental divorce	家庭冲突与家庭结构管理
2027	retirement/older worker/pension reform/social security	老龄化与健康管理
2780	nonprofit organization/nonprofit sector/ngo/third sector/accountability	非营利性组织模式与管理
2641	foreign aid/aid effectiveness/aid/millennium development goal/imf	对外援助方式及管理
1111	core/shapley value/strategy proofness/cooperative game/judgment aggregation	社会治理研究工具与方法

注：研究主题标签为各个研究主题（论文簇）的高频关键词；研究主题名称为专家判读的结果；研究主题排序同表 2-60

表 2-60　社会治理与社会福利领域研究主题的研究热点遴选指标得分与排名

ID	研究主题标签	2009~2019年论文总数/篇	2009~2019年论文增速		2015~2019年FWCI		2015~2019年TC		综合排名	是否研究热点
			增速	排名	FWCI	排名	TC	排名		
798	work family conflict/work life balance/gender wage gap/housework/division	7433	3.9%	4	1.22	1	19 571	1	1	是

续表

ID	研究主题标签	2009~2019年论文总数/篇	2009~2019年论文增速		2015~2019年 FWCI		2015~2019年 TC		综合排名	是否研究热点
			增速	排名	FWCI	排名	TC	排名		
2097	volunteering/youth/positive youth development/adolescent/older adult	3409	4.0%	3	1.12	2	8 257	4	2	是
1917	child labor/sex ratio/birth order/microfinance/sex selection	3781	6.2%	1	0.96	6	8 258	3	3	是
985	divorce/cohabitation/interparental conflict/adulthood/parental divorce	6754	3.6%	5	1.02	4	15 448	2	4	否
2027	retirement/older worker/pension reform/social security	3387	4.3%	2	0.90	7	6 733	5	5	否
2780	nonprofit organization/nonprofit sector/ngo/third sector/accountability	1913	3.3%	7	1.12	3	5 077	7	6	否
2641	foreign aid/aid effectiveness/aid/millennium development goal/imf	2236	3.4%	6	0.99	5	4 979	8	7	否
1111	core/shapley value/strategy proofness/cooperative game/judgment aggregation	4879	2.7%	8	0.60	8	5 782	6	8	否

注：①论文增速为复合年均增长率；②TC 为研究主题的总被引频次；③综合排名为论文增速、FWCI 和 TC 三个排名的综合排名，具体见 2.1.3 节；④研究主题名称参见表 2-59，研究主题按照综合排名排序

研究热点"青少年教育与个体发展"（ID：2097）围绕着教育中的课程与课外活动设置问题、公民教育、面向老年群体的志愿者招募与管理等研究问题展开（图 2-111）。与教育与文化领域的青少年教育不同，这一热点更加强调"社会性"，而不是教育本身。另外，个体发展方面聚焦社会福利，关注面向老年群体的志愿者招募与管理等问题。总体而言，political efficacy、citizenship education 等是领域内比较新的关键词（图 2-111），也体现出公民政治参与、融入及公共责任感培育对于新时期社会治理与社会福利模式优化、效果提升的重要意义。

研究热点"基于性别关系的社会治理"（ID：1917）围绕着人口出生的性别比例、不同国家或地区的人口经济问题等展开，其中相对较新的词有intergenerational transfers、birth rate 等（图 2-112）。社会治理说到底是对人本身以及人与人之间关系的治理，而性别关系是人类社会最原始、最本质的关系，性别比例、性别选择等问题对社会治理与社会福利的影响也日益受到关注。

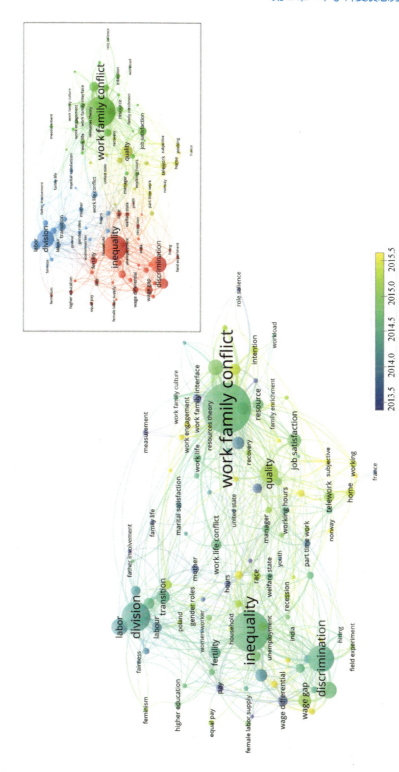

图2-110　2009~2019年研究热点"性别差异与家庭工作管理"（ID：798）关键词共现图谱

注：小图是大图的缩小版。大图关键词颜色标签为其平均发表年，小图关键词的颜色标签代表其所属的不同聚类

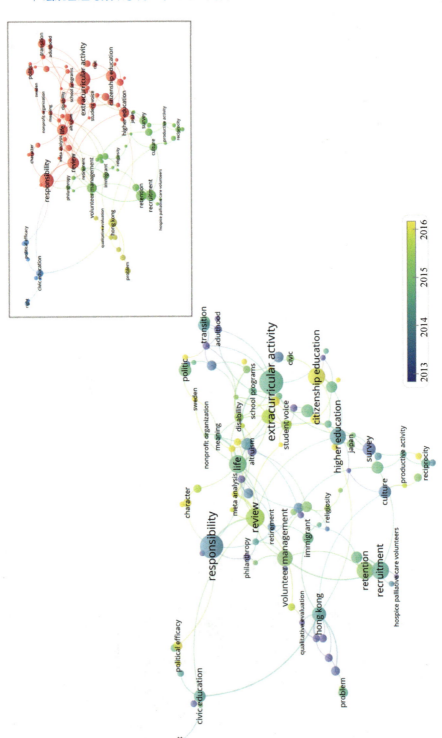

图2-111 2009~2019年研究热点"青少年教育与个体发展"(ID: 2097)关键词共现图谱

注：小图是大图的缩小版，大图关键词颜色标签代表其所属的不同类别；小图关键词的颜色标签代表其发表年

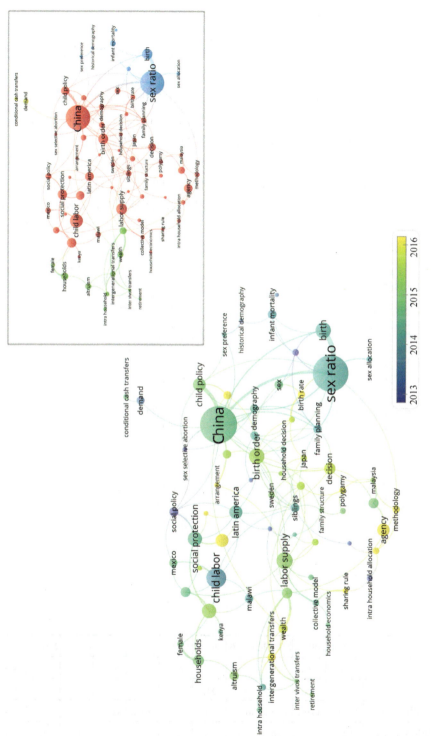

图2-112　2009~2019年研究热点"基于性别关系的社会治理"（ID：1917）关键词共现图谱

注：小图足大图的缩小版，大图关键词的颜色标签代表其所属的不同聚类，小图关键词颜色标签代表其平均发表年

2. 中国本学科方向发展格局

总体来看，2009~2019 年中国社会治理与社会福利领域的发展态势表现如下。

从成果产出规模与影响力来看，2009~2019 年中国该领域研究取得了较快的进步，该领域论文规模、学术影响力和高被引论文的国际（地区）排名分别从第 15 名、第 15 名、第 12 名，提升至第 4 名、第 6 名、第 4 名，占美国相应指标的份额分别为 18.3%、12.4%、12.8%，与美国还存在一定的差距。在该学科领域的三个研究热点主题中，中国的论文产出规模也均较大程度落后于美国。2009 年和 2019 年社会治理与社会福利领域 WoS 论文数量 TOP20 国家（地区）见图 2-113。2009~2019 年中国、美国在社会治理与社会福利领域研究热点的 WoS 论文数量和世界份额见表 2-61。

图 2-113 2009 年和 2019 年社会治理与社会福利领域 WoS 论文数量 TOP20 国家（地区）

表 2-61 2009~2019 年中国、美国在社会治理与社会福利领域研究热点的
WoS 论文数量和世界份额

ID	指标	2009 年	2010 年	2011 年	2012 年	2013 年	2014 年	2015 年	2016 年	2017 年	2018 年	2019 年
798	世界论文数/篇	597	550	624	648	611	645	656	699	729	798	876
	美国论文数/篇	256	220	251	261	241	234	236	269	255	281	289
	美国论文份额	42.9%	40.0%	40.2%	40.3%	39.4%	36.3%	36.0%	38.5%	35.0%	35.2%	33.0%
	中国论文数/篇	3	3	10	15	14	13	16	11	19	47	44
	中国论文份额	0.5%	0.5%	1.6%	2.3%	2.3%	2.0%	2.4%	1.6%	2.6%	5.9%	5.0%

续表

ID	指标	2009 年	2010 年	2011 年	2012 年	2013 年	2014 年	2015 年	2016 年	2017 年	2018 年	2019 年
2097	世界论文数/篇	281	248	298	295	272	264	312	343	322	360	414
	美国论文数/篇	141	130	168	159	144	123	151	167	150	161	178
	美国论文份额	50.2%	52.4%	56.4%	53.9%	52.9%	46.6%	48.4%	48.7%	46.6%	44.7%	43.0%
	中国论文数/篇	10	9	7	20	4	7	4	8	6	11	10
	中国论文份额	3.6%	3.6%	2.3%	6.8%	1.5%	2.7%	1.3%	2.3%	1.9%	3.1%	2.4%
1917	世界论文数/篇	250	290	300	333	327	325	381	350	379	391	455
	美国论文数/篇	105	123	94	121	115	128	151	139	150	150	185
	美国论文份额	42.0%	42.4%	31.3%	36.3%	35.2%	39.4%	39.6%	39.7%	39.6%	38.4%	40.7%
	中国论文数/篇	8	11	17	14	20	22	25	32	32	27	42
	中国论文份额	3.2%	3.8%	5.7%	4.2%	6.1%	6.8%	6.6%	9.1%	8.4%	6.9%	9.2%

注：论文份额为论文世界份额，即国家的论文数量占世界论文数量的份额

　　从国际（地区）合作来看，如图 2-114、图 2-115、表 2-62 和表 2-63 所示，中国在该领域合作网络中的排名从第 8 位上升到第 7 位，基本保持稳定；中国在该领域的合作论文最多的国家（地区）为美国、英国、澳大利亚、加拿大等，中国正在成为该领域国际（地区）合作中越来越重要的合作对象。

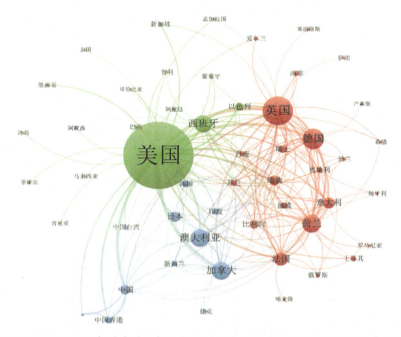

图 2-114　2009~2014 年社会治理与社会福利领域 WoS 论文的国际（地区）合作网络

注：合作论文阈值为 5 篇

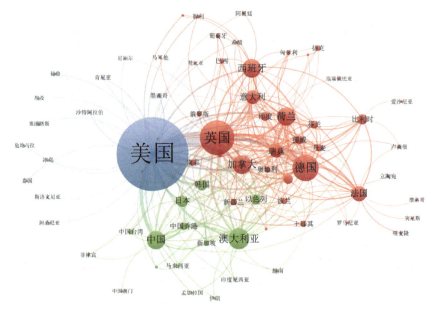

图 2-115　2015~2019 年社会治理与社会福利领域 WoS 论文的国际（地区）合作网络

注：合作论文阈值为 5 篇

表 2-62　社会治理与社会福利领域国际（地区）合作网络 PageRank 值 TOP20 国家（地区）

2009~2014 年				2015~2019 年			
国家（地区）		得分	排名	国家（地区）		得分	排名
中文名	英文名			中文名	英文名		
美国	USA	0.199	1	美国	USA	0.180	1
英国	UK	0.102	2	英国	UK	0.108	2
德国	Germany	0.068	3	德国	Germany	0.077	3
荷兰	Netherlands	0.061	4	荷兰	Netherlands	0.041	4
加拿大	Canada	0.042	5	澳大利亚	Australia	0.040	5
西班牙	Spain	0.040	6	法国	France	0.038	6
法国	France	0.040	7	中国	China	0.037	7
中国	China	0.035	8	加拿大	Canada	0.034	8
澳大利亚	Australia	0.033	9	意大利	Italy	0.031	9
意大利	Italy	0.032	10	西班牙	Spain	0.030	10
比利时	Belgium	0.022	11	瑞典	Sweden	0.023	11
瑞典	Sweden	0.022	12	瑞士	Switzerland	0.020	12
中国香港	Hong Kong, China	0.022	13	比利时	Belgium	0.020	13
瑞士	Switzerland	0.018	14	中国香港	Hong Kong, China	0.015	14

续表

2009~2014 年				2015~2019 年			
国家（地区）		得分	排名	国家（地区）		得分	排名
中文名	英文名			中文名	英文名		
日本	Japan	0.017	15	挪威	Norway	0.014	15
芬兰	Finland	0.015	16	芬兰	Finland	0.013	16
韩国	Republic of Korea	0.014	17	丹麦	Denmark	0.013	17
印度	India	0.014	18	韩国	Republic of Korea	0.013	18
以色列	Israel	0.014	19	印度	India	0.012	19
奥地利	Austria	0.013	20	日本	Japan	0.012	20

注：TOP20 国家（地区）按照相应年度的 PageRank 值遴选，表中数值只显示小数点后 3 位，排名按 PageRank 实际值排序

表 2-63　社会治理与社会福利领域中国的 TOP20 合作国家（地区）

2009~2014 年						2015~2019 年					
国家（地区）		与中国合作论文		所有合作论文		国家（地区）		与中国合作论文		所有合作论文	
中文名	英文名	论文数/篇	排名	论文数/篇	比例	中文名	英文名	论文数/篇	排名	论文数/篇	比例
美国	USA	138	1	1449	9.5%	美国	USA	228	1	1876	12.2%
中国香港	Hong Kong, China	82	2	132	62.1%	中国香港	Hong Kong, China	58	2	154	37.7%
中国澳门	Macao, China	39	3	50	78.0%	英国	UK	40	3	1070	3.7%
加拿大	Canada	21	4	343	6.1%	澳大利亚	Australia	38	4	440	8.6%
英国	UK	20	5	734	2.7%	加拿大	Canada	33	5	414	8.0%
澳大利亚	Australia	17	6	252	6.7%	新加坡	Singapore	23	6	100	23.0%
荷兰	Netherlands	9	7	455	2.0%	荷兰	Netherlands	22	7	440	5.0%
新西兰	New Zealand	7	8	69	10.1%	德国	Germany	16	8	793	2.0%
日本	Japan	7	8	139	5.0%	中国台湾	Taiwan, China	11	9	58	19.0%
西班牙	Spain	6	10	297	2.0%	瑞典	Sweden	9	10	229	3.9%
法国	France	6	10	300	2.0%	瑞士	Switzerland	8	11	220	3.6%
德国	Germany	5	12	506	1.0%	法国	France	8	11	347	2.3%
比利时	Belgium	4	13	160	2.5%	中国澳门	Macao, China	6	13	11	54.5%
中国台湾	Taiwan, China	4	13	44	9.1%	西班牙	Spain	6	13	319	1.9%
韩国	Republic of Korea	3	15	100	3.0%	日本	Japan	6	13	136	4.4%
奥地利	Austria	3	15	94	3.2%	马来西亚	Malaysia	5	16	38	13.2%

续表

2009~2014 年					2015~2019 年				
国家（地区）		与中国合作论文		所有合作论文	国家（地区）		与中国合作论文		所有合作论文
中文名	英文名	论文数/篇	排名	论文数/篇	比例	中文名	英文名	论文数/篇	排名	论文数/篇	比例
新加坡	Singapore	3	15	62	4.8%	菲律宾	Philippines	5	16	21	23.8%
挪威	Norway	3	15	74	4.1%	俄罗斯	Russia	5	16	67	7.5%
瑞典	Sweden	3	15	154	1.9%	南非	South Africa	5	16	87	5.7%
						巴基斯坦	Pakistan	5	16	34	14.7%

注：比例为各国家（地区）与中国的合作论文数量占所有合作论文的份额

从论文资助来看，中国该领域的论文受资助比例提升迅速，2019 年有 73.2% 的论文受到资助，有 43.9%的论文受到 NSFC 资助。从资助成效来看，如图 2-116 所示，2009~2014 年中国该领域高被引论文受资助比例（14.3%）较大程度低于中国所有论文受资助比例（27.0%），但 2015~2019 年前者高于后者（分别为 79.2% 和 68.3%）；从 NSFC 的资助成效来看，如图 2-117 所示，2009~2014 年中国该领域高被引论文受 NSFC 资助比例为 0，低于中国所有论文受 NSFC 资助比例（12.4%），但 2015~2019 年前者（47.2%）高于后者（39.8%），表明科学资助，尤其是 NSFC 资助在高学术影响力论文产出中发挥了重要的推动作用。

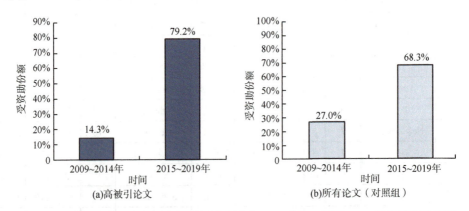

图 2-116　中国社会治理与社会福利领域高被引 WoS 论文、所有 WoS 论文受资助比例
注：受资助份额为中国该领域受资助的高被引论文（所有论文）数量占中国该领域高被引论文（所有论文）的份额

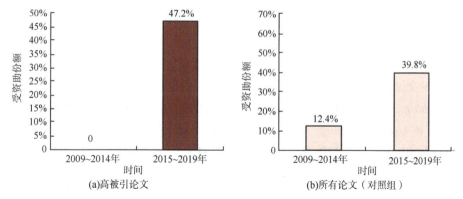

图 2-117　中国社会治理与社会福利领域高被引 WoS 论文、所有 WoS 论文受 NSFC 资助比例
注：受资助份额为中国该领域受 NSFC 资助的高被引论文（所有论文）数量占中国该领域高被引论文（所有论文）的份额

2.3.9　区域发展与城市治理

近年来，中国积极谋划区域协调发展新思路新举措，并将抓好城市治理体系和治理能力现代化视作推进国家治理体系与治理能力现代化的重点工作。在此背景下，我国区域发展与城市治理领域研究日益活跃。

1. 学科方向发展态势

从总体趋势来看，2009~2019 年区域发展与城市治理领域论文数量呈现快速增长态势，从该领域论文占宏观管理与政策领域论文的份额来看，呈现上升的趋势，可以反映出该领域论文的增速略高于宏观管理与政策领域论文整体增速（图 2-118）。此外，该领域论文的学科交叉度在 2015~2019 年相比 2009~2014 年略有提升。

图 2-118　2009~2019 年区域发展与城市治理领域 WoS 论文数量及其占宏观管理与政策领域论文的份额

从发文期刊分布来看，学科领域高频发文期刊可以在一定程度上表征该学科领域的研究范畴，*Urban Studies* 与 *Cities* 均是 2009~2014 年和 2015~2019 年区域发展与城市治理领域的 TOP5 发文期刊；从前后两个时间窗比较来看，该领域 TOP20 发文期刊变化相对较大，刊载该领域论文数量排名上升最为显著的期刊是 *Sustainability*，由第 101 名上升至第 1 名，此外排名上升较多的期刊还有 *Urban Forestry & Urban Greening* 和 *International Journal of Environmental Research and Public Health* 等（图 2-119、图 2-120 和表 2-64）。

图 2-119　2009~2014 年区域发展与城市治理领域 WoS 论文的 TOP20 发文期刊

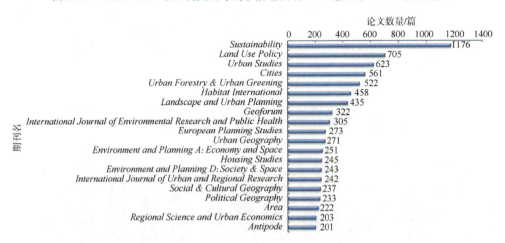

图 2-120　2015~2019 年区域发展与城市治理领域 WoS 论文的 TOP20 发文期刊

表 2-64　2009~2014 年、2015~2019 年区域发展与城市治理领域 WoS 论文的 TOP20 发文期刊

2009~2014 年				2015~2019 年				
期刊名	论文数量/篇	前 6 年排名	后 5 年排名	排名变化	期刊名	论文数量/篇	后 5 年排名	前 6 年排名	排名变化
Urban Studies	617	1	3	−2	Sustainability	1176	1	101	100
Landscape and Urban Planning	434	2	7	−5	Land Use Policy	705	2	7	5
International Journal of Urban and Regional Research	370	3	15	−12	Urban Studies	623	3	1	−2
Environment and Planning A：Economy and Space	314	4	12	−8	Cities	561	4	5	1
Cities	304	5	4	1	Urban Forestry & Urban Greening	522	5	18	13
Habitat International	286	6	6	0	Habitat International	458	6	6	0
Land Use Policy	269	7	2	5	Landscape and Urban Planning	435	7	2	−5
Environment and Planning D：Society & Space	257	8	14	−6	Geoforum	322	8	9	1
Geoforum	247	9	8	1	International Journal of Environmental Research and Public Health	305	9	145	136
European Planning Studies	240	10	10	0	European Planning Studies	273	10	10	0
Housing Studies	232	11	13	−2	Urban Geography	271	11	13	2
Regional Science and Urban Economics	231	12	19	−7	Environment and Planning A：Economy and Space	251	12	4	−8
Urban Geography	215	13	11	2	Housing Studies	245	13	11	−2
Journal of Real Estate Finance And Economics	213	14	33	−19	Environment and Planning D：Society & Space	243	14	8	−6
Antipode	203	15	20	−5	International Journal of Urban and Regional Research	242	15	3	−12
Regional Studies	189	16	21	−5	Social & Cultural Geography	237	16	17	1
Social & Cultural Geography	175	17	16	1	Political Geography	233	17	29	12
Urban Forestry & Urban Greening	173	18	5	13	Area	222	18	22	4
Progress in Human Geography	168	19	23	−4	Regional Science and Urban Economics	203	19	12	−7
Annals of the Association of American Geographers	167	20	204	−184	Antipode	201	20	15	−5

注：数量是指该期刊上发表的本学科方向的论文数量，非该期刊所有论文数量。期刊排名统计只依据期刊名，未对期刊更名情况做处理；排名变化为正数表示排名进步，为负数表示排名退步

　　从关键词分布来看，学科领域的高频关键词可以在一定程度上表征该学科领域的研究内容，而不同时间窗发文高频关键词变化，可以在一定程度上揭示该学科领域可能的一些新的研究趋势，2009~2014年、2015~2019年区域发展与城市治理领域相同的TOP5高频关键词为China、urbanization、housing、migration，可见该领域对中国的研究较多；有一些高频关键词在后一个时间窗频次排名上升相对明显，如urban planning、governance、gentrification、sustainability等（图2-121和表2-65）。

（a）2009~2014年　　　　　　　　　　　　（b）2015~2019年

图2-121　2009~2014年、2015~2019年区域发展与城市治理领域WoS论文的
高频关键词词云图

表2-65　2009~2014年、2015~2019年区域发展与城市治理领域WoS论文TOP30高频关键词

2009~2014年					2015~2019年				
关键词	频次	前6年排名	后5年排名	排名变化	关键词	频次	后5年排名	前6年排名	排名变化
China	987	1	1	0	China	1826	1	1	0
urbanization	350	2	2	0	urbanization	659	2	2	0
housing	322	3	3	0	housing	443	3	3	0
neoliberalism	246	4	11	−7	urban planning	423	4	8	4
migration	235	5	5	0	migration	366	5	5	0
GIS	222	6	14	−8	governance	350	6	9	3
land use	209	7	9	−2	gentrification	338	7	16	9
urban planning	204	8	4	4	sustainability	335	8	11	3
governance	203	9	6	3	land use	327	9	7	−2
landscape	180	10	30	−20	gender	309	10	12	2
sustainability	177	11	8	3	neoliberalism	283	11	4	−7
gender	170	12	10	2	affect	282	12	22	10

续表

2009~2014 年				2015~2019 年				
关键词	频次	前 6 年排名	后 5 年排名	排名变化	关键词	频次	后 5 年排名	前 6 年排名	排名变化
segregation	169	13	17	−4	mobility	274	13	14	1
mobility	168	14	13	1	GIS	247	14	6	−8
race	166	15	15	0	race	241	15	15	0
gentrification	164	16	7	9	ecosystem services	237	16	48	32
urban ecology	159	17	31	−14	segregation	235	17	13	−4
globalization	156	18	107	−89	infrastructure	219	18	134	116
space	155	19	54	−35	urban development	211	19	46	27
urban	155	19	27	−8	planning	207	20	26	6
place	150	21	33	−12	smart city	206	21	891	870
affect	143	22	12	10	climate change	205	22	27	5
security	136	23	40	−17	nature	200	23	39	16
land use change	136	23	38	−15	green space	200	23	90	67
governmentality	133	25	64	−39	inequality	199	25	60	35
planning	132	26	20	6	cities	199	25	29	4
poverty	128	27	61	−34	urban	196	27	19	−8
climate change	128	27	22	5	urban agriculture	194	28	70	42
cities	126	29	25	4	remote sensing	194	28	30	2
remote sensing	125	30	28	2	landscape	193	30	10	−20

注：排名为正数表示排名进步，为负数表示排名退步

　　从研究热点来看，该学科方向热点研究主题包含"城市治理与城市发展"（ID：1321）、"城市扩张进程与方式"（ID：1212）、"城市农林管理与绿化建设"（ID：2220）、"智慧城市建设模式与管理"（ID：3098）和"区域文化与区域治理"（ID：378）。其中，"智慧城市建设模式与管理"（ID：3098）增速最为迅猛，且热度最高，在 2009~2019 年的前半段热度上升迅猛，在后半段热度略有下降，但是基本保持稳定，热度依然高于其他研究主题。"城市治理与城市发展"（ID：1321）、"城市扩张进程与方式"（ID：1212）近年来热度呈现上升态势。"区域文化与区域治理"（ID：378）研究规模最大，近年来热度有所减弱；"城市农林管理与绿化建设"（ID：2220）近年来热度也有所减弱（图 2-122、表2-66 和表 2-67）。

图 2-122　2009~2019 年区域发展与城市治理领域研究热点主题

注：研究主题名称见表 2-66；圆圈大小表示主题论文量多少，代表主题规模，圆圈颜色深浅表示论文的学科归一化篇均引文 FWCI，代表主题热度，研究热点遴选指标数据见表 2-67

表 2-66　区域发展与城市治理领域研究主题

ID	研究主题标签	研究主题名称
1321	place attachment/sense/child/preference/physical activity	城市治理与城市发展
1212	agent/land use change/cellular automata/urban sprawl/simulation	城市扩张进程与方式
2220	urban agriculture/community garden/bird/bird community/urban forest	城市农林管理与绿化建设
3098	city/digital city/smart sustainable city/smartness/China	智慧城市建设模式与管理
378	terror/war/foucault/political geography/biopolitic	区域文化与区域治理
1110	rural China/urbanization/evidence/China/guangzhou	城市管理制度与发展政策
566	creative industry/gentrification/urban regeneration/creative class/spatial planning	城市建设与发展管理
1186	housing market/house price/homeownership/real estate/foreclosure	城市环境与地产管理
1503	spatial autocorrelation/agglomeration economy/new economic geography/urban growth/city size distribution	城市发展与区域经济
2422	informal settlement/participatory budgeting/slum/accra/tenure security	城市管理政策与治理
3393	space syntax/urban morphology/excavation/isovist/dublin	城市基础设施与公共服务管理
1980	residential segregation/spatial mismatch/gated community/neighbourhood effect/segregation	社区建设与社区治理

注：研究主题标签为各个研究主题（论文簇）的高频关键词；研究主题名称为专家判读的结果；研究主题排序同表 2-67

表 2-67　区域发展与城市治理领域研究主题的研究热点遴选指标得分与排名

ID	研究主题标签	2009~2019 年论文总数/篇	2009~2019 年论文增速		2015~2019 年FWCI		2015~2019 年TC		综合排名	是否研究热点
			增速	排名	FWCI	排名	TC	排名		
1321	place attachment/sense/child/preference/physical activity	5 243	15.2%	3	1.27	4	28 676	2	1	是
1212	agent/land use change/cellular automata/urban sprawl/simulation	5 106	11.3%	5	1.38	2	27 390	3	2	是
2220	urban agriculture/community garden/bird/bird community/urban forest	3 448	15.4%	2	1.28	3	19 320	6	3	是
3098	city/digital city/smart sustainable city/smartness/China	731	38.2%	1	2.33	1	8 368	10	4	是
378	terror/war/foucault/political geography/biopolitic	10 939	9.2%	7	0.87	7	35 536	1	5	是
1110	rural China/urbanization/evidence/China/guangzhou	6 144	9.8%	6	0.97	5	22 728	5	6	否
566	creative industry/gentrification/urban regeneration/creative class/spatial planning	8 416	6.9%	9	0.91	6	26 786	4	7	否
1186	housing market/house price/homeownership/real estate/foreclosure	5 609	6.0%	10	0.73	10	14 280	7	8	否
1503	spatial autocorrelation/agglomeration economy/new economic geography/urban growth/city size distribution	4 443	5.5%	12	0.84	8	12 242	8	9	否
2422	informal settlement/participatory budgeting/slum/accra/tenure security	2 332	7.3%	8	0.73	9	6 018	11	9	否
3393	space syntax/urban morphology/excavation/isovist/dublin	356	12.8%	4	0.52	12	581	12	9	否
1980	residential segregation/spatial mismatch/gated community/neighbourhood effect/segregation	3 388	5.8%	11	0.72	11	8 846	9	12	否

　　注：①论文增速为复合年均增长率；②TC 为研究主题的总被引频次；③综合排名为论文增速、FWCI 和 TC 三个排名的综合排名，具体见 2.1.3 节；④研究主题名称参见表 2-66，研究主题按照综合排名排序

　　其中，研究热点"城市治理与城市发展"（ID：1321）围绕着城市景观与绿地的管理、社区居民对居住环境的感受与满意度、森林疗法、工作场所的园艺设计等研究问题展开，其中比较新的词有 workplace、forest therapy、greenspace 等

（图 2-123）。其中，森林疗法的兴起进一步凸显了城市治理与生态环境保护的融合发展趋势。而我国在"城市治理与城市发展"领域讨论较为广泛、研究热度较高的议题涉及城市环境治理、城市社区治理、城市城管执法、城市交通治理等方面。

研究热点"城市扩张进程与方式"（ID：1212）的研究围绕着土地使用中的规划与决策方法、城市扩张中的多种影响因素等研究问题展开，其中比较新的词有 geography、entropy、head tail breaks 等（图 2-124）。为深刻认识城市扩张过程并揭示其机理，以有序开展城市扩张管控、遏制盲目城市扩张过程，美国、英国等发达国家率先开展城市扩张研究。随后，城市扩张陆续被列为国际地圈生物圈计划（International Geosphere-Biosphere Programme，IGBP）、国际全球环境变化人文因素计划（International Human Dimensions Programme on Global Environmental Change，IHDP）、全球土地计划（Global Land Project，GLP）等重大项目计划的重点研究课题。近年来，新数据、新理论及新方法应用备受关注。例如，研究中引入崭新的数据分层方法头尾断裂分类法，以更好地在地区分布图中真实反映原始数据的分布特点。

2. 中国本学科方向发展格局

总体来看，2009~2019 年中国区域发展与城市治理领域的发展态势有以下表现。

从成果产出规模与影响力来看，中国该领域研究基础相对较好，且取得了一定的进步，2009 年论文规模、学术影响力和高被引论文三项的国际（地区）排名分别为第 4 名、第 4 名、第 3 名，发展至 2019 年这三项指标排名分别提升到第 2 名、第 3 名、第 2 名，占美国相应指标的份额分别为 72.2%、79.3%、94.5%，相比宏观管理与政策领域的其他学科方向（学科方向 1，学科方向 3~6）的中美差距，中国该学科领域与美国差距相对较小。在该学科领域的五个研究热点主题中，中国论文产出进步较快，2019 年在其中三个研究热点的论文产出上落后于美国。2009 年和 2019 年区域发展与城市治理领域 WoS 论文数量 TOP20 国家（地区）见图 2-125。2009~2019 年中国、美国在区域发展与城市治理领域研究热点的 WoS 论文数量与世界份额见表 2-68。

从国际（地区）合作来看，如图 2-126、图 2-127、表 2-69 和表 2-70 所示，中国在合作网络中的排名稳居第三位，靠近网络中心位置，中国在该领域的合作论文较多的国家（地区）为美国、英国、澳大利亚、荷兰等，中国正在成为该领域国际（地区）合作中越来越重要的合作对象。这与近年来中国数字经济蓬勃发展的背景是密不可分的。

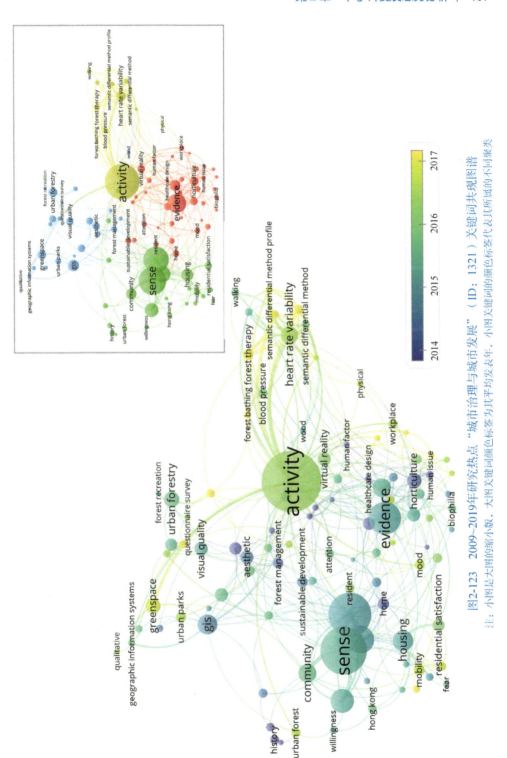

图2-123　2009～2019年研究热点"城市治理与城市发展"（ID：1321）关键词共现图谱

注：小图是大图的缩小版，大图关键词颜色标签为其平均发表年，小图关键词的颜色标签代表其所属的不同聚类

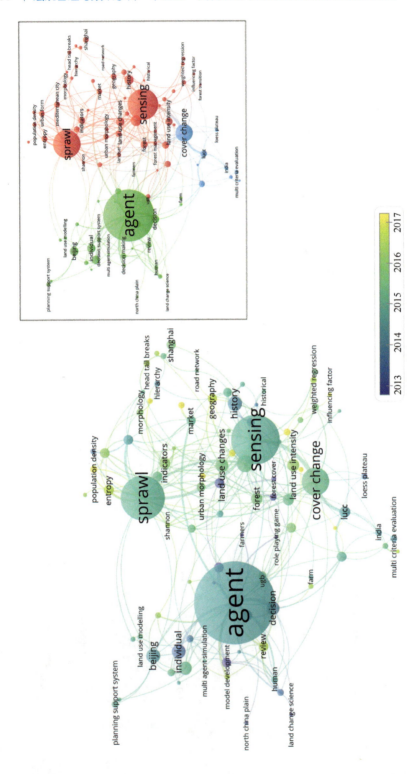

图2-124 2009~2019年研究热点"城市扩张进程与方式"（ID：1212）关键词共现图谱

注：小图是大图的缩小版，大图关键词颜色标签为其平均发表年，小图关键词的颜色标签代表其所属的不同聚类

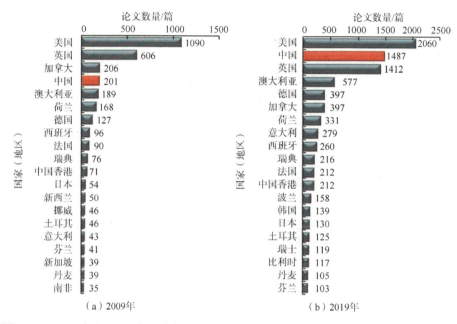

图 2-125   2009 年和 2019 年区域发展与城市治理领域 WoS 论文数量 TOP20 国家（地区）

表 2-68   2009~2019 年中国、美国在区域发展与城市治理领域研究热点的
WoS 论文数量与世界份额

ID	指标	2009 年	2010 年	2011 年	2012 年	2013 年	2014 年	2015 年	2016 年	2017 年	2018 年	2019 年
1321	世界论文数/篇	240	303	301	295	360	390	454	519	641	755	985
	美国论文数/篇	85	79	90	90	82	97	123	124	142	181	243
	美国论文份额	35.4%	26.1%	29.9%	30.5%	22.8%	24.9%	27.1%	23.9%	22.2%	24.0%	24.7%
	中国论文数/篇	5	5	7	11	10	13	20	34	59	68	151
	中国论文份额	2.1%	1.7%	2.3%	3.7%	2.8%	3.3%	4.4%	6.6%	9.2%	9.0%	15.3%
1212	世界论文数/篇	265	302	323	336	387	432	511	538	562	676	774
	美国论文数/篇	81	85	77	89	85	113	112	112	114	113	128
	美国论文份额	30.6%	28.1%	23.8%	26.5%	22.0%	26.2%	21.9%	20.8%	20.3%	16.7%	16.5%
	中国论文数/篇	60	55	77	90	90	124	156	176	180	251	321
	中国论文份额	22.6%	18.2%	23.8%	26.8%	23.3%	28.7%	30.5%	32.7%	32.0%	37.1%	41.5%
2220	世界论文数/篇	133	159	199	239	251	286	341	360	421	500	559
	美国论文数/篇	41	49	60	74	82	108	110	128	145	164	150
	美国论文份额	30.8%	30.8%	30.2%	31.0%	32.7%	37.8%	32.3%	35.6%	34.4%	32.8%	26.8%
	中国论文数/篇	5	9	10	14	24	16	47	36	54	62	94
	中国论文份额	3.8%	5.7%	5.0%	5.9%	9.6%	5.6%	13.8%	10.0%	12.8%	12.4%	16.8%

续表

ID	指标	2009 年	2010 年	2011 年	2012 年	2013 年	2014 年	2015 年	2016 年	2017 年	2018 年	2019 年
3098	世界论文数/篇	8	7	27	22	36	41	58	85	101	142	204
	美国论文数/篇	0	3	9	3	9	6	8	12	11	13	16
	美国论文份额	0	42.9%	33.3%	13.6%	25.0%	14.6%	13.8%	14.1%	10.9%	9.2%	7.8%
	中国论文数/篇	0	0	2	0	3	3	4	8	16	25	29
	中国论文份额	0	0	7.4%	0	8.3%	7.3%	6.9%	9.4%	15.8%	17.6%	14.2%
378	世界论文数/篇	658	637	748	800	1002	903	1069	1106	1231	1197	1588
	美国论文数/篇	158	149	148	186	184	213	245	227	253	255	322
	美国论文份额	24.0%	23.4%	19.8%	23.3%	18.4%	23.6%	22.9%	20.5%	20.6%	21.3%	20.3%
	中国论文数/篇	3	0	2	4	3	7	7	5	15	8	12
	中国论文份额	0.5%	0	0.3%	0.5%	0.3%	0.8%	0.7%	0.5%	1.2%	0.7%	0.8%

注：论文份额为论文世界份额，即国家的论文数量占世界论文数量的份额

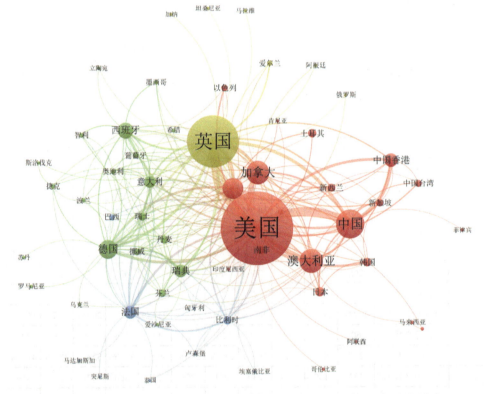

图 2-126　2009~2014 年区域发展与城市治理领域 WoS 论文的国际（地区）合作网络

注：合作论文阈值为 5 篇

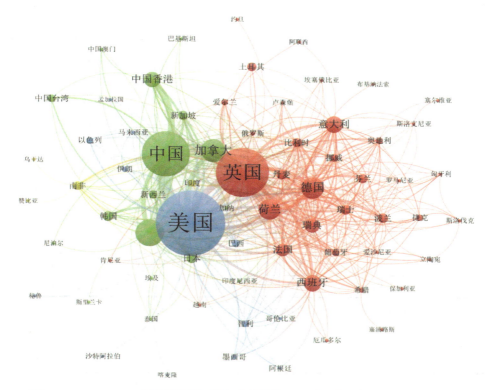

图 2-127　2015~2019 年区域发展与城市治理领域 WoS 论文的国际（地区）合作网络

注：合作论文阈值为 5 篇

表 2-69　区域发展与城市治理领域国际（地区）合作网络 PageRank 值 TOP20 国家（地区）

2009~2014 年				2015~2019 年			
国家（地区）		得分	排名	国家（地区）		得分	排名
中文名	英文名			中文名	英文名		
美国	USA	0.170	1	美国	USA	0.128	1
英国	UK	0.124	2	英国	UK	0.103	2
中国	China	0.082	3	中国	China	0.092	3
荷兰	Netherlands	0.054	4	德国	Germany	0.054	4
德国	Germany	0.052	5	荷兰	Netherlands	0.051	5
加拿大	Canada	0.041	6	澳大利亚	Australia	0.045	6
澳大利亚	Australia	0.039	7	加拿大	Canada	0.034	7
法国	France	0.038	8	西班牙	Spain	0.028	8
西班牙	Spain	0.030	9	意大利	Italy	0.028	9
中国香港	Hong Kong，China	0.025	10	瑞典	Sweden	0.027	10
意大利	Italy	0.022	11	法国	France	0.025	11

续表

2009~2014 年				2015~2019 年			
国家（地区）		得分	排名	国家（地区）		得分	排名
中文名	英文名			中文名	英文名		
瑞典	Sweden	0.022	12	中国香港	Hong Kong，China	0.023	12
比利时	Belgium	0.019	13	瑞士	Switzerland	0.021	13
瑞士	Switzerland	0.017	14	比利时	Belgium	0.020	14
丹麦	Denmark	0.014	15	丹麦	Denmark	0.017	15
新西兰	New Zealand	0.013	16	南非	South Africa	0.013	16
韩国	Republic of Korea	0.012	17	奥地利	Austria	0.013	17
南非	South Africa	0.012	18	芬兰	Finland	0.012	18
新加坡	Singapore	0.012	19	波兰	Poland	0.012	19
芬兰	Finland	0.011	20	日本	Japan	0.012	20

注：TOP20 国家（地区）按照相应年度的 PageRank 值遴选，表中数值只显示小数点后 3 位，排名按 PageRank 实际值排序

表 2-70　区域发展与城市治理领域中国的 TOP20 合作国家（地区）

2009~2014 年						2015~2019 年					
国家（地区）		与中国合作论文		所有合作论文		国家（地区）		与中国合作论文		所有合作论文	
中文名	英文名	论文数/篇	排名	论文数/篇	比例	中文名	英文名	论文数/篇	排名	论文数/篇	比例
美国	USA	500	1	1783	28.0%	美国	USA	949	1	2688	35.3%
中国香港	Hong Kong，China	158	2	290	54.5%	中国香港	Hong Kong，China	371	2	555	66.8%
英国	UK	118	3	1180	10.0%	英国	UK	285	3	1969	14.5%
澳大利亚	Australia	69	4	403	17.1%	澳大利亚	Australia	212	4	875	24.2%
荷兰	Netherlands	57	5	512	11.1%	荷兰	Netherlands	136	5	850	16.0%
加拿大	Canada	49	6	473	10.4%	加拿大	Canada	117	6	704	16.6%
德国	Germany	38	7	425	8.9%	德国	Germany	90	7	801	11.2%
日本	Japan	38	7	131	29.0%	新加坡	Singapore	69	8	230	30.0%
新加坡	Singapore	25	9	123	20.3%	中国台湾	Taiwan，China	52	9	111	46.8%
瑞典	Sweden	22	10	208	10.6%	日本	Japan	51	10	204	25.0%
中国台湾	Taiwan，China	18	11	75	24.0%	比利时	Belgium	32	11	279	11.5%
比利时	Belgium	17	12	175	9.7%	瑞典	Sweden	26	12	418	6.2%
韩国	Republic of Korea	10	13	143	7.0%	意大利	Italy	25	13	486	5.1%

续表

2009~2014 年					2015~2019 年					
国家（地区）		与中国合作论文		所有合作论文		国家（地区）		与中国合作论文		所有合作论文
中文名	英文名	论文数/篇	排名	论文数/篇	比例	中文名	英文名	论文数/篇	排名	论文数/篇	比例
法国	France	9	14	287	3.1%	韩国	Republic of Korea	22	14	192	11.5%
奥地利	Austria	8	15	91	8.8%	法国	France	21	15	418	5.0%
西班牙	Spain	6	16	269	2.2%	丹麦	Denmark	19	16	242	7.9%
菲律宾	Philippines	6	16	18	33.3%	新西兰	New Zealand	18	17	175	10.3%
意大利	Italy	5	18	199	2.5%	中国澳门	Macao，China	17	18	36	47.2%
新西兰	New Zealand	5	18	116	4.3%	瑞士	Switzerland	15	19	286	5.2%
瑞士	Switzerland	5	18	131	3.8%	南非	South Africa	14	20	192	7.3%
挪威	Norway	5	18	97	5.2%	芬兰	Finland	14	20	160	8.8%

注：比例为各国家（地区）与中国的合作论文数量占所有合作论文的份额

　　从论文资助来看，中国区域发展与城市治理领域的论文受资助比例提升迅速，2019 年有 80.4%的论文受到资助；NSFC 是中国该领域论文的主要资助机构，论文资助比例为 48.3%。从资助成效来看（图 2-128），2009~2014 年中国该领域高被引论文受资助比例（33.1%）略低于中国所有论文受资助比例（36.7%）；但 2015~2019 年前者（89.8%）高于后者（77.3%）。从 NSFC 的资助成效来看（图 2-129），2009~2014 年中国该领域高被引论文受 NSFC 资助比例为 17.7%，低于中国所有论文受 NSFC 资助比例（23.9%），但 2015~2019 年前者（65.2%）高于

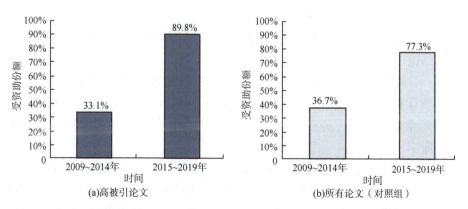

图 2-128　中国区域发展与城市治理领域高被引 WoS 论文、所有 WoS 论文受资助比例

注：受资助份额为中国该领域受资助的高被引论文（所有论文）数量占中国该领域高被引论文（所有论文）的份额

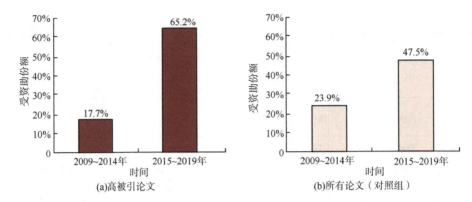

图 2-129　中国区域发展与城市治理领域高被引 WoS 论文、所有 WoS 论文受 NSFC 资助比例

注：受资助份额为中国该领域受 NSFC 资助的高被引论文（所有论文）数量占中国该领域高被引论文（所有论文）的份额

后者（47.5%），表明科学资助，尤其是 NSFC 资助，在该领域高学术影响力论文产出中发挥了重要的推动作用。

2.4　本章小结

本章从科研产出视角出发，基于 WoS 论文，运用科学计量学方法，从研究规模、学术影响力、国际（地区）合作、学科交叉融合、研究主题与研究热点及科学资助等维度出发，对 2009~2019 年我国宏观管理与政策学科的总体发展态势和九大学科方向的发展态势进行分析，并对于主要研究结论和政策启示进行探讨。

2.4.1　主要研究结论

本章系统梳理宏观管理与政策学科总体及九个学科方向的发展态势，可以得出以下结论。

第一，从研究规模来看，2009~2019 年，我国宏观管理与政策学科总体以及九个主要学科方向的学术论文数量均呈现出一定的增长态势，中国在国际（地区）学术竞争中所处位势有明显的提升，但与美国等世界领先国家相比仍存在一定差距。

第二，从学术影响力来看，2009~2019 年，中国宏观管理与政策学科总体及各学科方向学术论文的学术影响力均有较为显著的进步。但社会治理与社会福利、教育与文化管理、科技创新管理与政策三个学科方向的论文影响力仍低于相应学科方向世界平均水平，整体学术影响力有待进一步提升。

第三，从高水平科研成果产出能力来看，2009~2019 年，中国宏观管理与政策学科的高被引论文数量及相应的国际（地区）排名均稳步提升。在九个主要的学科方向中，资源与环境管理领域的产出已超过美国，公共安全与危机管理、区域发展与城市治理两个领域的产出与美国差距不大，但大部分学科方向的产出与美国仍存在一定的差距。

第四，从国际（地区）合作来看，2009~2019 年，越来越多的国家（地区）更加密切地参与宏观管理与政策学科的国际（地区）合作，且中国越来越趋近国际（地区）合作网络的中心位置，也逐渐成为各个国家（地区）更加重要的合作对象。愈发密切的国际（地区）合作一方面有助于将中国经验加速推广至全球，另一方面可以加速国际思想融入中国宏观管理与政策研究，为理论实践提供新思路。值得注意的是，中国公共卫生与健康管理领域在国际（地区）合作中的重要性还相对较弱，有待进一步增强。

第五，从学科交叉融合来看，多学科交叉是宏观管理与政策学科的突出特征，也是当代科学的发展趋势。2009~2019 年，宏观管理与政策学科的多学科交叉融合进一步发展，公共管理、公共安全与危机管理、信息资源管理、教育与文化管理、社会治理与社会福利、区域发展与城市治理等领域的学科交叉度均略呈上升态势，科技创新管理与政策、公共卫生与健康管理的学科交叉度趋于稳定，而资源与环境管理领域的学科交叉度则略有下降。

第六，从研究主题和研究热点来看，各学科领域的研究热点在很大程度上反映了各国（地区）在宏观管理与政策学科面临的热点实践问题。2009~2019 年，宏观管理与政策学科的实践性进一步凸显，学科热点主题与社会实践的关联性不断提升。例如，在信息资源与管理领域，"开放政府数据""开放获取"等研究热点主题一方面反映了大数据时代的来临对公共组织和科学活动的重塑，另一方面也为构建技术变革背景下的数字政府治理研究理论体系奠定了基础。

第七，从科学资助来看，2009~2019 年，我国宏观管理与政策学科总体和各学科方向上论文的受资助比例均呈现快速增长态势。科学资助，特别是 NSFC 在本学科大部学科方向的作用都快速凸显，对于高水平学术论文产出的影响日益突出。但在公共卫生与健康管理以及教育与文化管理领域，NSFC 的作用还有待进一步提升。

2.4.2　对于进一步发展宏观管理与政策学科的建议

科学研究主题往往源于现实，反映现实而又高于现实。实践中，国家战略、现实需求、环境冲击等因素都将对学科的研究态势产生巨大影响。因此，对于宏观管理与政策学科未来发展的研判，需要综合现有研究的发展态势和外部环境变化。基于以上研究发现，本节对进一步发展宏观管理与政策学科提出以下建议。

一是要构建国际一流水平的创新生态。总体上，要对标国际领先水平，营造良好的科学研究氛围，激发多元主体的创新活力，进一步拓展宏观管理与政策学科各学科方向的研究规模，加快形成联系密切的国内科研合作网络，提升我国高水平科研成果产出能力及学术影响力。继续保持资源与环境管理领域的领先优势，同时以建议选题等方式引导科研人员关注公共卫生与健康管理、公共管理、社会治理与社会福利等领域，以"开放式创新"激发科研学者在教育与文化管理、科技创新管理与政策、区域发展与城市治理等相对弱势学科方向上进行研究创新。

二是要打造强链接的国际（地区）创新合作网络。要强化宏观管理与政策学科相关研究的国际（地区）合作，巩固中国在各个领域创新合作网络中的中心位置，联动其他国家（地区）共同攻克全球面临的"卡脑子"问题。要加快知识、技术等创新要素的流动与共享，深度融入"以国内大循环为主体、国内国际双循环相互促进"的新发展格局，为我国宏观管理与政策学科发展注入鲜活的国际元素，提升科技创新能力与水平。

三是要推进学科交叉融合释放创新活力。要立足于宏观管理与政策学科的双重交叉性和社会情境属性，以现实需求为导向，关于资源环境、区域发展等热点实践问题，深化多学科交叉融合，探索符合我国国情、国内外形势变化的科学解决方案，不断拓展宏观管理与政策学科的发展空间，挖掘发展优势，推动国家（地区）治理体系与治理能力现代化建设。

四是要重视科学资助对高水平科研成果的培育作用。要加大科学基金的投入力度，强化源头部署，发挥公共部门资金的带动和引领作用，以科学基金申请指南为媒介，以公共资助引导私有部门投资进一步投向公共卫生与健康管理、教育与文化管理等关乎社会民生的重要主题，切实推动宏观管理与政策学科发展和国家（地区）重大战略需求的对接与融合。

第3章 "十三五"期间本学科项目资助情况与成效

"十二五"期间，国家高度重视宏观管理与政策研究在公共政策制定与实施中的作用，对该学科的整体资助力度增长明显，方向更加明确。"十三五"期间，国家自然科学基金的资助在推动宏观管理与政策学科基础研究发展、培育宏观管理与政策学科人才队伍、实现宏观管理与政策学科社会功能、促进宏观管理与政策学科共同体形成等方面继续发挥了重要的作用。本章重点分析了"十三五"期间国家自然科学基金对宏观管理与政策学科项目的资助情况，简要评估了项目资助成效。由于本研究项目开始时"十三五"时期最后一年的数据尚未获得，故本章内"十三五"统计时间均为2016~2019年，即"十三五"时期前四年。

3.1 "十三五"期间学科资助情况

国家自然科学基金的资助对宏观管理与政策学科的发展至关重要。本节基于"十三五"时期前四年（2016~2019年）国家自然科学基金宏观管理与政策学科的项目申请和项目批准数据，对"十三五"期间国家自然科学基金对本学科的资助情况进行总体介绍。

3.1.1 申请数量

本部分首先关注"十三五"时期G04代码下各类项目的申请情况。表3-1展示了相关统计结果。总体来看，"十三五"期间G04共受理申请10 985项，其中，青年科学基金项目申请4716项，面上项目申请4968项，地区科学基金项目申请900项，重点项目申请121项。表3-1表明，四年间各类项目申请都日趋激烈，这反映出获得国家自然科学基金资助对本学科研究者的吸引力逐渐增强。各类基金项目中，地区科学基金项目、面上项目、青年科学基金项目申请量增长较快，四年间数量分别增长65.45%、57.90%、74.78%，而申请门槛较高、难度较大的重点项目、重大项目、重大研究计划以及优秀青年科学基金项目、国家杰出青年科学基金项目两类人才项目每年的申请数量始终保持稳定，没有出现太大的波动。

表 3-1　"十三五"期间宏观管理与政策学科受理项目申请数量　　单位：项

项目类型	2016 年	2017 年	2018 年	2019 年	合计
地区科学基金项目	165	211	251	273	900
国家杰出青年科学基金项目	0	25	26	35	86
面上项目	1 000	1 068	1 321	1 579	4 968
青年科学基金项目	924	1 022	1 155	1 615	4 716
优秀青年科学基金项目	0	51	48	61	160
重大项目	18	7	0	6	31
重大研究计划	0	3	0	0	3
重点项目	22	28	37	34	121
合计	2 129	2 415	2 838	3 603	10 985

图 3-1 进一步分析了"十三五"期间各年度 G04 代码的项目申请结构。分析结果表明，"十三五"期间各年度的申请类型的分布没有发生显著变化。青年科学基金项目和面上项目申请比例较大，二者相加达到申请数量的 88%左右，地区科学基金项目申请比例则每年在 8%上下波动，"地面青"三类项目构成了申请项目的主体。

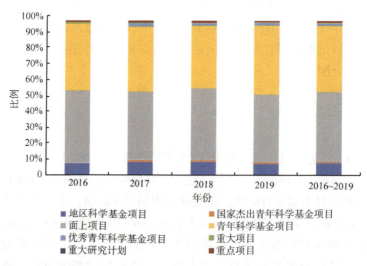

图 3-1　"十三五"期间宏观管理与政策学科受理项目申请的类型结构

3.1.2 资助数量与资助率

在分析申请情况的基础上，本部分进一步分析"十三五"期间 G04 代码的总体资助情况，表 3-2 呈现了相关统计结果。"十三五"期间，G04 代码共批准各类项目 1795 项，其中，青年科学基金项目 796 项、面上项目 799 项、地区科学基金项目 145 项、重点项目 24 项、优秀青年科学基金项目 11 项、国家杰出青年科学基金项目 5 项。值得一提的是，"十三五"期间，国家自然科学基金委员会还批准资助了我国公共管理学科首个创新研究群体项目"中国公共政策理论与治理机制研究"。与"十三五"初期相比，"十三五"末期批准资助的面上项目和青年科学基金项目数量有所增长，分别较 2016 年增长 22.10%、20.79%，其他各类项目批准资助数量基本保持不变，未出现明显波动。

表 3-2 "十三五"期间宏观管理与政策学科批准资助项目数量 单位：项

项目类型	2016 年	2017 年	2018 年	2019 年	合计
地区科学基金项目	33	36	38	38	145
国家杰出青年科学基金项目	0	3	2	0	5
面上项目	181	182	215	221	799
青年科学基金项目	178	195	208	215	796
优秀青年科学基金项目	0	3	3	5	11
重大项目	6	6	0	0	12
重大研究计划	0	3	0	0	3
重点项目	5	6	6	7	24
合计	403	434	472	486	1795

图 3-2 进一步分析了"十三五"期间各年度 G04 代码的项目批准资助结构。与图 3-1 关于项目申请结构的分析类似，"十三五"期间各年度 G04 代码的总体资助结构没有发生显著变化，"地面青"三类项目的资助比例达到了总体资助的 95% 以上，占据了总体资助的绝大多数。

以上数据体现出在申请总量迅速增长的情况下，G04 代码的资助数量总体上保持稳定，仅有适度增长。这造成了不同年份之间各类项目资助率的波动，图 3-3 对此进行了分析。首先，2016~2019 年，重大研究计划、重大项目和重点项目的平均资助率较高，分别为 100%、38.71% 和 19.83%。这主要是因为上述项目的申请条件和申请者的整体水平均比较高。其次，"地面青"项目的资助率维持在 16% 左右，但基本呈现出逐年下降的趋势，体现出相关项目的竞争日趋激烈。最后，2016~2019 年，国家杰出青年科学基金项目和优秀青年科学基金项目这两类人才项目的平均资助率都低于 10%，仅为 5.81% 和 6.88%，是竞争最为激烈的项目。

图 3-2　"十三五"期间宏观管理与政策学科批准资助项目的类型结构

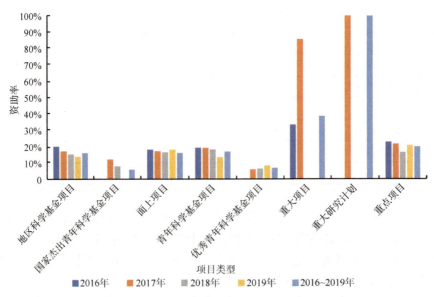

图 3-3　"十三五"期间宏观管理与政策学科批准资助项目资助率年度变化

3.1.3　资助强度

本部分对"十三五"期间 G04 代码下各类项目的资助强度进行分析。表 3-3 呈现了相关统计分析结果。总体而言，"十三五"期间 G04 代码下各类项目共资助直接费用 60 260.52 万元。其中，青年科学基金项目批准资助总额度为 14 420.92

万元,面上项目批准资助总额度为 38 401 万元,地区科学基金项目批准资助总额度为 4108.60 万元,国家杰出青年科学基金项目批准资助总额度为 1910 万元,优秀青年科学基金项目批准资助总额度为 1420 万元。

表 3-3 "十三五"期间宏观管理与政策学科直接费用资助总额　　　单位:万元

项目类型	2016 年	2017 年	2018 年	2019 年	合计
地区科学基金项目	959	1 011	1 067.60	1 071	4 108.60
国家杰出青年科学基金项目	0	735	490	685	1 910
面上项目	8 621	8 736	10 320	10 724	38 401
青年科学基金项目	3 023	3 518	3 845.92	4 034	14 420.92
优秀青年科学基金项目	0	390	390	640	1 420
合计	12 603	14 390	16 113.52	17 154	60 260.52

图 3-4 进一步分析了"十三五"期间 G04 代码下各类项目的平均资助强度。首先,国家杰出青年科学基金项目和优秀青年科学基金项目的平均资助强度总体保持稳定。其次,地区科学基金项目平均资助强度呈现出波动下降的趋势,2019 年较 2016 年平均每项减少 0.88 万元,面上项目的资助强度有所增加,2019 年较 2016 年平均每项增加 0.89 万元。最后,青年科学基金项目平均资助强度在四年中不断增加,从"十三五"初期的 16.98 万元/项,持续增长至"十三五"末期的 18.76 万元/项,增幅达到 1.78 万元/项,反映出国家自然科学基金委员会对青年科研人

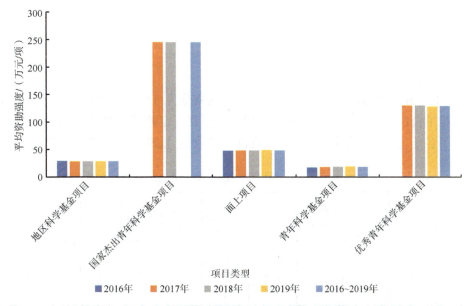

图 3-4 "十三五"期间宏观管理与政策学科批准资助项目强度年度变化

才扶持与科研梯队培育的高度重视。

3.1.4 关键项目分析

国家自然科学基金重大项目面向科学前沿和国家经济、社会、科技发展及国家安全的重大需求中的重大科学问题,超前部署,开展多学科交叉研究和综合性研究,充分发挥支撑和引领作用,从而提升我国基础研究源头创新能力。重点项目则支持从事基础研究的科学技术人员针对已有较好基础的研究方向或学科生长点开展深入、系统的创新性研究,促进学科发展,推动若干重要领域或科学前沿取得突破。重大项目和重点项目尽管数量占比不高,但是对学科发展和原始创新能力的提高具有不可替代的作用。

"十三五"期间,国家自然科学基金委员会共收到重大项目与课题申请31项,批准12项;收到重点项目申请120项,批准24项。重大项目只分布于两个分支学科中,其中6项属于公共安全与危机管理(G0409),6项属于资源管理与政策(G0412)。重点项目则分布于9个分支学科中,其中,公共管理(G0401)、创新管理与政策(G0405)、环境与生态管理(G0411)、信息资源管理(G0414)各1项,教育管理与政策(G0407)有2项、卫生管理与政策(G0406)有3项、区域发展管理(G0413)有4项、公共安全与危机管理(G0409)有5项、资源管理与政策(G0412)有6项。从分支学科看,重大项目和重点项目集中于具体领域的管理与政策规律研究,而以一般性基础理论为研究对象的政策科学理论与方法(G0402)并无重点项目或重大项目立项。

3.1.5 分代码分析

"十三五"期间,宏观管理与政策学科共划分为15个子代码。项目申请数量、批准资助数量和资助强度在不同代码间存在一定差异。表3-4~表3-7分别呈现了各子代码各类项目申请数量、批准资助数量、批准资助率和平均资助强度。

表3-4 "十三五"期间宏观管理与政策学科各子代码各类项目申请数量 单位:项

代码	地区科学基金项目	国家杰出青年科学基金项目	面上项目	青年科学基金项目	优秀青年科学基金项目	重大项目	重大研究计划	重点项目	总计	百分比
G04	7	3	31	14	4	—	—		59	0.54%
G0401	49	7	268	275	11	—	1	9	620	5.64%
G0402	25	—	105	93	3				226	2.06%

续表

代码	地区科学基金项目	国家杰出青年科学基金项目	面上项目	青年科学基金项目	优秀青年科学基金项目	重大项目	重大研究计划	重点项目	总计	百分比
G0403	5	—	21	23	1	—	—	—	50	0.46%
G0404	15	—	225	230	7	—	—	—	477	4.34%
G0405	45	2	367	254	10	—	—	17	695	6.33%
G0406	262	8	1 460	1 496	19	—	—	16	3 261	29.69%
G0407	66	6	355	279	7	—	—	10	723	6.58%
G0408	29	1	84	77	3	—	—	—	194	1.77%
G0409	23	10	322	289	6	7	2	26	685	6.24%
G0410	29	—	138	139	2	—	—	1	309	2.81%
G0411	100	19	363	425	16	1	—	8	932	8.48%
G0412	77	12	529	557	52	23	—	18	1 268	11.54%
G0413	136	14	429	358	13	—	—	14	964	8.78%
G0414	28	3	264	194	5	—	—	2	496	4.52%
G0415	4	1	7	13	1	—	—	—	26	0.24%
总计	900	86	4 968	4 716	160	31	3	121	10 985	—

注：学科代码为 G0401 公共管理、G0402 政策科学理论与方法、G0403 非营利组织管理、G0404 科技管理与政策、G0405 创新管理与政策、G0406 卫生管理与政策、G0407 教育管理与政策、G0408 文化与休闲产业管理、G0409 公共安全与危机管理、G0410 社会福利管理、G0411 环境与生态管理、G0412 资源管理与政策、G0413 区域发展管理、G0414 信息资源管理、G0415 电子政务

表 3-5　"十三五"期间宏观管理与政策学科各子代码各类项目批准资助数量　　单位：项

代码	地区科学基金项目	国家杰出青年科学基金项目	面上项目	青年科学基金项目	优秀青年科学基金项目	重大项目	重大研究计划	重点项目	总计	百分比
G04	—	—	4	1	—	—	—	—	5	0.28%
G0401	4	—	47	47	2	—	1	1	102	5.68%
G0402	3	—	13	11	—	—	—	—	27	1.50%
G0403	1	—	5	3	—	—	—	—	9	0.50%
G0404	2	—	43	52	1	—	—	—	98	5.46%
G0405	10	—	66	51	1	—	—	1	129	7.19%
G0406	32	—	168	209	—	—	—	3	412	22.95%
G0407	12	—	43	45	1	—	—	2	103	5.74%
G0408	10	—	11	9	—	—	—	—	30	1.67%
G0409	2	1	69	48	—	6	2	5	133	7.41%

续表

代码	地区科学基金项目	国家杰出青年科学基金项目	面上项目	青年科学基金项目	优秀青年科学基金项目	重大项目	重大研究计划	重点项目	总计	百分比
G0410	7	—	16	22	—	—	—	—	45	2.51%
G0411	16	3	54	69	—	—	—	1	143	7.97%
G0412	18	1	135	128	6	6	—	6	300	16.71%
G0413	20	—	71	63	—	—	—	4	158	8.80%
G0414	7	—	53	38	—	—	—	1	99	5.52%
G0415	1	—	1	—	—	—	—	—	2	0.11%
总计	145	5	799	796	11	12	3	24	1795	—

表 3-6   "十三五"期间宏观管理与政策学科各子代码各类项目批准资助率

代码	地区科学基金项目	国家杰出青年科学基金项目	面上项目	青年科学基金项目	优秀青年科学基金项目	重大项目	重大研究计划	重点项目	总计
G04	—		12.90%	7.14%	—		—	—	8.47%
G0401	8.16%	—	17.54%	17.09%	18.18%	—	100.00%	11.11%	16.45%
G0402	12.00%		12.38%	11.83%	—			—	11.95%
G0403	20.00%		23.81%	13.04%	—			—	18.00%
G0404	13.33%		19.11%	22.61%	14.29%			—	20.55%
G0405	22.22%		17.98%	20.08%	10.00%			5.88%	18.56%
G0406	12.21%		11.51%	13.97%	—			18.75%	12.63%
G0407	18.18%		12.11%	16.13%	14.29%			20.00%	14.25%
G0408	34.48%		13.10%	11.69%	—			—	15.46%
G0409	8.70%	10.00%	21.43%	16.61%	—	85.71%	100.00%	19.23%	19.42%
G0410	24.14%		11.59%	15.83%	—			—	14.56%
G0411	16.00%	15.79%	14.88%	16.24%	—			12.50%	15.34%
G0412	23.38%	8.33%	25.52%	22.98%	11.54%	26.09%	—	33.33%	23.66%
G0413	14.71%		16.55%	17.60%	—			28.57%	16.39%
G0414	25.00%		20.08%	19.59%	—			50.00%	19.96%
G0415	25.00%		14.29%	—	—			—	7.69%
总计	16.11%	5.81%	16.08%	16.88%	6.88%	38.71%	100.00%	19.83%	16.34%

表 3-7 "十三五"期间宏观管理与政策学科各子代码各类项目平均资助强度 单位:万元/项

代码	地区科学基金项目	国家杰出青年科学基金项目	面上项目	青年科学基金项目	优秀青年科学基金项目	总计
G04	—	—	48.50	19.50	—	42.70
G0401	28.88	—	48.31	17.91	130.00	34.20
G0402	29.33	—	47.04	18.36	—	33.39
G0403	28.10	—	48.80	18.67	—	36.46
G0404	28.40	—	48.28	18.10	130.00	32.69
G0405	28.65	—	48.22	18.07	130.00	35.04
G0406	28.62	—	48.00	18.21	—	31.03
G0407	27.08	—	46.24	17.96	120.00	33.61
G0408	28.55	—	48.05	18.50	—	32.68
G0409	27.80	245.00	48.14	17.53	—	33.56
G0410	28.30	—	47.48	18.13	—	30.15
G0411	28.73	245.00	48.42	18.22	—	35.43
G0412	28.54	710.00	48.31	18.15	130.00	36.17
G0413	27.54	—	48.23	18.15	—	32.39
G0414	29.00	—	48.15	18.26	—	34.84
G0415	26.50	—	47.50	—	—	37.00
全代码	28.34	382.00	48.06	18.12	129.09	33.57

表 3-4 表明,"十三五"期间 G04 各个子代码申请数量差异明显。具体而言,申请数量较多的 3 个子代码(G0406、G0412、G0413)的申请量已占到总申请量的 50%以上,最高申请量(G0406 的 3261 项)和最低申请量(G0415 的 26 项)相差 124 倍,15 个代码受理申请量的标准差为 750.91,这些信息均反映出申请数量分布不均衡,集中程度较高。

表 3-5 进一步分析了获批项目在各个子代码间的分布情况。与申请情况类似,"十三五"期间 G04 各个子代码各类项目批准资助数量差异同样明显。批准资助数量排名前四的子代码(G0406、G0412、G0413、G0411)的资助数量也占到了总体批准资助数量的 50%以上,批准资助最多的子代码(412 项)达到了资助最少的子代码(2 项)的 206 倍,标准差为 106.74,分布的集中度略小于项目申请情况。

在表 3-4 和表 3-5 的基础上,表 3-6 进一步分析了各子代码各类项目的批准资助率,体现出不同代码下不同类型项目的申请难度。分析结果表明,最高批准资助率的子学科为 G0412,批准资助率为 23.66%,而最低的 G0415 的批准资助率仅有 7.69%，最高是最低的 3.08 倍，代码间批准资助率的标准差为 4.16%，体现出不同代码下项目申请难度也存在巨大差异。

表 3-7 进一步分析了各个子代码下不同类型项目的平均资助强度。分析结果表明，各个子代码下各类型项目的平均资助强度并没有较大差异，平均资助强度约为 33.57 万元/项，各个子代码间并不存在区别对待的情况。

3.1.6 分地区分析

表 3-8 进一步分析 G04 代码各类项目资助的空间分布差异。根据国家统计局的地区划分标准，将我国分为东部、中部、西部、东北四个地区[①]。分析结果表明，"十三五"期间 G04 代码资助的各类项目在地区分布上并不均衡。其中，东部地区获得的资助项目最多，占比达到 63.79%。中部和西部地区获得项目总数分别为 296 项和 245 项，相差较小，而东北地区由于体量较小，获得资助的项目最少，仅有 109 项。进一步分析各地区的项目资助结构发现，重大项目、重点项目等高级别项目和人才项目基本集中于东部地区。中部和西部地区获得资助数量尽管相差不大，但西部地区获得的资助中地区科学基金项目占 41.63%，如果剔除地区项目的影响，西部地区 12 个省（自治区、直辖市）与东北地区 3 个省获得资助的数量基本持平。这一方面反映出不同地区悬殊的科研实力，另一方面则体现了设置地区科学基金来平衡地区间差异、补科研能力短板的必要性。

表 3-8 "十三五"期间宏观管理与政策（G04）分地区资助数量　　单位：项

地区	地区科学基金项目	国家杰出青年科学基金项目	面上项目	青年科学基金项目	优秀青年科学基金项目	重大项目	重大研究计划	重点项目	总计
东部	10	4	537	554	9	9	3	19	1145
中部	33	1	139	116	1	2	—	4	296
西部	102	—	53	90	—	—	—	—	245
东北	—	—	70	36	1	1	—	1	109
全代码	145	5	799	796	11	12	3	24	1795

[①] 东部地区包括北京、天津、河北、上海、江苏、浙江、福建、山东、广东、海南 10 个省（直辖市）；中部地区包括山西、安徽、江西、河南、湖北、湖南 6 个省；西部地区包括内蒙古、广西、重庆、四川、贵州、云南、西藏、陕西、甘肃、青海、宁夏、新疆 12 个省（自治区、直辖市）；东北地区包括辽宁、吉林、黑龙江 3 个省。

3.2　"十三五"期间本学科资助成效

国家自然科学基金的资助对宏观管理与政策学科的发展具有重要作用。本节从高水平论文发表、人才培育、决策支撑三个角度，对"十三五"期间国家自然科学基金资助宏观管理与政策学科的成效进行简要分析。

3.2.1　高水平论文发表

"十三五"期间，G04 代码下的研究论文发表无论在数量上还是质量上都有较大提升。本部分重点对"十三五"期间在 SSCI 期刊上发表的高水平论文进行分析。基于 Web of Science 的统计结果表明（图 3-5），"十三五"期间中国研究者在公共管理、公共安全与危机管理、信息资源管理、资源与环境、科技创新管理与政策、公共卫生与健康管理、教育与文化管理、社会治理与社会福利和区域发展与城市治理 9 个学科方向上共发表 SSCI 期刊论文 29 453 篇，且整体增速很快，"十三五"末期的论文发表数量与初期相比增长了 115.25%，体现出我国本学科总体发展水平的快速提升。

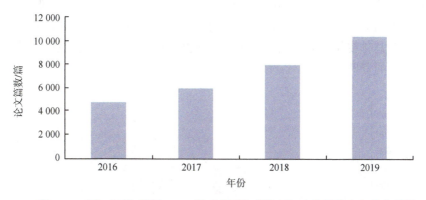

图 3-5　"十三五"期间 SSCI 期刊中国宏观管理与政策学科论文发表数量

图 3-6 进一步分析了获得国家自然科学基金资助的论文在相关 SSCI 论文中所占比重。统计结果表明，在 29 453 篇论文中，共有 15 074 篇论文标注了国家自然科学基金资助，占比 51.18%，且各年国家自然科学基金资助的论文数量占比均超过 50%，这在一定程度上反映出国家自然科学基金资助在促进高水平期刊论文发表中的重要作用。

图 3-6 "十三五"期间 SSCI 期刊中国宏观管理与政策论文资助比例

图 3-7 分析了以上 SSCI 论文中前 5%高被引论文获得国家自然科学基金资助的情况。分析结果表明,"十三五"期间中国研究者发表的前 5%高被引 SSCI 论文为 2371 篇,且四年间呈现稳步增长态势,总量增长达 149.85%,高于 SSCI 论文发表总数的增长速度。总体而言,中国研究者在 G04 代码下发表的前 5%高被引论文受到国家自然科学基金资助的比例为 61.37%,且四年间稳步增长,并显著高于 SSCI 总体受国家自然科学基金资助比例。这凸显了国家自然科学基金在高水平论文上的资助成效。

图 3-7 "十三五"期间 SSCI 期刊中国宏观管理与政策前 5%高被引论文资助比例

图 3-8 进一步分析了以上 SSCI 论文中前 1%高被引论文获得国家自然科学基金资助的情况。分析结果表明,"十三五"期间中国研究者发表的前 1%高被引

SSCI 论文为 477 篇，且四年间呈现稳步增长态势，总量增长达 203.23%，均高于前 5%高被引论文和 SSCI 论文发表总数的增长速度。总体而言，中国研究者在 G04 代码下发表的前 1%高被引论文受到国家自然科学基金资助的比例为 59.54%，且四年间稳步增长，并显著高于 SSCI 总体受国家自然科学基金资助比例。这进一步印证了国家自然科学基金在高水平论文上的资助成效。

图 3-8   "十三五"期间 SSCI 期刊中国宏观管理与政策前 1%高被引论文资助比例

3.2.2   人才培育

国家自然科学基金的一个重要使命是立足于提高未来科技竞争力，着力支持青年学者独立主持科研项目，培育优秀人才团队。表 3-9 呈现了"十三五"期间国家自然科学基金委员会对宏观管理与政策人才队伍和科研团队的资助情况。"十三五"期间，G04 代码下共批准资助优秀青年科学基金和国家杰出青年科学基金这两个国家自然科学基金体系中最主要的人才类项目 11 项和 5 项。此外，"十三五"期间，国家自然科学基金委员会还批准资助了 G04 代码下的首个创新研究群体项目"中国公共政策理论与治理机制研究"，进一步推动了宏观管理与政策学科共同体的形成。

表 3-9   "十三五"期间宏观管理与政策（G04）人才队伍和科研团队资助情况

项目类型	批准年份	题目
创新研究群体	2017	中国公共政策理论与治理机制研究
国家杰出青年科学基金	2017	环境与生态管理

续表

项目类型	批准年份	题目
国家杰出青年科学基金	2017	电力市场管理与政策建模
国家杰出青年科学基金	2017	城市公共安全风险管理
国家杰出青年科学基金	2018	环境管理与政策分析
国家杰出青年科学基金	2018	环境与生态管理
优秀青年科学基金	2017	公共管理与公共政策
优秀青年科学基金	2017	可再生能源系统建模与政策研究
优秀青年科学基金	2017	重大公共建设项目决策与治理
优秀青年科学基金	2018	资源可持续发展评估与管理
优秀青年科学基金	2018	能源与气候政策综合集成分析方法及应用
优秀青年科学基金	2018	节能减排系统建模及政策研究
优秀青年科学基金	2019	科技管理与运行机制
优秀青年科学基金	2019	职业教育管理与政策
优秀青年科学基金	2019	创新管理
优秀青年科学基金	2019	考虑多重异质性的节能减排政策建模
优秀青年科学基金	2019	能源开发与消费的外部性治理

表 3-10 进一步分析了"十三五"期间 G04 代码资助项目的申请者年龄[①]。分析结果表明,"地面青"三类项目申请人的平均年龄呈现出下降趋势,体现了国家自然科学基金着力支持青年学者独立主持科研项目的趋势。国家杰出青年科学基金和优秀青年科学基金因资助项目较少,受资助者的平均年龄存在一定波动。

表 3-10　"十三五"期间宏观管理与政策(G04)受资助者年龄情况　　单位:岁

项目分类	2016 年	2017 年	2018 年	2019 年	平均
国家杰出青年科学基金项目	—	42.33	38.50	—	40.80
优秀青年科学基金项目	—	38.33	35.00	38.00	37.27
面上项目	43.26	42.95	43.33	42.69	43.05
青年科学基金项目	33.30	32.68	32.77	32.65	32.84
地区科学基金项目	43.94	41.58	43.16	42.68	42.82

---

① 1795 项项目中有 40 项项目缺失年龄信息。其中,所有的重大项目、重点项目和重大研究计划共计 39 项年龄信息缺失,另有 1 项面上项目年龄信息缺失。

　　基于 2010~2019 年的项目申请数据，表 3-11 进一步分析了国家自然科学基金申请者的成长性。分析结果表明，获得青年科学基金项目的资助者继续获得面上项目资助的比例较高，达到 15.9%，说明这一阶段申请者的成长性最佳。面上项目获资助者获得重点项目资助的比例下降为 1.6%，说明这一阶段申请者成长难度显著增大。青年科学基金项目获资助者获得重点项目资助的比例仅为 0.1%，这一比例较低的原因可能是本书观测周期仅有 10 年，而从青年科学基金项目到重点项目的跨越需要较长的时间周期。另外，从未获资助者来看，如果申请青年科学基金项目未成功，那么申请面上项目获资助的概率仅有 0.8%，申请重点项目获资助的概率为 0。如果申请面上项目未成功，那么申请重点项目获资助的概率仅有 0.1%。这进一步印证了，申请获批青年科学基金项目的申请者更有可能获得面上项目的资助，申请获批面上项目的申请者更有可能获得重点项目的资助。上述结果反映出国家自然科学基金项目设置的前后承继关系，体现出国家自然科学基金较强的人才培育功能。

表 3-11　G04 项目申请者成长性统计表

情形	比例
青年科学基金项目获资助者获得面上项目资助	15.9%
面上项目获资助者获得重点项目资助	1.6%
青年科学基金项目获资助者获得重点项目资助	0.1%
青年科学基金项目申请但未获资助者获得面上项目资助	0.8%
青年科学基金项目申请但未获资助者获得重点项目资助	0
面上项目申请但未获资助者获得重点项目资助	0.1%

3.2.3　决策支撑

　　宏观管理与政策学科具有极强的应用性特征，国家自然科学基金委员会特别设立了管理科学部应急管理项目。该项目主要资助在已有相关科学研究基础上，运用规范的科学方法进一步开展关于国家宏观管理及发展战略中急需解决的重要和关键性问题的研究，以及经济、科技与社会发展实践中的"热点"与"难点"问题的研究。应急管理项目每年启动 3~5 期，资助若干方向的研究，从而及时为党和政府高层决策提供科学分析和政策建议。

　　在"十三五"期间国家自然科学基金委员会管理科学部共设置应急管理项目 16 项，其中除 2018 年"防范和化解金融风险"应急管理项目由经济科学承担外，其余 15 项均由宏观管理与政策学科承担，具体项目见表 3-12。

表 3-12 "十三五"期间宏观管理与政策承担的应急管理项目

年份	项目主题
2016	新常态下城市交通理论创新与发展对策研究
2016	促进创新发展的教育政策研究
2016	智库研究项目
2016	我国发展规划实施评估的理论方法与对策研究
2017	西方国家"非市场经济地位"标准及"双反"研究
2017	美国退出《巴黎气候变化协定》对全球气候治理的影响及我国的应对策略
2017	安全韧性雄安新区构建的理论方法与策略研究
2017	应对新科技革命和产业变革进程的政策研究
2018	实施乡村振兴战略的理论、机制、制度与政策支撑研究
2018	促进我国经济由高速增长转向高质量发展研究
2018	我国重大工程前期决策与高质量发展研究
2018	军民融合发展的体制、机制和政策研究
2019	WTO 改革与中国企业"走出去"政策研究
2019	我国关键核心技术"卡脖子"问题的突破路径研究
2019	面向复杂艰险环境的川藏铁路建设工程管理机制研究

3.3 "十三五"期间本学科资助情况小结

回顾"十三五"期间国家自然科学基金对宏观管理与政策学科的资助情况，我们能够发现国家自然科学基金的资助在推动宏观管理与政策学科基础研究发展、培育宏观管理与政策学科人才队伍、实现宏观管理与政策学科社会功能、促进宏观管理与政策学科共同体形成等方面发挥了重要的独特作用，概括而言，其就是宏观管理与政策学科基础研究的"基本盘"、宏观管理与政策学科人才队伍的"培育基金"、宏观管理与政策学科科学突破的"策源地"和宏观管理与政策学科协同攻关的"黏合剂"。

3.3.1 宏观管理与政策学科基础研究的"基本盘"

宏观管理与政策学科是研究政府及相关公共部门为实现经济、政治、文化、社会和生态发展目标，制定宏观政策和实施综合管理行为的学科群总和。从成果形式上来看，宏观管理与政策学科成果具有一定的应用性特征，但究其学科本质，宏观管理与政策学科是以公共管理、政策科学等基础理论为根基，旨在揭示政府相关的社会复杂系统的宏观运行规律，从而实现引领性原创成果重大突破的基础学科。作为实施"社会工程"的基础，宏观管理与政策学科的理论发展和理论创新是治理技术的"总开关"。

"十三五"期间，国家自然科学基金稳定支持宏观管理与政策学科基础研究，各项目类型和本学科各代码方向实现全面协调可持续发展，筑牢了学科发展基础。具体来说，"十三五"期间国家自然科学基金对宏观管理与政策学科研究的资助数量持续增长，增长幅度达到20%，同时资助金额不断增加，增加幅度达到36%。同时，合理布局各类国家自然科学基金项目，形成"地面青"等第一层次项目构筑体系完整、规模宏大的创新基础；重点项目、国家杰出青年科学基金项目等第二层次项目聚焦关键领域、培养领军人才，强化重要领域方向；重大项目、创新研究群体等第三层次项目瞄准优势方向，推动产出重大原创性、引领性成果的金字塔格局，学科内各代码方向形成有序竞争、适度交叉的发展态势，从而有力地支撑了宏观管理与政策学科的发展，成为本学科基础研究的"基本盘"。

3.3.2 宏观管理与政策学科人才队伍的"培育基金"

国家自然科学基金的探索、人才、工具、融合四位一体的资助格局能够从源头开始加强自主创新能力与创新队伍建设。其中对"人"的资助成为国家自然科学基金的鲜明特色。

《国家自然科学基金"十三五"发展规划》指出："尊重科技人才成长规律，完善科学基金人才和团队支持体系，为国家科技创新队伍建设奠定人才资源基础。针对人才发展学科广泛性、路径多样性等特征，完善稳定支持机制，对不同年龄段优秀人才实行全谱系支持，为各类人才施展才华、探索创新提供舞台。"

从"十三五"期间宏观管理与政策学科受资助的情况看，"十三五"期间国家自然科学基金形成了覆盖宏观管理与政策学科科研人员职业发展各阶段的人才资助体系，夯实了人才队伍基础。"十三五"期间国家自然科学基金在本学科布局的人才资助项目达到220项以上，形成从青年科学基金到优秀青年科学基金再到国家杰出青年科学基金的完整人才培养路径。同时，国家自然科学基金在资助过程中也重视研究团队的建设，在本学科资助了创新研究群体项目，形成了以创新研究群体为代表的学科发展集群，发挥了连点成线、以线带面促进学科整体繁荣的作用。

3.3.3 宏观管理与政策学科科学突破的"策源地"

坚持创新发展，强化原创价值导向，繁荣创新文化，孕育科学突破，提升基础研究整体水平和原创能力是国家自然科学基金的重要目标。《国家自然科学基金"十三五"发展规划》要求聚焦基础研究和科学前沿持续精准发力，突破原创能力这一基础瓶颈和现实"短板"，推动我国基础研究实现"三个并行"，即 2020年达到总量并行、2030 年达到贡献并行、2050 年达到源头并行。

从"十三五"期间宏观管理与政策学科的发展和受资助成效来看，本学科基础研究整体水平稳步提高，正在进入从量变到质变、从点的突破到全面提升的新阶段，在拓展科学前沿方面提供了源头支撑。具体来说，从科学研究产出看，"十三五"期间，SSCI 期刊中宏观管理与政策研究中国论文年度发表数量实现快速增长，期末发表论文突破 1 万篇大关，与期初相比，增长 115.25%。本学科 SSCI论文总发表数量跃居世界第二，与美国论文发表数量差距进一步缩小。从论文成果质量看，前 5%高被引论文和前 1%高被引论文数量分别为 2371 篇和 477 篇，从"十三五"期初到期末数量分别增长 149.85%和 203.23%，这反映出研究整体水平和原创能力的巨大提高。在这些 SSCI 论文中，受到国家自然科学基金资助的数量比例超过 50%，其中前 5%高被引论文和前 1%高被引论文中受到国家自然科学基金资助的论文占比更是高达 61.37%和 59.54%，这反映出国家自然科学基金资助的宏观管理与政策学科研究项目已成为本学科科学突破的"策源地"。

3.3.4 宏观管理与政策学科协同攻关的"黏合剂"

《国家自然科学基金"十三五"发展规划》提出，"对于体现国家重大战略目标的基础研究，科学基金要发挥源头孕育作用，引导科学家在关系国家发展命脉的战略必争领域攻坚克难""对于满足区域或行业发展特殊需求的基础研究，科学基金要发挥'育种'作用，加强与地方政府、产业部门的协作，通过指南引导科学家深入研究，促进知识创新体系和技术创新体系有机结合"。

宏观管理与政策学科既是以推动理论创新为目标的基础型学科，又在一定程度上表现出以解决现实问题为依归的应用型学科特征。因此，宏观管理与政策学科中的科学问题属性多为"需求牵引，突破瓶颈"，即科学问题源于国家重大需求和经济主战场，且具有鲜明的需求导向、问题导向和目标导向特征，旨在通过解决技术瓶颈背后的核心科学问题，促使基础研究成果走向应用。"十三五"期间，宏观管理与政策学科立足中国管理实践，服务国家战略需求。"十三五"期间瞄准重要且具有优势的前沿方向以及具有"中国议题"特色的领域，关注中国情境与普遍规律之间的相互作用，使中国管理科学实现在部分特色领域引领国际前沿，做到扎根中国实践，研究中国问题，讲好中国故事，发现中国规律，形成宏观管理与政策学科一般规律的理论储备。在此基础上，宏观管理与政策学科承担了管理科学部设置的 16 项应急管理项目中的 15 项，与中央政府部门、地方政府、行业部门、企业等相关主题开展协同攻关，有力服务于相关决策，形成协同创新、协同攻关的创新主体合作网络。

综上所述，"十三五" 期间国家自然科学基金对宏观管理与政策学科项目的资助有力促进了学科理论创新、人才队伍建设、科学成果产出和社会效益实现，资助成效显著，形成了有别于其他政府资助项目的鲜明特色。

第4章　本学科科研资助的国内外比较

宏观管理与政策学科是研究政府及相关公共部门为实现经济、政治、文化、社会和生态发展目标，制定宏观政策和实施综合管理行为的学科群总和。宏观管理与政策学科具有基础研究和应用研究交叉、自然科学和社会科学交叉的"双重交叉性"特点。基于这一特性，不同资助项目对本学科的资助策略、方式、领域等均存在差异。要实现对本学科科研资助体系的不断优化，就需要总结国内外其他基金资助的优秀做法，从而进一步明确对于宏观管理与政策的资助定位和方式。

本章主要从国际比较和国内比较两个维度出发对上述问题进行探究。一方面，本章从管理过程和资助内容等角度出发，总结美国国家科学基金会（National Science Foundation，NSF）和欧洲研究理事会（European Research Council，ERC）等国外主要资助机构的经验做法，并分析国外科学基金对于宏观管理与政策研究领域的资助特点。另一方面，将国家自然科学基金和国家社会科学基金进行比较，详细考察两大基金在资助格局、研究视角、研究方法等角度的差异，从而更好地确定国家自然科学基金体系下宏观管理与政策的资助定位。管理过程和资助内容是本章开展国内外比较研究的基础维度。

4.1　本学科资助的国际经验

基础研究是国家的核心竞争力的关键维度，很大程度上决定了一个国家在世界竞争中的地位。世界上的各主要国家均设立专门的机构支持并推进本国的基础科学研究，典型的例子包括 NSF 和 ERC 等。以基金资助等渠道为基础，这些科学基金不仅促进了所在国家或地区的基础研究发展，也为国际的科学交往和科学事业进步做出了卓越贡献。值得注意的是，作为国际典型的资助机构，NSF 和 ERC 都在不同程度上对管理学乃至宏观管理与政策学科相关的研究领域进行了资助。进一步梳理主流科学基金在本学科领域的资助情况，对于国家自然科学基金进一步锚定世界科学前沿，更好地优化我国宏观管理与政策领域的资助格局，进而不断提升基础研究能力、更好服务国家需求具有重要意义。

本节从三个部分对 NSF 和 ERC 的经验进行总结。首先，对 NSF 和 ERC 的基本情况进行介绍，并结合其实际的资助情况和资助政策分析其对宏观管理与政策研究的资助特点。其次，从资助体系格局、申请管理、项目评审等方面对两大基金的管理过程进行经验归纳。最后，从资助数量与力度、资助格局、选题内容等方面对两大基金的资助内容进行经验归纳。

4.1.1　国外典型资助计划

1945 年，万尼瓦尔·布什向时任美国总统提交了题为"科学：没有止境的前沿"的报告。该报告设想了一个新的机构，其使命是通过支持学院和大学的基础研究来促进科学进步。1950 年，美国正式成立了 NSF。目前，NSF 是美国联邦政府唯一负责对科学、技术、工程和数学（science，technology，engineering and mathematics，STEM）所有学科领域的基础研究和教育进行全面资助的机构。近年来，NSF 对美国科研活动的资助始终占据了联邦所有基础研究经费预算的 25% 左右。在 70 余年的发展进程中，NSF 深刻影响了美国的科学研究事业，保障了美国科学技术前沿领域的国际领先地位（孙海华和张礼超，2020）。目前，NSF 主要的理事会包括以下八大类：生物学理事会（Directorate for Biological Sciences，BIO），计算机、信息科学与工程理事会（Directorate for Computer，Information Science and Engineering，CISE），工学理事会（Directorate for Engineering，ENG），地学理事会（Directorate for Geosciences，GEO），数学与理学理事会（Directorate for Mathematical and Physical Sciences，MPS），社会、行为与经济科学理事会（Directorate for Social，Behavioral and Economic Sciences，SBE），STEM 教育理事会（Directorate for STEM Education，EDU），科技、创新与伙伴关系理事会（Directorate for Technology，Innovation and Partnerships，TIP）。

2007 年，旨在推动欧洲研究与技术开发的框架计划进入第 7 期（framework programme 7，FP7）。同年，FP7 设立了 ERC，其使命是通过竞争性资金鼓励欧洲最高质量的研究，并支持"科学卓越"（scientific excellence）的领域研究者开展前沿研究。它资助任何国籍和年龄的研究人员在欧洲各地开展研究项目。ERC 是欧洲前沿研究的主要资助组织。2007 年至今，ERC 先后评估了 100 多万份研究提案，并资助了 12 000 多个项目和 10 000 多名研究人员。截至 2023 年 9 月，ERC 资助的成果中先后诞生了 12 项诺贝尔奖、6 项菲尔兹奖、11 项沃尔夫奖和数十个重要奖项的研究成果。目前，ERC 提供了 4 种核心赠款计划：启动赠款、合并者赠款、高级赠款和协同赠款。作为地平线欧洲计划（Horizon Europe）的一部分，ERC 从 2021 年到 2027 年的总体预算超过 160 亿欧元。ERC 的主要资助领域可分为三类：生命科学（life sciences）、理学与工学（physical sciences & engineering）和社会科学与人文科学（social sciences & humanities）。

与国家自然科学基金不同的是，不论是 NSF 还是 ERC，都未明确将"管理学"或"管理科学"作为主要资助的学科类型，仅仅是将其作为某一领域的一部分，但二者的经验对国家自然科学基金的发展仍具有一定的参照价值。这主要基于以下几个方面的原因。首先，在 NSF 和 ERC 官方的资助领域中，都涉及与宏观管理与政策相关的研究议题。一方面，前文提到的 NSF 的 SBE 主要关注人类行为和社会组织以及社会、经济、政治、文化和环境力量如何影响人们生活，涉及经济学、社会学、心理学等交叉领域的研究，与宏观管理与政策的资助对象具有较大关联。另一方面，ERC 也就个人、市场和组织（SH1-individuals，markets & organisations）与制度、治理和法律体系（SH2-institutions，governance & legal systems）等子领域进行资助，同样涉及了宏观管理与政策的学科内容。其次，两大基金的实际资助课题中存在与宏观管理与政策资助课题高度相近的项目。例如，"决策、风险与管理科学计划"（decision，risk and management sciences program，DRMS）旨在资助有助于增进对个人、组织和社会如何做出决策的理解的研究，其中涵盖社会和公共政策决策、管理科学与组织设计、风险分析、感知和沟通等与宏观管理与政策高度相关的内容，包括了"不平等、制度和可持续性：关于地方性公共物品治理的实验研究"（Inequalities，institutions and sustainability：an experimental study of local efforts to govern the commons）等与宏观管理与政策高度相关的研究课题[①]。此外，NSF 也曾资助能源与环境政策、政治态度、集体决策、地方公共物品等与宏观管理与政策研究高度相关的议题。以下专栏详细介绍了 NSF 的 SBE 部门的基本情况。

专栏：SBE

SBE 是 NSF 的理事会之一，其定位类似于国家自然科学基金中的一个"学部"。这也是所有领域中与社会科学、管理学或宏观管理与政策学科最为接近的一个领域，主要包括四个分支。

其一，行为与认知科学部（Division of Behavioral and Cognitive Sciences，BCS）。该部主要支持发展和推进有关大脑、人类认知、语言、社会行为和文化的科学知识的研究，包括对人类社会与其环境之间相互作用的研究。

其二，社会和经济科学部（Division of Social and Economic Sciences，SES）。该部面向真正的社会问题，研究人们如何生活、工作和相互合作。"决策、风险与管理科学计划"是其 11 个核心资助计划之一。SES 也是 NSF 资助对象中与宏

① NSF 于 2018 年对这一课题进行资助，资助额度约为 55.5 万美元，可参见：https://www.nsf.gov/awardsearch/showAward?AWD_ID=1757136&HistoricalAwards=false。

观管理与政策学科最为接近的一项。

其三，国家工程与科学统计中心（National Center for Science and Engineering Statistics，NCSES）。该中心是美国 13 个主要的联邦统计机构之一，负责设计、支持和指导定期的全国调查，并进行各种其他数据的收集和研究，如科技与工程指标、R&D、STEM 等。通过这些指标和数据，对美国学术研究和技术发展状况进行描述，并为公众和政府决策提供准确、相关且客观的信息。

其四，SBE 多学科活动办公室（SBE Office of Multidisciplinary Activities，SMA）。这一办公室主要支持社会、行为和经济科学的跨学科研究与培训，包括 SBE 与其他科学和工程领域的交叉，如科学、环境和社会研究与创新中心（Centers for Research and Innovation in Science，the Environment and Society，CRISES）就是 SMA 主持的一项多学科交叉的研究项目，旨在解决与人类生活质量相关的重要问题，如环境、极端天气、劳动力和经济、社会平等、幸福感等。

几十年来，SBE 支持了一系列科学研究。2009 年诺贝尔经济学奖得主埃莉诺·奥斯特罗姆（Elinor Ostrom）就是其中的典型代表。在过去的 35 年里，她获得了许多 NSF 的资助，包括人类和环境系统相互作用、共同资源划分规则动力学等跨学科议题。例如，"集体行动的制度理论"（An Institutional Theory of Collective Action）是 NSF 1987 年起资助的项目，属于 SES，资助额为 20.09 万美元；"开发与复杂系统相关的研究和政策分析的空间实验实验室"（Development of a Spatial-Experimental Laboratory for Research and Policy Analysis Related to Complex Systems）是 2002 年起的资助项目，属于 BCS，资助金额为 84.79 万美元。埃莉诺·奥斯特罗姆在以上项目中均担任首席研究员。项目的资助为她实现学术上的创造性突破起到了推动和保障作用。

4.1.2　管理过程

1. 资助体系格局

NSF 和 ERC 都建立了各具特色的资助体系，但标准上存在一定的区别。NSF 主要是根据资助的持续时间和额度来划分资助类型，ERC 则根据申请人所处的职业发展阶段进行分类。总体来看，ERC 的资助体系划分与我国国家自然科学基金更为相似。

1）NSF

NSF 主要提供以下几种类型的资助。①标准资助（standard grant）：NSF 声明在某一确定的时间段内提供资助，但不保证会提供额外的未来支持。②持续性资助（continuing grant）：NSF 同意在最初指定的时间段（通常为一年）内提供资助,并附有意向声明,在需要进一步支持的情况下可以为项目提供额外支持。③成本报销补助金(cost reimbursement grant):NSF 向受助人偿还完成研究产生的费用。④固定金额资助(fixed amount award):NSF 为相应项目提供特定水平的支持,而不考虑项目产生的实际成本。其中,标准资助和持续性资助占据绝对多数。据统计,2018~2022 年,这两类资助占到总项目数的 96.67%,其中标准资助占比 75.88%。

2)ERC

ERC 的核心资助计划因申请人类型和职业阶段的不同可分为四类,包括启动基金(starting grant)、巩固基金(consolidator grant)、高级基金(advanced grant)、协同基金(synergy grant)。四类基金的资助金额如表 4-1 所示。

表 4-1　ERC 各类型基金的资助金额[①]

基金	资助金额
启动基金	最多 150 万欧元,为期 5 年。此外有最多 100 万欧元的额外资助用于部分特殊费用
巩固基金	最多 200 万欧元,为期 5 年。此外有最多 100 万欧元的额外资助用于部分特殊费用
高级基金	最多 250 万欧元,为期 5 年。此外有最多 100 万欧元的额外资助用于部分特殊费用
协同基金	最多 1000 万欧元,为期 5 年。此外有最多 400 万欧元的额外资助用于部分特殊费用

一般而言,启动基金的项目数是所有基金中最多的,其次是巩固基金和高级基金,协同基金最少。从总的资助金额来看,除协同基金外其余三类基金并无明显差别。

2. 申请管理

NSF 和 ERC 都对基金项目的申请进行了严格的管理。项目申请均通过线上申请系统进行,申请人可以在其官方网站找到明确且具体的操作指南。在对申请人的限定上,NSF 特别强调申请人及其所在组织需要为美国公民或在美注册组织。NSF 很少向外国组织提供直接的资金支持,也几乎不会向在美国的非关联个人和无关联的美国公民提供支持。另外,ERC 作为欧盟的一个科学资助计划,在国际交流上持更加开放的态度,并未对申请人或组织的国籍或所在地进行限制。为了适合其资助体系,ERC 主要对申请人获得博士学位以来的时长以及在职业生涯中所处的阶段进行了规定。

---

① 参见:https://ec.europa.eu/info/funding-tenders/opportunities/docs/2021-2027/horizon/wp-call/2023/wp_horizon-erc-2023_en.pdf。

1）NSF

NSF 对不同类型的参与者申请基金资助进行了严格的规定。有资格提交申请的组织包括：①高等教育机构（Institutions of Higher Education，IHEs）；②非营利和非学术组织；③部落政府，即获得联邦政府承认的印第安人或阿拉斯加原住民部落。除此之外，非营利性组织、州和地方政府以及外国组织也可能获得资助。NSF 很少向外国组织提供直接的资金支持，通常不支持受雇于联邦机构或受联邦政府资助的研究与发展中心（Federally Funded Research and Development Centers，FFRDC）的科学家、工程师或教育工作者的研究或教育活动。此外，在美国的非关联个人和无关联的美国公民没有资格获得 NSF 的直接资助。在上述组织中，高校及学术联盟是 NSF 的主要资助对象，接受总资助经费的 75%~80%。

2）ERC

ERC 的不同类型基金的申请条件有所区别，如表 4-2 所示，其申请条件主要基于研究者所处的职业生涯阶段进行划分，获得博士学位大于 2 年且小于等于 7 年的研究者和获得博士学位大于 7 年且小于等于 12 年的资深研究者均对应不同类型的资助体系。此外，ERC 也为重大研究问题设置了专门的协同基金项目。

表 4-2　ERC 各类型基金的申请人要求[①]

基金	申请人要求
启动基金	为获得博士学位大于 2 年且小于等于 7 年的优秀研究者提供支持。 研究者必须展示他们研究项目的突破性和可行性
巩固基金	为获得博士学位大于 7 年且小于等于 12 年的优秀研究者提供支持。 研究者必须展示他们研究项目的突破性和可行性
高级基金	为已经成为研究领袖并具有公认研究成果的杰出研究者提供支持。 研究者必须展示他们研究项目的突破性和可行性
协同基金	支持由 2~4 名主要研究者共同解决的研究问题，这些问题很难或无法由单独的研究者团队解决。协同基金项目应当能够在知识前沿取得重大进展。协同基金项目资助的转化性研究应具有成为全球领先研究的潜力。 主要研究者必须展示他们研究提案的突破性和可行性。 主要研究者还必须证明他们的团队可以成功地应对所提出的研究问题的复杂性

3. 项目评审

项目评审是基金管理的生命线，决定了"好项目能否被资助"和"被资助的是否是好项目"。评审规则往往受到基金申请人的高度关注，因而需要同时体现

---

① 参见：https://ec.europa.eu/info/funding-tenders/opportunities/docs/2021-2027/horizon/wp-call/2023/wp_horizon-erc-2023_en.pdf。

科学性和公平性。NSF 和 ERC 均对项目评审严格管理,并将具体的评审流程尽可能公开。NSF 和 ERC 的评审均通过同行评议的方式开展,由管理方根据具体项目在已形成的专家库中形成评审小组。其中,NSF 规定了两条核心评审标准,而 ERC 给出了唯一的标准。NSF 采取三轮评审,而 ERC 除协同基金外的其他基金采取两轮评审,对协同基金采取三轮评审。以下对 NSF 和 ERC 的评审标准、评审流程等进行介绍。

1)NSF

NSF 对申请项目采用价值评审(merit review)的方式进行评审。所有提案都需要同时通过以下两条评审标准:①智力价值(intellectual merit),指该项目推进对应领域或跨学科知识进步的潜力;②广泛影响(broader impacts),指该项目具有造福社会和实现具体的理想社会成果的潜力。具体而言包括五个要素:①项目在"智力价值"和"广泛影响"方面的潜力如何?②项目在多大程度上提出和探索创造性、原创性或潜在的变革性概念?③研究计划是否有理有据?是否有良好的评估机制?④个人、团队或组织开展项目的资格如何?⑤是否有足够的资源(无论是在所在组织还是通过合作)来开展项目?

在收到项目申请后,NSF 将开展项目审查,具体包括以下环节。①接收提案并选择同行评审员:收到提案后,计划官员进行初步审查,以确保符合 NSF 的要求[①]。如符合要求,NSF 将确定至少三名外部评审员来审查提案。评审员所属的组织、年龄分布和地区平衡将由 NSF 限定以保障公平性。②同行评审员评审提案:在评审中评审员需要着重考虑上述两个评审标准的五个要素。③项目官员分析评审意见并向部门主管给出建议:在科学、技术和方案审查完毕并经过综合考虑后,项目官员向部门主管提出进行奖励或拒绝奖励的建议。④部门主管审查:主管决定是否同意项目官员的建议,并给出最终意见。一般来说,项目官员倾向于推荐高风险、高回报并能扩大社会参与和影响的项目。

2)ERC

ERC 对初级资助、中级资助和高级资助的项目申请均通过一个高级别同行审查小组进行。在第 1 轮,审查小组会评估项目摘要以及主要研究者的研究经历,给出初步评估结果(A、B、C 三个等级)并选择部分提案进入第 2 轮评估(进入第 2 轮评估的项目总预算不超过最高限额的 3 倍)。在第 2 轮,对完整提案进行评估,给出评估结果(A、B 两个等级)。之后,项目的首席研究员将被邀请参加面试,就研究项目进行最终展示并就评审员的建议或问题进行回应。

协同基金的评审通过专门的评审小组进行,小组成员根据项目领域动态决定。

---

① 指符合 PAPPG Chapter Ⅱ.A 的"提案准备说明"与 PAPPG Chapter Ⅱ.B 的"提案格式"之要求,可参阅 https://www.nsf.gov/bfa/dias/policy/merit_review/phase2.jsp#select。

在第 1 轮，评审小组会评估项目摘要以及主要研究者的研究经历，给出评估结果（A、B、C 三个等级）并选择部分提案进入第 2 轮（进入第 2 轮评估的项目总预算不超过最高限额的 7 倍）。在第 2 轮，对完整提案进行评估，给出评估结果（A、B 两个等级）并选择部分提案进入第 3 轮（进入第 2 轮评估的项目总预算不超过最高限额的 7 倍）。在第 3 轮，ERC 会选择最具竞争力的一个项目，邀请其首席研究员进行面试，给出评估结果（A、B 两个等级）。

ERC 对于所有的主要资助都坚持科学卓越的唯一评价标准。评审员会从两方面评估项目的科学卓越性，包括研究项目的开创性和可行性以及首席研究员的学术创造力和学术承诺。

4.1.3　资助内容

在 4.1.2 节介绍两大基金管理流程的基础上，本部分从资助数量与力度、资助格局、选题内容等方面入手，进一步介绍 NSF 和 ERC 两大科学基金组织在资助内容方面的实践经验。相关统计资料均来自 NSF 和 ERC 官方网站。

1. 资助数量与力度

调研结果表明，NSF 和 ERC 对资助情况的公开程度有所区别。NSF 公开了具体到部门（divisions）层面的申请数、获批数的数据，而 ERC 仅仅公开了获批总量的数据，故以下分析将分别进行。

1）NSF 与 ERC 的资助数量

图 4-1 显示了 NSF 2018~2022 年 SBE 获批项目的总数。可以发现，近几年来 SBE 获批的项目数大致在 900 项浮动。2022 年最少，仅获批 770 项。SBE 获批项目占 NSF 所有获批项目的比例在 7%~9% 的区间上下浮动。2020~2022 年，SBE 的获批项目数与占比均呈现下降趋势。

ERC 在 2018~2022 年的实际资助情况如表 4-3 所示。该表显示了其对社会科学与人文科学（Social Sciences & Humanities，SH）[①]和其对"制度、治理与法律体系"（SH2-institutions，governance & legal systems）的资助的对比。结果表明，SH 在不同年份之间的资助项目数总体呈现稳步上升态势，仅在 2022 年表现出一定程度的下降，而 SH2 项目数的下降于 2021 年已经开始。总体而言，未发现 SH2

---

① ERC 资助共 3 个大类（类似于国家自然科学基金中的"学部"），分别为 Life Sciences（生命科学，LS）、Physical Sciences & Engineering（理学与工学，PE）和 Social Sciences & Humanities（社会科学与人文科学，SH）。每个大类（domain）下设数量不等的分组（panel），文中所述 SH2- institutions，governance & legal systems 即其中一个分组。

和 SH 的平均资助金额之间存在显著差异。

图 4-1　SBE 2018~2022 年获批数与比例

表 4-3　SH 与 SH2 的受资助情况

年份	SH			SH2		
	项目数/项	资助额/百万欧元	平均资助金额/百万欧元	项目数/项	资助额/百万欧元	平均资助金额/百万欧元
2018	247	437	1.77	49	86	1.76
2019	245	434	1.77	47	85	1.81
2020	271	486	1.79	51	92	1.80
2021	284	518	1.82	31	59	1.90
2022	237	430	1.81	32	56	1.75

注：ERC 数据更新于 2023 年 10 月 5 日

2）NSF 与 ERC 的资助力度对比

表 4-4 进一步比较了 NSF 的 SBE 模块与 ERC 的 SH 模块的资助力度。总体而言，SBE 获批项目的平均资助金额自 2018 年至 2022 年基本呈上升趋势，由 23.51 万美元提升至 32.31 万美元，五年以来增长了 37.43%。与 ERC 相比，NSF 的平均资助金额明显偏低。

表 4-4　2018~2022 年平均资助金额（NSF&ERC）

项目	2018 年	2019 年	2020 年	2021 年	2022 年
ERC/万欧元	177	177	179	182	181

续表

项目	2018 年	2019 年	2020 年	2021 年	2022 年
NSF/万美元	23.51	26.47	23.34	27.71	32.31

注：NSF 数据更新于 2023 年 10 月 15 日

2. 资助格局

资助格局主要指资助机构对不同领域研究的资助结构。与上文一致，本部分主要关注 NSF 和 ERC 对与宏观管理与政策学科最为相近的学科领域（即 SBE 和 SH）的资助格局的差异。

1）NSF

如前文所述，SBE 内部可分为 BCS、SES、NCSES 和 SMA。图 4-2 显示了全部 SBE 获批项目中这四个部门（或中心、办公室）各自所占的比例。可以发现，BCS 和 SES 呈现出双足鼎立状态，SES 的占比略逊于 BCS，为 40%左右。这也表明了 NSF 在管理科学方面的主要关注点。其余两个部门重要性较低，SMA 占比约 10%，NCSES 占比很低，在部分年份甚至没有获批项目。

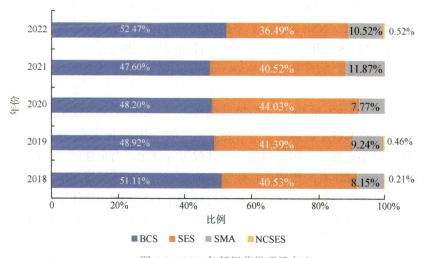

图 4-2　SBE 各部门获批项目占比

注：图中百分比由于经过四舍五入，合计可能不等于 100%

2）ERC

图 4-3 呈现了 2018~2022 年 ERC 在 SH 和 SH2 模块的资助总额以及 SH2 在 SH 中所占比例的变化。从资助额来看，2018~2020 年 SH2 在 SH 中的占比基本稳定在 19.5%上下，2021 年出现较大幅度下降，为 11.39%，2022 年略有提升，为 13.02%，但仍低于 2018~2020 年的水平。考虑到 SH 共有 7 个分组，可以认为在

2018~2020 年，SH2 这一分组在 SH 中的重要性处于平均偏上水平；而 2021~2022 年，其重要性处于平均偏下水平。

图 4-3　SH 与 SH2 的受资助总额和比例

根据上述数据可以得到以下三个结论。首先，NSF 和 ERC 均对宏观管理与政策学科的相关议题进行资助，但相关资助在 NSF 和 ERC 中所占份额都相对较小。其次，与 ERC 相比，NSF 资助了更多的研究项目，对研究领域的划分也更加细致具体。最后，与 NSF 相比，ERC 对单个项目的资助力度更强。

3. 选题内容

前文展示了 NSF 和 ERC 在资助数量与力度、资助格局方面的主要特点，本部分具体分析两大科学基金在资助选题方向上的特点。与国家自然科学基金不同，NSF 资助的许多选题不突出管理学、公共政策等概念，而是强调"基础"属性，从自然科学或基础学科的角度（如数学、神经科学等）理解管理学问题，典型案例包括从认知科学的角度研究个人之间的局部互动是否影响集体决策的"人类群体中的自组织和集体决策"（Self-Organization and Collective Decision-Making in Human Crowds）项目等[①]。与此同时，也有部分选题符合一般意义上宏观管理与政策学科的关注命题。例如，"集体决策和地方公共产品提供：实验证据"（Collective Decision Making & Local Public Good Provision：Experimental Evidence）利用随机对照实验，研究参与和公共利益有关的决策是否有助于民众增加参与公共物品投资的意愿[②]。

---

① 项目详细信息参见 https://www.nsf.gov/awardsearch/showAward?AWD_ID=1849446&HistoricalAwards=false。

② 项目详细信息参见 https://www.nsf.gov/awardsearch/showAward?AWD_ID=2018011&HistoricalAwards=false。

与 NSF 不同的是，ERC 将社会科学与人文科学共同作为关注领域，类似于我国大学教育中的"文科"。因此，在获得 ERC 资助的诸多课题中可以发现更多与宏观管理与政策学科更加吻合的标题和关键词。比如，由都柏林大学（University College Dublin）的 Lacey Joseph（莱西·约瑟夫）主持的"选举活动中的道德代理"（Moral Agency in Election Campaigns）（2023 年获得资助，资助额为 150 万欧元），由来自以色列巴伊兰大学（Bar-Ilan University）的 Kaplan Yotam（卡普兰·约塔姆）主持的"不当得利与公共政策"（Unjust Enrichment and Public Policy）（2023 年获得资助，资助额为 116 万欧元）等。

4.2　本学科国内资助的定位比较

在分析同类科学基金开展管理学相关领域资助的国际经验的基础上，本节进一步关注国内宏观管理与政策相关领域的资助定位问题。前文已经提及，"双重交叉性"是宏观管理与政策学科的重要特征，其中一重交叉是自然科学与社会科学的交叉。基于这样的特性，我国同时设置了国家自然科学基金和国家社会科学基金两大体系对宏观管理与政策的相关学科进行资助，其中，国家自然科学基金的资助主要集中在 G04 代码下，而国家社会科学基金的资助主要集中在"管理学"类别中。

国家自然科学基金与国家社会科学基金对于宏观管理与政策研究均有资助的现象引发了一些重要问题，如国家自然科学基金与国家社会科学基金资助的管理学项目有何不同？是否存在重复资助问题？如何划定国家自然科学基金与国家社会科学基金资助范围边界？如何确定国家自然科学基金对宏观管理与政策研究的资助定位？

本节试图在比较两大科学基金对宏观管理与政策研究进行资助的管理过程和具体资助项目内容的基础上，对上述问题进行尝试性解答，进一步厘清国家自然科学基金下宏观管理与政策的资助定位，从而服务于"十四五"时期宏观管理与政策学科发展战略与学科结构优化。

4.2.1　管理过程比较

管理科学作为自然科学和社会科学的交叉学科，受到了国家自然科学基金与国家社会科学基金的共同关注。在 1986 年国家自然科学基金委员会成立之初，就设立了管理科学组，面向全国开始受理与自主管理科学的项目申请，1986 年资助面上项目 26 项，经费达到 48.8 万元。1996 年经中央机构编制委员会批准，国家自然科学基金委员会管理科学组升级为管理科学部。管理科学部成立之初，主要资助管理科学与工程、工商管理和宏观管理与政策。"十三五"期间，将经济管理从宏观管理与政策中独立出去，形成了目前四个代码的资助格局。其中宏观管理与政策学科以公共管理的基本理论为基础，主要涉及公共领域管理与政策实践所反映出的带有普遍规律与共同特点的科学问题。

国家社会科学基金项目设立于 1986 年，于 2009 年开始正式增设管理学科，于 2010 年开始受理课题申报，侧重于资助我国经济社会管理中的理论和实践问题研究。尽管国家社会科学基金中，管理学科设立较晚，但从历年获得资助的数量看，在 23 个学科中，获得资助数量一般仅次于应用经济学和法学。

从资助体系格局来看，国家自然科学基金和国家社会科学基金存在较大差异。国家自然科学基金形成了探索、人才、工具、融合四位一体的体系完整的资助格局。探索项目系列以获得基础研究创新成果为主要目的，着眼于统筹学科布局，突出重点领域，推动学科交叉，激励原始创新；人才项目系列立足于提高未来科技竞争力，着力支持青年学者独立主持科研项目，培育优秀人才团队；工具项目系列主要着眼于加强科研条件支撑，特别是加强对原创性科研仪器研制工作的支持，开拓研究领域，催生源头创新；融合项目系列面向科学前沿和国家需求，聚焦重大基础科学问题，推动学科交叉融合，推动领域、行业或区域的自主创新能力提升。具体而言，国家自然科学基金宏观管理与政策由于学科特点所限，并不涉及工具类项目，主要项目类型包括面上项目、重点项目、重大项目、青年科学基金项目、优秀青年科学基金项目、国家杰出青年科学基金项目、创新研究群体项目、地区科学基金项目、国际（地区）合作研究与交流项目和应急管理项目等。

相较于自然科学研究对象的确定性，社会科学研究对象本身的变动更为剧烈，因此国家社会科学基金形成了"根据经济社会发展变化和哲学社会科学发展需要，进行适时调整和不断完善"的资助体系。国家社会科学基金对宏观管理与政策学科的主要资助类型包括以下几方面。①重大项目资助中国特色社会主义经济、政治、文化、社会和生态文明建设及军队、外交、党的建设的重大理论和现实问题研究，资助对哲学社会科学发展起关键性作用的重大基础理论问题研究。②年度项目，包括重点项目、一般项目，主要资助对推进理论创新和学术创新具有支撑作用的一般性基础研究，以及对推动经济社会发展实践具有指导意义的专题性应用研究。③青年项目资助培养哲学社会科学青年人才。④后期资助项目资助哲学社会科学基础研究领域先期没有获得相关资助、研究任务基本完成、尚未公开出版、理论意义和学术价值较高的研究成果。⑤中华学术外译项目资助翻译出版体现中国哲学社会科学研究较高水平、有利于扩大中华文化和中国学术国际影响力的成果。⑥西部项目资助涉及推进西部地区经济持续健康发展、社会和谐稳定、促进民族团结、维护祖国统一，弘扬民族优秀文化、保护民间文化遗产等方面的重要课题研究。⑦特别委托项目资助因经济社会发展急需或者其他特殊情况临时提出的重大课题研究。

相较而言，国家社会科学基金无论是重大项目、年度项目、中华学术外译项目还是后期资助项目，都以成果为核心和评价依据。与之形成对比，国家自然科学基金的资助除了重视成果创新外，也重视系统的人才队伍培养建设，从青年科学基金到优秀青年科学基金再到国家杰出青年科学基金，形成了完整的人才培养路径。同时，国家自然科学基金在自主过程中也重视学科基础设施和研究团队的建设，形成了以创新研究群体为代表的学科集群，发挥了连点成线、以线带面促进学科整体繁荣的作用。

从申请管理看，国家自然科学基金和国家社会科学基金对宏观管理与政策的资助管理也存在较大差异。国家自然科学基金以"实现前瞻性基础研究、引领性原创成果重大突破，增强我国源头创新能力和夯实世界科技强国建设的根基"为目标。国家自然科学基金聚焦基础、前沿、人才，注重创新团队和学科交叉，为全面培育我国源头创新能力做出了重要贡献，成为我国支持基础研究的主渠道，在申请评审过程中，强化分类资助，将科研活动按科学属性分为"鼓励探索、突出原创，聚焦前沿、独辟蹊径，需求牵引、突破瓶颈，共性导向、交叉融通"四种不同类型，在每年度的《国家自然科学基金项目指南》（以下简称《项目指南》）中不设选题目录，鼓励科研工作者探索创新，充分尊重科研工作者自主性，发挥科研工作者能动性，适应基础科学发展的基本规律。

国家社会科学基金则以"坚持以重大现实问题为主攻方向，坚持基础研究和应用研究并重，发挥国家社科基金示范引导作用，加快构建中国特色哲学社会科学，为党和国家工作大局服务，为繁荣和发展哲学社会科学服务"为指导思想，结合党和国家大政方针，在项目相关的申报说明中拟定了项目选题供申请人选择申报。尽管在国家社会科学基金中允许申请人在给定题目之外自拟题目申请，但访谈中发现，无论是项目申请人还是评审专家，都认为在实际评审过程中还是以给定选题为主。

在评审管理中两基金也存在一定差异。在宏观管理与政策的项目评审过程中，两基金都采用两阶段评审，即"通讯评审+会议评审"的形式。在通讯评审过程中，两基金都采用同行评议方式。国家社会科学基金在遴选通讯评审人时通常选择在专业领域内具有一定学术成就、具有高级专业职称的专家，评审专家库相对固定。国家自然科学基金的通讯评审人则是从此前获得资助的申请人中遴选，职称和学术声望并不是主要选拔因素，因此相较于国家社会科学基金，国家自然科学基金的评审专家库动态更新速度更快。

具体评审过程中，国家社会科学基金采用的是双盲评审，而国家自然科学基金采取的是单盲评审，允许评审人知晓申请人情况。从评审规则的差异可以进一步看出国家自然科学基金的育人导向，对于项目的评审不仅仅是看申请书和项目内容，更注重申请人本身的各种条件，单盲评审有助于评审人进行综合评价，而国家社会科学基金的双盲评审则反映出更加重视项目本身内容的倾向。

访谈过程中，国家自然科学基金的申请反馈机制受到申请者的普遍认可。与国家社会科学基金仅告知申请结果不同，国家自然科学基金除了告知自主决定外，还会向项目申请人反馈通讯评审意见。结合访谈调研信息，申请者认为国家自然科学基金反馈评审人意见有助于申请人改进申请书质量，有助于促进共同体交流，有助于提高项目研究成功率，也有助于提高项目评审的公信力。申请者提到申请本身就是一种成长和提高。

从结项管理上看，国家社会科学基金在结项上是要求必须完成申报时所列的全部任务，而国家自然科学基金则在结项过程中，在有充分理由的情形下，对研究任务的要求可以做适当降低。这体现出国家自然科学基金对科学研究失败的宽容和对科学规律的尊重。3.2 节曾基于 SSCI 论文发表情况对国家自然科学基金的资助成效进行分析。如果进一步纳入国家社会科学基金的资助进行考察，如图 4-4 所示，2010~2019 年，中国研究者共发表 SSCI 期刊论文 46 007 篇，其中标注国家自然科学基金资助的有 20 994 篇，标注国家社会科学基金资助的有 2402 篇。其中，前 5%高被引论文 3275 篇，标注国家自然科学基金资助的有 1809 篇，标注国家社会科学基金资助的有 227 篇；前 1%高被引论文 629 篇，标注国家自然科学基金资助的有 335 篇，标注国家社会科学基金资助的有 55 篇。以上数据表明，受国家自然科学基金资助的 SSCI 论文在数量和质量上均有较为明显的优势。

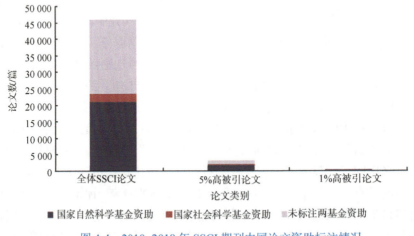

图 4-4　2010~2019 年 SSCI 期刊中国论文资助标注情况

4.2.2　资助内容比较

除了管理过程以外，两基金的资助内容在实践中也存在较大的差异。为了控制两大基金在资助格局上的总体差异，本书只考察国家自然科学基金和国家社会科学基金中的相似类别，即国家自然科学基金中的重点项目、面上项目和青年科学基金项目以及国家社会科学基金中的重点项目、一般项目和青年项目。

以上比较方式的选择主要有以下几方面的考虑。首先，上述项目具有较强的对应关系。国家自然科学基金重点项目"支持从事基础研究的科学技术人员针对已有较好基础的研究方向或学科生长点开展深入、系统的创新性研究，促进学科发展，推动若干重要领域或科学前沿取得突破"，面上项目则"支持从事基础研究的科学技术人员在科学基金资助范围内自主选题，开展创新性的科学研究，促进各学科均衡、协调和可持续发展"；国家社会科学基金将重点项目和一般项目均归类为年度项目，主要资助"对推进理论创新和学术创新具有支撑作用的一般性基础研究，以及对推动经济社会发展实践具有指导意义的专题性应用研究"。国家自然科学基金和国家社会科学基金都专门设置了培养青年人才的青年项目，因此上述六类项目在设置目的、资助对象方面存在较强的可比性。其次，除了相似性外，上述六类项目在国家自然科学基金和国家社会科学基金中的资助数量较多，构成两基金资助的主体部分。因此，对重点项目、面上项目（一般项目）和青年项目（即国家自然科学基金的青年科学基金项目和国家社会科学基金的青年项目）开展比较研究能够较好地说明国家自然科学基金和国家社会科学基金的资助异同。

为了比较国家自然科学基金和国家社会科学基金对宏观管理与政策的资助内容的异同，本书从资助数量、资助格局、选题内容、特色理论视角、特色研究方法五个方面开展比较。其中，资助数量和资助格局是对项目外部特征进行比较，而选题内容、特色理论视角与特色研究方法则深入项目内部，考察两基金在具体研究内容上的偏好差异。其中，关于资助数量和资助格局的研究主要运用频次统计等描述性方法，关于项目选题的比较主要采用文本分析方法。

本书基于获得国家自然科学基金资助和获得国家社会科学基金资助课题的项目标题构建文本集，通过比较两基金资助项目名称的主题的异同，揭示两基金资助的主题异同。选择项目标题作为文本来源主要有两点考虑。一是项目标题能够反映研究主旨。通常在申请项目资助时，申请者会慎重拟定项目标题，高度凝练研究内容和研究主题，因此，使用项目标题考察资助主题差异具有较高的效标效度。在承认标题中提取项目的理论视角和研究方法这一做法存在局限的基础上，需要指出的是标题中提取项目的理论视角和研究方法也具有独特的分析优势。正如上文所述，项目申请者在申请项目时会对标题进行反复斟酌，因此，只有当申请者认为理论视角或研究方法可能是研究亮点和研究特色时，理论视角或研究方法才会出现在标题中。换言之，项目标题中的理论视角或研究方法是被筛选出来的特色方法。因此，比较这些特色方法反而能够更好地说明两基金的差异。因此，本书中由两名博士研究生分别独立从两基金资助项目名称中提取该研究的理论视角以及可能使用的研究方法，两人编码一致性为 93.2%，编码具有较高的信度和效度。二是数据可得性的限制。由于国家自然科学基金和国家社会科学基金项目申请书与项目摘要均属不予公开的过程性资料,因此在可及数据范围内,只能选择项目标题来反映项目选题差异。

在具体分析技术上,本书采用 TF-IDF(term frequency-inverse document frequency,词频-逆文本频率)方法对标题进行分析。具体而言,提取获得国家自然科学基金资助的项目的名称和获得国家社会科学基金资助的项目的标题,形成两个文本集。对两个文本集分别使用 TF-IDF 方法,从而识别关键主题,并对这些关键主题进行排序。通过比较两组文本关键主题的重合程度、计算重合主题顺序的相关系数,对两组研究主题差异进行比较。

为了更好地对两基金资助内容进行比较,本部分进一步拓展了比较的时间周期,数据采集范围为 2010~2019 年获批的国家自然科学基金资助的宏观管理与政策重点项目、面上项目和青年科学基金项目,以及获得国家社会科学基金资助的管理学重点项目、一般项目和青年项目[①]。

1. 资助数量比较

由于国家社会科学基金未公开项目的具体资助金额,本书以比较两大基金的资助项目个数作为替代。表 4-5 和表 4-6 分别呈现了国家自然科学基金宏观管理与政策学科资助数量情况和国家社会科学基金管理学资助数量情况。

表 4-5　国家自然科学基金宏观管理与政策学科资助数量情况　　　　单位:项

年份	重点项目	面上项目	青年科学基金项目	总计
2010	4	104	60	168
2011	5	131	113	249
2012	7	163	132	302
2013	3	177	146	326
2014	6	163	159	328
2015	6	170	161	337
2016	5	181	178	364
2017	6	182	195	383
2018	6	215	208	429
2019	7	221	215	443
总计	55	1707	1567	3329

---

① 为保证行文流畅,后文中涉及"国家自然科学基金管理学项目"或"国家自然科学基金管理学资助"等内容时,不加特殊说明时一般均指其对宏观管理与政策学科的资助。

表 4-6　国家社会科学基金管理学资助数量情况　　　　单位：项

年份	重点项目	一般项目	青年项目	总计
2010	18	109	83	210
2011	11	113	116	240
2012	14	138	125	277
2013	16	167	161	344
2014	29	218	78	325
2015	25	224	79	328
2016	24	221	75	320
2017	28	270	77	375
2018	28	294	53	375
2019	34	300	76	410
总计	227	2054	923	3204

分析结果表明，2010~2019 年，国家自然科学基金和国家社会科学基金对于管理学资助数量差异不大，三类可比项目资助数分别为 3329 项和 3204 项。从变化趋势上看，两大基金在宏观管理与政策相关领域的资助数量都呈现出上升趋势，两者无论在总体数量、分年度资助数量还是变化趋势上均不存在显著差异。

2. 资助格局比较

尽管从数量上看，国家自然科学基金和国家社会科学基金对于管理学资助数量差异不大，但是二者在资助格局上存在一定差异。图 4-5 展示了资助格局的分析结果，通过国家自然科学基金和国家社会科学基金管理学三类项目的资助比重

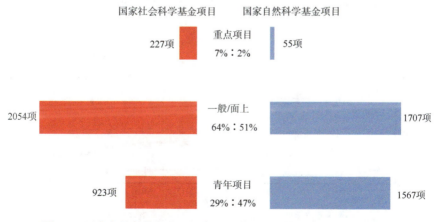

图 4-5　国家自然科学基金和国家社会科学基金管理学三类项目的资助比重

进行呈现。结果表明，无论是国家自然科学基金还是国家社会科学基金，三类项目资助数量都呈现出纺锤形，即重点项目最少，面上（一般）项目最多，青年项目次多的情形。国家自然科学基金重点项目的绝对数量（55项）显著低于国家社会科学基金重点项目（227项），占比差异较为悬殊（2%：7%）。一般项目与面上项目的比较情况也较为类似。但在青年项目层面，国家自然科学基金青年科学基金项目的绝对数量（1567项）要明显高于国家社会科学基金青年项目（923项）。

结合两大基金三类项目的不同定位与功能，本书认为以上结果反映出，国家自然科学基金管理学项目中更加重视长期人才培养与研究梯队建设的任务目标，而并不过度关注重点项目和面上项目带来的短期研究成果。

为了对上述资助格局的差异进行考察，本书进一步对资助格局进行分年度的分析，结果如图 4-6 与图 4-7 所示，反映出了国家自然科学基金和国家社会科学基金管理学三类项目的资助比重的年度变化。分析结果表明，国家自然科学基金管理学面上项目和青年科学基金项目的比重差异总体上呈现出缩小的趋势，甚

图 4-6　国家自然科学基金宏观管理与政策三类项目的资助比重年度变化

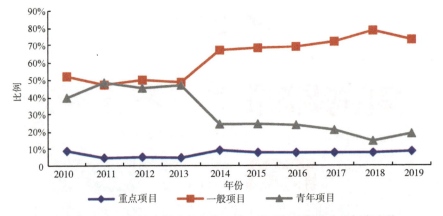

图 4-7　国家社会科学基金管理学三类项目的资助比重年度变化

至在 2017 年还出现了青年科学基金项目数量占比反超面上项目的情况，而国家社会科学基金则恰恰相反。早期国家社会科学基金管理学一般项目和青年项目的比重差异不大，而在 2013 年后，二者差异急剧扩大，并且这种较大的比重差异一直保持稳定。2010~2013 年，两大基金三类项目的资助结构并没有明显差异，但在 2013 年之后，两大基金青年项目与面上（一般）项目比重曲线呈现出完全不同的趋势。国家自然科学基金两类项目的差异急剧缩小，而国家社会科学基金两类项目的差异则迅速扩大，两基金的资助导向出现了系统性差异。这一发现进一步印证了前文国家自然科学基金更加重视长期人才培养与研究梯队建设的结论。

3. 选题内容比较

前文已经提到，由于数据可得性等条件的限制，本书对于两大基金资助项目选题内容的比较主要在标题层面进行，其中可能存在幸存者偏误等系统性误差，但已经是目前研究能力范围内所能实现的最大努力。本部分分别对获得国家自然科学基金和国家社会科学基金资助的项目名称进行 TF-IDF 分析，提取关键词如图 4-8 所示。

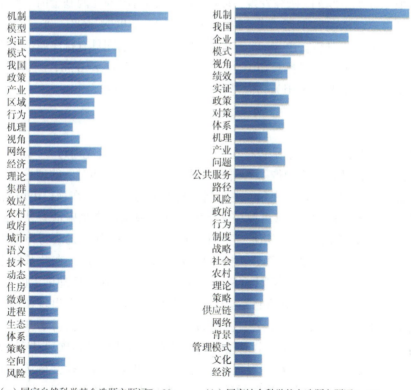

（a）国家自然科学基金选题主题词Top30　　（b）国家社会科学基金选题主题词Top30

图 4-8　国家自然科学基金和国家社会科学基金资助项目名称主题词分析

分析结果反映出两大基金获批项目三个方面的共同特性。一是研究目标趋同。"机制""视角"始终位于首位或前列，反映出两基金的共同目标是探索规律、理论创新。二是研究范式趋同。"实证"等词语在标题中频繁出现，反映出实证主义研究范式在管理学中日益占据主导地位，一定程度上回应了"国家自然科学基金研究是实证研究，国家社会科学基金研究是规范研究"的错误认识。三是研究驱力趋同。图 4-9 显示，国家自然科学基金和国家社会科学基金同年度获得的资助项目往往会出现"城镇化""生态"等相同的主题词，而这些主题词也往往与现实中的管理需求联系紧密，反映出两基金研究内容均受到现实需求拉动。这在一定程度上回应了"国家自然科学基金研究是纯理论导向，国家社会科学基金研究是应用导向"的错误观点。

将 2010~2019 年的项目名称运用 TF-IDF 算法进行整体分析，图 4-9 呈现的是排名前 20 的主题词分年度分析的结果（只展示了 2014~2019 年的），总体上进一步印证了上述三点结论。

为了对两基金主题词的差异进行定量的测度，本书考察了两基金项目标题中提取的前 100 个主题词。研究发现，共有 46 个词同时出现在两基金前 100 个主题词中，换言之，从前 100 个主题词看，两基金的相似度为 46%。进一步对这 46 个共同主题词进行分析。由于 TF-IDF 方法提取的主题词具有排序属性，因此，研究运用 Kendall 系数考察其相关性，发现二者相关系数 $\tau=0.38$，$p<0.01$。换言之，两基金研究主题显著相关，但是相关程度仅为中低度。

4. 特色理论视角比较

为了进一步回答两基金是否存在重复资助问题，本书首先通过多人独立作业、人工编码标注，从标题中提取了各研究所基于的理论视角和对话的理论。之所以从项目标题中提取特色理论视角，主要基于两点考虑。首先，在项目申请实践中，标题的重要性不言而喻，能够出现在标题中的理论视角通常是申请者认为具有创新性和重要性的特色理论。其次，受到数据保密要求限制，无法对申请书的摘要或全文进行分析。因此本部分从标题里提取特色理论视角，在此基础上试图比较国家自然科学基金和国家社会科学基金管理学项目在特色理论上的差异。

在国家自然科学基金资助的 3329 个管理学项目中，标题中出现理论视角或主要对话理论的项目共有 721 个，占比为 21.66%；在国家社会科学基金资助的 3204 个管理学项目中，标题中出现理论视角或主要对话理论的项目共有 475 个，占比为 14.83%。上述差异在一定程度上反映出，相较于国家社会科学基金管理学项目，国家自然科学基金管理学项目对于理论的重视程度更高。进一步对标题中出现的理论进行分析，发现二者交集中仅有 35 个理论，其余更多表现为理

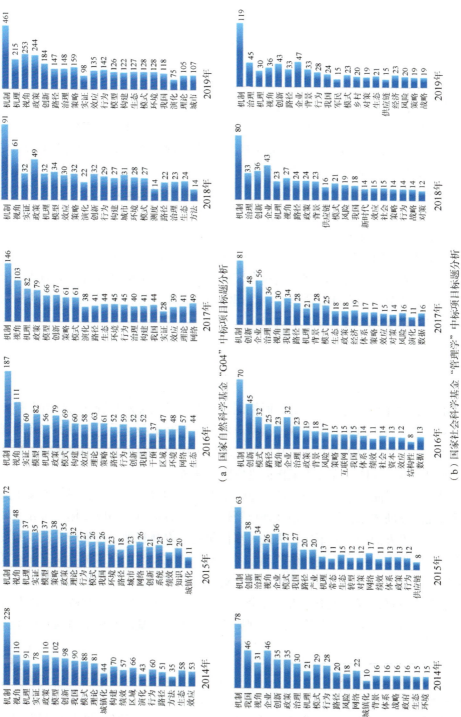

图4-9　国家自然科学基金和国家社会科学基金资助项目名称主题词分年度分析

论视角的差异①。

5. 特色研究方法比较

与特色理论视角的分析类似，本书通过多人独立作业、人工编码标注，从标题中提取了各研究所采用的特色研究方法。在国家自然科学基金资助的 3329 个管理学项目中，标题中出现具体实证方法的共有 242 个，占比为 7.27%；在国家社会科学基金资助的 3204 个管理学项目中，标题中出现具体实证方法的共有 72 个，占比为 2.25%。上述差异在一定程度上反映出，相较于国家社会科学基金管理学项目，国家自然科学基金管理学项目对于方法的重视程度更强。进一步对标题中出现的方法进行分析，发现二者交集中仅有社会网络分析、专利分析、大数据与数据挖掘、抽样调查等 6 个方法。

上述结果表明，在 6000 余项研究中，两基金相同的特色研究方法仅为个位数量级，这表明两基金特色研究方法重合度较小。仅仅基于标题来看，本书认为国家自然科学基金和国家社会科学基金管理学项目具体方法存在差异，这反映出两大基金在研究技术路线上具有不同。

4.3 本 章 小 结

在第 3 章详细分析"十三五"时期国家自然科学基金宏观管理与政策学科资助情况和成效的基础上，本章跳出国家自然科学基金本身，以一种更加宏观的视角，基于比较案例的研究范式，从国际经验和国内定位两个方面开展研究，为后续开展的学科布局体系优化等工作提供借鉴和参考。

国际比较层面，本章系统梳理和总结了 NSF 和 ERC 对宏观管理与政策相关领域研究的资助体系格局、申请及评审管理、资助数量与格局以及热点研究领域和理论关切等方面的经验事实，为进一步优化我国宏观管理与政策研究领域的资助体系布局工作提供了有益的借鉴和参考。本章研究发现，全球主要国家和地区的主流科学基金在关注自然科学的同时，对宏观管理与政策相关领域的研究进行资助已屡见不鲜，围绕人类行为与社会组织，促进技术发展的公共政策，以及社会、经济、政治、文化、环境因素如何影响公众生活等基础性科学命题开展了大

---

① 这 35 个理论视角为：知识溢出、机会不平等、有限理性、社会网络、社会流动、社会资本、低碳、社会治理、心理契约、共生理论、复杂系统、关系营销、创新网络、创新问题解决理论、高质量发展、包容性增长、生态文明、模块化、政策网络、合作博弈、低碳经济、利益博弈、协同创新、价值共创、双向嵌入、吸收能力、全球价值链、可持续发展、超网络、脆弱性、价值链、利益相关者、生命周期、政策工具、异质性。

量的研究工作，社会创新、社会包容性等前沿议题也日益得到了科学基金的关注，相关基金在宏观管理与政策相关领域的布局也日趋完善。与此同时，不同国家和地区的主流科研基金针对宏观管理与政策学科的"双重交叉性"也选择了不同的资助侧重点。例如，NSF 更加关注宏观管理与政策领域的更具有基础性的相关研究议题，注重资助研究者探索人类社会行为的心理和生理机制等基础性命题。ERC 和地平线欧洲计划等更加关注资助的应用属性，致力于通过跨学科的行动对社会及政策制定产生实质影响，以应对社会转型、健康发展、生态保育、气候中和、智慧城市等领域的宏大战略使命，并通过科学研究将社会同公民需求更好地连接起来。国家自然科学基金的整体定位则介于两者之间，同时兼顾了宏观管理与政策领域相关问题的"基础"与"应用"属性。三者共同构成了本学科科学基金资助的多样化路径。

国内比较层面，宏观管理与政策学科同样具有自然科学和社会科学的交叉属性，为此也形成了国家自然科学基金和国家社会科学基金共同资助本领域研究的整体格局。本章系统考察了 2010~2019 年两大科学基金相似类型项目的资助情况、选题重点、理论视角、方法路径等特征，发现两大基金所资助的研究项目出现了不同维度上"趋同"和"趋异"并存的特征。"趋同"层面，两大基金 2010~2019 年资助规模的总体变化趋势相近，所资助的项目均是在实证主义范式下，以追寻因果关系为目标的具有现实关切的管理学项目，相关项目的选题日益广泛地受到现实需求的牵引。"趋异"层面，与国家社会科学基金相比，国家自然科学基金更加强调人才培养和研究梯队建设的长期功能，同时更强调理论要素在研究选题中的重要性，也更强调具体实证研究方法的应用。因此，本书认为，总体上国家自然科学基金和国家社会科学基金形成了差异化定位，不存在明显的重复资助现象。

第 5 章　本学科代表性研究领域进展评述

本章关注本学科代表性领域近年来的研究进展，其中对于代表性研究领域的遴选主要遵循三个逻辑。一是聚焦学科理论基础。前文已经提到，宏观管理与政策学科以公共管理学为理论基础，同时在实践中，公共政策与公共管理往往存在很强的关联性，公共政策为公共管理指引了目标方向，公共管理为公共政策提供了具体的执行手段。因此，本章首先将公共管理与公共政策作为一个整体性领域进行综述。

二是关注相关学科和宏观管理与政策学科的关联性。在国家自然科学基金的学科体系中，作为管理科学部下设的一级学科，宏观管理与政策学科包含 15 个二级学科代码，彼此间研究对象存在较大差异，且与其他学科甚至学部存在交叉（如健康管理与政策等二级学科代码与医学科学部等的研究存在交叉）。对照国务院学位委员会、教育部颁布的《研究生教育学科专业目录》，宏观管理与政策学科与应用经济学、环境科学与工程、公共卫生与预防医学等一级学科存在交叉，但其中也有公共管理学、信息资源管理等一级学科完全属于宏观管理与政策学科。特别地，作为公共管理一级学科新设立的二级学科，应急管理也完全属于宏观管理与政策学科。因此，本章重点综述了应急管理、信息资源管理两个学科。

三是相关学科在宏观管理与政策学科中的代表性。借助本地化的 Web of Science 论文大数据，本书第 2 章对于 2009 年到 2019 年间宏观管理与政策学科各方向的产出情况进行了系统性计量分析。研究结果表明，九大主要学科方向中，仅有资源与环境管理学科在论文规模、学术影响力和高被引论文三个方面均位居全球首位[①]。因此，本章也将其作为本学科的代表性研究领域进行评述。综上所述，第 5 章选择"公共管理与公共政策""应急管理""信息资源管理""资源与环境管理"等四个学科方向作为本学科代表性研究领域，对于其最新研究进展进行评述。在对各代表性领域的学科界定的基础上，总结当前研究趋势，并对未来研

---

① 需要说明的是，资源与环境管理是第 2 章基于文献计量的学科分类方式。由于邻近学科在文献计量过程中往往存在混淆，难以完全分离，第 2 章为保证文献计量的可操作性，对学科进行了二次聚类。具体到当前国家自然科学基金宏观管理与政策学科中，共有包含 G0411 环境与生态管理、G0412 资源管理与政策两个学科代码与资源与环境管理相关。为避免不必要的重复，本章以资源与环境管理作为统称。

究方向的发展进行展望。

5.1　公共管理与公共政策领域

1979 年 3 月，邓小平同志在党的理论工作务虚会上指出："政治学、法学、社会学以及世界政治的研究，我们过去多年忽视了，现在也需要赶快补课。"①响应邓小平同志的号召，老一辈学者积极为公共管理与公共政策学科的恢复重建鼓与呼。例如，1982 年 1 月 29 日，夏书章教授在《人民日报》刊发《把行政学的研究提上日程是时候了》一文，推动公共管理与公共政策学科的重建。四十多年来，中国的公共管理与公共政策学科在知识增长、理论建构、研究方法精进、实践应用等方面取得了显著成效。同时，公共管理与公共政策研究始终以服务国家重大战略需求为导向，注重理论创新与方法突破，在国家治理体系建设、行政体制改革、公共政策制定与创新、危机管理与风险应对等方面积极提供科学论证与决策参考，以务实的研究成果向公共部门提供参考性政策建议。

作为宏观管理与政策学科领域的基础研究，公共管理与公共政策研究对宏观管理与政策学科的知识发展和理论创新发挥着重要的作用。因此，本节针对"十三五"期间我国公共管理与公共政策领域所形成的研究趋势进行总结，并对未来研究方向进行展望。

5.1.1　本领域学科界定

从学科界定上，公共管理与公共政策在国务院学位委员会和教育部印发的《研究生教育学科专业目录》学科门类划分中属于"公共管理学"一级学科的范畴。其中，公共管理以公共部门的管理和组织为核心研究对象，重点关注公共组织的运作、领导力、人力资源管理、财务管理、政策制定和实施、项目管理等方面，旨在提高公共组织的效能和效率，为公众提供高质量的公共服务，并实现公共利益的最大化。公共政策则是一门研究公共政策的学科，侧重关注政策制定、实施和评估的理论、方法和实践。公共政策研究旨在理解政策制定和实施的过程，提供有效的政策建议，并评估政策的成效和影响。因此，公共政策的研究对象是政府制定的各种政策，包括社会政策、经济政策、环境政策、教育政策等。它关注政策制定的背景、政策问题的分析、政策目标的设定、政策选项的评估、政策工具的选择和实施、政策影响的评估等方面。

在新时代背景下，公共管理与公共政策领域被赋予了新的国家需求。国家治

---

① 《坚持四项基本原则》，https://fuwu.12371.cn/2012/06/11/ARTI1339401291043723_4.shtml，2012 年 6 月 11 日。

理体系和治理能力现代化已成为中国特色社会主义总体制度下国家制度建设的主要目标和重大政治任务，也是我国公共管理与公共政策研究应当回应的核心时代命题。2013 年 11 月 12 日，中国共产党第十八届中央委员会第三次全体会议通过了《中共中央关于全面深化改革若干重大问题的决定》，将全面深化改革的总目标确立为完善和发展中国特色社会主义制度，推进国家治理体系和治理能力现代化①。2015 年 10 月 29 日，中国共产党第十八届中央委员会第五次全体会议公报明确将"国家治理体系和治理能力现代化取得重大进展"列入全面建成小康社会的目标要求②。2018 年 12 月 18 日，习近平总书记在庆祝改革开放 40 周年大会上发表讲话指出："前进道路上，我们必须坚持以新时代中国特色社会主义思想和党的十九大精神为指导，增强'四个自信'，牢牢把握改革开放的前进方向。改什么、怎么改必须以是否符合完善和发展中国特色社会主义制度、推进国家治理体系和治理能力现代化的总目标为根本尺度。"③2019 年 10 月 31 日，中国共产党第十九届中央委员会第四次全体会议通过《中共中央关于坚持和完善中国特色社会主义制度　推进国家治理体系和治理能力现代化若干重大问题的决定》，首次通过一次中央全会专门探讨研究了国家制度和国家治理体系问题，并将构建职责明确、依法行政的政府治理体系确立为国家治理体系和治理能力现代化的主要内容。党的二十大报告把"国家治理体系和治理能力现代化深入推进"④作为未来五年我国发展的主要目标任务之一。新征程上，必须深入推进国家治理体系和治理能力现代化，把我国制度优势更好地转化为治理效能。

5.1.2　本领域研究趋势

1. 公共管理与公共政策领域整体发展趋势：从管理到治理

21 世纪，世界各国的公共管理实践普遍经历了"从管理到治理"的范式转变，"治理"（governance）成为全球公共管理实践的主要范式，并收获了一定的成效。这一范式主要体现在以下两个大的方面：一方面，在政府治理的整体格局上，世界各国政府着力营造协同治理或合作治理（collaborative governance）格局（Emerson and Nabatchi，2015）。例如，在公共服务领域的新技术普及推广过程

---

① 参见《人民日报》2013 年 11 月 16 日第 1 版文章：《中共中央关于全面深化改革若干重大问题的决定》。

② 参见《广元日报》2015 年 10 月 30 日第 1 版文章：《中国共产党第十八届中央委员会第五次全体会议公报》。

③ 《在庆祝改革开放 40 周年大会上的讲话》，http://www.81.cn/jfjbmap/content/1/2018-12/19/02/2018121902_pdf.pdf，2018 年 12 月 19 日。

④ 参见《人民日报》2022 年 10 月 26 日第 1 版文章：《高举中国特色社会主义伟大旗帜　为全面建设社会主义现代化国家而团结奋斗》。

中，美国联邦政府机构、州立法机构、州政府、公用事业公司、环境保护组织、消费者合作构建了新技术实施的多中心治理结构，替代单一的决策主体发号施令。在合作决策的基础上，政府与社会进一步开展合作生产（coproduction），日本地方政府、志愿组织和社区居民合作维护京都街道的案例即是合作生产的典型体现。另一方面，响应治理范式要求，全球各国政府普遍启动机构改革，强化政府的问责性（accountability）与响应性（responsiveness）。例如，在组织结构上，美国联邦政府专门设立了全国突发事件管理系统，强化政府部门对突发社会问题的响应能力（薛澜和朱琴，2003）；在管理流程上，许多国家的地方政府构建起循证式公共服务外包模式，强化证据对公共服务外包效果的反应，各种形式的新技术强化了公众的问责能力。近十年全球范围兴起了政府数据开放（open government data）运动，并倒逼政府机构改革，推动政府流程再造（government process restructure）（董新宇和苏竣，2004；姜晓萍，2006）。

　　我国公共管理与公共政策实践近年来始终围绕国家治理体系和治理能力现代化这一全面深化改革方向，从行政机构改革、宏观经济管理、公共服务、社会治理等多个维度展开（杨开峰，2021）。在党的领导贯彻到党和国家所有机构履行职责全过程的基础上，我国政府机构改革始终坚持转换政府职能、整合部分职能相似的部门，减少国务院下设组成部门到 26 个。同时，坚持市场在资源配置中起决定性作用和更好发挥政府作用的总原则，持续开展"放管服"改革，创新监管、优化营商环境，建设人民满意的服务型政府。我国各级政府广泛开展了治理创新活动，以建设服务型政府、营造合作治理格局。为响应中央的"放管服"改革，"最多跑一次""一次办好"改革在浙江、陕西、山东等地兴起，力求最大限度地降低民众和企业的办事成本。以"小政府、大社会"为指导理念，上海等地着力建设合作治理新格局，引入社会力量参与基层社会管理和服务功能，进行社区治理的创新。此外，在中央政府的政策引导下，我国各地加速政府数据开放平台建设，省、市级数据开放平台数量持续增长，成绩斐然。

　　学者的关注重点与现实世界的变迁方向一致，治理已成为全球公共管理学术研究的核心议题。其中，央地关系、公共服务、行政组织、官僚系统始终是国际公共管理学界的主要研究主题（朱旭峰和朱亚鹏，2023）。一些新的关注点也逐渐浮现，包括治理导向下的政府改革与创新、响应性政府建设以及公众参与，特别是新技术支撑下的治理创新，如数字治理（digital governance）以及公众基于数字技术的参与（e-participation）（戴长征和鲍静，2017）。

　　同时，由于市场与社会主体广泛地进入公共服务等各项治理事务中，各国公共管理研究者对治理格局下的政策执行（implementation）、公共服务供给（service delivery）、城市规划（urban planning）、项目管理与监控（program management and monitoring）、绩效评估（performance evaluation）等问题展开广泛探讨，并讨论合作治理情境下的政府责任(敬乂嘉,2014)。特别在最近几年,问责成为全球公共管理学界在政府治理问题上的研究热点。同时,合作治理的新格局带来了行政机构改革的新问题,学者围绕匹配治理要求的行政组织设计、央地政府关系以及横向政府间网络的构建展开了广泛讨论(王浦劬,2016;石晋昕和杨宏山,2019;朱旭峰和吴冠生,2018)。

我国公共管理学界紧密围绕中国政府治理的现实需求,并取得了一定的理论突破与发展,国家治理、精准扶贫、社区治理、社会管理、城市治理等议题成为研究热点。在国际发表方面,"十三五"期间中国公共管理学界的整体影响力显著上升,2020年,中国SSCI研究论文数占全球论文数的比例达到5%,基本赶超德国、持平荷兰,并且是发表论文占比唯一出现明显增长的国家(史晓姣和马亮,2022)。在国内,近年来,公共管理研究回应了政府治理的许多现实实践难题与热点问题,也同时获得了学科的大发展,公共管理在《中国社会科学》《管理世界》等国内顶级期刊发文总量快速提升。伴随着政府治理实践的变迁,我国公共管理的研究主题也逐步实现从管理到治理的转向,研究主体从单一中心主体扩展到多中心主体(秦上人和郁建兴,2017)。多主体公共治理格局中的主体权责边界与职能功能成为热点研究对象之一。同时,"公共危机管理""应急管理"等议题也在最近几年的我国公共管理研究中高频出现,学者广泛探究危机管理中的政府社会协同治理规律与新技术应用方法,这一研究趋势随着新冠疫情的发生而进一步得到强化(彭宗超等,2020)。

2. 公共管理与公共政策研究内容发展趋势:基于多层次与复杂关系的探讨

虽然长期围绕中国的公共管理与公共政策特别是政府治理与政策过程开展研究,但当前公共管理与公共政策的研究在内容上已经表现出新的发展趋势,这一发展趋势体现在研究对象日益体现从宏观到微观的层次性,分析视角趋于结构性、动态性与整体性的复杂关系视角(Geyer and Cairney,2015)。具体来说,有以下表现。

对于公共管理研究而言,在宏观层面注重探讨政府部门组织结构及优化规律以及多治理主体参与的协同机制,构建中国特色国家治理体系内中央与地方政府关系的分析框架,分析纵向层级对横向协同机制产生、运作以及治理绩效的因果影响,发现不同层级的政府部门间以及多治理主体间关系、结构与行为的影响因素和所带来的结果(黄萃等,2015;李文钊,2018);在中观层面紧扣乡村治理、互联网治理、技术治理、应急管理、全球治理等治理领域,研判复杂环境下政府治理的行为、模式与绩效,理解面对具体的复杂环境下政府治理的规律特征、博弈关系、动力机制与制度环境;在微观层面,一方面注重挖掘转型期政府治理行为的特点、影响因素及效果,特别是多种制度结构下政府官员的动机与行为特点,另一方面需要从微观层面解构政府治理的要素结构,理解政府治理工具之间的耦合性与有效性（郭跃等，2020）。

对于公共政策而言，在工具层面，关注单一政策工具发展到关注多个政策工具交互的政策组合，以此探究不同的政策工具对于实现政策目标所共同发挥的作用以及政策工具之间的协调性与互动性（江亚洲和郁建兴，2020）；在主体层面，从关注政策过程中单一主体的影响力到关注多个政策主体之间形成的政策网络，特别强调基于社会网络分析、系统仿真等计算社会科学方法探究政策主体之间所构成的网络整体性特征及演变规律；在影响机制方面，从关注人对政策的影响到关注政策的反馈效应，通过关注过去的政策给政策主体所带来的资源效应与解释效应，进而以此作为理解长周期政策变迁的基础（郑石明和薛雨浓，2023）；此外，行为科学的兴起推动公共政策研究开始关注政策过程中微观个体的认知模型与思维决策的规律，关注公共政策对微观个体观念与行为的型塑效应与触发机制（郭跃等，2020），以此更为全面地理解公共政策的概念、性质与功能。

3. 公共管理与公共政策研究视域趋势：基于人类命运共同体的全球治理研究兴起

当今世界正经历着百年未有之大变局，新科技革命和产业变革深入发展，国际形势的不稳定性与不确定性更加突出，政治、经济、社会等领域不可预见的"黑天鹅""灰犀牛"事件不断发生，给全球治理带来了重大挑战，也凸显出公共管理与公共政策研究对于推动构建人类命运共同体的历史使命（蔡拓，2016；高奇琦，2017）。因此，公共管理与公共政策的研究视域需要从国内走向国际，探讨基于人类命运共同体的全球治理问题。全球治理是全球化时代国际公共管理的新发展，它丰富了国际公共管理的内涵，体现了国际社会的公共事务管理中对原有以国别为基础模式的突破，而且以多元主体为特征的全球治理理念恰好满足了国与国之间相互依赖程度加深对国际公共事务管理应以合作与协商的互动模式开展的客观要求（薛澜和俞晗之，2015；Weiss，2016）。然而现有的公共管理与公共政策的研究尚未充分扩展到全球治理的视域下。因此，亟须从公共管理与公共政策的视角，探讨国家、区域组织、政府间国际组织、企业、非政府组织、社交媒体以及个人等在全球事务中扮演的角色及其相互关系以及所形成的全球治理机制，并讨论国际公共政策的议程设置、政策制定、政策执行、政策终结、政策变迁等政策过程问题，进而实现基于人类命运共同体的公共管理与公共政策理论框架构建。

4. 公共管理与公共政策研究范式趋势：基于计算社会科学和实验主义的范式转型

同其他社会科学的基础研究一样，追求因果推断与因果关系是公共管理与公共政策研究的核心。过去十年，大数据与人工智能技术的结合，实现了对个体行为与全样本的聚合分析，为科学研究提供了精准的数据和计算实验平台，重建了科学预测的可能性，促进了学科之间的融合，推动了计算社会科学作为一个独立的交叉性新兴研究领域的兴起（孟小峰和张祎，2019；Lazer et al.，2020）。在大数据的影响下，公共管理与公共政策的研究方法与技术路线逐渐从有限检验向仿真实验转型、从小数据 "验证逻辑" 到大数据 "发现逻辑" 转型，从 "问题导向" 的学科研究向 "事件导向" 的跨学科研究转型（张小劲和孟天广，2017；苏竣等，2020）。此外，自然科学与社会科学的融合趋势进一步加强，强化计算社会科学，越来越多的研究开始使用计算机模拟、人工智能、复杂统计、社会性网络分析等新的途径，将公共管理与公共政策作为复杂巨系统进行研究，以此打破传统因果推断外部效度缺乏的局限（黄萃等，2015；Yi et al.，2018；Winsberg，2010）。

此外，过去十年，公共管理与公共政策研究中开始运用实验法来验证因果关系，实证研究逐步从相关关系发现转为因果关系验证，而实验研究是揭示因果关系的主要办法。原因在于，在随机分组的受控实验之中，检测出的因变量的变化可以归因为实验操作在自变量上实施的干预或操控，这种因果关系需要满足时间顺序、非虚假相关、理论支撑等条件。在实验方法的推动下，一种 "实验主义治理" 的研究范式开始兴起（马亮，2015；张书维和李纾，2018；苏竣等，2020；Grimmelikhuijsen et al.，2017）。然而值得注意的是，随着实验技术手段不断发展，社会实验作为可以通过持续性、系统性观测，进而积累海量实证数据的研究方法，对于揭示真实世界中的公共管理与公共政策规律具有重大范式意义。

5. 公共管理与公共政策研究活动趋势：本土化与国际化结合

在科学属性与国家需求的推动下，中国公共管理与公共政策的研究活动也日益呈现出本土化与国际化相结合的趋势。一方面，越来越多的学者开始基于中国的话语体系构建公共管理与公共政策理论，实现理论的本土化叙事，并积极把论文写在祖国大地上（薛澜和张帆，2018；何艳玲，2020）；另一方面，公共管理与公共政策研究的国际化程度与日俱增，这表现为研究议题与研究团队日趋国际化（Wang et al.，2018；Yan et al.，2020）。更重要的是，基于中国本土叙事的公共管理与公共政策研究的传播国际化程度不断加强，越来越多的中国公共管理学者不断在国际舞台讲好中国公共管理与公共政策的故事。

5.1.3 本领域未来研究方向展望

1. 基于中国治理实践的政策科学与政府管理基础理论研究

传统上我国政策科学与政府管理领域强调应用对策研究，出现了单纯追求应用目标的倾向。大量研究止步于概念界定、现象描述、对策分析，往往囿于对政策或行政经验的描述，因而缺乏对政策科学与政府管理基础理论的回应与发展。然而，对于政策科学与政府管理研究而言，基础理论的重要性不言而喻。西方学者发展出的大量公共政策基本理论模型和政府管理理论框架对学科发展和政治实践都产生了重大影响。因此，为了在讲好中国故事的基础上提炼具有普遍意义的政策科学与政府管理一般规律，本方向聚焦于"基于中国治理实践的政策科学与政府管理基础理论研究"，主要包含如下两个方面。

首先，本方向着重强调对学科基础理论的回应、批判、发展和整合。目前政策科学与政府管理中的诸多理论模型、分析框架尚未臻于完善，不少理论或存在逻辑瑕疵，或受到无法解释的现象的挑战，因此对理论的深化仍存在研究空间；多种理论模型和分析框架碎片化程度严重，亟须整合以进一步贴近日新月异的社会现实，因此对理论整合也存在研究空间。基于此，对于目前已有的政策科学与政府管理基础理论仍需进一步加以研究。其次，本方向重点关注的基础理论是基于中国治理实践形成的政策科学与政府管理基础理论。目前基于西方国家治理实践形成的政策科学与政府管理基础理论是建立在自由主义国家观、多元主义民主、政治行政二分等理论预设基础上的。但无论是政策科学还是政府管理，都具有高度的情景化特征。因此，这些已有理论能否刻画、解释并指导中国治理实践，能否反映中国治理的一般规律，仍是需要进一步讨论的问题。与此同时，从中国的治理实践中能否提炼出不同于西方实践但又具有普遍规律性的新概念和新命题，也值得进一步研究。该方向的典型科学问题举例如下。

（1）中国治理实践中的多主体参与机制。其具体包括中国治理实践中的不同层级政府、企业、社会组织、公众等多主体参与机制、行为以及制度环境等。本议题旨在进一步探索如何实现公共治理中政府、市场与社会之间的合理分工与有效合作，理解背后的国家与社会、公共部门与私人部门、正式制度与非正式制度之间在公共治理中的相互作用关系，研究公共政策参与者的博弈机制和互动关系。

（2）中国治理实践中政策工具选择与组合规律。其具体指在包括政策工具的科学分类研究的基础上，挖掘政策工具的选择与组合的一般规律，并在理论上需要对后发国家、市场转型国家政府的政策工具选择与组合的原因、动力、绩效等规律以及中国治理实践中的政策工具选择与组合等一般规律进行讨论。

（3）中国治理实践中政府治理结构与政策过程的耦合规律。其具体指探讨治理工具或政策工具的选择与组合及其背后的政策过程机制与政策主体互动关系，并基于上述研究进一步探讨中国背景下政府治理结构对于政策过程的影响机制，以及公共政策的制定与执行对于政府治理变革的反馈效应。

（4）协同范式下公共部门的组织协同机制以及组织绩效管理问题。其具体是指协同思想指导下，如何重新理解公共管理中的核心关键问题，如组织管理架构、组织内部激励机制、组织问责方式以及组织绩效评估。重点关注协同范式下政府部门的组织协同机制以及组织绩效管理两个大方面。探讨在我国已有的纵向行政层级结构下，横向政府部门之间的协同关系与形成机制，以及影响横向协同治理效果的因素、推动协同治理的公共政策体系。

2. 面向未来智能社会治理的公共政策理论与实践研究

随着新一轮科技革命和产业革命深入发展，大数据、云计算、物联网、人工智能等新一代信息技术手段与工具深刻改变着全球经济发展、国家治理、社会运转和公众生活。在政府治理与公共政策领域，一方面，公共管理与政策部门能够方便、全面地获取社会治理决策所需的相关信息，并实时掌握管理与服务对象的行为数据，从而实现决策与管理的科学化、精准化；另一方面，大数据环境下，开放的高价值公共数据与信息平台使得公众、私人部门、社会组织能够方便地参与治理决策、评估治理效果。在此背景下，智能社会治理将替代传统的政府治理模式，成为未来全球公共管理实践的主要方向。以习近平同志为核心的党中央高度重视我国的智能社会治理，党的十九大报告中明确提出"提高社会治理社会化、法治化、智能化、专业化水平"[①]。2021年3月，《中华人民共和国国民经济和社会发展第十四个五年规划和2035年远景目标纲要》中再次强调要"适应数字技术全面融入社会交往和日常生活新趋势，促进公共服务和社会运行方式创新，构筑全民畅享的数字生活"，为新时期我国社会治理的发展路径确定了方向。

当前，我国正处于由传统社会治理体系向智能化社会治理体系转型的关键阶段，对公共管理与政策治理理念、治理模式与治理手段提出重大变革挑战的同时，也对信息化环境下技术社会的转型问题提出了迫切需求。宏观管理与政策学科应该把握时机，顺应时代发展需求，深入研究面向智能社会治理的深层次科学问题，不断拓展学科发展空间和方向，使我国在科技与社会治理交互领域实现新一轮提质增效。本节认为，"面向未来智能社会治理的公共政策理论与实践研究"方向，应该重点关注研究科技变革人工智能社会实验的理论与方法问题，利用社会实验的研究方法，对人工智能应用给社会带来的影响进行持续性、系统性观测，积累海量实证数据，揭示人工智能推动社会变革的因果机制，构建智能社会研究理论框架；另外，优先研究技术社会风险评估与治理的理论与方法，探讨技术风险如何通过作用于微观机制进而对技术扩散与制度变迁产生影响。该方向的典型科学问题举例如下。

（1）人工智能社会实验。其具体指利用社会实验的研究方法，选取城市治理、

---

① 参见《人民日报》2017年10月28日第1版的文章：《决胜全面建成小康社会 夺取新时代中国特色社会主义伟大胜利》。

数字乡村、医疗健康、教育、养老、生态保护等人工智能重点应用场景，对人工智能应用给社会带来的影响进行持续性、系统性观测，积累海量实证数据，揭示人工智能推动社会变革的因果机制，推动智能化时代社会治理体系和治理能力现代化。

（2）智能技术对社会治理的影响。其具体指研判智能技术引致政府治理模式突破性变革的理论基础、现实问题和基本逻辑，构建新智能时代政府形态与治理模式的思维方式，大力开展智能技术推动政府组织变革与治理创新研究、智能技术赋能公共服务创新的机制与绩效研究、智能技术平台企业参与社会治理背景下的政府治理模式创新研究、智能技术应用背景下的公共数据治理研究与智能技术推动社会治理转型等基础问题的研究。

（3）基于循证与计算的公共政策决策。其具体指通过研究公共部门特别是政府如何提升数据收集的效率和质量，运用大数据智能化分析技术，对形成的数据仓库进行联机分析和挖掘建模，揭示数据当中隐藏的历史规律和前瞻性预测，汇集成包括客观证据和主观证据、专家证据和公众证据的大证据库，为公共政策制定者提供智能方案抉择。

（4）颠覆性技术推动产业升级的机制与政策。其具体指开展颠覆性技术推动产业升级的作用对象、作用机理研究，挖掘颠覆性技术推动产业技术升级、市场升级、政策升级的作用机制。并在此基础上，结合若干产业的实证研究，探索有利于加快颠覆性技术推动我国产业升级的政策组合。

（5）技术社会风险评估与治理研究。其具体指开展新兴技术发展的社会风险形成及影响机理研究，揭示城市公众对于新兴技术的风险感知倾向和接受程度；建立一套完备的、科学的与新兴技术发展相适应的、与中国实际情况相结合的社会风险评估技术方法；加强新兴技术发展的社会风险治理研究，促进城市治理体系与治理能力的现代化。

3. 面向复杂系统问题的中国政府治理与政策科学研究

当前，随着人民需求多元化、各类组织边界模糊化、科学技术革新化等趋势纵深演进，多领域知识交互的复杂系统性政策问题加速涌现，且呈现由单一、静态、常态向复杂、动态、应急演变的态势。一方面，政策问题的形成往往突破传统的地域界限、层级界限、领域界限、学科界限，涵盖差异化的政策知识，涉及多元主体的利益诉求，多要素在特定时点、特定情境下发生耦合突变，且扩散速度快、波及范围广。另一方面，政策问题往往随着政策情境的不同而不断变化，系统性政策问题受到环境的动态影响，使得基于特定手段的准确预测和精准控制越来越难以实现。尤其是随着新一轮科技革命与产业变革的兴起，新兴技术带来的管理变革和经济社会风险，催生了一系列复杂系统性政策问题。源于复杂系统性政策问题所具有的"跨界性""动态性""连锁性"等特征,需要探索动态情境下基于多目标、多工具、多主体、多层级、多过程、多领域的适应性治理方案。

为此,有必要立足于系统视角,聚焦政策设计理论开展新的探索,关注差异化政策要素之间的互动模式与状态特征、如何消弭领域"跨界"导致的政策要素交互风险、系统内外差异化政策场景中组合的动态调整与演变以及如何将新型政策设计理念与方法融入政府治理逻辑与实践等理论问题,进一步探索如何立足于中国话语体系,将丰富的中国改革场景和更多的本土元素融入新型政策设计研究框架,开展系统深入的理论和实践分析。基于此,本节提出"面向复杂系统问题的中国政府治理与政策科学研究"作为未来中国公共管理与公共政策研究领域的重要研究方向,以复杂性系统为突破点,探讨新的政策设计理念与模式(理论问题)以及适应性的政府治理逻辑与策略(实践问题)。典型科学问题如下。

(1)面向复杂系统问题的政策设计理论与方法。其具体指立足于复杂系统问题的"跨界性""动态性""连锁性"等特征,重点聚焦传统政策设计理论与方法面临的新挑战,尝试基于政策组合的视角,进一步拓展和丰富政策设计内涵、框架、优化与效果评估等研究内容,探索跨学科领域研究理念与方法的融合,构建面向复杂系统问题的适应性政策设计理论体系,切实指导政府治理实践。

(2)面向乡村振兴的政府治理与政策体系。其具体指立足于现阶段相对贫困的多维性、复杂性、隐蔽性等内在特征,聚焦如何实现巩固拓展脱贫攻坚成果与乡村振兴的有效衔接,探索"产业兴旺、生态宜居、乡风文明、治理有效、生活富裕"战略目标下如何处理跨领域的复杂治理问题,如何实现土地政策、人才政策、金融政策、社会保障政策等多领域政策的"组合拳"效应,以及如何促进多元主体的有效协同,切实提升乡村振兴行动效率等问题。

(3)促进高质量可持续发展的政府治理与政策体系。其具体指聚焦高质量可持续发展目标多维性、领域广泛性、主体多元性等特征,尝试构建发展动力、质量、效率与公平的适应性耦合机制,探索如何实现环境、能源、农业、教育、医疗等多领域政策的有效协同,以及如何将兼顾治理主体多元性、治理过程合作性、治理成果共享性的包容性治理理念融入高质量可持续发展政策制定与执行过程等问题。

(4)推进健康中国建设的政府治理逻辑与政策过程。其具体指立足于健康中国战略布局,重点聚焦公共卫生体系构建,关注财政、药监、科技、体育等多部门的协调互动机制,探索如何将新型公共卫生职能定位融入财政、教育、卫生健康、环境保护、食品安全等领域的具体政策及其制定过程,以及如何构建与经济社会发展、财政状况和健康指标相适应的信息共享、人才培养、医防协同等适应性配套机制。

(5)重大公共危机情境下的政府决策模式。其具体指立足于风险社会动态性、复杂性和不确定性背景，关注重大危机情境下政府决策感知、决策生成和决策执行机制的重构，决策环境、决策结构、决策单元、决策过程和决策结果的整合，以及相应的政府角色与功能定位，探索构建面向韧性治理的公共部门危机学习机制、多元决策主体的协作机制、数字技术融合嵌套机制。

（6）推动科教融合人才培养模式的政策体系。通过重点聚焦科技创新与人才培养的双向互动机制，以科教融合贯通基础教学到高等教育的人才培养全链条。一方面，关注如何打造有效提升区域创新能力的适应性教育政策体系，例如如何推动区域科普信息化建设、青少年科技创新教育以及高等教育如何融入科技创新体系；另一方面，关注如何发挥科技创新政策在人才培养中的积极作用，例如如何通过科技评价政策实现人才培养体系的优化。此外，还应探索实现产业链、创新链和人才培养链融合发展的有效治理模式。

（7）数字社会中的新型政府治理逻辑与政策体系。通过聚焦数字社会新机遇、新挑战，关注数字社会中政府管理模式、运行机制和治理方式的变革及其内在机制，探索如何引导和推动数字技术与农业、教育、医疗、养老等领域的深入融合，如何推进数字政府建设，实现公共服务便民化、社会治理精准化、经济决策科学化，以及如何塑造适应性的风险预警和防控体系。

（8）面向区域协调发展的政府治理体系。通过聚焦当前区域协调发展中的痛点、堵点问题，重点关注政府治理体系的优化路径，探索如何将区域一体化深度发展融入"双循环"新格局构建，如何实现科技创新与区域协调发展的双向良性互动，如何为开拓区域高质量发展重要动力源提供适应性政策环境，以及如何发挥政府在协调合作主体间互动中的积极引导作用等问题。

4. 人类命运共同体理念下的全球治理与政策体系研究

随着人类命运共同体的构建，宏观管理与政策学科不能只聚焦于国内问题，而是需要将研究范围进行扩展，讨论开放环境中的全球治理问题及其与国内公共管理和政策体系的交互。全球化进程的纵深发展打破了国际事务和国内事务的边界，如气候变化、环境污染、疾病传播、金融危机、恐怖主义、互联网安全、贫困治理等公共问题日益突出，没有一个国家可以置身事外。这些问题与风险困扰着世界各个国家和地区的发展，也深刻地作用于各个国家的公共政策和治理过程，对公共管理和决策体系的价值理念、决策过程、政策工具选择和决策结果提出了新的挑战和新的要求。

从公共管理与公共政策的角度，本节提出"人类命运共同体理念中的全球治理与政策体系研究"这一重要研究方向。本节认为应该关注国家、区域和全球层面的不同类型主体，为了应对超越国家范畴的问题与挑战而进行的政策决策和政策调试，以及为了推动国际公共事务的管理而参与的国际公共政策制定过程。在此基础上，应该关注多层次治理模式下的政策协同、不同治理模式下的政策评估和监管以及公共政策的跨国转移和学习机制。具体来说，未来需要重点关注全球政策制定和公共治理的基础理论、具体议题、治理主体、规则体系、治理过程等多层次问题；优先研究人类命运共同体构建中的可持续发展、消除贫困、全球卫生安全、跨国移民应对等引发的管理理论和科学问题；积极探索面向深海、极地、太空、网络等新兴场域的治理理论与实践问题，以及国内政策与全球治理的协调问题；持续关注的具体议题还包括全球经济治理、全球安全治理、全球科技治理等。该方向的典型科学问题举例如下。

（1）面向全球公共问题的政策制定及治理的基础理论研究。依托政策科学研究，构建基于过程和工具视角的国际公共政策基础理论，包括：全球政策制定的阶段分析，如议题塑造、规范建立、标准设定、治理行动的实施与调整、治理有效性评估等；全球政策决策的理论模型，比如理性行为模型、渐进模型、多源流模型、倡议联盟、间断平衡模型等；应对不同全球治理议题的政策工具的选择、组合和时序等；全球政策制定的多元主体研究，包括国家、区域组织、政府间国际组织、企业、非政府组织、社交媒体、公民社会组织以及政策企业家等在全球公共管理和公共政策制定中的角色及其相互关系。

（2）多层次、多中心治理模式下的政策和管理协同机制。包括全球或者区域多层次治理结构的形成机制，不同层次的治理结构下的利益表达机制、资源依赖关系和治理方式；包括不同议题领域内政策网络的形成和演化机制，不同治理主体之间的权责划分和交互行为；包括协同治理模式的识别和解释，如协同方式、协同强度、协同效果、协同形成原因、协同持续的动力、影响协同有效性的因子，以及协同关系对治理效果的影响等；包括具有外部性效应的政策和治理实践的跨国协同，比如跨区域的水资源管理、环境污染管理、人口流动管理、网络安全管理等；包括特定议题领域的政策，如防疫政策和碳定价政策等在全球层面的政策连接和政策协调。重点关注在百年未有之大变局下，全球权力变革所引发的经济、安全、环境、科技和网络等领域的巴尔干化趋势及其带来的治理挑战。

（3）应对全球公共问题的政策的执行和监管机制研究。包括民族国家和政府不同议题领域下全球政策执行的追踪、评估；包括国际组织、企业和非政府组织以及公民社会等对全球政策和治理的响应与参与行为；包括全球和区域政策在国内层面的内部化过程，尤其是基层官僚对于全球和区域公共政策的理解和响应行为；包括不同全球治理模式（如"自下而上"和"自上而下"的模式）下的政策执行和监管机制的探索；包括提升不同主体政策执行绩效的创新性制度和机制设计。重点关注全球经济治理、气候治理、卫生治理、环境治理等领域的政策执行机制和监管机制研究。

（4）公共政策的跨国转移和扩散机制研究。包括公共政策制定的价值理念，尤其是公平、绿色、包容、性别等西方政策价值的跨国转移过程；包括政策工具和组合的跨国转移过程与影响因素研究；包括南北政策转移和南南政策转移机制与模式的比较分析；包括后发国家在政策跨国转移过程中的行为模式、政策学习机制以及政策转移对国家治理能力的影响；包括不同行为主体在推动政策跨国转移和扩散中的作用机制；包括通过比较研究，对国家之间的政策趋同和趋异及其解释性因素进行探索。重点关注环境政策、气候政策、卫生政策、劳工政策等的跨国转移和扩散，以及我国的政策和标准在"一带一路"国家的转移与适用机制。

（5）国际组织的制度设计和管理优化研究。包括国际组织、国际政策方案的特征、功能和绩效评估，不同组织内部的项目执行机制设计和效果评估；包括国际组织绩效的差异及制度设计和执行层面的解释；包括就职于国际组织的国际公务员的管理、激励机制和追责机制研究。重点关注中国和新兴国家主导的国际组织、政策倡议或者组织内部项目设计的绩效评估，比如亚洲基础设施投资银行、中国气候变化南南合作基金等的运行机制、运行效果以及可能的优化路径。

（6）私人部门在全球政策制定中的参与模式和治理研究。包括跨国企业、行业协会、公民社会组织等在产业标准、环境标准、劳工标准等中的参与模式及权力机制；包括对于私人部门在国际规则制定中的认知、效率、效用和合法性评估。长期跟踪发达国家的跨国企业、行业协会、公民社会组织等在全球产业链塑造和重塑中的参与模式和作用机制。重点关注我国的企业、行业组织、非政府组织在全球标准和规则设置中的参与程度、参与模式以及可能的提升路径。

（7）国际公地治理模式与政策研究。围绕面向深海、极地、太空、网络等新兴场域的治理理论与实践问题，对全球治理语境下国际公地治理机制创新与中国参与路径优化的政策展开研究，有助于深化对公共治理内在本质的理论探讨，深化全球治理的理论研究，拓展我国公共管理与公共政策的学科范围。建议对国际公地治理的全球治理特性进行定位；以典型的治理现象为切入点，基于对现行国际公地治理机制的有效性评估，系统地探讨国际公地治理机制创新的动力与方略，深入系统地探讨以利益机制为核心的中国参与国际公地的治理动力机制等。

5. 中国公共管理与公共政策的微观行为基础与规律研究

近年来，行为科学在社会科学领域掀起了一股新的浪潮，经济学、工商管理与公共管理等学科纷纷在一般性理论与实证研究中嵌入来自行为科学的视角，越来越重视微观个体的认知与行为。行为洞见（behavioral insights）在全球范围内也逐渐进入了政府行政和政策制定的工具箱，如何通过研究微观个体的认知与行为提升政府治理水平与优化决策模式是公共管理理论研究者与实践者共同面临的重大问题。与此同时，在新时代技术变革的影响下，新媒体、新平台以及云储存等技术将人类社会带到了一个前所未有的大数据时代。每一个人无时无刻不在为社会贡献着海量的微观行为数据集，同时人工智能技术的蓬勃发展也为分析这些海量的行为数据集提供了可能性。作为一个有着深厚实验主义传统的政府，自改革开放以来，中国便不断采取分片试点、先行先试的政策实验方法。中国政府治理在实验主义影响下顺利地筛选出了一批有效率的公共政策，政府不排斥甚至偏好运用实验主义的手段去进行政策备选方案的选择。综上，在行为科学全方位渗透到政府治理与政策过程的浪潮下，中国政府利用行为科学提高行政水平具备客观便利和主观优势这两方面条件。

基于此，我们提出"中国公共管理与公共政策的微观行为基础与规律研究"作为公共管理与公共政策领域的重要研究方向之一，着眼于未来科技与社会不断发展的理论与现实背景，提出未来中长期内需要对中国公共管理与公共政策的微观行为基础与规律进行细致的探索与研究，最终实现行为科学指导下的政策设计与组织管理模式优化和基于行为数据与实验主义的决策模式调适。以下从行为公共行政、行为公共政策以及基于行为科学与实验主义的中国政府治理与决策模式三个角度提出亟待研究的科学问题，以期在开展行为公共管理研究的同时能进一步凝练对政府行政与政策过程有指导意义的科学知识。该方向的典型科学问题举例如下。

（1）公共组织管理部门间协作与部门内管理的微观个体观念和行为演化规律。从行为科学的角度出发，公共部门协作行为的实质是公共组织成员的决策行为与执行行为的集体化呈现。首先需要研究公共组织的成员在多重组织目标约束下的决策与执行行为习惯和行为规律，以及面对复杂的外部环境组织成员的协作策略偏好分布以及协作结果，其次研究正式制度和非正式制度的刺激对领导者的决策行为和协作决策偏好的影响及其机制。在上述研究的基础上，进一步研究部门间协作与部门内管理的微观个体观念与行为规律，探讨在公共组织行政活动中微观个体的观念与行为是如何在不同的正式制度与非正式制度刺激下产生行为改变和异化的。

（2）公共政策型塑公众个体认知与行为的机制及反馈效果研究。结合一般性政策科学知识，探索公共政策的各种因素如何影响与型塑微观个体的认知与行为，以及这种型塑效应在政策循环与政策子系统中扮演的作用。首先，识别出政策工具及组合对公众认知与行为具有的差异化型塑效果，发掘政策工具及政策工具之间耦合的行为效应；其次，关注微观个体观念与行为的外在制度的触发机制，还需要超越已有行为公共政策研究中政策工具的范畴去关注更为微观的动态叙事机制；在此基础上，理解公共政策对微观个体观念与行为的型塑效应在政策循环与政策子系统中的作用，进一步解剖公共政策除实现解决特定政策问题之外对于社会与人类发展的其他功能，有助于我们理解宏观政策变迁的微观行为基础。

（3）基于行为科学与实验主义的中国政府治理与决策模式。首先，应该关注政府如何基于行为科学的洞见进行政策设计和组织管理，从行为主义视角出发构建政策设计的微观行为基础框架；其次，基于方法论的视角探讨政府如何利用实验方法辅助科学决策的问题；最后，应该关注公共政策决策模式中如何基于行为数据辅助科学决策的问题，包括总结基层社会治理结构中个体的微观行为特征，从循证视角明晰政策议程推动机制的行为基础，建构社会治理中公民参与的行为方法论。

当前，我国经济、社会和法治环境走向完善，人民公共服务需求不断增长，市场和社会部门加速发展，数字化、信息化能力显著提升，服务型政府建设继续深化，使得公共服务协同治理的条件发生快速转型。以政府治理为主要内容及核心形态的国家治理体系和治理能力现代化，如今已成为中国特色社会主义总体制度下国家制度建设的主要目标和重大政治任务。因此，需要在这一特殊时期重新审视"政府治理与公共政策"的科学属性与国家需求，研判这一领域目前的发展趋势，既将这一领域视为公共管理乃至宏观管理与政策学科的"基础研究"，也将其当作新时代下公共管理学科乃至宏观管理与政策学科回应国家需求、服务国家战略的重要突破口，进而推动构建中国本土叙事风格的公共管理理论体系。

在中国共产党的带领下，中国发展的历史车轮已经开始向着全面建成社会主义现代化强国、实现第二个百年奋斗目标，以中国式现代化全面推进中华民族伟大复兴奋进。在推进国家治理体系和治理能力现代化中，要始终坚持以人民为中心的发展思想。这就要求中国的公共管理学术共同体在开展科学研究的过程中，不能仅仅以效率为导向关注政府治理的绩效以及公共政策的效果，要更多以人民为中心，关注政府治理与政策过程中人民的参与感、成就感、获得感与满足感。

5.2　应急管理领域[①]

近年来，应急管理实践发生了重大变化，对研究工作提出了新的要求，习近平总书记多次强调了总体国家安全观的重要性，并明确了在新时代国家安全工作方向性和全局性上所面临的重大问题，安全在整个政策议程中的重要性被提到了全新的高度。近年来，应急实务工作也有许多新的探索。以应急管理部成立为契机，国家开展了首次全国自然灾害综合风险普查，其规模之大在全球范围内都具有首创意义。此外，应急管理的事后调查工作范围也不断拓展，逐步从安全生产领域

---

① 本节主要内容由清华大学公共管理学院吕孝礼副教授团队提供，作者根据全书情况进行了部分调整。

拓展到自然灾害领域。

在紧密联系并适应与传统社会已大不相同的管理情境与时代背景下，公共安全与危机管理已经成为我国宏观管理与政策研究中不可或缺且越来越重要的组成部分。《公共管理学科发展战略：暨公共管理"十三五"优先资助领域研究》一书将公共安全与危机管理归为公共管理学科"十三五"发展布局的优先资助领域之一。据该书的调查，公共安全和危机管理研究在全国 MPA 院长和政府部门建议优先资助领域的打分排名（不考虑专家熟悉度）中，均列第二位。在"十三五"期间，相关高校以公共管理、管理科学与工程、灾害学、公共卫生、安全科学与工程等为基础推进了应急管理、国家安全等相关学科建设，并取得了一定进展。

为了总结领域的发展情况，本节梳理了"十三五"期间应急管理学科建设情况，回顾了该领域国内主要研究成果，旨在描绘领域进展并指出未来发展趋势。

5.2.1 本领域学科界定

1. 应急管理学科定义

应急管理学科是宏观管理与政策学科下的一门多学科交叉融合的应用型学科，它以公共突发事件应急管理活动为研究对象，通过科学研究探寻应急管理规律，为应急管理实践提供智力支持，并培养能掌握突发事件防控所需的有关专业理论知识，具有专业素质和能力，能在相关政府、企业、高校、公益组织等从事应急管理相关理论研究和管理实践的高级专门人才。

2. 应急管理学科发展历程

2003 年的抗击"非典"事件，催生了我国应急管理体系建设。"非典"之后，国家陆续出台了《国家突发公共事件总体应急预案》（2006 年）、《中华人民共和国突发事件应对法》（2007 年）等预案和法律法规，逐步形成以"一案三制"（"一案"为应急预案，"三制"为应急机制、应急体制和经济法制）为核心的应急管理体系。在此基础上，应急管理作为一个专业方向在部分高校逐步设立。

在本科教育方面，河南理工大学 2005 年开始了公共安全管理专业的招生，该专业是全国第一个以应急管理为专业方向的本科专业；暨南大学于 2009 年正式挂牌成立了全国首家应急管理学院，设立了应急管理本科专业。此外，中国劳动关系学院（2005 年）、防灾科技学院（2006 年）、华北科技学院（2017 年）等高校也相继开展了应急管理方向的本科培养工作。2018 年，教育部增设本科防灾减灾科学与工程专业、应急技术与管理专业①，2019 年增设本科应急管理专业，武汉理工大学申报的应急管理本科专业成功获批，是"十三五"期间教育部批准的首个应急管理本科专业②。教育部学校规划建设发展中心联合应急管理部宣传教育中心指导国育华可智慧科技有限公司共同启动"应急安全智慧学习工场（2020）"项目，并于 2020 年 3 月遴选出滁州学院、大连交通大学、防灾科技学院等 19 所高校③，开展应急安全智慧学习工场暨应急管理学院建设。

在研究生教育方面，国内一些重点高校也逐步依托公共管理和其他学科开展了应急管理方向的研究生教育。清华大学在北京市支持下，于 2004 年依托公共管理学院建立了应急管理研究基地，在公共管理学科中开展应急管理方向上的科学研究与研究生培养；南京大学于 2005 年建立社会风险与公共危机管理研究中心，并将社会风险治理作为主要的科学研究和人才培养方向；北京师范大学于 2006 年建立减灾与应急管理研究院，主要以地理科学和灾害科学为基础开展研究生教学和研究；武汉理工大学于 2005 年起在管理科学与工程一级学科博士点下设置公共安全与应急管理二级学科博士点，开展硕士、博士、博士后的培养工作；四川大学于 2011 年建立灾后重建与管理学院，将灾害恢复与重建作为重点领域，结合灾害科学开展了相关的研究与研究生教育。2020 年 4 月，国务院学位委员会推进了在部分学位授予单位自主设置应急管理二级学科的工作。20 所试点高校自主设置了应急管理二级学科，试点名单之外的北京航空航天大学等高校也自主设置了应急管理二级学科，也有学校在交叉学科门类资助设置了相关学科。截至 2023 年 7 月，已有北京大学、中国人民大学、清华大学等来自全国 15 个省区市的 21 所高校试点设置了应急管理二级学科。与此同时，MPA 应急管理方向得到强化，全国公共管理专业学位研究生教育指导委员会于 2020 年 6 月 24 日发布了《关于加强应急管理专业方向建设的通知》，要求加强应急管理专业方向建设④。清华大学等多所高校也进一步明确了 MPA-应急管理的招生和培养方向。近年，上海交通大学、西安交通大学、北京师范大学、兰州大学、华南理工大学等高校于"十三五"期间先后成立了应急管理相关的研究和教学机构，持续开展应急管理研究，包括上海交通大学应急管理学院、国家安全研究院，北京师范大学国家安全与应

---

① 《对十三届全国人大三次会议第 2880 号建议的答复》（教高建议〔2020〕585 号），http://www.moe.gov.cn/jyb_xxgk/xxgk_jyta/jyta_gaojiaosi/202101/t20210125_510969.html，2020 年 2 月 5 日。

② 参见《教育部关于公布 2019 年度普通高等学校本科专业备案和审批结果的通知》（教高函〔2020〕2 号）。

③ 《战"疫"时刻，19 所应急管理学院全面开建，助力国家应急管理体系建设刻不容缓》，https://www.csdp.edu.cn/article/5881.html，2020 年 9 月 25 日。

④ 《全国公共管理专业学位研究生教育指导委员会关于加强应急管理专业方向建设的通知》（教指委〔2020〕7 号），https://www.hzmba.com/article/quanguogonggongguanlizhuanyexu.html，2022 年 2 月 5 日。

急管理学院，兰州大学应急管理研究中心，西北大学应急管理学院，等等。

"十三五"期间，国内应急管理学术共同体保持一定活跃度，并持续举办全国及国际学术会议等活动。其中，清华大学应急管理研究基地与哈佛大学肯尼迪学院（Harvard Kennedy School）联合发起了"全球灾害研究网络"（International Network of Disaster Studies），并已举办两届国际会议。中国应急管理学会，公共安全科学技术学会，中国地震学会，中国灾害防御协会，中国应急管理 50 人论坛、青年分论坛及暑期学校，风险灾害危机多学科论坛，以及一些学会/协会专委会等年度活动都成为学术交流的重要平台。

"十三五"期间，国内高校主办的应急管理期刊在国内外学术共同体中影响力进一步增强。南京大学社会风险与公共危机管理研究中心创办了《风险灾害危机研究》，其成为该领域第一本被 CSSCI 收录的专业性辑刊。由北京师范大学创办的 *International Journal of Disaster Risk Science* 英文期刊影响力进一步提升，在科睿唯安发布的《期刊引证报告》中，该刊在 2017~2019 连续 3 年影响因子超过了 2.0。此外，《中国应急管理科学》电子期刊也开始规律出版。

5.2.2　本领域研究趋势

在过去 20 年的时间里，学术界对应急管理研究的关注呈现大幅提升趋势，受"非典"、汶川地震等各类重大事件的影响也会出现短时波峰，新冠疫情之前存在比较长一段时间的沉寂与平稳期。本节将梳理我国学者在主要国内期刊上发表的应急管理研究，并结合中国学者取得的主要国际发表突破，梳理本领域主要研究趋势。

1. 研究阶段：研究仍以危机前为主，逐渐向特定的阶段聚焦，机制类研究显著增加

从研究关注阶段的分布情况来看，研究仍然以关注危机前或一般性的全过程为主，对于危机中和危机后的关注仍然较少。

危机中的研究有所增加，但由于数据可得性的原因，当前关注的主题主要聚焦在政府回应、公共舆论与危机沟通方面。针对危机响应，在组织层面，一批学者通过社会网络分析的方法检验了灾害期间组织协同响应的网络特征（胡倩，2020），揭示了社会组织的"突生性"属性，指出了中国应急管理情景下突生的社会组织与正式的政府组织间互动不足（张海波和尹铭磊；2016）。一部分研究关注网络舆情事件和重大突发事件中政府回应公众诉求的议题，描述了网络舆情事件中政府介入前后网民情感的变化（文宏，2019；刘一弘，2017）。针对危机响应中的领导决策，一些研究以最高领导批示为数据，检验了事件特征等因素是

否能够影响领导的批示（Tao and Chen，2017）。新冠疫情暴发以来，学者开始分析疫情响应相关问题，关注地方政府在交通运输、活动场所、特定人员管控政策方面的差异与影响机制（陈武等，2020；李雪松和丁云龙，2021）。

危机后的研究数量较少，但逐渐开始引起关注，主要包括灾后重建、事后问责与学习等研究议题。在灾后重建研究中，比较典型的是对汶川地震对口支援重建、灾后商业恢复等问题的研究。近年来国内学者对具有中国特色的灾后对口支援机制的演变、实施的前提进行了分析，指出地方问责以及纵向控制是灾后重建对口支援机制能够运行的先决条件，对于理解中国情景下灾后重建的独特要素做出了贡献（Zhong and Lu，2018）。在这一领域，以事故调查报告为数据开展的事故问责类研究以及重大突发事件发生后的组织学习研究增多，但组织学习研究目前更多探讨理论框架，缺乏扎实的分析。

为了进一步划分危机前研究，本节按照"一案三制"的分类框架对该类研究进行细分，其中各类应急管理机制仍然是危机前研究的主要对象，对预案、预警、法制的研究较少。"十三五"期间专门针对应急预案的研究仍然十分边缘（吕孝礼等，2018），仅有极少数研究关注应急预案问题，部分研究指出各级政府应急预案府际差异不明显，不同层级政府预案定位和关系较为模糊的问题（陶鹏，2018）。应急法制研究方面，一部分研究着重探讨了紧急状态下一些规则或条文的法律性质和形成程序（宋华琳和牛佳蕊，2020），另一部分研究对疫情暴发后紧急事态情况下适用的法律条件进行了反思（林鸿潮和周智博，2020）。

此外，部分研究延续并进一步深化了对经典议题的关注，主题包括风险的识别与评估、风险的防范与化解。在社会稳定风险评估相关研究中，以往更多探讨了该机制合法性及评估指标体系，近年研究逐步走向深入，开始关注第三方稳评机构如何参与、评估主体间关系等更为具体的议题，实证研究多以稳评报告或文件为经验材料并针对稳评的各构成要素开展了描述分析（朱正威等，2019）。风险防范方面，中国学者提出"闹大"等本土化的概念并开展了相关风险化解类的研究。

灾前准备机制是危机管理研究的传统议题，但近些年国内仅有较少涉及，研究多基于对干部的应急准备水平展开问卷调查，多发现地震灾前准备水平偏低（王洪和韩自强，2018）。在深化对已有机制探讨的同时，领域也涌现出了一批对疫情期间各类应急管理机制的实际运作进行反思的研究。疫情所暴露出传染病预警机制的失灵，引起了领域对传染病疫情和突发公共卫生事件网络直报系统的反思，其中华生等（2020）将其失灵归结于中央与地方卫生部门间存在的"条块"梗阻。针对疫情研判过程中有效专家参与机制的缺位，领域学者呼吁构建风险研判机制和专家参与机制，整合多学科背景专家的科学判断及协商意见，在发布预警等方面合理划分行政机构和专家组之间的权责边界（吕孝礼等，2020；薛澜，2020）。

此外，也有一些研究涉足了以往研究中较少提及的机制，如在应急物资保障机制方面探讨了应急物资和一般公共产品供给方式的区别，以及在突发事件财政保障机制方面对应急预备费、应急管理基金等问题的探讨。

在体制研究方面，应急管理部成立后，许多中央与地方应急管理机制有待理顺，部分学者就体制运行及接洽问题、改革衍生问题等展开探讨（朱正威和吴佳，2019），并对我国应急管理体系演化进行有益的梳理和总结（钟开斌，2018；闪淳昌等，2020）。对综合性应急管理理念在我国应急管理体系中角色的探讨是体制研究的重要部分，研究者分析并强调并非所有的综合应急管理理念都符合中国实际，全灾种理念在美国情景下与中国情景下所要解决的问题并不完全一致；对于部分能够应用于中国实际的理念，在实际应用中也需要调整，如全阶段理念不仅应当应用于灾后重建，也应当应用于灾前减灾与其他阶段（Lu and Han，2019）。此外，我国灾荒史研究的良好传统对于当代灾害管理具有启示（朱浒，2018），相关学者借助相关史料对灾害管理体制进行了分析，具体梳理了民国时期设立新型灾害机构及其对近代灾害管理体制的奠基作用（李飞等，2019）。整体上取得的实质性突破仍需要继续努力，对"变革适应"等话题关注较少。

2. 研究类型：应然类研究占主导，理论检验类研究次之，理论建构类研究较少

从研究类型角度来看，研究仍然以应然类研究为主，多数为对应急管理实务工作的应然探讨。对应然类研究进行进一步细分，可以发现国内经验总结为主要部分，国外经验借鉴文章近年来比重逐渐减小。在个别国外经验借鉴的文章中，研究者评估了国际经验的适用性。例如，针对全球公共卫生安全能力评估体系中的两个权威框架，包括基于世界卫生组织《国际卫生条例（2005）》的联合外部评估框架及约翰斯·霍普金斯大学卫生安全中心构建的全球卫生安全指数，研究发现两个框架均存在系统性偏误，在一定程度上忽视了国家动员能力和资源集中调配能力等指标未能得到体现，在很大程度上忽略了各国之间的实际差异（蔡毅，2021）。

此外，基于问卷调查、网络数据采集等多源异构数据对应急管理相关的实践命题进行检验的研究数量有所增长。不少研究通过大样本数据检验了灾害管理的命题，一些通过调查实验方法检验了公共危机事件发生后公众对政府责任感知的形成机制，如外部归因相比于内部归因更容易降低公众对政府的责任感知（徐彪等，2016）。然而，应急管理领域尝试进行理论建构的研究还比较少。少数研究尝试抽象出分析框架，但仍然存在对话性不强、知识可积累性弱的问题，仍然缺少对危机管理现象较有力的解释框架，研究之间的可对话性也仍有一定局限。

3. 关注主体：多关注政府组织，一些新的研究主体开始涌现

研究关注的主体以政府组织为主，一些新的主体开始涌现。以政府组织为主体的研究探讨了政府在应急管理的预防、准备、响应、回复等阶段中存在的问题与解决路径。除了政府组织之外，部分研究关注危机管理中的专家参与问题，关注议题包括在社会稳定风险评估中专家是否持中立立场（程佳旭等，2020）等。较少文献探讨了企业在危机管理中的角色和作用，着重分析了企业备灾问题，通过二手数据检验了企业灾害规划、备灾行为、备灾模式及其与灾后受损程度之间的关系。研究多以自然灾害发生后的企业调查为数据，检验灾后企业保持持续运营的影响因素，包括灾前准备、企业规模等，研究发现相比于未受灾害冲击的企业，受到冲击的企业中有更高比例的企业保持运营（Li et al.，2021）。

一些研究以公众为主要关注对象，其中大部分研究关注公众风险感知、政府信任等经典议题，研究多聚焦中国场景下的影响因素，使用情景实验等方进行因果推断。公众空间流动及其对疫情扩散影响的研究也因痕迹数据的可得而取得突破。此外，新冠疫情下不同企业以创新性的方式参与到危机应对中，尤其新业态企业如外卖和平台型企业等参与方式不同于传统行业，如何更好地发挥企业在危机应对中的作用值得关注。

4. 关注危机类型：以社会安全类事件为主，公共卫生类事件关注度上升，自然灾害和事故灾难类研究数量仍然较少

虽然新冠疫情暴发，但是 2018 年以来的文章仍以社会安全事件为主，比例相比于前五年没有发生太大变化；公共卫生事件研究数量有所增长，自然灾害与事故灾难关注量相对较少。

针对社会安全类事件，研究关注事件多为信访、社会稳定风险评估、群体性事件、邻避问题治理等。一些学者也关注到一线执法者和公众之间各种非冲突关系，这在此前研究中尚未得到充分关注。例如，许多研究均指出城管和摊贩之间不仅是冲突关系，双方同样存在合作关系，包括通过"打时间差"等避免接触、面对上级视察及专项检查等活动时提供默契互助、对摊贩实行统一管理从而消解冲突并实现双方合作等，呈现出一线执法中双方除冲突以外更为复杂的关系（韩志明和孟宪斌，2018）。随着中国应急管理学会校园安全专业委员会等学术共同体的建立，校园安全研究也得到了更多关注，尤其以学生为样本开展大样本问卷调研，描述了目前校园暴力发生的总体情况。

在公共卫生事件方面，除了疫情相关研究，公共卫生监管问题是此类研究的重点之一，如对长春长生疫苗事件的监管问题（中国行政管理学会课题组等，2018）以及药品监管体系建设（胡颖廉和慕玲，2017）等。新冠疫情暴发以来，应急管

理研究又受到了国内外学者的高度重视，国内外公共管理期刊 *Public Administration Review*、*American Review of Public Administration*、《管理世界》、《公共管理评论》等期刊均开设专栏探讨应对疫情的公共管理全球实践，其中中国学者贡献了快速响应的研究成果（Hu et al.，2020；Yang，2020），包括宏观层面不同国家采取措施差异性的影响因素（Yan et al.，2020），以及中观政策和微观个体因素对于公民采取卫生保护行为的影响（Dai et al.，2020）。

事故灾难事件研究数量呈现小幅度增长，且开始关注实际使用的行政管理手段对安全生产治理机制效果的检验，比如挂牌督办机制等。对于自然灾害的关注较少，一些社会学学者关注灾后重建问题，如社会记忆修复（文军和何威，2016）。样本中仅有两篇文献涉及了汶川地震相关的研究问题，包括以汶川地震为例探讨了震后社会资本的结构性差异，以及都江堰震后房屋政策评估（屈克焱等，2018；蔡长昆，2016），对于类似重大自然灾害响应过程的还原和解剖较少，重大灾害案例复盘及其对我国灾害应对的启示有待探讨。

除传统突发事件之外，非传统安全及新兴风险也得到应急管理领域的关注。"总体国家安全观"概念的提出引发领域对更广义范围安全风险的初步讨论，包括生物安全、重大疫情、境外安全、社会安全、NGO（non-governmental organization，非政府组织）安全等。新兴技术冲击也带来了对新兴风险的反思，包括数据安全、网络与信息安全、隐私保护、人工智能风险等。但因资料可得性有难度，大部分此类研究停留在对概念演进的梳理或政策解读。

5.2.3　本领域未来研究方向展望

整体来看，应急管理研究取得不小进步，尤其是新冠疫情暴发后研究呈现井喷态势，但该领域研究依然呈现出碎片化的状态，研究之间存在缺少整合及凝练的问题。本节将基于国内外研究进展及我国实践，指出未来值得关注的研究议题。

1. 研究选题需要进一步提升对本土管理和政策问题，以及极端场景政策和管理问题的关切

目前研究以回应国外学术共同体主流研究的居多，回应当前我国管理政策和实践核心张力的研究有大幅提升空间，如部门变革调整衍生问题、消防、关键基础设施、风险评估的组织过程等。从全球学术共同体现状来看，对巨灾等极端场景下的管理和政策问题关注较少，其中包括疫情期间中央指导组、援鄂医疗队、方舱医院、指挥部等临时性组织的研究，以及对巨灾峰值需求管理的研究，如稀缺性管理的价值问题、增产扩能等资源配置问题。

2. 支撑应急管理能力专业化与职业化的管理和政策问题研究

当前对应急能力专业化、职业化的相关研究仍关注较少，对我国各级别应急专业人员行为的研究也较少（吕孝礼等，2020），如协同研判能力、跨部门协作能力和分布式知识整合及指挥能力等。未来可重点关注一线人员、专家参与、临时性组织等场景下的研判、指挥、决策等问题研究，着眼于能力专业化与职业化相关政策设计。

第一，重大突发危机事件中的专家决策参与机制研究。复杂突发事件处置中高度依赖专家研判和参与为领导者的有关决策提供支持。新冠疫情暴露出专家研判和参与机制的不足。尽管专家参与等领域已有诸多理论模型，但与中国专家危机情景参与应急决策的经验现实尚有较大鸿沟。建议采用相关专家和官员的访谈、情景模拟实验、视频分析等方法，来重点关注专家个体认知偏误、专家内部分布式知识整合、专家为行政领导提供决策支持等关键研究议题，重点探究复杂突发事件甚至危机情景下的专家协同研判与决策参与的行为规律和影响因素，为完善突发事件专家参与机制提供研究支持。

第二，领导干部危机决策能力与胜任力研究。新冠疫情防控、河南特大洪灾等重大事件应对既展示我国应急管理能力建设已经取得了一定进展，同时也暴露领导干部危机决策能力与领导干部危机管理胜任力的短板。提升领导干部应急管理能力特别是危机情景下的应急决策能力与水平是国家应急管理能力建设的重要着力点。建议基于近年来若干起重大突发事件领导者应急决策典型案例，梳理领导干部危机决策中的议程设定、建议采纳、风险研判、决策执行、监督反馈等环节的能力短板，识别公共安全与危机管理中决策局势的典型压力特征（如时间压力、责任压力、深度不确定性、信息缺失与冲突、目标模糊等），并开展情景模拟实验、行为实验和多模态组织研究，分析上述压力特征所引致的认知偏误、情绪效应、注意力分配、策略行为选择等影响以及造成能力短板的制度诱因，对危机决策过程进行系统分析和研究，提出未来领导干部危机决策能力建设的可能方向，为我国未来应急管理领导干部选拔与能力提升提供理论和经验支撑。

第三，突发事件情景下临时性团队及组织快速组织研究。基于中国真实极端情景下的团队决策研究，尤其对跨团队、跨部门的临时性组织研究较少。传统的群体决策模型、理论与方法在非常态情景下较难应用，且未考察中国政府决策过程的实际因素。未来研究可关注临时性团队或组织如何克服成员间彼此陌生、工作习惯等方面存在的差异，在短时间内快速组织并应对危机。疫情期间我国方舱医院、援鄂医疗队等都属于典型的临时性组织（Chen et al.，2020），可关注其快速磨合并形成临时应对机制的过程，识别中国场景下危机临时组织决策的模式特征与要素以及作用机制，并建立危机临时决策模式与决策效果之间的因果联系。

3. 后疫情时代的学习变革及全球性公共卫生危机研究

未来可结合组织学习、政策学习等理论视角，关注后疫情时代各地政府的法律、政策调整差异及影响因素，如地方突发公共卫生事件应急条例、应急管理"十四五"规划、公共卫生事件应急预案等，比较政策调整的地方差异及影响因素，探索组织问责与学习之间的平衡关系，为建立突发事件学习及政策变革机制提供支持。

以新冠疫情为代表的灾害同样超越了国界的范畴，由此引发了一系列全球卫生管理问题。在全球治理研究方面，未来的研究可关注全球性公共卫生危机治理中的国际参与规则以及国际合作协调机制。在全球性公共卫生危机发生后的学习和变革适应研究方面，可关注全球性公共卫生危机发生后的公私组织、制度、社会学习机制，政府规制与市场激励等政策工具组合对个体、企业和产业链恢复的影响机制研究，危机演进过程中多元主体变革适应规律、应对体系的顶层设计与模式重构、韧性治理提升策略研究。在国际比较方面，可关注典型抗疫政策的国际差异及政策工具执行对不同国家线上线下多元主体的行为的影响，尤其关注地方知识对危机响应的影响（Cadag，2022；Gaillard and Peek，2019）。

4. 面向更多元的研究方法创新

不同于常态情景下的研究，危机情景下的数据难以捕捉，使研究方法的使用受到一定程度的限制，因而开展研究方法创新是国际同行面临的重要挑战（Wolbers et al.，2021）。未来研究可以在情景模拟研究方法论、多模态研究方法论、深化危机田野观察等方面进行研究方法创新。

第一，探索危机情景模拟研究方法论。由于危机尖峰时刻的决策动态难以捕捉，危机情景模拟状态下采集真实决策者的行为数据可以成为折中的策略，由此来逼近真实情景下的危机决策动态（Alison et al.，2015）。一些实务机构也开展了相关的演练活动，如中共中央党校（国家行政学院）于"十三五"期间推出了一系列领导干部应急模拟演练培训，积累了大量培训素材及经验。建议选取自然灾害、事故灾难、恐怖袭击、群体事件、关键基础设施受损和新冠病毒等传染病防控等公共安全与危机管理中的典型情景，结合情景模拟实验等方法，探索情景模拟方法论创新，包括如何提升参与者浸入感，如何使演练情景更加逼近真实情景，如何平衡由情景真实性带来的非结构性与概念测量、因果研究、学员反馈要求的结构性之间的关系。情景模拟下的研究结论也可以进一步反馈到实践工作中，以促进研究者与实务工作者深度合作（Power，2018）。

第二，创新数据形式，开展危机多模态研究。在数据收集形式方面，近年来一些创新性的方法开始涌现。部分研究开始超越问卷等传统的数据形式，探索音频、短视频、图片等多模态素材（吕孝礼和朱宪，2019）；各类可穿戴设备有助于测量人们在危机决策时的实时认知等指标（Boehm，2018）；视频数据所反映的危机情景因素（如暴力冲突发生的时间、地点等）、情绪、物理环境、要素次序等也可以被编码分析和检验（Bramsen，2018）；危机中的语言分析因语言学测量工具的发展而得以进步（John et al.，2019），会话分析等针对互动及对话资料的方法已在 110 报警等情景下得到采用（Gillooly，2020）。未来研究可探索采用更为多元的研究方法，丰富危机管理研究的工具箱。

第三，深化田野研究。扎实的田野调查是危机研究的基础，是危机研究者获取情景感知的重要环节，田野取向已在应急管理学术共同体中形成较强的学术和学生培养共识，也已经制度化成为应急管理二级学科人才培养方案指南的重要组成部分。现有研究对我国发生的重大突发事件田野及深度案例梳理较为薄弱，未来可针对重大突发事件进行复盘和案例构建，在危机发生后的第一时间开展快速响应研究，以获取针对极端情景的情景意识。

5.3　信息资源管理领域①

信息资源管理（information resource management，IRM）在 20 世纪 70 年代兴起于美国政府管理领域，被描述成一种概念、一种战略、一种哲学、一种理论或一种职能，后被引入工商企业，成为一种管理模式。紧接着被欧洲图书情报界的学者引进介绍，成为一门独立的学科。我国信息资源管理最早是由图书情报领域期刊阐释并引介的，学者在推介国际信息资源管理特色的同时，结合我国图书情报实践进行了思考（马费成，2023）。

自 20 世纪末起，为有效应对信息技术给图书、情报、档案工作带来的各种挑战，在广泛吸收多学科知识的基础上，"图书情报与档案管理"一级学科拓展为以图书馆学、情报学、档案学为核心的"信息资源管理学科群"（冯惠玲，2013）。2021 年 12 月 10 日，国务院学位委员会办公室发布了《关于对〈博士、硕士学位授予和人才培养学科专业目录〉及其管理办法征求意见的函》（学位办便字20211202 号），正式确立了学界期待已久的新版学科专业目录草案。在目录中，"图书情报与档案管理"一级学科拟更名为"信息资源管理"（初景利和黄水清，2022）。2022 年 9 月，国务院学位委员会、教育部印发的《研究生教育学科专业目录（2022 年）》将原"图书情报与档案管理"一级学科调整更名为"信息资源管理"。

---

① 本节主要内容由武汉大学信息管理学院陆伟教授团队提供，作者根据全书情况进行了部分调整。

5.3.1 本领域学科界定

对信息资源管理学科的界定主要包括以下五个维度：学科内涵及外延、学科基本理论、知识基础、研究方法、学科范围及相关学科。

1. 学科内涵及外延

1）学科内涵

信息资源管理是管理学科门类的重要组成部分，是探索信息资源开发利用与管理规律的科学，是图书馆学、情报学、档案学、信息分析、出版管理、数据管理与数据科学、数字人文、公共文化管理古籍保护与文献学、健康信息学、保密管理等若干具有相同学科使命和共同理论基础的学科的集合。信息资源管理学科的主要使命是：揭示蕴藏于各种形式和载体的信息记录中的信息资源价值及其服务社会发展的规律性，以有效的管理发挥信息资源的功能和效用，实现其对经济社会发展的战略价值。

2）学科外延

信息资源管理可视为一个集合概念，体现着与信息相关的研究课题跨学科的特性。信息资源管理学科旨在根据信息的资源特性，将信息作为资源进行管理，探寻信息对于社会和组织发展产生价值的规律以实现其价值。

信息资源管理学科的外延主要包括以下几个方面：①信息资源管理学科是管理学科门类的重要组成部分，归属于人文社会科学，与信息科学门类有交叉，因此其学科知识基础包括管理科学知识、人文社会科学知识和信息科学知识。②学科发展要将人才培养放在首位，坚持立德树人根本任务。③学科体系以信息资源管理核心知识、技术、理论为骨干，下设图书馆学、情报学等共11个二级学科，打造图书情报与档案学科群、数据管理相关学科群、公共文化相关学科群。④学科发展要坚持守正创新。⑤加强学科队伍建设。面向教学、研究与决策服务，关注行业实践的需要，广泛吸纳海内外优秀人才。⑥促进学科协调发展。加强硕、博培养衔接，促进学科布局的区域协调、行业协调，加强学术学位与专业学位人才培养的分工与协调。支持鼓励各培养单位加强二级学科建设，形成人才培养特色。⑦加强核心课程教材建设。加大对基础、核心课程教材的建设力度，打造培根铸魂、启智增慧，适应时代要求的教材体系。

信息资源管理学科发展原则：①要突出本学科的核心内涵。②与原有的图书情报与档案管理学科建设成果相衔接，在继承的基础上开拓发展空间。③作为应用型学科，要为国家重大发展战略服务并与行业需求、实践应用相结合。④要保持原有的研究方向，也要关注新领域，比如针对信息资源本身的规划、共享等是较有潜力的研究方向，同时当前也强调数据、数字、数智等，信息资源管理学科应当思考如何与这些新概念相衔接。

2. 学科基本理论

信息资源管理学科的基本理论主要如下。

（1）学科基础理论。学科基础理论主要包括概念体系、图书、情报、档案与大数据等信息资源的价值和价值实现的基本规律，研究方法体系，学科史，等等。

（2）文献管理理论。文献管理理论主要包括图书、情报、档案等文献的整序加工、保存利用、提供服务的原理与基本方法。具体涉及各种文献的收集、整理、加工、储存、保管、检索、提供利用，以及文献保护的原理与方法等。

（3）信息管理理论。信息管理理论主要包括各种信息的属性、价值，信息的利用需求规律，信息价值实现的规律性，信息采集、加工、储存、保管、组织、检索、提供利用和咨询服务的基本原理与方法，信息计量评价的原理与方法，以及数字信息的长期保存、信息分析的原理与方法，信息系统的规划建设与运行维护，人工智能与信息技术在信息管理中的应用等。

（4）信息资源管理理论。信息资源管理理论主要包括信息资源价值实现的基本规律，信息资源化与资产化的基本原理和方法，信息资源管理体制与机制，信息资源开发利用的法律与政策体系、基本原理与方法体系，信息资源规划与配置，信息资源共享的方式，信息资源产业发展，信息资源市场培育，信息资源建设与组织，信息资源系统的建设与运行维护等。同时还包括基于信息资源的政府管理、企业管理和机构管理，CIO（chief information officer，信息主管）、CKO（chief knowledge officer，首席知识官）等制度及其发展，信息资源国家战略，信息资源与决策支持，等等。

3. 知识基础

信息资源管理学科的知识基础主要包括以下几方面。

（1）基本理论知识和应用方法。信息资源管理不仅形成了主要由学科基础理论、文献管理理论、信息管理理论、信息资源管理理论构成的本学科基本理论，还形成了大量具有直接应用价值的文献管理、信息管理、信息资源管理基本应用方法，形成了满足"收""管""用"基本管理过程需要的应用方法体系。这些基本理论和基本应用方法构成了本学科知识基础的主体。

（2）管理与信息科学知识。信息资源管理学科是管理学科门类的重要组成部分，归属于人文社会科学，与信息科学门类有交叉，因此其学科知识基础还包括管理科学知识、人文社会科学知识和信息科学知识。管理科学知识，主要涉及管理科学与工程、工商管理、公共管理等学科创造和积累的一般管理原理。信息科学知识，主要涉及系统科学、信息与通信工程、计算机科学与技术、人工智能等学科创造和积累的知识与原理。

（3）其他相关学科知识。信息资源管理学科坚持以马克思主义理论为指导，借鉴如下学科的知识：人文科学知识（哲学、历史学、语言学、文化学等）、社会科学知识（政治学、经济学、法学、新闻传播学、社会学等）、自然科学知识（数学、物理学、化学、生物学、统计学、心理学、计算机科学等）。

4. 研究方法

信息资源管理学科的主要研究方法包括：文献调查法、历史研究法、比较研究法、问卷调查法、田野研究法、观察法、访谈法、实验法、案例研究法、分类研究法、计量分析法、数理统计法、内容分析法、计算机模拟仿真、数据挖掘、大数据分析等。

5. 学科范围及相关学科

信息资源管理学科由图书馆学、情报学、档案学、数据管理与数据科学、信息分析、数字人文、公共文化管理、出版管理、古籍保护与文献学、健康信息学、保密管理等学科方向组成。

与信息资源管理关系密切的一级学科包括：计算机科学与技术、管理科学与工程、工商管理、公共管理、新闻传播学、出版等。

5.3.2 本领域研究趋势

近年来，信息资源管理的作用得到重新定位，特别是在服务国家总体发展战略上，智库、开源情报、全方位融合、大数据等成为信息资源管理工作服务国家安全和发展的路径和工具。在信息资源管理工作内容和过程方面，面向国家战略决策并以任务聚焦为目标进行机构、领域、区域融合，以此更好地服务国家安全、发展和创新，同时重视人才培养、情报融合、科学技术，并进行情报服务机制和体制改革。

1. 大数据理论与技术已成为现代信息资源管理研究的重要支撑

大数据理论与技术已是现代信息资源管理研究的重要组成部分，大数据的出现对于信息资源管理来说既是挑战也是机遇，在大数据出现之前，信息资源管理的大量分析都基于较为少量的数据样本，且研究对象主要集中在文献当中，而大数据具有体量大、变化快、范围广、类型复杂、层次多级的特点，大数据环境使信息资源管理的研究对象体量呈指数级增加，面对海量又多元的数据，信息资源管理的研究方法和所采用的技术也随之更新。

人文社会科学资深教授马费成在《光明日报》刊文中指出，在新文科建设大背景下，应深入推进大数据等信息技术与人文社会科学研究深度融合。刘越男（2022）指出信息资源管理学科的创建带有很强的集成特性，信息资源管理问题的提出本身也是计算机技术、信息处理、文件档案管理、文献管理等多个领域的综合。数智时代，新一代信息技术、大数据技术、人工智能技术和本学科的结合成为发展焦点，突出体现在信息资源深度开发的集体关注上，并带动对信息资源管理的关注。秦顺（2023）提出信息资源管理学科需紧抓第四次科技革命优势推进理论与方法创新，以人工智能、大数据等技术革新来推动自主可控的方法能力构建。夏立新和郭致怡（2023）提出大数据、人工智能、云计算、物联网、移动互联网、区块链等新一代技术思维及技术的应用，深刻改变了人类的生产生活和学习方式，而数智赋能下的学科研究与实践工作也发生了根本性变革，形成了以上述信息技术为依托，以数据思维、计算思维、开放思维、协同思维为导向，理论研究与业务实践融会贯通、开放数据与人工智能创新应用的新生态，数智技术推动学科研究范式与实践范式的创新。陆伟等（2023）提出以 ChatGPT 为代表的大模型是数智时代的典型技术和应用创新，其强大的信息加工、荟萃、整合和生成能力极大地加快了信息空间中信息资源的流动和循环速率，给信息资源管理学科研究和实践带来了挑战和机遇。我们有必要对此保持密切关注，化解挑战，抓住机遇，促进相应的技术应用范式转换，推动信息资源管理学科理论方法创新和治理变革，更高效地赋能数智行业，以推动智慧图书馆、情报智能、智慧档案、语义出版和数字人文等领域的快速发展和提升。

目前，信息资源管理已经和大数据充分融合，大数据的发展使信息资源管理的价值更加突出，在大数据时代，单一领域的信息资源管理研究已经转向全领域的研究，大数据与社会舆情、数字科研、创新设计、国家安全相结合，大范围覆盖了目前信息资源管理的研究内容。国家强调实施大数据战略，今后一段时间内大数据仍将是信息资源管理研究的热点，有待发掘信息资源管理领域更深层次、更具创新性的大数据研究。

2. 信息的知识化与数字的智慧化转变

信息资源管理学科外延将进一步扩大，横断学科的属性更为显著。在社会各领域中，只要在管理、生产和运行过程中有信息产生、有信息被记录保存、有信息价值可以被挖掘利用的领域，都需要进行信息资源管理，通过挖掘数据、信息的价值，以价值发现驱动知识发现、情报决策和智慧服务，进而促进领域创新和全领域数字化转型（马捷，2022）。金波和杨鹏（2023）指出信息资源管理学科要紧紧抓住大数据、人工智能、区块链等现代技术发展，适应技术变革，加强技术应用，推动学科数字化、数据化转型，智能化、智慧化升级。

当前信息资源管理研究的发展呈现知识化与智慧化的趋势，其研究对象从文献到信息再到知识，大数据逐渐向智慧数据靠近，智慧服务正在取代数字服务。初景利和段美珍（2018）指出知识化是智慧化的基础，也是智慧化的目标。从传统图书馆到智慧图书馆，从文献服务到智慧服务。柯平（2021）指出智慧图书馆不能停留在信息服务层面，必须将数字图书馆的服务上升到知识服务和智慧服务层面。苏新宁（2022）提出科学的知识组织可以确保知识服务更加高效，知识服务需求驱动知识组织变革，知识服务理念促进知识组织创新，先进技术带来知识组织的进步，大数据环境更要求知识组织研究的拓展和深入。张海涛等（2020）指出情报智慧与智能决策技术的深度融合和扩展应用，可以持续优化决策的科学性、高效性。

"知识组织与知识服务"是最热门的研究内容之一，说明在信息资源管理研究从文献表面特征深入到了语义组织。相较从前，信息资源管理更关心信息中的知识发掘利用以及用户的知识需求，而知识挖掘、知识库建设、知识组织与构建和知识服务则更加受到当前研究的关注。与此同时，"数字图书馆"和"数字档案馆"逐渐演变成了"智慧图书馆"和"智慧档案馆"，以及"智慧政务"和"智慧城市"等，都共性地体现了"智慧"是技术手段，这一词主要体现在人的智慧上而不是信息和数据本身，只有充分发挥人的智慧价值，处理好人与技术的关系，使智慧充分融入信息资源管理研究中，才能有效推进产学研。

3. 信息资源管理中的人文关怀与人文计算研究日益显现

人文计算，即数字人文，是将计算机技术和网络技术深入应用于传统人文研究的新领域，近几年来也成了信息资源管理的研究创新点之一，数字人文的研究正处于起步阶段，今后将可能在很大程度上改变传统人文科学的研究方式。目前更多的研究者从技术的角度重新分析历史学、文献学里的内容，借助计算机技术和知识分析技术，可以更深层次地解读人文内容。

传统的信息资源管理学科注重对科学信息的处理、分析与管理，相对缺少人文关怀。李阳和李纲（2016）指出智慧应急情报流程需要经得起智慧应急"技术理性"与"人文价值"的检验，情报工程的发展有助于推进智慧应急理念的深入。数字人文现有研究内容的核心则是对信息资源的整合、处理和分析，进而实现知识组织与创新，而这恰好与图书情报与档案管理的研究主旨不谋而合。从学科建设来看，截至 2021 年底，全球 116 所 iSchool 联盟高校中已有 26 所开设数字人文专业，中国社会科学情报学会正式成立数字人文专业委员会，首个数字人文硕士点也已开始招生。及时拥抱和发展数字人文将为图书情报与档案管理研究带来新的发展机遇，将大大推动新时代背景下的学科转型升级。杨滋荣等（2016）提出图书情报学与数字人文都受到数据密集型研究范式（常被称为"第四科学范式"）和技术决定论的影响，对信息研究感兴趣，经常共享制度框架，尤其是在数据密集型研究日益重要的背景下，两者之间的联系更加密切，甚至会产生协同效应。

在人文关怀下，信息与社会的联系增强，"信息与社会"成为热门主题，这些研究或是立足于解决不发达地区人们的信息贫困问题，或是立足于向人们提供公共数字文化服务，将数字信息服务与公共文化相结合，此类研究的成果能够在更大程度上保障社会民众的信息权益。严贝妮和卫玉婷（2021）提出文化贫困是全球社会普遍存在的问题，是值得密切关注的问题。我国公共图书馆不仅要立足本国实际，也要积极汲取他国在文化扶贫工作的实践经验，助力我国公共图书馆更加明确的工作思路，提供高质量、精准化的服务，完善其文化精准扶贫体系，促进文化精准扶贫服务的可持续化。

4. 信息资源管理学科发展与国家战略研究高度契合

自 20 世纪六七十年代以来，信息资源就成为国家重要的战略资源之一。信息资源管理学科领域的学术研究势必与国家战略研究紧密相关。2022 年，"图书情报与档案管理"正式更名为"信息资源管理"，一级学科的更名是图书情报与档案管理顺应时代创新发展的产物。

马费成和李志元（2020）提出信息资源管理学科需要以中国特色哲学社会科学构建与新文科建设为契机，在回应社会需求上发展学科知识体系，重视交叉融合，加强理论创新和坚守人文传统，在科技情报服务、智库建设、数字治理、数字人文、公共文化服务等方面贡献学科智慧。随着健康信息作为健康服务的一部分被写入健康中国战略，我国健康信息学研究进入蓬勃发展阶段，周知和胡昌平（2021）认为提升健康信息素养可从提高健康意识、增加健康信息知识储备、提高健康信息技能方面入手。健康中国战略背景下的健康数据治理存在三方面提升需求，包括宏观层面的公民健康水平、中观层面的健康数据管理水平和微观层面的用户健康服务水平，因此健康数据治理可采用自上而下的治理路径，以信息流实现各层级、各主体的协同一体化工作（周晓英，2019）。闫慧和贾诗威（2023）基于对政策文本与学术文本之间的关联性的分析，发现信息资源管理学科的学术热点与国家主要战略之间存在着明确的映射关系。智慧图书馆学术领域和文化与战略、知识产权战略存在映射关系；情报服务体系学术领域与国家战略中的国家信息化战略、数字化相关战略、农业农村战略、应急体系战略、治理战略、知识产权战略与学术评价战略有直接相关关系；学术话语中的档案事业对国家治理战略有影响；数字人文学术领域和文化与旅游战略、治理战略有关；健康信息学影响健康战略、弱势群体相关战略；数字包容则与国家信息化战略、文化数字化战略、数字乡村战略、老年人与残疾人相关战略有关联。

信息资源管理领域的学术研究对国家战略有重要的支撑作用，学界对各类信息问题的研究一般早于国家战略，如国家信息化、国家治理、科学评价体系、公共文化服务体系、智慧图书馆、应急情报体系、健康信息学、社群信息学、数字包容、数字人文、档案治理等主要学术成果在形成一定理论基础后，对国家政策在制定上给予支持，表现在学术理论或概念出现在政策文本中。国家战略对信息资源管理学术研究具有现实指导价值，国家战略描绘了未来国家经济社会的发展蓝图，如中国特色哲学社会科学构建的国家规划对学科建设、学科事业发展起到引领作用，引导学界对国家战略的实施计划、过程和效果开展相对独立于政策直接利益相关者的学术研究，检验理论成果的学术生命力。

5. 大数据驱动下的研究方法创新

大数据环境下，数据密集型科研范式促使信息资源管理更加具有开放性、系统性和包容性。信息资源管理具有开放特性，因为它能够吸收其他学科的知识资源，从而形成新的理论与方法（如情报心理学、战略情报学等），它也善于将自身的方法应用于其他学科（如科研评价、量化分析等）；信息资源管理具有系统特性，因为它的很多研究方法均具有综合性质，善于从多个角度分析问题；信息资源管理具有包容性，因为它所研究的问题涵盖了自然科学和社会科学问题。

苏新宁和杨国立（2020）指出以数据为支撑是大数据分析的基础，需要数据的处理与分析，适用于社会问题、经济问题、环境问题、政治问题和国家战略问题等，信息资源管理则可以为它们提供方法论支持。近年来的信息资源管理研究对象需瞄准大数据，通过对大数据的组织，来为其他学科提供数据资源；通过对大数据的分析，来为其他学科提供方法、工具和依据。为此，信息资源管理与数据科学融合加快，推动了方法革新和理论创新。赖茂生（2017）认为，大数据给科技情报工作开辟了新的情报空间，提供了新的工具和手段。马费成（2018）指出大数据环境下，情报学研究方法呈现出从介入性方式到非介入性方式、从部分探究到整体研究、从人工分析为主到计算机分析为主的变化趋势。周晓英等（2017）认为，大数据环境下，情报学要针对"数据—信息—知识—智慧"开展全信息链的信息研究和信息管理。

更进一步，大数据与人工智能推动了信息资源管理的学科方法论资源升级。大数据实现了研究问题的粒度缩放（问题数据化，并可分解、可聚合）、跨界关联和全局视图，同处大数据环境下的信息资源管理也不例外，信息资源管理的研究范式会发生显著变革。（大）数据、文本、互联网、社交媒体和移动媒体等均将成为情报分析的主要对象。数据语义关联、数据整合聚类、数据深度挖掘、深度学习、空间分析、时间序列分析、可视化技术等将极大地丰富情报研究方法。特别是人工智能，包括深度学习、知识计算、自然语言处理等，与信息资源管理存在很强的交叉性，人工智能技术在这些领域的应用，将会给信息资源管理研究带来革命性的变革，推动从信息采集到情报服务的全链条智能化模式的形成。由此可见，大数据与人工智能从范式变革、数据来源极大拓展、数据整合组织与分析技术及方法创新等方面为信息资源管理研究提供了重要的方法论资源，从而实现信息资源管理研究传统方法论的升级甚至颠覆性创新。

5.3.3　本领域未来研究方向展望

1. 总体国家安全观下的国家安全情报学学科建设

国家安全战略、平安中国建设等重大国家战略的实施为情报学及情报工作转型提供了重要机遇。在总体国家安全观下，情报学及情报工作的"耳目、尖兵、参谋"角色、决策支持功能、战略规划功能将得到进一步巩固。该方向的典型科学问题举例如下。

（1）突发公共卫生事件防控。信息维度的突发公共卫生事件防控涉及三个方面：①以信息技术支撑突发公共卫生事件防控救治体系建设。此前，我国公共卫生领域应急信息维度存在预警功能缺失、协同联动乏力、舆论引导失误等缺陷，这些问题在很大程度上受到组织架构和功能架构的影响。因此，苏新宁和蒋勋（2020）提出构建扁平化、柔性化的新型公共卫生应急情报体系的设想，以信息技术贯通情报体系的事前感知、事中处理和事后管理。②以协同平台建设实现跨部门高效协同。这一点回应了前文提及的协同联动乏力问题，充分发挥多元社会主体的作用，建设跨部门多元融合的数据协同治理指挥平台，用以提升信息公开共享性、信息互动、信息发布、信息及时对称性等 13 项关键信息协同要素质量，从而提高突发公共卫生事件的协同治理能力。③以大数据智能分析支持智库决策。这一点在政策条文中体现为"开展大数据智能分析，包括时空分析、研判分析等，利用可视化技术进行综合展示，为决策提供综合数据支撑"等相关表述。其中，大数据时空分析、研判分析、可视化技术均为学术研究方法，学者通常使用上述方法进行突发公共卫生事件的信息分析和决策服务，反映学界对国家战略研究的理论和方法支撑。

（2）应急情报体系建设。应急情报体系建设不仅仅面向公共卫生领域，因此在政策要求上更为全面。除去突发事件防控体系、协同平台、智能分析、智库决策之外，对突发事件预警信息发布标准体系提出详细要求，包括扩展信息发布渠道、提升信息精准发布能力、提供应急信息无障碍服务等。由此可见，应急情报体系建设需要应急管理理论、智慧城市理论、数字包容理论等多种理论研究的支持，实践过程较为复杂，仍有许多问题留待学界深入探究。

（3）国家/个人数据安全。国家层面的安全考量主要面向数据主权下的跨境数据流动安全治理。数据主权是传统主权延伸至网络空间和数据层面的表现，体现国家特征，因而我国《中华人民共和国数据安全法》规定："关键信息基础设施的运营者在中华人民共和国境内运营中收集和产生的重要数据的出境安全管理，适用《中华人民共和国网络安全法》的规定；其他数据处理者在中华人民共和国境内运营中收集和产生的重要数据的出境安全管理办法，由国家网信部门会同国务院有关部门制定。"跨境数据流动会给国家数据主权安全带来潜在风险，包括入境"取"数据风险和出境"流"数据风险，滴滴公司正是存在影响国家安全的数据处理活动而被限制数据跨境流动。对此，学者提出数据主权下的跨境数据流动治理对策，包括构建国内数据主权治理体系、加强多边管控和域外规制、推进国际数据流动治理合作等，为我国数据安全治理提供参考。个人层面的数据安全围绕个人信息安全隐私保护行为、个人信息隐私政策评价等方面展开，与政策要求相呼应。

（4）政府数据治理。从电子政务到数字政府，数据治理在政府管理和开放共享中变得越发重要。围绕数据生命周期，学者对政府数据开放价值、数据质量评估、数据利用能力、数据协同治理体系等方面展开研究，为我国政府数据治理体系与治理能力现代化提供理论支持。

2. 面向社会化挑战的图书馆专业化学理依据与实践探索

图书馆专业化本是图书馆学理论的一个命题，因其关系到图书馆行业形象树立、行业价值体现以及行业地位提升，所以自19世纪末杜威宣告图书馆工作成为专业化职业以来，提升图书馆专业化程度便成为全世界图书馆人共同追求的一个目标。近年来，我国图书馆业界与学界都对图书馆专业化问题给予了高度关注，相关探讨不断增多。目前图书馆专业化备受社会化挑战的根源在于社会化越过了自身边界而侵入了专业化领地，这是当今图书馆界如此高声倡议图书馆专业化的根本原因。针对图书馆专业化与社会化的研究，需要从两方面着手，一是厘清图书馆过度社会化给专业化带来的挑战以探明目前专业化受到侵害的范围，二是辨明图书馆专业化本质以划清专业化与社会化边界。从实现图书馆事业高质量发展的价值取向来看，是任由社会化替代专业化，还是坚持专业化而摒弃社会化，又或者是实现专业化和社会化的平衡，已经成为对图书馆事业发展造成显著困扰并亟待阐明的问题。

（1）社会化对图书馆职业的挑战。当图书馆机构、业务与职能均备受社会化挑战之时，图书馆职业显然也无法独善其身。在图书馆加快社会化进程中，各地新馆和基层服务体系通过社会购买形式引进了大量专业水平较低且很少有图书馆学专业背景的从业人员。如何提高图书馆从业人员专业技术水平、提升业务水平、规范职业行为、建立专业性图书馆员队伍是亟待解决的问题。

（2）以图书馆业务专业化应对社会化挑战的实践探索。当前图书馆社会化中业务是否要外包以及哪些业务可以外包的激烈争议，事实上牵涉两大根本性问题。一是图书馆哪些业务具有专业性。一般来说，专业性越强的业务越难以外包，而那些专业化程度不高的加工业务与服务业务被外包的可能性最大。二是图书馆是否已经成为一个专业化机构。显然，越是已成为专业化机构的图书馆越难以外包，这也是当前许多尚未成为专业化机构的图书馆分馆或流动网点往往被外包运营的原因。由于并非所有图书馆业务均具有很强的专业性以及确实存在一些基层图书馆尚不属于专业机构，我们并不完全否定外包对图书馆发展的意义。

（3）以图书馆职业专业化应对社会化挑战的实践探索。图书馆职业发展必须走专业化的道路，我国图书馆人也一直在追求职业专业化的路上奔走，并曾经历过三次发展机遇。一方面，高校图书馆专业教育应在充分考察图书馆实践工作对图书馆专业毕业生职业要求的基础上开展需求匹配式教学训练；另一方面，图书馆行业需要针对当前大量社会化用工开展规范、系统的职业教育，促进其掌握信息处理、数据挖掘、知识服务等方面的业务知识，理解与认可图书馆功能、作用与贡献，并逐步建立起专业认同与职业信心。

3. 构建中国特色信息资源管理学科自主知识体系

2022 年 4 月 25 日，习近平在中国人民大学考察时指出 "加快构建中国特色哲学社会科学，归根结底是建构中国自主的知识体系"[①]。中国特色信息资源管理学科自主知识体系的构建，不仅是对习近平总书记关于哲学社会科学研究要 "立时代潮头，通古今变化，发思想先声，繁荣中国学术，发展中国理论，传播中国思想"[②]的思想在图书情报与档案管理研究领域的具体落实，也是自觉遵行 "要以中国为观照、以时代为观照，立足中国实际，解决中国问题，不断推动中华优秀传统文化创造性转化、创新性发展，不断推进知识创新、理论创新、方法创新，使中国特色哲学社会科学真正屹立于世界学术之林"[①]的具体体现。

鲁迅先生曾在与朋友的通信中谈到，"越是民族的，就越是世界的"。对于中国特色信息资源管理自主知识体系的构建而言，鲁迅先生的论断具有鲜明的时代意义。当前，具有中国独特学术渊源的信息资源学科得以名列一级学科，图书

---

① 《习近平在中国人民大学考察时强调：坚持党的领导传承红色基因扎根中国大地 走出一条建设中国特色世界一流大学新路》，http://www.cppcc.gov.cn/zxww/2022/04/26/ARTI1650934781766104.shtml?eqid= 986765ca0004916700000004642fb384，2022 年 4 月 26 日。

② 《习近平致信祝贺中国社会科学院建院 40 周年》，https://www.gov.cn/xinwen/2017-05/17/content_5194738.htm#1，2017 年 5 月 17 日。

情报与档案管理学科边界、专业内涵和人才培养模式都面临重建,为构建具有中国特色信息资源管理自主知识体系提供了难得机遇。在中国式现代化的语境下,我国大力推行文化数字化战略等一系列顶层设计则为构建信息资源管理自主知识体系提供了政策指引。着眼于彰显文化自信,继续发挥信息技术在学科创新中的优势,具有中国特色信息资源管理自主知识体系的构建将获得不竭的动力源泉。同时,社会认识层次论等具有中国本土情境适应性的学术思想,也为构建信息资源自主知识体系提供了底层逻辑。由此可见,从理论到实践,我国已形成构建信息资源管理的政策指引、保障制度、动力源泉与理论基础。期盼在不久的将来,全新的中国特色信息资源管理自主知识体系构建完成,并能够因其浓郁的中国特色而被世界各国的同行广泛认同。

该方向的典型科学问题举例如下。

(1)信息资源管理自主知识体系构建的政策意涵。数字化的时代转型与学科形态的变迁,为构建信息资源管理自主知识体系提供了宏观背景。本方向要进一步突出国家文化数字化战略对构建信息资源管理自主知识体系的基础性引领作用,围绕国家战略和相应制度设计,就构建具有中国特色信息资源自主知识体系的政策意涵展开解析。

(2)信息资源管理自主知识体系构建的内生动力。彰显文化自信是构建信息资源自主知识体系的动力源泉,图书情报与档案管理属于典型的文化事业,是"文化自信"的具体承载者。在数字人文视域下如何实现古籍数字化,是学界目前亟待解决的问题。同时,元宇宙场域下图书情报与档案管理学科虚实融生的具象与意象问题也亟须进一步探索。

(3)信息资源管理自主知识体系构建的底层逻辑。以学科更名为契机,立足于文化自信的时代需求,借助于技术驱动力,通过完善以智慧图书馆体系和数字包容与信息无障碍建设机制为主体的公益信息服务和救助制度体系,实现我国文化数字化战略,最终通过构建具有中国特色的信息资源管理自主知识体系,服务于中国式现代化。

4. 健康中国战略下健康信息学的思考和发展

随着健康信息作为健康服务的一部分被写入健康中国战略,我国健康信息学研究进入蓬勃发展阶段。梳理相关政策条文发现,健康信息服务涉及健康信息行为与素养提升、健康数据治理与信息服务两方面。

(1)健康信息行为与素养提升。多源健康信息的需求、搜寻、甄别、信任、采纳和利用行为一直是健康信息学的研究重点。学者采用深度访谈、日志研究、问卷调查等方法对各类健康行为模型、影响因素等方面进行探讨,补充并发展了新情境下的信息行为理论。研究对象覆盖大学生、老年人、患者、残疾人、互联网用户等不同群体，与健康中国战略的全民属性相吻合。健康信息素养是促进用户健康素养的关键。以老年群体为例，该群体的健康信息素养普遍较低，存在健康信息基础知识不足、健康信息获取能力弱、不善掌握新型信息获取方法等问题，因而该群体的健康信息素养提升可从提高健康信息意识、增加健康信息知识储备、提高健康信息技能方面入手。这也是国家政策中特别强调普及智能技术知识和技能，提升老年人对健康信息的获取、识别和使用能力的政策目的。

（2）健康数据治理与信息服务。健康中国战略背景下的健康数据治理存在三方面提升需求，包括宏观层面的公民健康水平、中观层面的健康数据管理水平和微观层面的用户健康服务水平，因此健康数据治理可采用自上而下的治理路径，以信息流实现各层级、各主体的协同一体化工作。健康信息服务研究旨在利用新兴信息技术提升健康智能化服务水平，这一要求与图书馆的社会价值相契合。然而当前学界和业界对公共图书馆的健康信息服务功能重视程度不足，导致专业人才和健康资源缺乏、健康服务形式单一等问题。对此，公共图书馆积极发展健康信息服务，首先提高健康信息服务观念，把提升馆员专业能力、创新健康信息服务内容、扩展多元主体合作作为健康信息服务的提升手段，开拓公共图书馆服务新领域。

5. 数字人文助推档案事业的发展

档案事业作为国家治理体系的重要内容，推动档案管理向档案治理转型成为保障档案事业高质量发展的必然举措。根据政策条文的统计分析，"十四五"以来的档案事业工作重点包括构建档案治理体系、红色档案管理与开发及数字人文的发展，与近两年的学术热点相吻合。

（1）构建档案治理体系。从档案管理到档案治理，学界认识主要集中在治理法治化和多元共治两方面，对档案依法治理的内在逻辑、档案治理制度建设、档案治理主体等方面进行研究，并形成相关学术观点。例如，档案治理具备依法治理的内涵和特征，因而档案法治体系建设需要从档案法规标准、档案法治实施、档案法治监督、档案法治保障四方面入手。档案治理与档案管理在管理理念、管理主体、管理过程、管理内容、管理手段、管理目的六方面均存在显著区别，整体从国家本位理念、封闭单一管理向社会本位理念、多元主体共治格局转变。经过档案学人的不断探索，相关学术观点通过专家政策咨询被纳入《"十四五"全国档案事业发展规划》，例如该规划任务第一条提及"加强部门协同、区域协同、行业协同，鼓励、引导、规范社会力量参与档案事务"。

（2）红色档案管理与开发。红色档案是承载红色基因、革命记忆、红色文化的重要载体，受到档案学人的广泛关注。当前学界对红色档案管理的研究集中于红色基因传承的学理阐释、红色档案开发利用、红色档案管理实践案例等方面。其中，红色档案蕴含红色基因，利用红色档案资源传承红色基因既满足人的全面发展需要，也满足思政教育工作的迫切需求。学界对红色档案开发利用随着信息技术发展呈现多元化，"互联网+"、数字人文、视觉传达、虚拟交互等数字技术和手段被应用到红色档案资源建设中，将红色记忆场景化、叙事化，使其在不同场景中实现红色基因传承目标，并形成红色档案管理优秀实践案例。

（3）数字人文的发展。数字人文作为人文学科与计算机学科交叉的研究新领域，为信息资源的开发利用提供新思路，被纳入《"十四五"全国档案事业发展规划》中。学界积极探索数字人文在红色文献/古籍数字化方面的应用，是一个从文献资源的数据化开始，到数据资源知识化和知识资源的故事化的逐渐深入的过程。

5.4　资源与环境管理领域[①]

资源环境是人类生存与发展的基础。自步入工业化时代以来，人类社会对自然资源特别是能源资源的需求不断攀升。1973 年爆发的石油危机对全球经济体系产生猛烈冲击，深刻影响了世界格局的走向，各国普遍将能源安全上升为国家战略，积极开发节能技术并寻求替代能源，推动能源资源管理问题日益受到全球各界的广泛关注。20 世纪 90 年代以来，国际社会日益重视全球气候变化问题，先后签署《联合国气候变化框架公约》《京都议定书》《巴黎协定》，很多国家意识到传统工业化过程中高投入、高消耗、高污染、高排放的粗放型经济增长模式给自然资源和生态环境造成了巨大破坏，纷纷开始探寻资源环境经济协调发展的模式与路径。随着经济社会的快速发展，资源环境约束压力显著增大，成为制约经济社会可持续发展的主要瓶颈，面向国家"双碳"战略与绿色高质量发展的重大需求，资源与环境管理学科的重要意义进一步凸显。

近年来，资源与环境管理领域围绕实现碳中和的能源产业与技术创新、碳减排路径与经济社会系统协同、减污降碳协同机制与政策设计等议题展开深入研究，取得了显著性进展和丰富的研究成果，为应对化石能源资源短缺、环境污染和全球气候变化等问题提供了理论依据，在可持续发展、环境保护、能源可持续利用等方面发挥了重要作用。本节界定了资源与环境管理领域的研究范畴及新时代以来的发展背景，梳理总结了过去 5~10 年本领域科学研究的主要趋势，并对未来重要研究方向进行展望。

---

① 本节内容由周鹏教授、廖华教授、鲁玺教授共同提供，作者根据全书情况进行了部分调整。

5.4.1　本领域学科界定

资源与环境管理是一门研究与应用并重的交叉学科，涵盖管理科学与工程、经济学、公共管理、环境科学与工程、系统工程、技术经济与管理等学科门类。该领域研究聚焦有效保护与可持续利用自然资源的管理策略，针对自然–社会–经济耦合的复杂系统开展相关研究，旨在提高资源利用效率、改善环境质量、推动可持续发展、保障生态安全，以实现社会经济与生态环境的平衡协调发展。资源环境问题与社会、经济、政治等问题结合紧密，随着资源环境与经济发展的矛盾日益突出，政府对资源环境管理的关注成为其职能转变的新特点和新趋势，各国资源环境战略规划与政策体系相继出台，引发社会的广泛关注，也推动了资源管理、环境管理、能源经济等相关学科的发展。

习近平在 2023 年全国生态环境保护大会上强调"我国生态环境保护结构性、根源性、趋势性压力尚未根本缓解""必须以更高站位、更宽视野、更大力度来谋划和推进新征程生态环境保护工作"[①]。与此同时，全球应对气候变化进程也出现了新的时代转折，资源与环境管理研究也因而被赋予了新的时代任务。气候变化、资源短缺、环境污染等问题日益凸显，对国际秩序和人类生存构成严峻考验。中国秉持人类命运共同体理念，积极推动全球气候治理，成为全球生态文明建设的重要贡献者和引领者。2016 年《巴黎协定》正式生效，包括中国在内的 170 多个国家将以自主贡献的形式将全球平均气温升幅控制在 2℃内，并努力保持在 1.5℃以下。21 世纪以来，碳中和成为国际气候行动的重要内容。在能源安全方面，"四个革命、一个合作"能源安全新战略的提出为我国能源高质量发展指明了方向，习近平总书记强调"能源的饭碗必须端在自己手里"[②]，能源领域一系列重磅规划和政策密集出台，形成了推进能源革命的战略规划体系。

然而，目前的知识存量还不足以满足资源环境治理需求，仅靠经济技术系统自然演化远不足以支撑实现碳中和的目标。需要一套从经济、资源、环境、技术、社会等方面协同发力，形成有力、高效、动态的管理与政策体系，这对资源与环境管理相关研究提出了新的要求和挑战。一方面，碳中和目标对低碳技术的发展提出了更高要求，各类新兴近零碳、零碳和负碳技术将不断涌现，并推动工艺流程与行业结构的深度变革，不仅给相关技术预见与管理带来了挑战，也增加了能源资源安全和产业链保障难度。另一方面，碳中和是面向经济社会系统的总体目

---

① 《习近平在全国生态环境保护大会上强调 全面推进美丽中国建设 加快推进人与自然和谐共生的现代化》，http://cpc.people.com.cn/n1/2023/0718/c64094-40038459.html，2023 年 7 月 18 日。

② 《习近平勉励广大石油工人：再创佳绩、再立新功》，https://www.gov.cn/xinwen/2021-10/22/content_5644256.htm?eqid= ee824f7800160aba0000000464646bbc，2021 年 10 月 22 日。

标，处理好发展和减排、整体和局部、长远目标和短期目标、政府和市场四对关系。这要求各类能源环境政策着眼于整个经济社会系统，实现各系统、各区域、各产业、各技术的协同，从而在推动经济社会低碳转型的同时保障国家安全和促进社会公平正义，这也对相关研究的系统性提出了更高要求（魏一鸣和刘新刚，2022）。随着"十四五"时期我国生态文明建设进入了以降碳为重点战略方向、推动减污降碳协同增效、促进经济社会发展全面绿色转型、实现生态环境质量改善由量变到质变的关键时期，进一步面向国家资源环境与气候变化领域的重大政策需求，围绕资源与环境管理学科中的关键科学问题开展基础性、前瞻性、创新性研究的重要性不断凸显。

5.4.2　本领域研究趋势

1. 从单一视角转向探究多维度布局的气候治理策略

气候变化正深刻影响着全球环境、政治、经济与社会安全。面向碳达峰、碳中和的发展目标，需厘清低碳转型目标下能源、环境与生态系统协同治理路径、识别其中的挑战与机遇，在减缓气候变化不利影响的同时，实现减污降碳协同增效，并提升生态系统服务功能（王涵等，2022）。现有研究重点围绕面向碳中和目标的气候与环境协同治理、生态系统碳循环过程与增汇机制、多国家（区域）气候治理博弈合作等，探讨了如何科学衔接和协同气候变化应对、环境污染治理、生态系统保护，实现多区域、多部门、多要素和多尺度的体系化建模与统筹管理。

低碳技术大规模部署对可持续发展和社会经济产生复杂影响，涉及系统协调发展与产业步调一致的复杂性问题（Chang et al.，2020）；碳中和目标可能导致多个风险/效益在时空上的叠加或传递扩散，但同时也有望带来经济系统的非线性变化（丁一汇和史学丽，2022）。此外，生态系统中水、土、碳等多要素的耦合涉及多个社会经济部门，外溢效应复杂，耦合机制难量化，导致跨部门、跨区域的协作管理及应急系统构建难度高（Yang et al.，2019；Chen et al.，2021；Wang et al.，2020）。在我国经济增长下行压力下，统筹经济增长和减污降碳的关系，推动实现环境治理、减污降碳协同增效是关键难题。已有研究表明，我国减污和降碳政策在不同层次上均具有显著协同效应（郑逸璇等，2021；张瑜等，2022），但面向气候与环境协同治理，还需进一步综合考虑城市经济发展水平、空气污染程度及各行业污染控制措施的不同，因地制宜制定减污降碳政策（李海生等，2022）。此外，充分实现减污降碳的协同管理及其对碳中和转型的促进作用，需要基于更大规模和更高精度的社会经济与自然系统观测数据，通过多源异构数据实现精准预测及协同管理保障，也需要突破新一代综合集成政策模型的开发，解决微观不确定性模拟与宏观综合评估模型的耦合问题，基于智能决策平台支持跨区域、跨行业的协同管理（Sharma and Norton，2005；Akhtar et al.，2019）。

由于全球化程度不断加深，各国间存在密切的能源和经济产业关联，各国同样需要通过国际合作，在共同推进各国碳中和的同时，实现全球气候治理（Wei et al.，2020）。应对气候变化与实现碳中和具有全球性、长周期、多区域和跨部门等复杂系统特征，需要坚持系统观念，处理好发展与减排、整体与局部、长远目标与短期目标、政府与市场的关系。能源气候与经济系统动态性强、关联主体多、耦合机制复杂，因此，需要构建耦合自然系统和社会系统的综合评估模型，以探索气候变化与经济发展的复杂关系（魏一鸣等，2013）。近年来，我国学者开发了多个能源系统集成模型和气候经济综合评估模型[如 IPAC（integrated policy assessment model for China，中国综合政策评估模型）（Jiang et al.，2013）、C³IAM（China's climate change integrated assessment model，中国气候变化综合评估模型）（Wei et al.，2018）、IMED（integrated model of energy，environment and economy for sustainable development，可持续发展的能源、环境和经济一体化模式）（Xie et al.，2016）等]，初步形成了气候变化综合评估能力，评估工具从过去依赖国际模型转向开发本地化、精细化综合评估模型，部分综合评估模型已能够较为充分地结合中国情景。此外，由于各国在经济、政治和社会形态等方面存在巨大差异，建立全球集体行动的气候治理方案不具可行性。目前，已有相关研究采用综合评估模型对各国/区域边际减排成本（Yang et al.，2018）、代际公平与国际/区域公平（Budolfson et al.，2021）、气候治理机制潜在影响等关键问题开展了理论分析与实证研究，提出了切实可行的国际气候治理策略。随着全球气候治理水平不断提升，人们对碳中和转型的认识不断加深，如何刻画多维度、跨系统耦合建模中的不确定性、突变性、博弈性和可计算性等问题值得关注。

2. 关注考虑复杂约束条件下的系统优化与转型路径

"高质量低碳发展"是能源转型的大方向。能源系统转型与经济社会系统密切相关，理解复杂背景下能源系统低碳转型中的多元因素交互机理与动力机制是开展能源转型研究的重要前提（Zhou et al.，2022）。高比例、大规模、安全可靠发展可再生能源是实现能源系统低碳转型及碳中和目标的根本途径（Wang et al.，2021；IEA，2021）。然而，风、电、光等可再生能源具有间歇性和波动性，可再生能源优化开发要求在高时空分辨率下开发技术、经济、并网等多维度指标，对风、光等可再生能源的发电潜力、变动特征及成本动态进行精细化评估。我国学者在该领域开展了系统研究。例如，耦合多源、多维度时空数据，结合可再生能源开发地理约束与技术、经济参数的时空特征，精准解析我国可再生能源的可开发总量与资源质量，动态评估其成本的变动特征，提出可再生能源的平价上网路径，并预测可再生能源取得成本优势后，可再生能源配备储能的并网潜力与灵活性（Lu et al.，2021）。然而现有相关模型不够完善，且模型或求解器的自主性不足，不仅难以有效支撑我国能源发展战略研究，还有遭受遏制的风险，未来需进一步加以优化（Chatterjee et al.，2022）。此外，面向高比例可再生能源电力系统，可再生能源的波动特征及其驱动因素需进一步科学解析，以预判并防范可再生能源波动对电力系统安全运行的潜在风险（Chen et al.，2022）。

与此同时，实现碳中和目标不能仅仅依靠推广可再生能源，还应进一步统筹发展与减排、减源与增汇、生产与消费。面对当前复杂的国际国内形势，可再生能源技术尚存在未解决的间歇性和波动性等问题，需要将保障能源安全摆在更加突出的位置（苏健等，2021），同时，需优化能源系统可靠性与经济性的协调机制（Zhou et al.，2016）。

研究还发现，随着未来可再生能源占比提高，能源系统对钴、锂和稀土等关键元素的需求也将大幅增加（Gulley et al.，2018），由此产生的资源约束问题将对能源长期规划与短期供需平衡及其平稳运行提出挑战，进而影响能源转型路径的选择。此外，向净零排放能源系统的过渡不仅体现在技术层面，还需要更普遍的机构、组织和社会的转变（IPCC，2022），如行为和生活方式改变、连接生产和消费系统的基础设施配套以及服务供应策略改进等（Zheng et al.，2021）。因此，能源系统低碳转型必须立足能源基本国情，先立后破，坚持系统观，统筹兼顾社会经济和生态环境等多个系统，谋划设计科学的转型路径。

3. 面向碳中和的重点行业转型及关键技术管理研究兴起

实现碳中和目标需要全产业链的协同和系统性的技术解决方案，涉及工艺-技术-行业多层次复杂体系、时间-空间多尺度耦合结构（Hepburn et al.，2019）。相关研究面临着技术体系繁杂、产业链条长、行业异质性突出、时空尺度跨度大等诸多挑战。已有研究多从碳减排重点行业入手，探讨相关行业碳中和技术创新与实现路径。例如，研究发现能源领域除大力发展可再生能源，提升可再生能源稳定性并进一步降低成本外，还需引入新型储能技术和碳移除技术（Zhang and Chen，2022）；交通运输领域需要发展燃料或动力低碳化技术，逐步实现化石燃料的替代（Han et al.，2013）。现有研究指出应加强相关脱碳、零碳技术的全局性部署（张贤等，2021），加快开展氢能、碳捕集利用与封存、负排放等前瞻性技术的研发示范，并解决源自现有化石燃料电厂、钢厂、水泥窑等工业基础设施的巨大排放。上述研究均突出了新兴颠覆性碳中和技术对于实现碳中和的重要性。

提高可再生能源技术需要发展和应用新技术，多措并举，提升可再生能源的消纳水平。需进一步分析具有颠覆性潜力的碳移除技术路线，从供给侧探究风、光可再生能源多能互补系统的时空优化配置,从需求侧研判交通、建筑等部门与可再生能源的协同开发机制,系统分析源网荷储的优化配置问题(董旭柱等,2021)。为服务碳中和技术管理及相关政策需要,许多研究对碳中和技术的综合成本进行了评估,并强调在技术的成本收益评估过程中,需考虑碳中和技术在促进产业升级与生态环境改善等方面的溢出效应(Shen et al., 2022; Tian et al., 2019)。此外,单一政策难以充分激励碳中和颠覆性技术创新,需建立具有全面性、平衡性和一致性的政策组合,以形成长期可持续的转型动力机制(Zhang et al., 2021)。

在碳中和目标下,能源系统源荷界限将更加模糊,不再是仅从资源端到需求端的单向能源链,而是面临着双重强不确定性。这对长期规划与短期供需平衡及其平稳运行提出了挑战,需要开发新的建模方法(Yu et al., 2018)。我国学者在该领域持续开展了相关研究。例如,魏一鸣等(2022)从复杂系统的视角,自主设计构建了自下而上的国家能源技术模型(C^{3}IAM/NET),耦合"能源加工转换—运输配送—终端使用—末端回收治理"全过程、行业"原料—燃料—工艺—技术—产品/服务"全链条,实现以需定产、供需联动、技术经济协同的复杂系统建模。

4. 更为重视转型发展下的能源资源安全管理与保障

能源系统是社会经济与生态环境系统的重要组成部分,未来能源系统的低碳转型将是革命性和颠覆性的,势必会给整个社会经济和生态环境系统带来一定风险。已有研究发现,对于经济系统,短时期内打破传统能源结构,可能伴随供需失衡、产业链中断、价格震荡等(Semieniuk et al., 2021; Sovacool et al., 2019);对于社会系统,部分传统能源企业可能面临破产或重组风险,进而引发就业和社会稳定等问题(Cui et al., 2021);对于生态环境系统,光伏或风电场建设可能破坏植被,在减少森林碳汇的同时带来水文地质风险(Li et al., 2021; Yang et al., 2018)。现有文献指出,在低碳转型发展过程中,应加强风险意识,充分考虑转型复杂性与不确定性,将转型可能引起的风险降到最低,逐步建立起可持续资源能源转型体系,保障我国低碳转型过程中的能源安全、资源安全、经济安全、社会稳定和人民群众的基本能源需求。传统能源逐步退出,必须建立在新能源安全可靠的替代基础上。

已有研究表明,可再生能源存在明显正外部效应,需要政府制定相关政策才能为其高比例可持续发展提供健康环境(McKane et al., 2017)。识别可再生能源技术发展的应用扩散规律与主体低碳运营模式(Hu et al., 2022; Zhou and Wen, 2020),设计合理的推广机制与引导政策,对于促进可再生能源与多产业的交叉融合发展、推进能源与社会经济协调发展具有重要意义。从政策角度分析,单一碳定价政策不足以激励能源系统的颠覆性技术创新,规制性政策在实现部门减碳方面发挥着重要作用,全面性、平衡性和一致性是政策组合的重要标准。对管理科学的挑战是面向碳中和目标的多维政策体系构建如何在多重约束下、面向多元目标进行动态优化,以形成长期可持续的转型动力机制(Aliabadi et al.,2017)。此外,市场机制是能源资源配置和气候治理的最高效手段,以电力市场和碳市场为主要手段的市场机制是保障电力行业转型发展的关键。对于电力市场而言,以往价格形成机制采用边际成本出清机制,风电、光伏、水电、储能等零边际成本的主体大规模进入市场,给市场价格水平和分布带来巨大冲击,而碳交易市场起着重要的成本传导作用(周鹏等,2020)。当前能源资源配置与气候治理缺乏系统性、整体性、协同性规划,迫切需要实现碳市场与电力市场的政策协调和机制协同设计,以促进碳市场价格信号在电力市场的有效传导,有力支撑能源资源的优化配置。

同时,为加快推进能源转型,加大新能源开发利用力度,提高能源系统供应保障能力,需以重大新型能源项目建设为着力点,适度超前布局能源基础设施(Tong et al.,2019)。除直接影响能源系统低碳转型外,基础设施还会与社会文化和技术水平交互作用,进而影响微观个体的减排行为从而间接影响碳排放,尤其在能源、交通和建筑领域,基础设施布局对于发挥其减排效果尤为关键(Zheng et al.,2021)。相较于欧美,我国相关优化模型的开发在自主度、数量、应用场景、影响力等诸多方面仍存在差距。构建多层次关联、多目标优化模型及求解平台,对于我国摆脱国外黑箱商业软件,建立源网荷储互动、多能协同互补的智能调度体系,优化基础设施布局均具有重要意义(Heo et al.,2021)。

5.4.3 本领域未来研究方向展望

1. 应对全球气候变化的减排问题科学研究

面临极端天气频现及环境污染加剧的双重压力,减污降碳已成为全球共识,相关议题也成为资源与环境管理领域研究工作的重要着力点。应对全球气候变化的减排问题具有动态性、连锁性等特征,相关工作不可一蹴而就;而过往诸多研究聚焦于排放本身,对全球减排行动协同性、减排问题与经济社会系统互动等问题认知不足,导致实际决策缺乏理论支撑,客观催生了我国在全球气候治理话语权偏弱等现实问题。未来应把碳达峰、碳中和纳入生态文明建设的整体布局,坚持降碳、减污、扩绿、增长协同推进,这些为本领域的研究开展提供了方向遵循。

因此,本方向强调从理论高度开展应对全球气候变化的减排问题研究,为全球减污降碳讲好中国故事、提供中国方案。本方向未来需进一步提出和完善气候–经济复杂系统综合评估建模理论与方法，构建面向碳中和目标的能源–环境–气候政策协同体系。设计统筹多主体、多层级、多过程、多工具、多要素的减污降碳政策方案，提炼多主体的气候适应策略，从全球视野出发探寻全球气候治理博弈机制与合作策略，基于以上研究形成世界环境保护和可持续发展的解决方案，为全球气候环境治理提出中国方案。该方向的典型科学问题举例如下。

（1）气候–经济复杂系统综合评估建模理论与方法。建立综合评估模型，深度研究全球气候变化与经济系统间的复杂关联，探索全球气候表现、减排措施与市场波动、资源配置、产业结构等要素之间的交互作用机制；为量化研究全球气候变化及适应性策略、经济损失、产业影响间的关系提供工具，为应对全球气候变化、实现可持续发展目标提供科学依据和决策支持。

（2）应对全球气候变化的能源–环境–气候政策协同体系构建。构建协同一体的政策体系，探索能源转型、环境状况和气候变化间的协同关系，刻画政策互动和协同效应机制；采用整合性策略，统筹协同优化能源政策、环境政策、气候政策；进而协调跨部门目标与行动路径，多方参与形成协调合力，以提高应对全球气候变化的政策效果及效率。

（3）多要素、多主体减排路径优化与气候治理政策设计。分析多要素排放的特点和影响因素，厘清减缓和适应全球气候变化过程中多要素的相互关系与协同减排的潜力；探究多主体在应对全球气候变化中的角色和行为，制定协调多主体利益诉求的气候治理合作机制，优化减排路径；构建减排绩效测算方法与机制，为减排效果评估及责任认定提供科学工具，构建区域污染及碳排放联防联控利益冲突与责任分配机制，形成贯彻全阶段的气候治理政策设计。

（4）多元化社会经济主体的气候适应策略研究。分析不同类型的社会经济主体（包括企业、居民、农户等），揭示其在全球气候变化背景下面临的风险和挑战，在考虑群体异质性的基础上，分析多元社会经济主体的气候适应能力；探讨多元化主体在资源、技术和知识等方面的差异，以及提升多元化群体气候变化应对能力的策略；探索公共政策和市场机制对多元化社会经济主体气候适应的影响，分析政策的有效性和可行性。

（5）全球气候治理博弈机制与合作策略。探究各国的发展需求与环境保护责任的平衡机制，提出促使发达国家与发展中国家之间共同参与、共担全球气候治理责任的全球环境治理框架；探讨应对气候博弈可能导致的合作困难和合作失败情景，寻求博弈中的双赢策略；探索各国减排合作机制的制定办法及监测和评估方案，提出应对国家减排承诺不兑现等问题的解决方案；评估碳市场对全球气候治理的作用及市场机制的公平性和有效性，提出协调国际碳市场的互动与协作模式。

2. 多约束下的能源系统优化与路径科学研究

在全球减碳的重要背景下,我国能源结构调整与新型能源系统建设势在必行,能源供给格局由传统、稳定的化石能源向多元、波动性的可再生能源组合转变,多约束下的能源系统优化与路径科学研究重要性凸显。一方面,可再生能源的间歇性、不稳定性特征使得能源供应与需求之间的匹配变得更加复杂,对能源储存、调度和输配等方面提出了新的要求。另一方面,能源技术转型的推进受到市场波动、政策变化、技术突破等多种环境因素的影响,具有较强不确定性,而能源系统之间相互依赖、相互制约的耦合特性,导致能源转型过程中试错空间较小,我国能源安全保障面临威胁。为增强能源转型进程的鲁棒性,亟须考虑多系统耦合能源技术转型具有的"交叉性""动态性""复杂性"等特点,开展多系统、多主体、多层次、多目标尺度下的适应性系统优化方案与转型推进路径研究。

因此,本方向强调从宏观层面出发,采用系统论的思想,将多系统耦合的能源技术转型视为复杂的系统工程,开展系统优化与路径科学研究。本方向期望厘清多主体参与下的多系统耦合能源转型动力机制,开发层次关联、多目标优化介尺度模型及求解平台,并结合现实需求及转型情景进行能源转型路径优化;识别多系统耦合能源转型进程中涉及的多类能源的源网荷储环节,并开展一体化优化调度;针对源网荷储环节涉及的关键基础设施,开展考虑跨系统影响关联的基础设施规划布局与安全管控;识别多系统耦合能源转型带来的供需关系变化、排放情况等特征,量化能源转型影响。该方向的典型科学问题举例如下。

(1)多行为主体交互对能源产业转型路径的影响。识别能源产业转型进程的利益相关者,探索各主体在能源转型中的角色及行为策略;针对政府主体,设计能源产业转型中引导、监管和激励企业行为的政策方案,并探究企业将如何回应政府政策,刻画其能源生产和消费行为转变;识别多主体如何共同推动技术创新、扩散,刻画多行为主体对市场格局和产业结构的影响。

(2)多系统耦合能源转型的动力机制与优化路径。捕捉多系统耦合能源转型的驱动力,预测能源转型发展的未来趋势;识别多系统耦合能源转型如何促进能源互联和跨界合作,以提高能源利用效率和资源整合,探索跨国、跨区域的能源合作如何优化能源系统布局和资源配置;探究通过技术创新、市场机制推动多能源系统的协同发展,实现高效能源互补的路径优化方案。

(3)源网荷储一体化的优化调度。探索多类型能源整合方案,探索能源供应的多样性和可靠性提升策略;构建能源网络的输电、配电等系统的协同工作机制,以实现能源的灵活调度和分布式供应;开展实时、前瞻的能源荷载需求预测,以合理安排能源的生产、传输和消费方案,实现荷载需求的即时响应;平衡能源储存的充放电策略,开展储能规模及运行决策研究,平衡能源供需矛盾,并提出可能的能源供应拓扑变化、故障等应对方案，保障能源供应的可靠性和稳定性。

（4）考虑跨系统影响关联的碳中和基础设施规划布局与安全管控。开展在碳中和基础设施规划中不同基础设施（发电厂、输电线路、充电桩等）的布局规划研究，以优化能源供应链的效率和可持续性；识别和评估与安全风险相关的因素，制定相应的管控策略；面对不同系统之间的潜在影响，建立快速、有效的应急响应和恢复机制，以应对突发情况；优化合理冗余规模决策方案，以预留足够的灵活性，适应未来可能的能源供应变化和系统需求调整。

（5）多系统耦合优化对能源系统供需与碳中和转型路径的影响。探索多系统耦合优化如何在能源系统中实现供需平衡，确保能源的可靠供应和需求的满足；优化能源的流动路径和传输路径，以最大限度地减少能源损耗；构建多系统耦合优化下的能源系统韧性提升方案，以应对各种外部干扰和突发情况；构建应急响应策略，使能源系统能够在紧急情况下保持可靠运行和供应；量化评价能源转型带来的减排收益，为实现减碳目标提供数据支撑。

3. 面向碳中和关键技术与重点产业发展政策科学研究

碳中和目标的实现，离不开关键技术的重大突破及重点产业的健康发展，也需要技术创新及政策保障。一方面，技术创新是碳中和目标达成的核心推动力，新一轮能源技术革命和产业变革正在重构全球能源版图，影响到国际竞争优势、可持续发展和地缘政治经济格局。另一方面，低碳新兴技术及产业具有天然负外部性，面临社会收益与私人成本不匹配、市场失灵等客观问题，发展依赖政策支撑。以习近平同志为核心的党中央高度重视面向碳中和关键技术与重点产业发展，党的二十大报告明确提出"加快节能降碳先进技术研发和推广应用，倡导绿色消费，推动形成绿色低碳的生产方式和生活方式"[①]。

因此，本方向强调从行业视角出发，面向技术创新及产业发展，以关键技术与重点产业为突破点，以政策为核心措施，探讨新的技术创新规划、产业发展路径以及政策设计理念。本方向聚焦关键技术创新发展，探索重点产业发展新方向，关注碳中和技术创新发展管理、碳中和基础设施部署规划、碳中和技术与产业标准设计等科学问题，进一步探究如何搭建中国特色碳中和政策体系及保障措施。该方向的典型科学问题举例如下。

（1）碳中和颠覆性技术识别及其成本效益评估。以碳中和背景下颠覆性技术发展要求及规划方案的梳理为基础，界定颠覆性技术关键要素与分析框架，识别相关颠覆性技术并评估其控碳、降碳、固碳等实施效果，厘清相关技术发展程度

---

① 参见《人民日报》2022 年 10 月 26 日第 1 版文章：《高举中国特色社会主义伟大旗帜 为全面建设社会主义现代化国家而团结奋斗》。

与未来发展潜力，进一步结合技术创新、扩散等成本效益历史数据与政治、经济、环境等外部因素，估算主要颠覆性技术成本效益及其波动空间，为促进碳中和颠覆性技术扩散提供理论依据。

（2）重点行业全链条的碳中和技术体系优化决策。厘清碳中和目标实现过程中工业、建筑、交通、能源等重点行业的关键资源环境技术，依据技术发展进程、技术实施效果等标准进行多维分类，进而搭建行业碳中和技术体系，兼顾技术体系一致性、协调性、统一性与强链、补链、固链、延链等全产业链发展要求，探索重点行业全链条碳中和技术体系优化方案，设计技术进退机制与技术协同组合，为实现碳中和目标提供技术支撑。

（3）重点行业碳中和激励政策体系和保障措施。在明确各行业碳中和政策内涵、框架与目标的基础上，识别重点行业关键着力点并挖掘全链条重点施策环节与施策对象，结合重点行业相关实证研究，以碳达峰、碳中和"1+N"政策体系为基础，全方位探索重点行业发展、人才培养、技术创新、减污降碳等多维政策工具与政策组合，搭建完备的碳中和行业政策体系及其保障措施，为我国重点行业实现碳中和提供政策保障。

（4）考虑跨系统影响和产业关联的碳中和基础设施规划布局。充分结合"以新发展理念为引领、以技术创新为驱动、以信息网络为基础"的新基建内涵要求，明确碳中和目标下新旧能源系统转换、跨部门系统衔接以及相关产业关联对基础设施部署提出的新要求与新发展框架，设计多目标基础设施部署约束条件，制定相关基础设施改造升级、选址优化等规划布局方案，为固碳、降碳、控碳技术扩散提供载体。

（5）基于中国国情的数字化、自动化、智能化资源集成调控平台开发。以我国资源国情调研为基础，结合大数据、物联网、云计算等信息与通信技术，聚焦数字化、自动化、智能化的资源集成调控研究，重点关注跨区域、跨部门的资源集成调度机理，辨识资源联调联控时空特征，重点研发与构建能源、水等资源协同调度算法、模型，搭建数字化、自动化、智能化"三化"资源集成调控平台，为实现智慧化资源集成调控提供理论依据。

4. 面向能源转型的风险应对与机制保障科学研究

能源转型涉及能源供需结构、经济社会发展、生产生活方式等方面的多维影响，潜在能源、经济、社会、环境等多维系统风险，凸显风险应对与机制保障研究重要性。一方面，俄乌冲突、中美博弈、能源产业核心矿产资源转换等外部因素复杂交叠，加剧能源转型不确定性，易催生转型过程中的系统性风险。另一方面，能源转型将打破原有经济发展轨迹、社会稳定性以及自然资源供需平衡，引发能源供应中断、经济市场波动以及社会环境破坏等风险，相关风险交互现象涌现进而催生一系列复杂风险事件，使得风险危害程度大幅增加。党的二十大报告强调"提高防范化解重大风险能力，严密防范系统性安全风险"①。基于此，考虑到能源转型的战略性、复杂性、系统性等特征，需要探索多维转型风险管理方案。

因此，本方向强调立足能源转型风险管理问题，探讨风险管理方案与保障机制，丰富能源转型风险管理的科学理论以及解决现实风险问题。本方向期望聚焦能源转型过程中产生的风险展开新的理论研究，关注能源转型产生的系统性风险及其交互作用机制、探究如何辨识能源转型关键成因及风险复杂传导机制、制订高效风险防控方案等问题，进一步探索能源转型过程中典型风险问题管理机制，搭建完备、完善的能源转型风险保障机制。该方向的典型科学问题举例如下。

（1）能源转型风险识别与传导机制。在剖析能源转型趋势及特征的基础上，识别能源转型过程中能源系统、经济系统、社会系统、环境系统等存在的主要风险及其表现形式，识别各转型风险源头并研判其关键影响因素作用机理，进一步结合能源转型风险事件数据，探索多维风险传递、耦合、交互引致的风险扩大、转移、消弭效应，准确判断风险来源及传导路径，为精准防控能源转型风险奠定基础。

（2）能源转型风险动态管控体系构建。在能源转型风险的识别与评估基础上，明确能源转型薄弱环节，剖析能源转型风险事件数据，设计能源转型风险预警标准，充分运用信息与通信技术，开发能源转型薄弱环节的动态、智能风险警情检测工具；进而分别从降低风险概率与降低风险损失的风险管控目标出发，探索事前风险防范、事中风险控制与事后风险补损的风险管控方案，从而搭建能源转型风险动态管控体系，为有效防控能源转型风险提供决策依据。

（3）能源资产搁浅风险管理。在能源资产清查盘点及其运行评估基础上，识别高碳排放资产、化石能源资产、落后产能等存在潜在搁浅风险的能源资产，评估相关能源资产搁浅风险概率及风险损失，进而兼顾减污降碳目标与能源资产改造成本效益，设计多目标约束下能源资产产能淘汰、置换、重组等方案，实现能源资产有序优化，降低能源资产搁浅冲击，以期实现能源资产搁浅风险的有效控制。

（4）保障可再生能源安全高效利用的政策体系及市场驱动机制。从政策与市场等角度出发促进可再生能源的安全高效利用。一方面，充分把握技术创新、产业发展、终端用能等关键施策环节及其着力点，研判如何利用奖、惩、税、补等政策"自上而下"推动可再生能源大规模利用；另一方面，探究可再生能源市场

---

① 参见《人民日报》2022 年 10 月 26 日第 1 版文章：《高举中国特色社会主义伟大旗帜　为全面建设社会主义现代化国家而团结奋斗》。

运行机制及其关键制约因素，研判如何发挥市场作用"自下而上"拉动可再生能源消费。进而，厘清政策与市场双重机制交互机理及协同驱动策略，并在考虑风险规避的基础上探究规模化可再生能源替代路径及方案，为可再生能源的安全高效利用提供有力保障。

（5）助力碳中和转型的电–碳市场协同机制及风险管理体系设计。厘清电力市场与碳市场的互动关系和交互作用，剖析电力价格、碳价格联动机制与传导效应，探究电力需求、电源结构、初始碳配额以及结算方式等重要因素对电力市场与碳市场的运行影响机理，探索推进重点产业、跨部门、跨区域电–碳市场供需适配的政策方案；识别电–碳市场中的多层级市场风险，防范市场操纵和信息不对称风险，探索搭建系统、全面的电–碳市场复杂耦合模式与协同机制，提升市场机制对电源结构优化以及气候治理的推动作用。

第 6 章　"十四五"时期本学科优先资助领域遴选

国家自然科学基金资助科学家开展基础研究需要平衡好激励的"普遍性"和"选择性"之间的关系，从而既有效纠正科技创新，特别是基础研究活动中巨大的市场失灵风险，又避免引致不必要的政府失灵风险。这要求国家自然科学基金在开展广泛、多层次资助的同时，充分结合特定时代背景和国家重大战略需求，遴选部分优先资助领域。

本章聚焦"十四五"时期本学科优先资助领域遴选。6.1 节对宏观管理与政策学科"十四五"优先资助领域的遴选过程进行介绍。首先，结合创新经济学、科技政策的基础理论，剖析科学基金在"普遍性"激励和"选择性"激励间进行有效平衡的重要性；其次，介绍本学科优先资助领域的总体目标；最后，对宏观管理与政策学科"十四五"优先资助领域遴选的总体目标、操作逻辑和操作方法进行介绍。6.2 节则在前文论述的基础上，具体介绍"十四五"时期国家自然科学基金优先资助的七大关键领域和 16 个重点选题，以供读者进一步了解国家自然科学基金在本领域的发展趋势，并为未来选题规划提供参考。

6.1　本学科的优先资助领域遴选过程

6.1.1　优先领域遴选必要性

科技创新活动，特别是基础科学研究活动，具有显著的正外部性和不确定性，在从"死亡之谷"迈向"达尔文之海"的过程中存在严重的市场失灵现象。基于公共资金的研发补贴被视为纠正此类市场失灵的重要手段，但公共研发资助的作用效果仍然存在一些争议。首先，在纠正市场失灵的同时，公共研发资助可能挤出私人市场投资。一旦私人投资减少而政府投资不能有效跟进，社会整体研发投入必将有所迟滞，从而影响整体的科学资助效果。其次，受到信息不对称和利益集团等因素的综合影响，单纯的公共研发补助甚至可能造成比纠正市场失灵更严重的政府失灵，导致因资源错配引发的效率损失。因此，如何设计面向研发活动的公共补贴政策，既是创新经济学领域的基础性科学命题，又是科技创新政策运行过程中一个重要的现实性问题。

越来越多的研究者开始在公共科技政策工具的选择性与普惠性框架下对上述问题进行讨论。例如，徐磊和苏竣等中国学者提出"命令控制型–市场激励型"的科技政策工具分析框架，指出前者主要依赖自上而下的、依赖政府行政权力的简单命令对科技活动进行干预，可能忽视区域、学科和产业的特点与发展规律，形成低效率的"柠檬市场"，而后者由市场自主选择，能够有效激发市场主体的活力，减少不确定性并与市场经济的运行环境相适应（Xu and Su，2016）。总体而言，我国科技政策工具运用过程中正日益广泛地将市场激励型与命令控制型政策工具相结合，不断平衡好两种工具的相互关系。

具体到科学研究资助领域，政策工具的设计也需要在两者间求取平衡。一方面，以国家自然科学基金为代表的公共研发补贴政策要避免过多的政府干预。首先，与科学家相比，政府官员对科学发展态势的理解并没有显著优势，往往处于信息不对称的弱势方，因此由政府主导科学激励方向的选择可能伴随着信息不足产生的信息失灵。其次，如果政府在科学项目的资助选择过程中拥有过大的、集中化的权力，特定利益群体的寻租活动可能对政府决策过程产生影响，使国家的科学资助方向向利益集团的私人利益方向倾斜，从而进一步导致资源的错配。

另一方面，恰当的政府干预对于优化以国家自然科学基金为代表的公共研发补贴政策具有重要意义。首先，与科学家相比，政府对于科学发展趋势的理解并不一定处于弱势地位。与研究机构和个人研究者相比，政府部门会收到更大范围的项目申请，能接触到多个技术领域的顶尖前沿水平，因而也可能拥有比私人部门更充分的信息优势。其次，专家在政府决策中发挥了日益重要的作用，与财务报告披露等渠道相比，政府邀请的专家对当前技术与市场发展的最新态势可能有更清晰的洞察。再次，政府对于国家战略和重大需求的理解与个人研究者和科研机构相比可能更加系统。这些因素的综合作用使得政府干预行动能够发挥筛选高质量研究和引领未来趋势的信号功能。最后，引入政府对于科学研究项目的评估有助于识别不同创新研究项目之间的潜在互补性（Antonelli and Crespi，2013），从而更好地集成精锐研究力量，对于事关国家重大需求的研究议题进行使命驱动（mission- oriented）的有组织科研。

基于上述讨论，不难看出，要尽可能地优化公共研发补助的政策效果，研究者和实务工作者就需要在"普遍性"激励和"选择性"激励间求取微妙的平衡。一方面，政府要在总体上减少在决定科学项目资助过程中的选择权，对于不同领域的科学研究项目进行广泛普惠的资助，避免利益集团和信息不对称等要素引发资源错配和效率损失。另一方面，政府又要聚焦国民经济发展的重要战略领域，通过优先资助领域的遴选等策略，重点资助研究者对一批关乎国计民生和长期发展的重大问题开展科学研究，从而在两方面影响之间取得有机统一。

6.1.2 优先资助领域遴选的国际经验

美国、欧盟、日本等主要发达国家和地区的科学研究基金很早就将设置优先资助领域作为一项重要的政策工具。在 1945 年万尼瓦尔·布什提交《科学：没有止境的前沿》报告后，美国国会于 1950 年正式批准成立 NSF。NSF 是独立的、非营利的政府机构，旨在促进科学进步和提高国家福利，同时保证美国各个学科领域始终保持在世界领先水平，为美国经济社会发展做出重要贡献。2021 年，NSF 的年度经费总额达到 85 亿美元，已经成为美国大学、科研机构和智库基础研究的最大资金来源之一。NSF 的科学资助活动呈矩阵式结构。纵向上，NSF 的资助结构一般以学科为基础，包含生命科学，计算机科学与信息工程，教育和人力资源，工程学，环境研究与教育，地球科学，综合活动，国际科学与工程，数学与物理科学，社会、行为与经济科学等学科领域。横向上，NSF 也设置了横跨多个学科方向的资助领域。

长期以来，NSF 一直有根据国家战略需求和科技发展趋势确定优先资助领域的传统，但直到 2001 年起才正式在财年预算中进行明确的陈述（段异兵，2005）。例如，20 世纪 60 年代，受到冷战的影响，这一时期 NSF 的主要资助重点集中在航空航天技术。到了 20 世纪 70 年代，宏观经济的"滞胀"伴随着能源价格的上涨，从而推动能源研究成为又一个优先资助领域。此后，生命健康、纳米技术、信息技术等先后成为不同时期的优先领域，在战后美国科技的快速发展中发挥了重要的作用。在 2001 年提交的战略计划中，NSF 确立了信息技术、环境中的生物复杂性、21 世纪的劳动力、纳米科学与工程 4 个优先领域，其实际资助金额占 NSF 当年资助总额的 15%。NSF 于 2002 年进一步修订了发展战略文件，新增数学以及人类与社会动力学等 2 个优先资助领域。此后，NSF 在每隔 4~5 年发布的战略规划文件中均会对优先资助领域进行更新，持续为这些领域提供更多的资金支持和政策倾斜，以期更好地应对社会和经济的挑战与需求。图 6-1 展示了 2018 年以来，NSF 在不同领域上的资助额度比例的变化趋势。可以看出，NSF 对于工程学以及数学与物理学等重点资助领域始终保持着较为持久的资助力度，凸显其优先资助战略的稳定性。

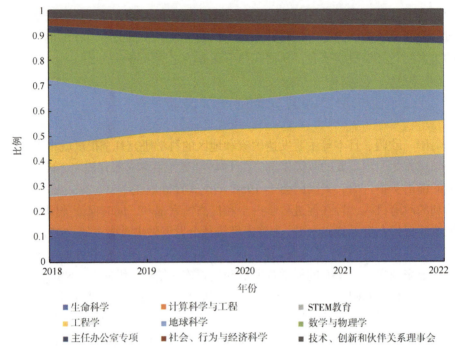

图 6-1 NSF 在不同学科资助额度的变化趋势

更重要的是，NSF 设立优先资助领域并不意味着忽视其他领域的研究，相反更加关注优先资助领域与相邻学科的融合创新。例如，作为 NSF 优先资助领域，数学科学的长期目标是推动基础数学和统计学研究取得重大进展，并使数学以及其他科学和工程学能够切实从中受益；推动数学科学与其他科学和工程科学结成交叉研究的伙伴关系，并使其他学科的研究者将数学家和统计学家视为其必不可少的伙伴；训练能够以学科交叉研究方法应对未来科学和工程学挑战的新一代研究人员；增加接受数学和统计科学训练的各种类型美国学生的数量，以满足产业界、政府实验室等对科技人才的需求；切实提高普通公众对数学的了解程度和理解水平；等等，其中大量体现了促进跨学科合作和政产学研合作的交叉创新思想。社会科学领域的人类与社会动力学（human and social dynamics）方向是另一个通过设立优先资助领域来促进跨学科交叉融合的典型案例。本领域支持对人类行为、交互、组织和制度等方面的跨学科研究，以及对社会变化、复杂性和不确定性等方面的理解，对于其他社会科学领域具有基础性意义。在响应重大社会需求和推动交叉学科创新的同时，NSF 在制定优先资助领域时，也会考虑公平性和多样性的因素，努力支持不同地区、不同背景、不同阶段的研究者参与到项目中。在此基础上，NSF 还会定期评估优先资助领域的效果和影响，并结合时代发展趋势确定是否需要调整或更新。

美国另一个重要的科研资助机构美国国立卫生研究院（National Institutes of Health，NIH）也围绕优先资助领域遴选工作开展了大量的探索。与 NSF 覆盖的广泛性相比，NIH 更加聚焦卫生健康领域，但由于其鲜明的学科特性，美国国会每年拨付给 NIH 的经费通常占政府科研总投入的 60% 左右。NIH 早期的资助形式以资助单个科学家为主，随着人类基因组计划等大科学工程的实施，传统的资助方式已不能满足科学研究的发展需要。为此，NIH 提出每 5 年制订一个整体层面的宏观战略规划——"NIH-Wide Strategic Plan"，以此确定 NIH 的优先研究领域以及这些优先研究领域如何在一个不断演化的研究版图上适应机构的愿景和目标[①]。在 2021 年发布的 2021~2025 财年规划中，NIH 正式提出：①聚焦生物医学与行为科学研究领域；②提升研究实力；③促进研究的实施三大优先目标，同时提出改善少数族群健康、减少卫生不平等、促进妇女健康、回应生命全周期的公共卫生挑战、促进科学合作以及发挥数据科学对生物医学研究的推动作用等贯穿 3 个优先目标的若干研究议题，以此作为未来资助的战略重点。

此外，欧盟地平线欧洲计划（Horizon Europe）、德国科学基金会（Deutsche Forschungsgemeinschaft，DFG）、英国国家科研与创新署（UK Research and Innovation）、日本学术振兴会（Japan Society for the Promotion of Science）等世界主要国家和地区的科研资助机构与大型资助项目也在不同程度和不同层次上开展了优先资助领域的遴选工作[②]。这些均印证了优先资助领域遴选在科研资助中的重要价值。

6.1.3　本学科优先资助领域遴选的总体目标

宏观管理与政策学科优先资助领域的遴选以习近平新时代中国特色社会主义思想为指导，旨在贯彻落实习近平总书记关于科技创新特别是基础研究的重要论述和指示批示精神，面向世界科技前沿、面向经济主战场、面向国家重大需求、面向人民生命健康，立足管理实践，瞄准源于国家经济社会发展重要实践中的关键管理科学问题，强化问题导向和需求导向，坚持基础研究的功能定位，把握基

---

① 感兴趣的读者可参阅：https://www.nih.gov/sites/default/files/about-nih/strategic-plan-fy2021-2025-508.pdf，2023 年 9 月 19 日。

② 例如，英国国家科研与创新署 2022 年制定的"共同改变明天：2022—2027"（Transforming Tomorrow Together 2022 to 2027）计划明确规定了五个优先资助领域以支持英国的科研力量更好地应对未来大规模的复杂挑战：（1）建设绿色未来；（2）建设一个安全和有弹性的世界（building a secure and resilient world）；（3）创造机会，增加收入（creating opportunities, improving outcomes）；（4）确保更好的健康、老龄化和福祉（securing better health, ageing and wellbeing）；（5）应对感染（tackling infections）。

础研究的基本内涵，以推动基础理论创新和解决现实关键问题为主线，处理好基础学科、传统学科、新兴学科和交叉学科的关系，健全学科体系，优化学科布局，加强交叉融合，为推进国家治理体系和治理能力现代化，加快科技创新，建成世界科技强国，实现科技自立自强提供坚实的智力和人才支撑。

优先资助领域的遴选要立足新发展阶段，贯彻新发展理念，在充分尊重学科发展规律、知识生产创新规律和人才成长规律的基础上，为本学科关键领域兴趣导向的知识创新活动和人才成长提供以研究经费为主要形式的准公共物品，并通过重点建设一批数据库平台和高端智库，培养集聚一批高端人才培育和创新团队，推动形成体系更加健全、结构更加优化、交叉融合更加突出、知识和应用更加融通的宏观管理与政策学科发展格局，为促进学术共同体的发展演进，推动国家治理现代化和全球治理提供知识基础与有力支撑。具体来看，宏观管理与政策领域优先资助领域的遴选主要有以下几个方面的总体目标。

一是促进创新成果的不断涌现。通过国家自然科学基金资助格局的整体优化，带动本学科研究论文数量和质量不断提升，实现国际论文总数、被引总数、篇均被引次数与高被引论文总数接近乃至达到世界科技强国水平，涌现一批具有重要国际影响力的原创性理论成果，形成若干支撑国家重大宏观管理决策的实践成果。

二是助推研究范式的深入变革。基于国家自然科学基金的总体资助导向优化，推进宏观管理与政策领域基于循证方法的整体性研究，充分关注变革性技术引致的科学问题，加强数据库与新型高端智库建设，实现从有限检验到仿真实验、从小数据"验证逻辑"到大数据"发现逻辑"、从单一学科研究到跨学科研究的转型。

三是实现高端人才的加速集聚。以优先资助领域的遴选为契机，突出国家自然科学基金资助"人"的特色，强化国家自然科学基金人才培育功能，健全科学家成长成才体系，着力培养具有国际影响力的领军人才、战略科学家、优秀中青年科学家和创新团队，助力更多科学家进入世界主要学术组织的核心领导层。

四是推动中国学派的体系构建。以优先资助领域的遴选为基础，瞄准科技前沿和国家重大需求，推动基于中国管理实践的知识源头创新，提出中国议题、中国方案和中国理论，孕育具有中国特色的宏观管理与政策学科研究领域，形成引领全球宏观管理与政策学科发展的中国特色学派。

五是带动宏观管理与政策学科国际影响力的显著提升。依托优先资助领域遴选，进一步强化宏观管理与政策学科的国际合作，巩固中国在创新合作网络中的中心位置，深度融入"以国内大循环为主体、国内国际双循环相互促进"的新发展格局，为国内宏观管理与政策学科发展注入鲜活国际元素、提升科技创新能力与水平。

6.1.4　本学科优先资助领域的遴选过程

1. 遴选的原则和思路

在以上总体目标的指引下，宏观管理与政策学科布局规划和优先领域遴选工作确定了以下四个方面的指导思想：①优先资助领域应当符合管理科学基础研究的发展特点和规律；②优先资助领域应符合整体学科发展战略目标；③以优先资助领域遴选为基础，进一步增强我国管理科学学科的研究能力，提升成果水平，扩大国际学术影响；④在优先资助领域遴选过程中，充分平衡国际前沿热点与中国管理实践需求。在此基础上，课题组根据数次召开的专家咨询会与访谈，并结合国内外研究热点趋势分析，确立了以下遴选原则，如图 6-2 所示。

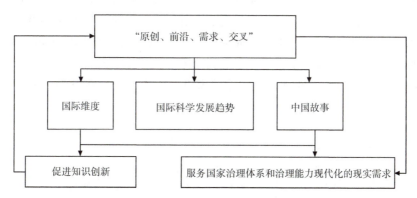

图 6-2　宏观管理与政策学科"十四五"优先资助领域遴选原则体系

一是积极瞄准国际科学发展趋势，推动学科知识创新。优先资助领域的遴选应面向"十四五"时期的学科发展战略，充分瞄准国际管理科学学科的发展趋势，以前瞻性、原创性、引领性为显著特点，旨在解决前沿科学难题，提出新理论、发展新方法、探索新现象、开辟新领域和新方向。

二是统筹考虑"原创、前沿、需求、交叉"四类科学问题。优先资助领域的遴选应充分体现国家自然科学基金的发展战略，充分体现国家自然科学基金委员会重点关注的四类科学问题属性，即：①鼓励探索、突出原创；②聚焦前沿、独辟蹊径；③需求牵引、突破瓶颈；④共性导向、交叉融通。

三是服务国家治理体系和治理能力现代化的现实需求。优先资助领域的遴选不仅仅是单纯地关注理论问题，而是努力实现宏大时代叙事下的理论背景与理论创新，充分关注技术变革等因素给治理体系和治理能力带来的机遇与挑战，以促进中国宏观管理与政策学科转型发展与推动国家治理体系和治理能力现代化的应用价值与现实意义。

四是鼓励基于全球背景下的中国问题研究。优先资助领域的遴选要充分体现全球视野，鼓励研究全球治理的基本理论、方法和科学命题，同时优先支持中国学者说形成独创的概念和体系，或在国际上具有显著特色、能够较快形成引领的选题，重点关注全球化背景下的全球治理问题与中国在其中扮演的角色。

2. 遴选过程

优先资助领域和重点项目建议选题的遴选过程应系统考虑学科发展现状，同时充分反映学科共同体的共识。为更好地实现上述要求，课题组以德尔菲法为基础，采用集中讨论与分散的书面咨询相结合、定性与定量相结合的技术路线具体推动了本次优先资助领域和重点建议选题的遴选工作，分为选题收集与问卷编制、集中讨论与问卷调研两个阶段。课题组首先面向本学科专家广泛征集候选题目建议，并以后续召开的面向海外华人学者、资深学者和西部地区专家学者等研讨会为基础，对与会专家进行了分散的问卷调查，得到对于备选选题的定量评估结果。在此基础上，课题组进一步与国家自然科学基金委员会管理部门和多位专家进行若干轮次的闭门研讨，最终得出若干优先资助领域与重点资助选题，如 6.2 节所示。图 6-3 展示了具体的遴选过程。

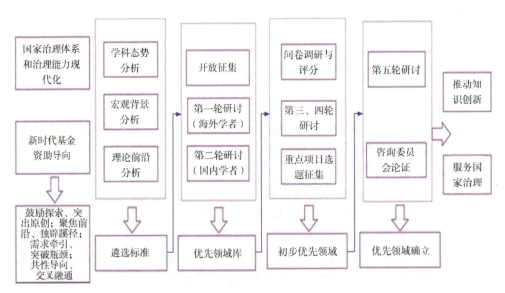

图 6-3　优先领域遴选过程

在选题收集与意见征集阶段，课题组重点关注如何编制合理的备选项目清单，以期全面完整地反映学术共同体对于本领域前沿选题和重点研究需求的认知结构。课题组首先通过多个渠道，以书面形式向本学科不同领域的 190 余名知名专家收集重点资助选题建议，累计回收书面建议 300 余份，以此作为德尔菲法专家评分的基础。在此基础上，课题组结合前期研究情况，设置了若干个或是明显不处于本学科前沿领域，或是明显不属于国家自然科学基金资助风格，或是明显过于宏观缺乏聚焦的干扰题项，以此提升评估结论的稳健性。通过以上两个阶段的工作，课题组共在本学科 15 个代码下列举出 167 个建议资助选题，邀请与会专家从专业熟悉度、国际研究热度、国内研究需求、国内研究水平和资助优先级 5 个维度，基于 5 点利克特量表进行评分。表 6-1 展示了部分候选选题信息。

表 6-1　优先资助领域遴选专家打分表（示例）

序号	选题名称	专业熟悉度	国际研究热度	国内研究需求	国内研究水平	资助优先级
1	"放管服" 改革与政府履职方式现代化研究					
2	新技术革命条件下政府组织重塑研究					
3	逆全球化背景下公共行政本土理论建构研究					
4	中央政府与地方政府行政资源配置的理论基础研究					
5	行为公共行政的研究理论工具与实证方法					
6	中国情境下的集体行动理论					
⋮	⋮					
15	政策分析新范式的兴起与中国特色政策科学的建构					
16	可复制可推广政策经验的形成及其机理研究					
17	公共政策的行为与实验研究途径					
18	数据化与智能化驱动的循证决策新模式					
19	中国特色新型智库的专业化及其支撑条件研究					
20	公共政策的反馈效应					
⋮	⋮					
29	法律法规与政策：社会组织相关立法和政策制定与绩效研究					
30	组织进化与创新：社会企业与社会创新					
31	人才培养与学科建设：社会服务人才培养体系与公益慈善学科建设					
32	组织结构与功能：非营利法人治理与社会服务供给侧改革					
⋮	⋮					

续表

序号	选题名称	专业熟悉度	国际研究热度	国内研究需求	国内研究水平	资助优先级
39	第四次工业革命时代下的敏捷治理					
40	基于社会实验的人工智能社会影响治理机制与策略研究					
41	我国高校技术转移体系构建与激励机制研究					
42	"技术–社会"互动系统下的人工智能产业创新发展路径研究					
43	乡村振兴战略下乡村创新体系内生性演化机制与政府治理					
44	开放科学背景下科学交流体系建构研究					
45	创新生态系统视角下区域创新网络优化及治理政策研究					
⋮	⋮					
56	医疗保障制度整合改革在减少碎片化、改进制度公平与经济保护能力的综合效果评价研究					
57	基于公众视角的卫生政策、制度改革受益分析及获得感研究					
58	多元目标及监管网络空间视域下的医保监管制度构建研究					
59	独立分设的国家医保管理局如何突破医保、医药、医疗"三医联动"困境的路径研究					
⋮	⋮					
167	国家关键信息基础设施系统的建设、运营及安全管理的体制机制研究					

在集中讨论与问卷调研阶段，课题组重点关注了与会专家在空间分布、职业生涯发展阶段、学科背景等维度上的代表性，分别于 2019 年 7 月 1 日、2019 年 9 月 28 日和 2020 年 3 月 20 日召开海外华人学者、资深专家学者、西部地区专家学科座谈会，累计有 100 余位来自不同地区高校和不同领域的专家学者出席座谈，并对于"十四五"时期国家自然科学基金的优先资助领域和重点资助选题发表见解。基于前述问卷，课题组在专家咨询会间歇对与会专家进行了问卷调查，先后回收有效问卷 60 余份，汇总后得到在代码方向和议题层面的定量评估结果，以此作为后续研讨的基础参考。

2019 年 7 月 1 日下午，课题组在清华大学公共管理学院组织举办了国家自然科学基金委员会管理科学部战略研究项目"宏观管理与政策学科发展战略与'十四五'优先资助领域遴选"海外学者专场咨询会。国家自然科学基金委员会管理科学部副主任刘作仪、清华大学公共管理学院党委书记彭宗超教授与南开大学周恩来政府管理学院院长孙涛教授主持本次会议，来自中国、美国、德国等十余所高校的二十余位专家学者出席本次会议。会议由课题组负责人、清华大学公共管理学院苏竣教授主持。与会专家就学科边界与国内外发展态势、研究范式与研究方法趋势、专业数据库建设、学科发展的国际化趋势、跨学科合作模式以及优先资助领域遴选的原则与标准做了充分讨论，并提出信息技术与公共管理变革、城市发展与管理、全球治理与跨国公共政策研究等"十四五"期间应重点关注的研究领域和资助选题。

2019 年 9 月 28 日，课题组负责人苏竣教授在清华大学公共管理学院召集举办了国家自然科学基金宏观管理与政策学科"十四五"发展战略资深专家咨询会。60 余位宏观管理与政策领域资深专家与国家自然科学基金委员会管理科学部领导与会。本次会议旨在基于自然科学基金改革的目标与任务，进一步细化宏观管理与政策学科"十四五"发展战略的目标并遴选未来 5 年的优先资助领域和学科发展方向。管理科学部副主任杨列勋研究员首先从战略研究改革、顶层设计、工作安排等方面介绍了管理科学的战略发展框架。课题负责人苏竣教授对于战略规划研究的前期进展进行介绍，并明确了下一阶段的工作任务。清华大学薛澜教授、蓝志勇教授、孟庆国教授、朱旭峰教授、杨永恒教授、王亚华教授，以及复旦大学黄丽华教授、哈尔滨医科大学吴群红教授、中国科学院地理科学与资源研究所邓祥征教授、武汉大学丁煌教授、南京大学孔繁斌教授、哈尔滨工业大学米加宁教授、西安交通大学朱正威教授、北京师范大学章文光教授与陈彬教授等资深学者就宏观管理与政策学科发展规划的设想进行了深入沟通交流。此后，来自不同高校的专家学者围绕各个学科代码的发展进行了热烈的研讨，达成了诸多共识，在推动基础理论研究、讲好中国故事、融入全球化与信息革命的时代背景、强化循证研究、学科代码优化设置等方面提出了若干工作建议。

2020 年 3 月 20 日，课题组与云南财经大学联合通过线上平台召开了"西部地区专家学者咨询会"，来自西安交通大学、兰州大学、新疆大学、西藏大学、青海师范大学、云南大学、云南财经大学等院校的西部地区十余位学者参加了此次专家咨询会，云南财经大学校长伏润民教授主持了会议。新疆大学校长姚强教授、兰州大学管理学院名誉院长包国宪教授等与会专家提出应该加强国家自然科学基金对西部地区宏观管理与政策学科发展的作用，在立项选题、项目资助、科研团队建设等方面加强投入，推动东、西部学者开展科研合作。

通过若干次专家咨询会的意见采集，研究者获得了对于数百个选题建议的专家偏好的定量分析结果，厘清了本领域学科专家对于前沿领域和重点选题的总体认知结构，在此基础上又与本领域资深专家及国家自然科学基金委员会管理部门开展了多轮次研讨，最终确定"十四五"期间本学科的优先资助领域和重点选题建议。

6.2 "十四五"优先资助领域描述

6.2.1 优先资助领域 1：促进国家治理体系和治理能力现代化的公共管理与政策科学问题

优先支持公共管理核心理论问题，探索如何通过公共治理中政府、市场与社会之间的合理分工与有效合作，理解背后的国家与社会、公共部门与私人部门、正式制度与非正式制度之间在公共治理中的相互作用关系，研究公共政策参与者的博弈机制和互动关系；优先支持中国国家治理情景下的公共政策决策体系研究，探讨政策工具的选择与组合及其背后的政策过程机制与政策主体互动关系；优先支持基于循证和文献计量的中国公共政策体系网络整体性与优化研究等。具体来看，包括以下几个方面。

1. 推动国家治理体系和治理能力现代化的公共政策决策体系研究

我国不断深化的改革开放与国家治理体系和治理能力现代化，为公共政策的理论探索与实践应用带来了丰富的科学命题，也提供了前所未有的机遇和重大挑战。探索中国公共政策决策体系研究对于丰富与发展政策科学基础理论，推动我国公共政策决策科学化与民主化具有重要意义。建议从政策科学的视角出发，比较不同政策领域的决策过程差异，考察政府部门、思想库、利益集团、媒体和公众等不同主体在决策过程中的互动博弈，研究意见输入渠道、共识达成过程、利益代表机制等的制度化和规范化程度，识别决策民主化的可行方向和实现路径；深入研究政府、市场与社会多元合作共治的原则和途径，发展有中国特色的公共治理与公共决策理论；研究不同政策领域中信息的感知、传递和扩散过程，政策的评估、反馈和纠偏机制，将决策的权力和责任与良好的制度设计紧密相连，绘制出公共决策机制优化的路线图谱，为中国特色的政策实践提供清晰的路径和标准；全面分析中央和地方层面公共政策决策透明化的现状和差异，决策者公开决策信息的微观动机，决策透明化对民众政府清廉认知、公共决策接受度以及公共服务满意度的复杂影响。

2. 公共治理体系变革创新的理论与机制研究

公共部门在逐步转变组织工作方式，改变公共组织的内部结构，重塑公共组织的社会功能。经济社会事务管理日益呈现"去中心化"特征，打破了传统的中心化、自上而下、线性的公共决策方式，带来了去中心化的、自下而上的、非线性的决策方式，带来传统政府科层制组织的部分"解体"与"重塑"。与此同时，数据和数字化基础设施的地位在政府管理中日益凸显，"数据多跑路，人员少跑路"将导致组织结构的扁平化。智能技术的普遍应用让更多的"不见面""无接触""定制化""个性化"管理成为可能，优化了政府的管理功能，重塑了政府与市场之间的关系。建议未来五年加强公共治理变革与创新的理论、机制与影响研究，探讨如何推动政府组织变革与创新，探索如何赋能公共服务创新的机制与绩效研究，探究如何推进公共部门数据管理、开放和共享机制与制度体系研究，深入研究分析人工智能公共治理理论、范式、政策等重点问题。

建议未来五年在"促进国家治理体系和治理能力现代化的公共管理与政策科学问题"领域围绕以下选题设置重点项目。

建议选题1：协同范式下政府部门的组织协同机制以及组织绩效管理。

随着公共事务复杂性的快速上升，政府公共管理的组织设计和架构不断受到挑战，协同管理成为政府部门的日常工作机制。在政府部门之间相互合作，或是政府部门和私人部门、社会组织和社区公众间形成网络协同关系进行管理的过程中，虽然可以更为广泛地提供公共服务，但也发生了部门边界难以确定、职责不清、激励和惩罚难以有效激发工作动力等内部管理挑战。未来应该探索的问题是：在协同思想指导下，如何重新理解公共管理中的核心关键问题，如组织管理架构、组织内部激励机制、组织问责方式以及组织绩效评估。建议未来五年以公共管理的核心主线——公共组织管理——为中心，重点关注协同范式下政府部门的组织协同机制以及组织绩效管理两个大方面。探讨在我国已有的纵向行政层级结构下，横向政府部门之间的协同关系应该如何界定？其形成机制是怎样的？目前有哪些不同的协同机制设计？影响横向协同治理效果的因素有哪些？推动协同治理的制度变化或政策又有哪些？在此基础上，讨论协同范式下的政府绩效管理问题，包括问责机制设计与协同绩效评估指标设计等问题。

建议选题2：基于循证的中国公共政策体系网络整体性与优化研究。

中国公共政策体系是促进中国经济社会系列重大改革与发展的重要推动力。随着百年未有之大变局的重大转型期经济社会变化重大历程中社会利益的多元化与社会问题的复杂化，转型期中国公共政策体系不免呈现出诸多问题。如何结合中国公共政策实践中的经验和教训全面梳理公共政策体系，实现中国公共政策体系的不断优化，成为重要的理论研究问题。通过基于循证和文献计量的研究路径，聚焦公共卫生与健康等若干专题领域公共政策体系，剖析中国公共政策体系的制度结构、运行机制、基本特征和演进规律，探讨公共政策体系中的演进路径、制度安排、主体结构和体系网络研究命题，深入促进中国公共政策体系演进连续性的优化；研究如何推动中国公共政策体系制度安排均衡性的优化；探索如何改善中国公共政策体系主体结构合作性优化，推进实现迭代完善中国公共政策体系网络整体性的优化。在扎根中国公共政策体系的实践基础之上，进一步构建一个跨国家、跨时间的公共政策分析衡量系统，以了解世界各国政府在同一专题领域中公共政策响应的演变态势。

6.2.2 优先资助领域 2：变革型技术引致的宏观管理与政策的科学问题

优先研究科技变革人工智能社会实验的理论与方法问题，利用社会实验等研究方法，对人工智能应用给社会带来的影响进行持续性、系统性观测，积累海量实证数据，揭示人工智能推动社会变革的因果机制，构建智能社会研究理论框架；优先研究技术社会风险评估与治理的理论与方法，探讨技术风险如何通过作用于微观机制进而对技术扩散与制度变迁产生影响。具体来说，包括以下几个方面。

1. 人工智能社会实验和智能社会治理研究

以新一代人工智能为代表的通用变革性技术，推动了全球经济社会发展的智能化转型，为我国经济社会发展带来全新的历史机遇。利用社会实验的研究方法，深入揭示人工智能推动社会变革的因果机制，并向社会各界及时反馈研究结论，有助于积极应对人工智能带来的危机和挑战，促进人工智能技术的健康有序发展，助力国家治理体系和治理能力现代化进程。建议选取一系列人工智能重点应用场景，针对人工智能应用中的风险引致、利益获取、价值重塑、组织变革、制度变迁等问题，建构可比较、可测度、可追溯的科学指标体系，开展人工智能社会实验研究，分别设立实验组和对照组进行长时间周期、宽空间区域、多学科综合的介入式观测和科学测量，综合利用观察记录、调查、访谈、问卷、社会计算等方式，持续收集观测对象的运转模式、行为轨迹、社会网络、心理动态等各类数据，对重点应用场域的人工智能技术发展的趋势、影响与问题进行系统分析和研究。

2. 技术社会风险评估与治理研究

面对新一轮科技革命与产业变革，新兴技术日益成为我国经济发展的新动能。与此同时，在当今高风险时代下，新兴技术作为传统科学研究基础上的创新与应用，在城市建设和发展过程中引致的风险因素备受关注。实践中，人们对于新兴技术的关注仍然聚焦于其在促进社会生产力发展和提高人们物质生活水平等方面的巨大推动力和影响力，对于新兴技术衍生的城市社会风险却缺少足够的认识。新兴技术引致的道德困境、安全、伦理、隐私、算法黑箱以及算法偏见等风险，正在不断加剧社会不公、社会心理失衡等问题，已经成为科学技术发展和创新过程中不可忽视的重要社会问题，同样也是一类新型的城市风险。因此，应加强新兴技术发展的社会风险形成及影响机理研究，揭示城市公众对于新兴技术的风险感知倾向和接受程度，并对其成因展开深入分析；对新兴技术发展的社会风险进行评估研究，进而明确城市新兴技术社会风险治理面对的问题和情境；加强新兴技术发展的社会风险治理研究，促进城市治理体系和治理能力的现代化；对新兴技术发展的社会风险治理政策体系进行研究，在理论层面上验证课题研究成果的有效性，在实践层面对课题研究成果进行整合、提炼，并形成政策体系。

建议未来五年在"变革型技术引致的宏观管理与政策的科学问题"领域围绕以下选题设置重点项目。

建议选题 1：人工智能社会实验基础理论、方法技术与伦理规范研究。

新一代人工智能技术对全球经济发展、国家治理、社会建设和人民生活产生了深远影响，为中国经济社会的发展带来了历史机遇。通过社会实验的方法，可以系统地观察人工智能应用对社会的影响，收集大量实证数据，了解人工智能推动社会变革的机制。将研究结果反馈给社会各界，有助于应对人工智能带来的挑战和危机，促进人工智能技术的健康发展，推动智能时代的国家治理体系和治理能力现代化。建议在城市治理、数字乡村、医疗健康、教育、养老、生态保护人工智能技术的典型应用场景中，基于多学科基础理论的融合，研究确立人工智能社会实验的基本理论体系；提出与人工智能社会实验发展相适应的、与中国实际情况相结合的技术方法、建立人工智能社会实验技术方法汇编；基于人工智能社会实验的基础理论、实验方法、实验标准和特定场景，研究实验执行过程中要遵循的伦理规范，构建社会实验伦理规范框架体系。

建议选题 2：人工智能推动公共治理变革的机制与影响研究。

伴随着以人工智能为核心的新一轮技术革命影响，探索人工智能推动公共治理变革的机制、表现与影响，有助于探索和形成未来中国人工智能在政府管理、公共服务、技术伦理和产业创新四个维度下的治理对策，提升国家治理体系和治理能力现代化。同时对人工智能给公共治理带来的机遇和挑战应有一个全方位、多角度的认识，在理论上将引领人工智能跨学科研究的创新突破。建议大力开展人工智能推动政府组织变革与治理创新研究、人工智能赋能公共服务创新的机制与绩效研究、人工智能平台企业参与公共治理背景下的政府治理模式创新研究，以及人工智能应用背景下的公共数据治理研究与人工智能推动公共治理转型的基础问题研究。

建议选题 3：第四次工业革命引致的政府数字化与数字治理研究。

在探索第四次工业革命的核心内容、基本特征和发展阶段的基础上，分析第四次工业革命对社会形态产生的影响；研判第四次工业革命引致政府数字化变革的理论基础和现实问题，探索第四次工业革命中"三元空间"治理的基本逻辑，构建数字文明时代政府形态与治理模式的思维方式，构建"三元空间"融合发展的政府数字化基本范式；建立第四次工业革命引致的政府数字化变革研究基本理论和分析框架。进一步探索第四次工业革命引发的社会形态变革如何影响政府形态和治理行为，以及分析第四次工业革命驱动下的政府数字化将会对政府产生的影响，进一步构建第四次工业革命驱动下的数字政府治理研究理论体系。

6.2.3　优先资助领域 3：公共卫生与健康管理领域的管理科学与政策问题

优先支持公共卫生体系改革与建设的相关科学问题研究、个人与社会健康管理的科学问题研究、流行病社会管理等科学与政策问题。具体来看，包含以下几个方面。

1. 公共卫生体系治理研究

公共卫生和公共卫生体系建设关乎民众幸福、经济社会发展和区域人文环境。要实现全民健康，必先完善公共卫生。当前我国正面临人口规模巨大、人口流动频繁、老龄化程度加剧，全球化、城镇化、城镇化和经济高速发展、社会快速转型所带来的挑战，公共卫生和健康领域的社会风险日益凸显，突发公共卫生事件的发生概率不断提升，建设更具有韧性的公共卫生体系是积极应对上述问题的必经之路。应进一步探索公共卫生体系中政府、社会以及公众之间的合作模式，关注卫生治理范式，通过健康政治、健康管理、医学社会学、公共卫生、生命医学伦理学等方面的跨学科研究，分析政府与"医""保""药""患"之间的关系，尤其是权力关系与利益格局的再分配，提高我国在健康领域的治理能力。

2. 健康管理研究

根据《"健康中国 2030"规划纲要》，结合卫生体系与政策研究框架，应加强如下研究。①居民健康生活研究，特别是公共政策发挥的作用。②健康服务研究，包括公共卫生服务和医疗服务。公共卫生一方面是促进基本公共卫生服务均等化，另一方面是防治重大疾病。医疗方面主要是调整资源分配模式和服务提供政策，强基层，完善和整合医疗服务体系，创新医疗卫生服务供给模式，综合运用科技、教育培训、组织管理等手段提升医疗服务水平和质量。还需要加强妇、幼、老重点人群的健康服务政策研究。③健康保障研究,包括医疗保障和药品保障。医疗保障下阶段研究的重点是基本医保多保整合和提高统筹层次,加快支付方式改革,改革医药价格体系,加强医保控费。健全重特大疾病医疗保障机制,完善和衔接以基本医疗保障为主体、其他多种形式补充保险和商业健康保险为补充的多层次医疗保障体系。药械方面,主要是鼓励自主研发,提高质量,提高药品保障能力。完善药品价格形成机制,加强医保药品招标采购和谈判能力,挤掉药品和耗材价格中的虚高部分。④健康环境。主要包括环境卫生、环境污染、食品药品安全和公共安全体系。其中最突出、老百姓反映最强烈的是环境污染、食品药品安全和道路交通安全,上述相关政策和治理机制需要长期深入研究。⑤健康产业。这是新的研究领域,最具挑战性的是健康与养老产业,最具潜力的是发展医药产业,需要卫生政策和管理具有更开阔的研究视野。

建议未来五年在"公共卫生与健康管理领域的管理科学与政策问题"领域围绕以下选题设置重点项目。

建议选题1:公共卫生体系和健康治理能力建设研究。

重点研究适宜公共卫生体系和健康治理能力的理论阐释。研究国内外公共卫生、公共卫生体系、健康治理能力概念的演变、产生背景、特点和存在的局限性;在总结经典内涵基础上,结合新时代健康相关理论的进展、人类健康需求的变化,精确界定公共卫生、公共卫生体系、健康治理能力的内涵与外延;在梳理不同门类、学科对"适宜"界定的基础上,阐述适宜公共卫生体系的理论内涵;分析公共卫生、适宜公共卫生体系、健康治理能力之间的关系。

研究公共卫生体系治理能力的标准和评价方法。通过国内外比较,研究代表性国家公共卫生体系的特征和差异,总结体系建设的共性特点、一般规律和成功经验;研制适宜公共卫生体系的框架和应具备的条件,对适宜体系应该是什么样的进行科学界定;建立科学评价不同国家(地区)公共卫生体系适宜程度的评价标准和模型。研究我国公共卫生体系面临的关键问题及危害程度,分析关键问题的未来演变趋势及严重性、紧迫性;研究我国公共卫生体系治理能力与适宜标准差异的影响因素及影响机制。提出我国公共卫生体系治理能力提升的突破口、治本策略和具体对策建议。

6.2.4 优先资助领域4:促进可持续发展的宏观管理与公共政策问题

优先支持生态文明与绿色发展和能源转型的管理科学与技术路径研究,资助超大规模城市治理、智慧城市发展与区域发展的科学问题研究,优先支持能源转型的复杂机理及其对经济社会的影响研究。具体来看，包含以下几个方面。

1. 生态文明与绿色发展和能源转型的管理科学与技术路径研究

在我国资源环境压力与日俱增及全面推进生态文明建设的现实背景下，对资源型地区绿色转型发展机制和路径的系统研究无疑可为构建资源型地区经济绿色转型发展动力系统，加快其经济高质量发展步伐，缩小区域经济发展差距提供决策依据。具体来说，研究内容包括资源型地区资源、环境与经济发展的特征事实；资源型地区绿色转型发展的理论机制；资源型地区绿色转型发展程度评价；自然资源开发对绿色转型发展的影响机制；资源型地区绿色转型发展路径研究；等等。

2. 超大规模城市治理、智慧城市发展与区域发展

研究内容涉及战略性发展区域多城市、多部门代谢耦合关联，战略性发展区域物质代谢的空间格局与资源环境效应，城市群绿色协同发展策略，等等。开展资源、环境、经济多维目标下的城市群发展路径优化，探究实现城市群资源节约集约利用、生态环境质量改善的空间格局、产业结构及生产生活方式，从末端环境治理走向全过程、多部门协同管控，充分发挥政策与管理措施协同效益，为城市群绿色协同发展策略的提出提供科学支撑，在落实区域绿色发展战略、开展跨区域行政治理方面具有广阔的应用前景和潜力。

3. 能源转型的复杂机理及其对经济社会的影响

加强能源转型发展管理和政策研究，探讨技术对能源转型的影响、储能技术的创新与扩散、新能源技术创新政策的有效性评估、可再生能源电力的消纳机制、碳交易对能源转型的影响评估、城镇化与能源转型的耦合作用机制、能源转型的多主体归因与贡献；加强智慧低碳城市规划和评价研究，如智慧低碳城市规划和评价、新一代智能化技术在智慧低碳城市中的应用、智慧电网设计和评估、低碳社区管理、智慧城市–产业共生机理、低碳商业模式创新、新兴产业与低碳城市相互作用机理；加快交通系统清洁化、智能化和共享化转变，探讨新能源汽车的大规模扩散机理、氢燃料电池汽车发展的模式与政策、电氢协同对城市能源转型的影响及其发展路径、电动汽车共享模式设计和影响评估、低碳交通模式组合与优化、民航低碳发展路径与政策；以及探讨能源转型与社会治理之间的耦合关系，如能源转型与气候变化的协同治理、能源转型的路径优化、节能与可再生能源采纳行为的驱动因素、社会网络对新能源技术扩散的影响、能源消费与经济发展的不平等性等。

建议未来五年在"促进可持续发展的宏观管理与公共政策问题"领域围绕以

下选题设置重点项目。

建议选题1：温室气体减排、空气污染治理的健康效益评估与协同政策设计。

全球经济的高速发展，化石能源消费剧增，导致了严重的空气污染和气候变化等问题。空气污染已经成为威胁人类健康的第四大疾病负担，而因为气候变化引起的温升和热浪也逐渐威胁着公众健康。面对全球气候变化这个严峻的问题，全球绝大多数国家递交了自主减排目标，并不断完善长期减排路径。本选题基于全球减排目标和路径、空气污染控制策略，评估不同减排目标和减排路径对全球经济、空气质量和温升热浪的影响。具体来说，包括：①气候变化政策下的温室气体减排路径和空气污染物减排效果评估；②气候变化应对和空气质量改善的健康效益评估；③中长期环境变化与老龄化疾病影响评估；④医疗卫生政策与环境政策、气候政策的协同优化设计。

建议选题2：中国未来环境风险管理目标及阶段研究。

构建与完善能满足新时期社会经济发展与公众对环境安全保障的环境风险管理模式，解决越来越凸显的环境风险水平与公众可接受风险水平之间的矛盾，将是我国未来环境风险管理的主要方向，需要通过制定和实施相应的目标与战略来实现。本选题将针对中国未来环境风险管理目标及阶段进行研究，可填补我国在此领域的空白，为我国环境风险宏观管理战略和目标的制定提供支撑，是满足我国生态文明体制改革、美丽中国建设的迫切需求。具体来说，建议开展全国性的、综合性的比较环境风险评价，科学筛选并确定我国未来环境风险管理的优先序；综合公众的最大可接受风险水平、风险控制成本和效益、风险控制技术可行性等，形成我国差异化的环境风险管理目标体系；针对我国不同区域、不同发展阶段社会经济特征，形成我国环境风险管理目标实施线路图，助推我国环境管理模式向环境风险防控转变。

6.2.5　优先资助领域5：全球治理的重大管理理论与科学问题

全球治理指地方、国家、区域和全球层面的不同类型主体，为了应对超越国家范畴的问题与挑战，建立起的多层次规则体系，以及为了实施规则而进行的具有跨国影响力的行动总和。全球治理研究涵盖基础理论、具体议题、治理主体、规则体系、治理过程等多层次问题。优先研究涉及全球事务的可持续发展、消除贫困、构建人类命运共同体、全球卫生安全等的管理理论和科学问题，研究涉及深海、极地、太空、网络治理等新兴治理场域的治理理论与实践问题。具体包括以下方面。

1. 全球治理基础理论研究

全球治理基础理论研究主要研究对象为多元全球治理主体机制，如国家、区域组织、政府间国际组织、企业、非政府组织、社交媒体以及个人等在全球事务中的角色及其相互关系、全球治理机制研究等，既包括以国家为单位的传统国际治理机制，也包括全球公私合作治理、私人部门治理、多部门协同治理等诸多新型治理机制；全球治理过程研究，包括议题塑造、规范建立、标准设定、治理行动的实施与调整、治理有效性评估等。

2. 全球治理具体议题研究

全球治理具体议题研究如全球经济治理、全球安全治理、全球环境治理、全球科技治理、全球卫生治理、全球能源治理等。优先资助国际社会普遍重视的可持续发展和全球治理问题的相关宏观管理与政策研究，如消除贫困等经济问题，提供优质教育等社会问题，应对气候变化等环境问题。重点关注我国在国家发展新形势下值得借鉴的国际治理经验，如跨越中等收入陷阱、实现转型与高质量发展、应对国际人口流动等；重点关注与我国全球战略相关的主要议题，如"一带一路"倡议、南南合作等国际关系中的管理与政策问题，深海、极地、太空、网络治理等新兴治理场域的探索治理。

建议未来五年在"全球治理的重大管理理论与科学问题"领域围绕以下选题设置重点项目。

建议选题 1：全球治理语境下的国际公地治理模式与政策研究。

全球治理是全球化时代国际公共管理的新发展，它丰富了国际公共管理的内涵，体现了国际社会的公共事务管理中对原有以国别为基础的模式突破，而且以多元主体为特征的全球治理理念，恰好满足了国与国之间相互依赖程度加深对国际公共事务管理应以合作与协商的互动模式开展的客观要求。作为国际公共管理新发展中全球治理的组成部分，国际公地治理的研究理应成为现代公共管理学的重要研究内容。建议未来五年以具体的政策情景为例（如极地治理），对全球治理语境下国际公地治理机制创新与中国参与路径优化的政策展开研究，有助于深化对公共治理内在本质的理论探讨，深化全球治理的理论研究，拓展我国公共管理与公共政策的学科范围。建议对国际公地治理的全球治理特性进行定位；以典型的治理现象为切入点，基于对现行国际公地治理机制的有效性评估，系统地探讨国际公地治理机制创新的动力与方略，深入系统地探讨以利益机制为核心的中国参与国际公地治理的动力机制等。

6.2.6　优先资助领域 6：公共安全与危机管理的决策模式理论问题

优先研究公共安全与危机管理中决策模式的基础理论与方法问题，重点通过深度案例复盘、多模态组织过程分析等研究方法对中国公共危机场景下的领导者决策模式进行科学问题提炼，进而通过情景模拟和行为实验等方法，来揭示公共危机场景下对决策参与者（如行政领导、专家）决策过程和结果产生影响的个体、组织和制度以及风险文化等层面因素的影响机理，构建公共安全与危机管理中领导者决策模式的理论框架；优先研究近年来新冠疫情等特别重大突发事件案例中关键决策场景的全景式复盘及中国场景理论建构，探索制度设计对危机决策偏好和结果的影响机制。具体来说，包括以下几个方面。

1. 公共安全与危机管理决策的模型构建与理论检验

公共安全危机情景等非常态下的应急决策与常态决策具有较大差异，传统的决策模型、理论与方法在非常态情景下很可能难以应用，同时受制于实践中公共安全与危机管理决策过程的数据可得性，现有研究对此缺乏足够的关注。建议选取自然灾害、事故灾难、恐怖袭击、群体事件、关键基础设施受损、传染病防控等公共安全与危机管理中领导者应急决策典型案例，识别公共安全与危机管理中决策局势的典型压力特征（如时间压力、责任压力、深度不确定性、信息缺失与冲突、目标模糊等），并梳理上述特征所引致的认知偏误、情绪效应、注意力分配、策略行为选择等影响，开展情景模拟实验、行为实验和多模态组织研究，对危机决策过程进行系统分析和研究，打开领导者危机决策的过程黑箱，识别中国场景危机决策的模式特征与要素以及作用机制，并建立危机决策模式与决策效果之间的因果联系。

2. 公共安全与危机管理中应急决策的能力提升与制度完善

公共安全与危机情景非常态的应急决策中，领导者往往面临着应急救援与责任追究等多重组织和制度压力，多重压力下领导者的应急决策往往可能面临着认知偏误、高质量信息缺失、目标模糊、情绪波动、心理失衡、注意力分配失调、多目标权衡失当和道德风险等诸多难题，严重影响领导者应急决策能力与绩效的提升。建议在实证研究的基础上，对影响领导者应急决策的组织、制度及文化因素开展深入研究和优化设计，围绕应急决策模式与流程优化、决策者经验积累与技能培训提升、专家团队的决策支持、部门间与上下级协同决策等核心议题，采用情景模拟演练、案例分析等方法，全方位、多渠道探讨提升领导者应急决策能力与绩效的有效途径并完善相应的制度设计。

建议未来五年在"公共安全与危机管理的决策模式理论问题"领域围绕以下选题设置重点项目。

建议选题1：中国公共危机场景下的应急决策基础理论与方法研究。

在对公共危机情景下领导者应急决策的过程与作用机制进行持续性、系统性观测的基础上，提炼危机决策模式，揭示多重压力下做出满意决策的前提条件和因果机制。建议选取自然灾害、事故灾难、恐怖袭击、群体事件、传染病流行、关键基础设施受损等公共安全与危机管理的典型场景，基于多学科基础理论，研究确立公共安全与危机管理中领导者应急决策的基本理论体系，识别中国场景的危机决策的模式分类与作用机制，提出透视危机决策过程黑箱的方法与技术。

建议选题2：复杂突发危机事件中的专家决策参与机制研究。

专家研判与决策参与在复杂突发事件处置中扮演着重要角色，能够为领导人决策提供支持。新冠疫情暴露出专家研判和参与机制的挑战。国际群决策等领域已有诸多理论模型，但它们与中国专家危机情景参与应急决策的经验现实尚有较大鸿沟。建议采用相关专家和官员的访谈、情景模拟实验、多模态分析等方法，重点关注专家个体认知偏误、专家内部分布式知识整合、专家为行政领导提供决策支持等关键研究议题，重点探究复杂突发事件甚至危机情景下的专家协同研判与决策参与的行为规律和影响因素，并为未来专家应急决策机制建设提供政策建议。

建议选题3：领导干部危机决策能力与危机管理胜任力问题研究。

新冠疫情防控、河南特大洪灾等重大事件应对既展示我国应急管理能力建设已经取得了一些进展，同时也暴露领导干部危机决策能力与领导干部危机管理胜任力的短板。提升领导干部应急管理能力特别是危机情景下的应急决策能力与水平是国家应急管理能力建设的重要着力点。建议在开展领导干部危机决策能力问题广泛实地调研和深度案例分析的基础上，研究领导干部危机决策能力的核心构成要素，构建领导干部危机决策能力评价指标体系，梳理领导干部危机决策中的议程设定、建议采纳、风险研判、决策执行、监督反馈等环节的能力短板，分析造成能力短板的制度诱因，提出未来领导干部危机决策能力建设的可能方向，以期为我国未来应急管理领导干部选拔和能力提升提供理论与经验支撑。

6.2.7 优先资助领域7：数智赋能的信息资源与知识管理理论及实践问题

优先支持智能驱动的信息资源与知识管理理论变革、服务模式及方法创新研究，大数据资源的智能理解、语义标注、知识组织与服务研究，数智赋能的颠覆性（前沿）技术识别、技术路径分析与创新评价研究，支持人机共生环境下的信息服务创新与用户行为研究等。具体来说，包括以下几个方面。

1. 数智赋能的信息资源管理理论、服务与方法

以大数据、人工智能等为代表的新一代信息技术正深刻影响着生产力与生产关系的变革，促使数据与信息资源进一步成为促进经济、科技与社会发展的基础性禀赋要素。与此同时，信息资源管理服务的场景也迅速拓展到创新发展、国家安全、数字经济、社会治理等更加开阔的领域，新的信息需求不断涌现，信息资源管理任务的复杂性不断提升，亟须实现信息资源管理理论、服务与方法的创新与突破。建议选取"四个面向"的重点领域和具体场景，全面分析并建立结构化的信息与情报需求模型，揭示领域大数据资源的基本结构、形式特征与分布状态，融合多学科相关理论，研究数智赋能的信息资源管理理论变革、体制机制创新，综合运用新方法、新技术，探索数智赋能的有效信息服务模式和服务体系，构建新形势下适应问题场景的信息资源管理模型等。

2. 数智赋能的科技信息资源汇聚、组织与挖掘

随着我国科技创新发展逐渐从"跟跑"走向"并跑、领跑"阶段，科技创新发展面临着更大的挑战和不确定性，原有的科技信息资源管理和服务工作模式已经逐渐难以适应现阶段的需求。利用大数据技术和人工智能技术，实现对科技信息资源的广域感知、智能理解和数智赋能应用，是应对我国科技创新工作阶段跃升，实现科技创新资源保障、能力保障和战略保障的重要抓手。为此，需要大力推进数智驱动的科技信息资源智能汇聚、深度挖掘，积极构建相关领域的关键应用技术体系，从科技资源全域感知建模，科技资源智能关联汇聚，科技资源语义理解、知识重构，创新过程嵌入的科技资源智能服务，科技管理智能应用等方面开展理论方法研究和技术攻关，实现面向国家创新战略支撑的新一代智能情报技术方法体系。

3. 数据主权与数据治理研究

数据生产要素成为基础性资源和战略性资源，深刻变革社会发展路径与主权国家竞争格局，对全球各国的政治治理、经济发展、文化塑造具有重要影响，全面完善我国数据主权体系、加快完善我国数据治理方案刻不容缓。建议结合信息管理、计算机科学、法学、经济学等多学科理论，在大数据发展战略与"总体国家安全观"视野下，研究数据生产要素价值释放、数据主权保障、数据治理能力提升等问题，关注主权视角下的数据跨境流动、政府数据开放、数据企业管理等

主要数据治理关联领域，聚焦数据采集与存储、数据公开与流动、数据利用与服务等数据全生命周期中的主权风险与治理机制等科学问题，遍历多主体实践案例，考量多数据应用场景，关切多群体数据权益，推进数据主权保障和数据治理完善。

建议未来五年在"数智赋能的信息资源与知识管理理论及实践问题"领域围绕以下选题设置重点项目。

建议选题1：创新过程嵌入的科技信息资源语义理解与智能服务。

立足数智赋能这一背景，探索创新过程全程嵌入的科技信息资源语义理解与智能服务的理论、方法和技术体系，实现面向科技创新全周期、全维度的科技资源感知、挖掘、服务能力。在梳理科技创新全周期的资源需求、应用需求的基础上，构建智能时代科技资源语义理解与智能服务的需求体系和理论、方法框架；面向科技创新全周期的需求，探索多模态科技信息资源汇聚融合、智能理解与协同挖掘等核心方法，实现多粒度（篇章、段落、句子、词汇）信息资源语义理解，建设多源、多模态科技知识图谱，在智能选题、选题自动评估、方案智能推荐、辅助写作、科技资源智能整编等方面实现突破。

建议选题2：人智交互的信息服务创新研究。

由人工智能引领的新一轮科技革命和产业变革，将推动传统信息服务向以输出解决方案为特点的智慧信息服务转型升级。研究智慧信息服务场景中人与人工智能的交互规律，将为深化信息服务供给侧结构性改革提供理论基础，充分发挥人工智能技术对信息服务创新的驱动作用。建议研究人工智能技术重塑社会形态之下信息服务模式迭代的机遇与挑战；基于多感官整合理论，探索提升智慧信息服务全流程中人智交互的感知与认知智能；选取商务、文化、教育、传媒、社会治理等重点领域，研究确立智慧信息服务系统人智交互接口设计框架体系；针对人智交互中潜在的伦理和隐私问题，构建与信息服务智慧新模式相匹配的管理机制等。

建议选题3：面向国家科技安全保障的智能情报理论与方法。

大国博弈日趋激烈，我国科技安全面临着复杂严峻的考验和挑战；同时，全球新一轮科技革命和产业变革正加速深刻演变，我国已进入高质量发展阶段，科技创新的引领和支撑作用不断凸显。科技已成为促进经济社会发展、保障国家安全的原始动力。建议基于情报学、计算机科学、科技管理、复杂性科学等多学科基础理论，面向国家科技安全保障需求，构建智能情报的基本理论体系；研究科技大数据资源中的知识分布规律与关联特征，提出适应多源、异构、多模态数据的科技资源集成与融合方法；解构科技安全与创新发展复杂场景需求，结合大数据、人工智能、知识图谱、社会计算等新兴技术，提出快速、精准、智能的科技情报分析与预测方法，构建智慧化、敏捷化、立体化的科技情报服务体系。

建议选题4：数智赋能的创新评价理论与方法。

创新评价是辅助制定科研战略，引导创新发展方向的基础性工作之一。大数据和人工智能技术的发展，为创新评价提供了资源、能力和思路上的新可能性，推动数智赋能创新评价工作走向现实。建议深入研究数智赋能的创新评价理论体系，厘清创新评价的维度、要素和目标，构建数智赋能背景下的创新评估指标体系；基于科技资源全域感知汇聚、深度语义理解、科技创新要素智能识别等技术，实现创新类型智能理解，并从颠覆性、前沿性、成熟度、新颖性、可行性等多维度实现复杂创新评价问题的有效解决；探索基于用户需求分解重组的创新评估结果动态呈现技术方法，为用户提供个性化、可解释的创新评价成果。

第7章 "十四五"时期本学科布局调整

党的十八大以来，坚持和完善中国特色社会主义制度、推进国家治理体系和治理能力现代化成为全面深化改革的总目标。党的二十大进一步做出了以中国式现代化全面推进中华民族伟大复兴的重要决策。这不仅为宏观管理与政策学科提供了丰富的研究素材，同时也为本学科的发展和改革提出了重大的现实需求，为"十四五"时期宏观管理与政策学科的发展指明了方向。为了进一步发挥理论研究对政策实践的指导作用，有必要对宏观管理与政策学科布局及时予以调整，以遵循学科发展的基本规律，回应国家发展需求。在前文详细论述"十四五"时期宏观管理与政策学科优先资助领域和重点资助方向的基础上，本章进一步探讨"十四五"时期国家自然科学基金宏观管理与政策学科总体布局的调整。

本章共分为三个部分。7.1 节对于宏观管理与政策学科布局的历史演变过程进行回溯，提炼学科布局调整应遵循的基础性原则。7.2 节详细介绍"十四五"时期宏观管理与政策学科布局调整方案，具体分为名称更改、学科合并、学科拆分和学科新增四种情形。在此基础上，7.3 节详细介绍了学科布局调整后"十四五"宏观管理与政策学科下的 15 个二级学科代码的学科边界、概念内涵与主要研究方向，帮助读者进一步形成对宏观管理与政策学科的系统性认知。

7.1 本学科布局的历史演化

学科布局是对学科发展的全面筹划与安排。与单纯的学科分类不同，学科布局需要兼顾科学知识的客观性、对于社会发展趋势的分析研判和未来科学发展方向的引导，是一个主观性与客观性相统一的复杂过程（王孜丹等，2019）。不断优化学科布局体系，不仅对于促进创新活动具有重要意义，也是不断优化科研基金管理的内在要求。总体而言，这种必要性体现在以下几个方面。首先，学科布局需要兼顾学科结构的稳定性与科学前沿的动态性。一方面，学科是科学研究发展到成熟阶段的产物。特别是对于国家自然科学基金这样的科学基金而言，其学科布局需要保持适度的稳定性。另一方面，科学前沿无时无刻不处于动态演进的过程中，这使得相对稳定的学科布局不可避免地落后于快速发展的科学前沿，需要按照一定的时间频率进行调整。其次，学科布局需要兼顾科学研究的知识属性和现实需求的社会属性。如前文所言，科学基金的资助结构布局是一个兼顾主观性和客观性的过程，既要能够客观地反映当前特定科学领域的知识结构与逻辑体系，又要积极响应国家和社会的重要需求，通过优先资助特定领域来产出具有更大社会价值的知识（刘云，2002）。最后，学科布局的颗粒度要兼顾科研管理与促进创新的多重目标。一方面，更细颗粒度的学科布局有助于提升单个学科内部研究项目的一致性，从而有效降低科学基金的管理成本，但可能不利于跨领域的交叉学科创新。反之，相对粗颗粒度的学科布局在一定程度上有利于在相对较大的范围内促进知识要素的重组和创新，但可能不利于科学基金的实际管理。因此，科学基金的学科布局是一个动态的、历史的过程，需要选择合适的颗粒度并综合考虑基金发展阶段和现实社会经济需求等诸多因素的影响。

国家自然科学基金宏观管理与政策学科的整体布局也经历了复杂的历史演化过程。早在 1986 年成立之时，管理科学部就已经成为国家自然科学基金的主要部门之一。伴随着科学分支的细化，管理科学部的组织架构也日趋完善，宏观管理与政策始终是其重要的组成部分。在 2006 年以前，管理科学部主要设置综合处、管理科学一处（工商管理、管理科学与工程学科）与管理科学二处（宏观管理与政策学）。自 2007 年起，管理科学一处所负责的两个学科进行了拆分，形成新的管理科学一处与管理科学二处，分别负责工商管理和管理科学与工程学科的基础研究工作，负责宏观管理与政策学的管理科学三处保持不变。这一时期，宏观管理与政策学科（G03）共包含 14 个二级学科代码，其中 5 个子代码（G0301~G0305）实际上是今天经济科学学科的范畴，剩余 9 个子代码（G0306~G0314）则涵盖了今日宏观管理与政策学科的主要内容。到了 2017 年，宏观管理与政策学科的整体布局进一步细化，原宏观管理与政策学科（G03）正式拆分为经济科学（G03）和宏观管理与政策（G04）两个学科，学科布局更加清晰。这一时期，宏观管理与政策学科主要包含 15 个二级学科代码[①]，直至本次代码优化。

本次代码优化主要聚焦"十三五"时期代码体系运行过程中出现的问题，根据宏观管理与政策学科前沿的发展变化以及社会发展对学科的需求变化，特别是参考过去数年不同领域方向学术共同体的项目申请量，以及国家治理体系和治理能力现代化的战略任务进行有针对性的调整。总体而言，"十三五"时期宏观管理与政策学科在整体布局日趋成熟的同时，出现了内部划分过于细致、学科布局

---

① 这一时期，国家自然科学基金委员会管理学部对宏观管理与政策学科的定位和布局是："研究政府及相关公共部门为实现经济和社会发展目标，制定宏观政策和实施综合管理行为规律的综合学科群。资助范围包括公共管理、政策科学理论与方法、非营利组织管理、科技管理与政策、创新管理与政策、卫生管理与政策、教育管理与政策、文化与休闲产业管理、公共安全与危机管理、社会福利管理、环境与生态管理、资源管理与政策、区域发展管理、信息资源管理和电子政务等分支学科和领域的基础研究。"

的综合性和交叉性不足等问题。这种传统布局在很大程度上导致了学科疆域固化、互相隔离，已不适应学科之间、科学和技术之间、自然科学和人文社会科学之间、理论研究和政策实践之间日益呈现的交叉融合趋势，已不能满足学科和社会发展需求，亟须进一步加以调整。结合学科布局的一般原则和宏观管理与政策学科过往学科布局演化的经验，课题组凝练出本次学科布局优化调整的若干原则。

一是充分考虑学科发展的规律与趋势。实践中，同一学科下的不同二级学科的发展程度往往存在较大差异。根据学科发展规律，随着学科的发展成熟，需要参照国务院学位委员会学科评议组等制定的权威标准，对于原有的学科名称进行调整，形成合理规范的学科名称，改变"前范式"阶段的多种学科名称混用的学科发展状态。

二是充分考虑不同学科代码之间的关联度。学科代码设置本质上是一个聚类的过程，应同时遵循组内差异尽可能小，而组间差异尽可能显著的一般性原则。一方面，如果若干代码的研究内容本身非常接近，差异不明显，此时应考虑将这些代码进行合并形成统一的学科代码。另一方面，如果某个代码中已经形成相对稳定且边界清晰的研究分支，应考虑予以拆分使其成为新的独立研究分支。

三是充分考虑过往申请和资助数量。从"十三五"时期宏观管理与政策学科的申请和资助格局来看，各二级学科代码的申请量、立项数、资助强度和申请难度存在很大差距[①]。非营利组织管理、电子政务等部分二级代码申请量等指标不高，说明学科体量较小或与自然科学基金的研究范式不完全匹配，可以合并进入领域相近的学科。反之，卫生管理与政策等申请量显著高于其他二级代码的学科，说明这些学科体量很大，发展很快，需要根据新的细分领域"开枝散叶"，应考虑予以拆分。

四是充分考虑社会发展对学科的需求。时值百年未有之大变局，"十四五"时期社会经济发展趋势的变化也要求宏观管理与政策学科对于社会需求给予积极回应。例如，新冠疫情暴发后，公众对于健康的意识和需求快速增长，已经超越了单纯医药卫生管理的范畴，但在原来的代码设置中并未得到充分体现。与此同时，全球化将人类形成紧密相连的命运共同体，国际社会对全球治理的呼声也越来越高。因此，宏观管理与政策学科布局要对这些新变化做出回应，学科布局优化过程中应重点考虑这些新兴的社会需求。

---

① 详见本书第 3 章的统计分析结果。

7.2　本学科布局优化方案

基于宏观管理与政策学科的特点，结合宏观管理与政策学科布局的总体演化趋势，综合考虑以上学科布局的优化调整原则，本节对于"十四五"时期宏观管理与政策学科的布局优化方案进行探讨，对其优化调整逻辑进行系统阐释。具体而言，本次学科布局优化调整方案包含名称更改、学科合并、学科拆分和学科新增四种路径，对应"十三五"时期国家自然科学基金委员会管理科学部宏观管理与政策学科的 9 个学科代码和"十四五"时期新增的 1 个学科代码。图 7-1 展示了"十四五"期间本学科布局调整的总体逻辑。

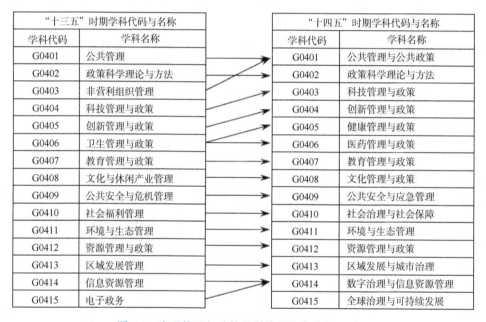

图 7-1　宏观管理与政策学科代码和名称新旧对比

7.2.1　名称更改[①]

1. G0408（文化与休闲产业管理）

"十三五"时期 G0408（文化与休闲产业管理）方向在"十四五"时期更名为

---

① 本节以下涉及的小标题中的学科代码均为"十三五"期间的学科代码，正文中对于该代码在"十三五"时期的修改进行详细介绍。本节内容涉及的关于不同学科代码项目资助量的分析，感兴趣的读者可以回顾第 3 章的相关统计资料。

G0408（文化管理与政策）。本代码的修改主要综合了对学科发展趋势与规律和近年项目申请情况的考虑。

首先，从学科性质来看，尽管文化对民族自信与历史传承具有非常重要的作用，但是主流的文化研究属于人文社会科学范畴，本领域获资助的项目主要是从旅游与休闲产业角度开展研究的。这一特点可能过多地强调了产业发展而弱化了文化的功能，与公共管理的学科属性存在一定的背离，从学科发展的宏观趋势来看应予以调整。其次，与其他代码相比，本代码自 2017 年设立的申请量和资助量始终保持在较低水平，且存在较为明显的波动。一方面，2017 年到 2019 年间，本学科代码的申请量稳步增长，但自 2020 年起迅速降低。另一方面，青年科学基金项目在很大程度上代表了学科的未来，但本代码青年科学基金项目的资助率呈现不断走低的趋势，从 2017 年的 26.7%逐步下降到 2018 年的 14.8%和 2019 年的 2.6%，说明本代码下大多数项目申请的学科定位还有待进一步明晰，学术质量亦有待进一步提高。针对这些问题，本次代码调整希望进一步明确对"文化"要素的关注，引导未来的项目申请更加贴合学科关注的重要问题。

2. G0409（公共安全与危机管理）

"十三五"时期 G0409（公共安全与危机管理）方向在"十四五"时期更名为 G0409（公共安全与应急管理）。本代码的调整主要综合了对学科发展规律和社会需求的考虑。对于本代码此前项目的分析表明，应急管理的内容在其中占据了较高的比重，同时考虑到与国务院学位委员会办公室发布的公共管理一级学科各二级学科命名保持一致，本次优化将 G0409 命名调整为"公共安全与应急管理"。

3. G0410（社会福利管理）

"十三五"时期 G0410（社会福利管理）方向在"十四五"时期更名为 G0410（社会治理与社会保障）。本代码的调整主要综合了对学科关联度和社会需求的考虑。一方面，社会治理在公共管理中的作用不断凸显，但尚未在现有学科代码中得到充分体现。另一方面，社会福利本质上可以被社会保障的概念所涵盖。综合上述两方面因素，本次优化将 G0410 命名调整为"社会治理与社会保障"。

4. G0413（区域发展管理）

"十三五"时期 G0413（区域发展管理）方向在"十四五"时期更名为 G0413（区域发展与城市治理）。本代码的修改主要基于对社会需求的考虑。国家统计局 2023 年公布的数据显示，2022 年我国城镇化率已达到 65.22%，城市治理在区域发展管理中的地位不断提升。为进一步凸显对于城市治理研究的理论和实践需求，本次优化将 G0413 命名调整为"区域发展与城市治理"。

7.2.2 学科合并

1. G0403（非营利组织管理）与 G0401（公共管理）合并

"十四五"期间将"十三五"G0403（非营利组织管理）与 G0401（公共管理）合并，形成新 G0401（公共管理与公共政策）方向。本代码的修改主要综合了对学科发展规律、学科关联程度和资助与申请数量的考虑。

首先，与宏观管理与政策其他学科方向相比，自 2017 年设立以来，G0403 方向的项目申请数量、立项资助量均比较少。整个"十三五"期间，G0403 方向各类项目累计申请量只有 50 项，其中作为主要资助类型的青年科学基金项目和面上项目的申请量只有 44 项，平均每类项目每年不到 5 项，是所有学科代码中申请量较少的，仅为每个二级学科平均申请量的 7%。2019 年，G0403 方向甚至没有一个项目得到资助，且整个"十三五"期间 G0403 没有获得一项重大项目和重点项目资助，整体学科发展较为缓慢。从研究内容和学科范式来看，本代码的研究更适合国家社会科学基金，而且国家社会科学基金对本领域的资助量也远远多于国家自然科学基金。由于该领域与公共管理存在较强关联，考虑将其合并入 G0401 中。其次，公共管理与公共政策研究本身存在着非常紧密的联系，两者在公共性层面具有完全一致的精神内核。考虑到学科本身的关联度，本次优化将 G0401 命名调整"公共管理与公共政策"。

2. G0415（电子政务）与 G0414（信息资源管理）合并

"十四五"期间将"十三五"G0415（电子政务）与 G0414（信息资源管理）合并，形成新 G0414（数字治理与信息资源管理）方向。本代码的修改主要综合了对学科关联程度、资助与申请数量和社会需求的考虑。

首先，与 G0403 类似，G0415 代码在"十三五"期间各类项目仅有 26 项申请，作为主要资助类型的青年科学基金项目和面上项目的申请量只有 20 项，平均每类项目每年不到 2 项，是所有学科代码中申请量最少的，是所有二级学科平均申请量的 3.5%。另外，该代码在"十三五"期间从未获得过重大项目和重点项目资助，学科发展整体较为缓慢。考虑电子政务的研究领域与信息资源管理联系紧密，考虑将 G0415 合并入 G0414 中。其次，随着人类社会数字化转型的加快，G0414 的学科内涵也发生着变化。一方面，人类社会的知识与信息日益以数字化形式进行呈现，大数据蕴含的海量社会知识亟待进一步深入挖掘。另一方面，公共管理的组织形式也日益呈现出数字化转型的特点。以《国务院关于加强数字政府建设的指导意见》的颁布为标志，我国政府数字化转型正式由电子政务阶段迈入数字政府阶段。国务院学位委员会学科评议组也因时而进，于 2023 年 6 月正式将"数字公共治理"明确列入公共管理一级学科下的二级学科，社会对于数字治理的需求不断凸显。综合以上趋势，本次优化将 G0414 代码命名调整为"数字治理与信息资源管理"。

7.2.3　学科拆分

"十四五"期间将"十三五"G0406（卫生管理与政策）代码进行拆分，形成新 G0405（健康管理与政策）和新 G0406（医药管理与政策）两个代码。本代码的修改主要综合了对学科发展趋势、申请和资助情况以及社会需求的考虑。

首先，"十三五"时期，G0406 在项目申请规模上始终在各个代码中名列前茅。整个"十三五"期间，G0406 代码下各类项目的申请总量达到 3261 项，其中青年科学基金项目和面上项目的申请量接近 3000 项。2020 年，G0406 代码的申请量更是接近超过第二至第四名学科代码申请量的总和，凸显了我国开展卫生与健康管理研究的学术共同体规模，特别是新冠疫情以来对卫生和健康问题研究需求的空前高涨，学术界应对此予以积极回应。其次，卫生管理与政策方向内部也演化出不同的关注焦点。随着人民生活水平和平均寿命的提升，健康问题日益引发了公众的广泛关注。党的十八届五中全会首次提出"健康中国"的国家战略，并于 2016 年 10 月正式向公布了《"健康中国 2030"规划纲要》，明确提出"把人民健康放在优先发展的战略地位"，健康管理的重要性日益凸显。与医药管理更加关注疾病的诊断和治疗相比，健康管理更加强调预防、保健、诊断、治疗和康复的全周期管理。医疗管理与健康管理既有联系，两者共同构成了卫生管理的核心框架，又在研究目标、研究对象和研究手段等方面存在较为明显的区别。将卫生管理与政策代码进一步细分为健康管理与政策和医药管理与政策，对于进一步明确学科边界、提升资助的精准性具有重要的理论和实践价值，故本次布局优化着重对此进行了调整。

7.2.4　学科新增

为进一步回应对全球治理问题日益增长的研究需求，"十四五"期间，宏观管理与政策学科新增 G0415（全球治理与可持续发展）代码。本代码的调整主要基于对学科发展趋势和社会需求的考虑。

首先，当今世界正处百年未有之大变局，气候变化、海洋资源开发、数字技术等问题逐渐跨越民族国家边界，成为全球性的公共治理议题，人类需要更加复杂的系统知识来应对这些全球挑战和促进全球可持续发展。面向全球可持续发展的宏大概念，2015 年，联合国通过的《2030 年可持续发展议程》确定了 17 个全球性的可持续发展目标，几乎涉及宏观管理与政策学科的各个方向，也在"十三五"时期的国家自然科学基金项目中得到了日益充分的体现。例如，2017 年管理学部应急研究项目明确聚焦"美国退出《巴黎协定》对全球气候治理的影响及我国的应对策略"。此外，本书第 4 章对"十三五"期间国家自然科学基金资助项目的标题统计也发现，"全球价值链""可持续发展"等概念已经成为国家自然科学基金项目的重要研究视角。这些都反映了本学科体系中全球治理和可持续发展议题重要性的不断提升。其次，随着综合国力和国际影响力的快速提升，中国在全球治理中发挥的作用也不断凸显。顺应全球治理体系的转型趋势，不断探索全球治理的规则、技术与工具体系，推动全球治理参与机制的基础性理论创新，不仅有助于促进国家治理与全球治理的良性互动，也是进一步构建人类命运共同体，展现负责任的大国担当，实现走和平发展道路的中国式现代化的内在要求。综合以上对学科发展规律和社会需求的分析，本次优化考虑进一步增加了"全球治理与可持续发展"的二级学科代码。

7.3　本学科各二级学科方向的研究内容

基于7.1节和7.2节对于宏观管理与政策学科布局演化规律和最新优化方案的论述，本节进一步介绍布局优化后 15 个二级学科方向的概念内涵与主要研究方向，以期更好地明确学科边界，为读者进一步加深对国家自然科学基金的理解和未来申报国家科学基金过程中的方向选取提供参考。

7.3.1　G0401（公共管理与公共政策）

公共管理与公共政策是研究政府及其他公共组织的价值定位和实践活动规律的学科，通过研究政府和社会组织的功能定位和政策作用方式，揭示公共活动管理的规律，为公共政策制定提供依据，是整个宏观管理与政策研究领域的基础学科。主要研究方向包括：公共产品与服务管理、公共人力资源管理、公共组织行为与管理、公共治理、公共管理技术与方法、政府绩效、政府治理与改革、政府规制、政府行为、国家治理、公共财政、行政管理、社会事业管理、社区建设与发展、社会服务与公民事务、社会管理体制、人口管理、非政府组织管理、其他非营利组织、慈善公益等。

7.3.2　G0402（政策科学理论与方法）

政策科学理论与方法是研究公共政策基本理论与方法的学科，通过融合政治学、经济学、管理学、社会学、法学等理论和方法，构建政策科学的基本理论、基本方法与知识体系，为制定公共政策提供理论与方法基础，是公共管理学科发展的基石。主要研究方向包括：政策分析与评估、政策创新等。

7.3.3　G0403（科技管理与政策）

科技管理与政策是研究科学技术及其管理活动与政策的学科领域，以科技管理中的资源、组织、体制、评价、政策等为主要研究对象，总结科技管理规律和理论，为科技政策制定提供理论依据。主要研究方向包括：科学计量学、科技评价、科技政策学、技术管理、科研体制、科研绩效与科技人才、科研项目（经费）、研究与发展、科研组织、科技资源、知识产权管理、知识产权政策等。

7.3.4　G0404（创新管理与政策）

创新管理与政策是研究不同领域、不同层级、不同主体创新活动管理与创新政策的学科，融合创新经济学、创新管理、创新政策等理论方法，总结各类创新管理的规律，形成创新管理理论知识，为完善创新资源配置、提升创新效率、制定创新政策提供理论依据。主要研究方向包括：国家创新系统、产业创新、区域创新、技术创新、创新服务与创新网络、创新战略管理、创新创业管理等。

7.3.5　G0405（健康管理与政策）

健康管理与政策是研究公共卫生与公众健康管理规律以及健康领域公共政策的学科，通过研究公共卫生事业、卫生管理体制、公众健康管理等问题，总结形成健康管理的规律与理论体系，为改进公共卫生与公众健康管理和制定相关政策提供依据。主要研究方向包括：公共卫生事业管理、卫生政策与体制改革、健康保障、卫生经济、公众健康管理与治理等。

7.3.6　G0406（医药管理与政策）

医药管理与政策是研究医院与药物管理以及医药领域公共政策的学科，通过研究医院、医疗服务、医药管理等问题，总结形成医药管理的规律与理论知识，为提升和改进医药管理水平、制定医药政策提供理论依据。主要研究方向包括：医院管理、医疗服务管理、慢性病与护理管理、药事管理、中医中药管理等。

7.3.7　G0407（教育管理与政策）

教育管理与政策是研究教育行政与教育组织管理以及教育领域公共政策的管理学领域，融合了教育经济学、公共管理学、教育社会学、组织行为学和法学等多学科理论，以教育领域的公共管理及其相关政策、教育组织的运营管理等为研究对象，总结各类教育领域的管理规律和理论，为制定教育政策提供理论依据。主要研究方向包括：中等教育与职业教育、高等教育、继续教育与社会教育、教学管理、教育经济、教育政策与改革、学前教育与基础教育等。

7.3.8　G0408（文化管理与政策）

文化管理与政策是研究文化发展与文化领域公共政策的学科，通过研究文化事业、产业和休闲等问题，总结形成文化发展相关的规律与理论知识，为文化管理与政策制定提供理论依据。主要研究方向包括：文化事业管理、文化发展政策、文化产业发展、文化休闲与旅游等。

7.3.9　G0409（公共安全与应急管理）

公共安全与应急管理是研究国家或区域公共安全问题的交叉学科，通过研究突发公共事件与国家、社会、经济等系统的相互作用过程，揭示突发公共事件的发生发展、衍生演化机理，揭示突发公共事件、危害对象，以及管理主体之间的相互作用规律，构建理论知识体系，为制定公共安全与应急管理政策提供依据。主要研究方向包括：灾害管理、生产安全管理、卫生应急管理、社会安全、危机管理、舆情监测与预警、应急资源管理、应急组织体系管理、应急决策、突发事件应急管理等。

7.3.10　G0410（社会治理与社会保障）

社会治理与社会保障是研究社会组织与主体对社会事务进行治理的学科领域，通过对相关社会事务现象和问题的研究，总结形成社会治理理论知识体系，为提升社会治理与保障能力提供理论依据。主要研究方向包括：社会保障制度、医疗保障、养老保障、住房保障、工伤失业保险、社会救助与社会福利等。

7.3.11　G0411（环境与生态管理）

环境与生态管理是研究环境问题和生态问题的交叉学科，综合运用环境经济学、生态学和管理学等多学科的理论与方法，以正确处理社会经济发展、环境保护与生态系统平衡之间的关系为研究对象，总结环境保护规律、生态系统规律与经济发展规律，是宏观管理科学的重要学科领域。主要研究方向包括：环境政策、污染减排、环境风险管理、环境管理、生态管理、生态补偿、生态系统服务、城市生态管理等。

7.3.12　G0412（资源管理与政策）

资源管理与政策是研究各类自然资源合理利用、促进经济社会可持续发展的学科，以资源获取和使用中的风险和机会管理为研究对象，总结资源管理中的问题、规律与理论，为改进资源管理和政策制定提供依据。主要研究方向包括：能源经济管理、能源金融、能源政策、节能减排机制与政策、矿产资源管理、土地资源管理、水资源管理等。

7.3.13　G0413（区域发展与城市治理）

区域发展与城市治理是研究地方政府为了实现区域公共利益而对辖区公共事务采取政策行动的学科领域，通过研究地方政府区域规划、组织、行政等管理手段，以及城市多主体参与、协商、合作等治理机制，总结区域发展与城市治理的规律，形成理论知识体系，为提升区域发展与城市治理能力提供理论依据。主要研究方向包括：区域发展战略与政策、区域规划管理、全球化与区域发展、特殊区域管理、区域集聚与区域生产力布局、城市建设与发展管理、城镇化与城市经济、房地产管理、城市交通管理、城市基础设施与公共服务管理、城市空间管理等。

7.3.14　G0414（数字治理与信息资源管理）

数字治理与信息资源管理是综合信息资源管理分析工具以及信息科学和数据

科学等技术手段的一门交叉学科，为探讨如何在数字化社会实现智能治理，以及实现数据要素优化配置提供理论基础。主要研究方向包括：数字治理、竞争情报、知识管理、科技情报管理、图书档案管理、经济信息管理、网络信息管理、社会信息管理、政务信息管理、政府信息化、电子政务与政府管理等。

7.3.15　G0415（全球治理与可持续发展）

全球治理与可持续发展是研究全球性公共活动治理和人类可持续发展理论与实践的领域，是国家参与全球经济社会发展过程中新兴交叉学科，通过研究相关领域的全球治理组织、结构与规则运行，揭示全球治理规律，总结全球治理理论，为实现人类可持续发展目标提供理论基础与政策依据。主要研究方向包括：全球治理规则、全球治理组织、全球治理结构、全球科技治理、全球能源与气候治理、全球卫生治理、全球安全治理、全球贫困治理、人类可持续发展等。

第 8 章　总结与展望

本书综合运用文献计量分析、文本挖掘、问卷调查、焦点小组讨论、比较案例等方法，对宏观管理与政策学科发展战略和"十四五"优先资助领域展开系统性研究。本章对于全书的研究成果进行总结，主要分为两个方面。8.1 节基于前文的研究成果，从新研究议题、新研究视域、研究对象的复杂化、研究范式的计量化、学科交叉程度、学科知识体系的本土化趋势、基于本土情境的理论走向世界这七个维度出发，对新时代我国宏观管理与政策学科发展的新趋势进行总结。8.2 节进一步梳理全书的主要研究发现，对进一步促进新时期我国宏观管理与政策学科发展提出若干政策建议。

8.1　新时代我国宏观管理与政策学科发展的新趋势

在新时代的新征程中，中国式现代化成为中华民族伟大复兴的核心任务，这为宏观管理与政策研究带来了前所未有的发展机遇。中国式现代化的国家治理实践，吸引着全球的目光。因此，宏观管理与政策学科的责任不仅是记录和分析，更是要生动描绘中国的治理实践，提炼出具有中国特色的治理经验，向世界讲述这个令人瞩目的中国故事，同时还为中国的现代化进程贡献更多智慧和力量，为实现中华民族伟大复兴的中国梦添砖加瓦。因此，宏观管理与政策学科的学术共同体应该紧密关注新时代学科发展的新趋势，进而更好地理解当前宏观管理与政策现象，及时捕捉新的研究议题，并针对性地提出解决方案，促使学者运用最新的理论、方法和工具来进行研究，从而提高研究质量和准确性，并促进学科交叉，提升学科竞争力。本书认为新时代我国宏观管理与政策学科呈现出如下新趋势。

8.1.1　研究议题新趋势：新一轮科技革命引致的新研究议题

以大数据、云计算、人工智能为代表的新一轮科技革命，将会在未来对社会产生日益深刻的影响。社会加速从现代社会向后现代社会转型，给宏观管理与政策研究带来了新的研究议题。

第一，新一轮科技革命推动了社会经济结构和产业模式发生巨大的变化。新兴产业和科技的迅猛发展，互联网、人工智能、区块链等技术的普及应用，都为社会带来了全新的发展模式和问题。这些新兴产业对经济和社会的影响不容忽视，需要宏观管理与政策学科深入研究其发展规律，为政府制定相应的产业政策提供科学依据。

第二，新一轮科技革命推动了智能城市和数字治理的发展，宏观管理与政策研究需要进一步关注如何应用物联网、云计算、智能传感等技术，提升城市治理效能，推动城市可持续发展，同时关注科技革命推动的政府数字化转型，探讨政府数字化转型的过程与效果，探索如何更好地利用技术手段提升公共治理水平。

第三，新一轮科技革命推动了智能社会治理变革。宏观管理与政策学科需要研究新一轮科技革命推动智能社会治理的数字化和智能化影响。在智能社会治理中，政府和公共机构利用人工智能、大数据、物联网等技术，以及数字化的管理方法，更加智能地管理社会事务和提供公共服务。此外，信息技术的普及和网络化的发展使得社会治理和政策制定的方式发生了变革。宏观管理与政策学科需要研究如何应对数字化时代的社会治理挑战，探讨如何利用大数据分析、人工智能等技术手段，加强政府与民众的互动，实现更加智能、高效的社会治理。

第四，人工智能技术的综合社会影响与社会实验。人工智能技术等变革性新兴技术给人类社会的运转模式、行为轨迹、社会网络、心理动态造成了综合影响。通过长周期、跨领域、多学科人工智能社会实验的研究方法，基于科学抽样设立实验组、对照组，将泛意性概念转变为边界清晰的科学变量并进行测量和比较的技术路线，人工智能社会实验可为应对人工智能社会综合影响提供循证知识基础，将科技政策的研究视野从关注技术带给客观世界的变化进一步拓展至关注技术发展所引致的人类主观世界变化新路径。

第五，科技的快速发展不仅带来了众多的便利和创新，同时也伴随着新的社会风险和公共安全挑战。在数字化和智能化的时代，信息安全、网络犯罪、个人隐私保护等问题日益突出，给社会稳定和公共安全带来了新的考验。面对这些新的社会风险和公共安全挑战，宏观管理与政策学科需要积极投入研究，寻找切实可行的解决方案，共同构建安全稳定的数字化智能社会。

第六，新一轮科技革命产生了大量的数据，包括经济、社会和环境等方面的数据。宏观管理与政策学科将更加关注如何运用大数据、人工智能和机器学习等技术来分析和预测经济走势、社会问题，并为政策制定提供科学依据。此外，利用社会实验的研究方法，对人工智能应用给社会带来的影响进行持续性、系统性观测，积累海量实证数据，揭示人工智能推动社会变革的因果机制，构建智能社会研究的理论框架。

8.1.2 研究视域新趋势：学科的研究视域走向全球化

随着人类命运共同体的构建，宏观管理与政策学科必须迎接全球治理问题的挑战，利用国际视野扩展其研究视域。全球化的发展使得各国之间的联系越发紧密，国际间的政策相互关联，一个国家的政策决策往往会对其他国家产生深远的影响。因此，宏观管理与政策学科不再局限于国内问题，而是需要更广泛地涉及全球治理问题，考虑各个国家、不同文化背景下的政策制定和管理问题。

第一，宏观管理与政策学科的研究对象将变得更加广泛和多样化。学科研究者需要深入研究全球性问题，如国际公地治理、全球气候变化、环境污染、公共卫生等，这些问题需要各国共同合作来解决。因此，学科研究需要跨越国界，关注不同国家、不同地区间的协同及合作，形成共建人类命运共同体的共识。

第二，国际合作将成为学科发展的常态。在全球化时代，国际间的交流与合作已经成为不可或缺的一部分。学者将积极寻求跨国合作，共同研究全球性的政策难题，共享研究成果，汇聚全球智慧，促进全球治理体系的完善。跨国合作不仅能够拓展学科研究的广度和深度，还能够促进文化交流和相互理解，推动全球宏观管理与政策知识增长。

第三，宏观管理与政策学科的研究要更加贴近实际，具有前瞻性和全球视野。在人类命运共同体的理念下，学科研究需要更加注重实践应用，关注全球治理中的实际问题，为政策制定和决策提供科学依据。同时，学科研究也需要具有前瞻性，预测和应对未来可能出现的全球性挑战和风险。这需要学者积极利用创新思维探索新的研究方法，以应对全球化时代的新问题和新挑战。

第四，学科研究的国际影响力正在不断提升，学科研究对国际的贡献也越来越显著。通过国际合作、学术交流、科技创新等方式，学科研究与国际社会建立了紧密的联系，共同探索解决全球性问题，为推动全球治理和社会进步做出了积极的贡献。随着全球化的不断深化，学科研究在国际舞台上的影响力将持续扩大，为全球社会的繁荣与发展做出更大的贡献。在共建人类命运共同体的理念指引下，宏观管理与政策学科将在全球治理中发挥更加重要和积极的作用，推动全球社会的繁荣与发展。

8.1.3 研究对象新趋势：学科的研究对象日益复杂化

宏观管理与政策研究需要将研究对象置于更加综合的社会系统中进行研究。社会系统涉及众多因素，包括经济、政治、文化、技术等方面的因素，这些因素之间相互作用、相互影响，导致社会系统的行为表现异常复杂。在政策制定和治理过程中，必须考虑到这些因素的相互关系，避免单一因素的片面决策。同时，社会系统中的变化往往呈现出非线性和不确定性。微小的变化可能会引发巨大的影响，而同样的政策在不同时期、不同地区的效果也可能截然不同。因此，政策制定者需要具备灵活的应对策略，密切关注社会系统的动态演变，及时做出调整。信息技术的飞速发展使得社会系统更加网络化、互联化。各个领域的信息和数据相互关联，形成复杂的网络结构。政策制定和治理必须考虑到这种网络性，以协同各方资源，达成高效的治理效果。透过全球化、数字化的视角，宏观管理与政策学科需要深入研究全球体系，了解不同因素间的相互作用，推动全球合作和协同治理。

为了应对这种复杂性，学者运用系统科学、网络科学等新兴学科的方法，将研究对象置于社会系统中，构建更为完整和精确的研究模型。尤其是重点关注公共政策中多种政策工具、政策过程与政策参与者，基于"工具-过程-参与者"分析框架，既分别探讨多种政策工具设计、政策过程机制与政策参与者行为的复杂性，又连接宏观的公共政策机制与微观的公共政策行为，探讨政策工具、政策过程与政策参与者的复杂耦合机理与效应。通过模拟和仿真等手段，学科研究能够对不同政策方案进行实验和评估，提供决策支持。这些方法使得宏观管理与政策学科能够更全面地了解社会系统的运行机制，进而剖析社会系统的复杂性本质，重构社会科学的认知模式。研究的复杂化与系统化不仅有助于澄清复杂系统范式的理论基础和实践规范，而且也有助于丰富和深化复杂性理论本身。复杂性理论的发展需要不断的实践检验和应用，而宏观管理与政策学科作为应用复杂性理论的领域之一，其研究成果将不断推动复杂性理论的发展，为解决全球性问题和推动社会科学的进步做出积极贡献。

8.1.4　研究范式新趋势：学科的研究范式更加规范化与实证化

宏观管理与政策研究正朝着规范化和实证化的方向发展，通过更加系统和科学的研究方法，提升研究的可靠性和可解释性，为宏观管理与政策实践提供更为科学的研究启示。特别是信息技术的飞速发展为宏观管理与政策研究提供了更多的数据和工具。学者将更多地采用数据驱动的方法，利用大数据分析、人工智能等技术，从海量数据中提取信息，为决策提供科学支持。宏观管理与政策学科的研究范式也呈现出新的趋势。

第一，从有限检验向仿真实验转型。传统的研究方法往往局限于有限的样本和数据，无法全面展现复杂的社会现象。而仿真实验则通过构建复杂的数学模型和计算机模拟，能够更好地模拟社会系统的运行过程，从而深入理解社会系统的复杂性和变化规律。通过仿真实验，研究可以在虚拟的环境中测试不同政策和决策的效果，为政策制定提供科学依据。

第二，从小样本"验证逻辑"向大数据"发现逻辑"转型。传统的研究方法往往基于小样本的验证，局限于已有的理论和假设。而随着大数据时代的到来，宏观管理与政策学科开始运用大规模的数据挖掘和分析技术，发掘其中的关联、模式和规律，发展出"发现逻辑"，即通过数据驱动的方法，从数据中挖掘出新的知识和见解。这使得研究更加开放和创新，有助于发现隐藏在大数据中的规律和趋势。

第三，由"问题导向"的学科研究向"事件导向"的跨学科研究转型。传统的学科研究往往是针对特定问题的研究，而现在，宏观管理与政策学科逐渐走向跨学科研究的方向。特定事件的因素和影响往往涉及多个学科领域，需要跨学科的合作和研究，以全面理解事件的复杂性和内在机制。跨学科研究可以提供更全面、多角度的视角，更有助于找到解决问题的有效途径。特别是，伴随着自然科学与社会科学进一步融合而衍生的计算社会科学，推动了宏观管理与政策研究开始使用计算机模拟、人工智能、复杂统计、社会性网络分析等新途径。宏观管理与政策研究通过融合计算机科学、统计学、机器学习、数据挖掘、社会网络分析等多个领域的知识和技术，进而更为有效地通过分析和模拟来解决宏观管理与政策中的复杂问题，提升研究效度。

第四，由"相关关系"的研究目标走向以实验为基础的"因果推断"研究目标。传统宏观管理与政策研究方法主要关注探索社会现象之间的相关关系。这种研究的目标是找出变量之间的联系和关联，了解它们之间的相互作用。随着社会科学的发展，研究者开始更加关注变量之间的因果关系，需要采用更加严格的实验设计或者类似实验设计的研究方法。特别是通过随机对照试验控制其他变量的干扰，从而更准确地推断因果关系。

此外，依托计算社会科学研究，宏观管理与政策研究可以从互联网、社交媒体等数字化数据来源中收集、处理、分析大规模数据，使用机器学习等算法挖掘其中的关联、模式和规律，构建复杂的模型，进行社会系统的仿真和预测，以及使用可视化工具和数据仓库等方法来呈现研究成果。当前以计算社会科学为导向的研究范式转型，为解决宏观管理与政策研究的问题挑战，提供了更多的可能性。然而，在应用计量化方法进行研究时，也需要注意方法的正确性和数据的可信度。大数据的使用需要注意数据隐私和伦理等问题，确保研究的合法性和可靠性。同时，计量化研究范式并不意味着取代传统的研究方法，而是与之相结合，形成多元化的研究视角和方法，为宏观管理与政策学科的发展和进步贡献更多的智慧与力量。

8.1.5　研究维度新趋势：学科交叉与多元程度日益显著

新时代宏观管理与政策学科的研究维度日趋走向交叉与多元，将为学科研究提供更广阔的发展空间，推动学科不断创新与进步。通过跨学科合作、多领域问题研究、数据驱动的方法和国际合作，宏观管理与政策学科将更好地应对复杂多变的社会问题，为政策制定和治理提供更科学有效的支持。学科交叉使得宏观管理与政策研究能够汲取其他学科的经验和知识，形成更加综合的研究视角、方法和理论，提高对现实的回应性，从而更全面地理解和解决复杂的社会问题，帮助政策研究者更好地应对复杂问题，提供更全面、多角度的解决方案。具体有以下几个表现。

第一，跨学科研究的增多。随着宏观管理与政策学科的不断发展，越来越多的学者意识到单一学科的视角可能无法全面解决复杂的宏观管理与政策问题。因此，宏观管理与政策学科研究的跨学科趋势日益显著：通过不同管理学科交叉甚至自然科学与社会科学交叉，不同学科的理论和方法融合在一起，可以共同深入分析政策对社会经济发展和社会结构的影响，为政策制定提供更全面的参考依据。

第二，多领域问题的研究逐渐兴起。在新时代，宏观管理与政策学科日益关注多领域问题的研究。例如，可持续发展、数字经济、社会创新等问题逐渐受到学者的关注。这些问题不仅涉及经济、社会、环境等多个方面，而且彼此之间也存在复杂的相互关联。因此，这些问题需要跨学科的合作和综合分析，以制订更全面、综合的政策方案。通过多领域问题的研究，学者可以更好地解决当前社会面临的复杂挑战和问题。

第三，围绕宏观管理与政策的社会系统研究将成为重点。随着社会的不断变化和发展，宏观管理与政策学科内部越来越多的学者开始将社会系统作为研究对象。社会系统涉及众多因素，如经济、政治、文化、技术等，这些因素之间相互作用、相互影响，导致社会系统的行为表现非常复杂。为了深入理解社会系统的运行机制，学者运用系统科学、网络科学等新兴学科的方法，将研究对象置于社会系统中，构建更为完整和精确的研究模型。通过这种系统研究的方法，学者能够更全面地了解社会系统的变化和演化，进而为政策制定提供更科学有效的支持。

8.1.6　研究目标新趋势：构建自主知识体系趋势不断加强

新时代下，建构中国自主的知识体系是当代社会发展和实践的迫切要求，也是回答重大理论和实践问题的必然要求。宏观管理与政策学科作为国家治理的重要组成部分，肩负着科学回答中国之问、世界之问、人民之问、时代之问的重要使命。在推动建构自主知识体系、实现学科知识体系本土化的过程中，宏观管理与政策学科正发挥着重要作用。当前，我国宏观管理与政策研究不断提炼和总结宏观管理与政策的中国经验，进而增强了以研究形式传递中国话语的趋势。学者将重点放在我国现实中重大、重要且具有意义的经济与社会发展问题上，关注转型期新旧体制的融合与摩擦，以及利益多元化、环境发展、资源限制、制度约束等多重情境因素下，我国宏观管理与政策所面临的挑战与问题。对于这些问题与挑战，学科研究进行科学的分析、评估与判断，寻求可行的解决方案。特别是在国家治理体系建设、国家治理体制转型、组织体系重构、公共政策实验与创新等特色议题上，宏观管理与政策学科不断深化研究，探索适合我国国情的治理和管理模式。

在学科知识体系发展趋于本土化的进程中，宏观管理与政策学科不断发展契合中国情境的概念术语和本土化理论。这种本土化的发展有助于为国内宏观管理与政策领域的实践提供更实际、更扎实的理论指导，逐步构建具有中国特色的宏观管理与政策话语体系。这不仅有助于宏观管理与政策学科在新时代下，不断拓展研究领域，加强本土化发展，为中国国家治理和社会发展提供更加贴近实际的理论支持，推动中国自主的知识体系建设，而且有助于解决国家和社会面临的各类挑战，为世界其他国家和地区提供有益的经验与启示。

8.1.7 研究影响新趋势：基于本土情境凝练的学科理论开始走向世界

新时代中国宏观管理与政策学科知识体系的发展需要在立足本土实践、挖掘中国故事的同时，紧密与国际研究接轨，发展具备国际视野并跻身世界学术前沿的知识体系。这样的发展取向有助于增强中国研究与中国经验对于国际研究和其他国家的示范效应，将中国学科建设推向更高水平，更广泛地在国际学术舞台上产生影响。未来，宏观管理与政策学科需要统筹兼顾研究中的本土化和国际化要素。在国内研究中，学者将持续加强对国际研究前沿的追踪，锚定国际研究的新兴理论，吸纳来自国际各学科的新方法和新思想，以不断拓展学科的理论框架和研究思路。同时在国际化发展的过程中，学者应当将国际研究与国内研究进行深入比较分析。通过对中西方学术成果的对比研究，可以更清晰地认识到各自学科研究的优势和不足之处，以及相互借鉴的可能性，促进中西方学术共同体关于研究进展的对话。通过在全球范围内建立起可信赖的学术合作关系，中国宏观管理与政策学科的研究成果和经验将获得更多的认可和接纳，成为全球性的理论共识。

　　因此，在新时代，我国宏观管理与政策学科应当不断加强追踪国际研究前沿，注重学科的国际化发展，同时在本土研究中不断挖掘中国特色和优势，以实现本土实践与国际学术接轨的双向交流。这样的努力将为中国知识与话语在全球范围内的传播和应用，以及推动全球治理和社会进步做出积极贡献。

8.2　政策建议与展望

　　基于以上开展的多维度研究，本节对新时期进一步促进我国宏观管理与政策学科的发展提出如下政策建议。

8.2.1　坚持自然科学基金的战略定位

　　"十三五"时期，国家自然科学基金在推动宏观管理与政策学科基础研究发展、人才队伍培育、社会功能实现和学科共同体形成等领域发挥了重要作用。"十四五"乃至今后一段时期，建议国家自然科学基金立足宏观管理与政策学科的基本属性，进一步凸显国家自然科学基金资助特色，不断提升资助效能。

　　首先，要不断完善国家自然科学基金的评审过程，积极倡导唯真崇实的学术品格。国家自然科学基金是国家支持基础研究的主要渠道，在国家创新体系中具有基础性、引领性和支撑性的独特作用。科学基金项目的评审质量直接决定了优秀科研人才能否得到支持，关系到国家科研事业的发展大局，只有不断优化基金评审质量，才能切实维护国家自然科学基金的良好声誉，为广大科研工作者开展原创性、探索性科研创造良好的环境，培育风清气正的学术生态。

　　其次，要不断优化国家自然科学基金的资助结构。进一步发挥自然科学基金在统一战线优势、广泛凝聚共识和广聚天下英才方面的积极作用，凸显科学基金的政治功能。党的二十大报告强调，要"完善大统战工作格局，坚持大团结大联合，动员全体中华儿女围绕实现中华民族伟大复兴中国梦一起来想、一起来干"[1]。基础研究领域尤为如此。未来国家自然科学基金宏观管理与政策学科的发展要坚持政策方针原则性和政策举措灵活性的有机统一，通过专题立项、专门评审等更加灵活的政策举措，对于港澳台地区的科研工作者给予一定的政策倾斜，鼓励爱国的科技工作者进一步参与到中央财政科技计划中来，为建设科技强国和实现高水平科技自立自强贡献智慧和力量。

---

　　[1] 参见《人民日报》2022 年 10 月 26 日第 1 版文章：《高举中国特色社会主义伟大旗帜　为全面建设社会主义现代化国家而团结奋斗》。

8.2.2 凸显自然科学基金资助特色

国家自然科学基金是我国规模最大的科学基金，在坚持科学基金的普遍战略定位的同时，也具有一定的特殊性。前文已经提到，国家自然科学基金中的宏观管理与政策学科具有自然科学与社会科学、基础研究与应用研究的"双重交叉性"，这成为宏观管理与政策学科发展过程中必须处理好的关键矛盾。与之同时，在长期的发展过程中，国家自然科学基金也形成了有别于其他基金的运行特色，这些都需要在未来的发展过程中得到进一步凸显。

首先，要进一步处理好基础研究与应用研究的关系，不断提升资助格局的全面性。基础研究是国家自然科学基金资助的焦点，但宏观管理与政策学科具有基础研究与应用研究的交叉属性，自然科学基金对于本学科的资助始终要注意处理好以上两方面矛盾的关系，推动基础研究和应用（基础）研究的有机平衡。本节对于 NSF 和 ERC 等国际同类型科学基金进行了较为深入的比较案例研究，发现与国家自然科学基金相比，NSF 在本学科相关领域的资助更加关注心理学、脑科学、行为科学等基础学科的研究成果，鼓励研究者积极探索宏观管理与政策问题的心理和生理机制等基础性命题。ERC 在相关领域的资助则更加凸显实践与应用特色，强调以基础研究促进宏大社会挑战的有效解决。未来，在充分平衡基础研究与应用（基础）研究发展的过程中，NSF 与 ERC 的相关实践经验均能为国家自然科学基金提供有益的借鉴。

其次，要进一步突出国家自然科学基金在科研人才培养与梯队建设方面的突出优势，不断提升资助格局的系统性。本书研究发现，与国家社会科学基金等相比，人才培养与梯队建设是国家自然科学基金的突出特色，国家自然科学基金资助的人才梯队呈现出更强的延续性和成长性，在我国基础研究人才培养过程中发挥了重要作用。与此同时，本书的数据分析亦表明，在青年科学基金项目到面上项目等部分的资助环节中也存在着较为明显的"堵点"，其资助的延续性还有进一步提升的空间。本书建议，未来一段时期国家自然科学基金需要进一步强化在人才梯队建设上的突出优势，不断提升资助的延续性。近期，国家自然科学基金委员会第九届委员会第一次全体委员会议上提出的杰出青年科学基金延续资助项目等创新性举措均是很好的尝试。

8.2.3 推动各学科方向的均衡发展

本书通过对 2009 年到 2019 年十年间国际高水平 SCI 和 SSCI 论文的文献计量分析，在全球尺度上对我国宏观管理与政策学科各个分支方向的发展水平和发展阶段进行定位，进一步明晰了当前不同学科方向在不同维度上发展的优势与短板。未来一个时期，建议国家自然科学基金以此为基础，将不断突出优势学科发展与弥补弱势、"冷门"学科有机结合，推动各个学科方向的均衡发展。

一方面，要持续构建高水平创新生态，巩固优势学科发展态势，进一步打造强连接的国际创新合作网络，推动学科交叉释放创新活力，不断提升高水平科研成果产出，积极回应社会挑战。2009 年到 2019 年间，我国宏观管理与政策学科的学术产出呈现出较快增长的态势，资源与环境管理、公共安全与危机管理、科技创新管理与政策等学科方向的整体学术产出已经逼近世界领先水平。未来，要进一步保持上述学科的相对优势地位，同时通过设置重大专项研究课题等方式，促进全球智力资源共同投入变革性技术、气候变化、区域协同发展等重大社会问题的研究中，为我国宏观管理与政策学科发展注入鲜活的国际元素，推动宏观管理与政策学科的研究活动深度融入"以国内大循环为主体、国内国际双循环相互促进"的新发展格局，不断拓展宏观管理与政策学科的发展空间。

另一方面，做科研事业的评估，要有长远的眼光、世界的眼光、科学的眼光。面向国家自然科学基金的长期持续发展，本书建议要以更加长远的视角，综合运用"使命驱动型"科研等更加灵活的科研模式弥补弱势、冷门学科短板，促进学科竞争力的全面提升。应当看到，过去十余年间，在宏观管理与政策学科各方向科研产出普遍增长的同时，我国在公共卫生与健康管理、教育与文化管理等方向的学术产出还较为明显地落后于世界领先水平，未来应进一步通过学科代码优化、重大项目设置等方式，引导科研人员关注这些相对弱势学科的发展方向，推动以上方向的研究水平与世界前沿接轨。

8.2.4　优化资助结构与学科体系布局

在综合考虑学科基本属性、国家自然科学基金资助特色和学科发展阶段的基础上，本书建议未来一段时期国家自然科学基金进一步资助结构和学科体系布局，具体来看，面向国家治理体系和治理能力现代化的总体目标，聚焦宏观管理与政策学科相关基础理论与科学命题，围绕以数字技术为代表的新一代变革性技术、公共卫生危机与健康管理、全球可持续发展目标、全球治理体系等重大时代挑战，建议国家自然科学基金从促进国家治理体系和治理能力现代化的公共管理与政策科学问题、变革型技术引致的宏观管理与政策的科学问题、公共卫生与健康管理领域的管理科学与政策问题、促进可持续发展的宏观管理与公共政策问题、全球治理的重大管理理论与科学问题、公共安全与危机管理的决策模式理论问题、数智赋能的信息资源与知识管理理论及实践问题等七个方面设置"十四五"时期国家自然科学基金宏观管理与政策学科的优先资助领域，并在此基础上进一步遴选重点资助选题。

8.2.5 探索更加全面系统的学科规划研究路径

对于一个学科的发展战略与科学基金的资助重点研究，应当建立在对学科发展趋势的全面把握之上，而上述认识往往是主观性与客观性的统一。一方面，科学论文、科学合作等数据能够为研究者勾画出特定时期内学科发展的客观路径，是开展学科发展战略规划研究的基础。另一方面，对于上述客观路径的解读在很大程度上也依赖于学科共同体的共识。因此，面向未来的学科发展战略和规划研究要进一步立足于学科共同体的构建，综合运用好科学文献大数据和学科专家的领域知识，不断提升规划研究和编制的质量。本书正是围绕这一问题展开的初步探索。在开展"十四五"时期宏观管理与政策学科发展战略与优先资助遴选研究的过程中，课题组首先以十年来的国际高水平期刊论文数据和国家自然科学基金资助数据为基础，对于宏观管理与政策学科的发展阶段与资助结构进行分析，又进一步结合多轮次、近 300 位专家的书面意见征询，逐步遴选出 7 个"十四五"时期国家自然科学基金在本学科的优先资助领域及重点选题，并提出学科代码优化方案。

这一过程中，课题组在力所能及的情况下尽可能地考虑到了客观数据与学术共同体主观研判和共识的统一，但未来仍有许多可以进一步优化完善的空间。首先，本书对于资助效果的分析仍以描述性分析为主，得到的结果主要是国家自然科学基金资助与科学产出的相关性，因果性的分析结果还比较缺乏，影响了研究发现进一步指导实践政策制定的可能。其次，本书在分析资助重点、理论体系和方法论体系等问题时，受到数据质量的限制，主要基于相关项目的标题文本进行，如果未来能够进一步获得相关摘要数据，将有助于分析的进一步深化，发掘出更多有价值的研究结论。再次，本书对于高水平论文数据采集主要基于国际学术期刊，随着本学科体系本土化程度的不断提升，未来应进一步考虑加大对高水平本土学术期刊的关注和支持力度。最后，虽然本书在凝聚学术共同体共识的过程中已经注意到了专家群体的代表性问题，但相关标准的划分还可以更加完善，如在海外华人学者意见征询的过程中纳入更多国家和地区的学者、进一步平衡对于各个学科代码的关注度等。以上问题的解决都将进一步推动我们探索更加全面系统、科学合理的学科规划研究路径，不断提升学科规划的编制效能。

参 考 文 献

奥尔森 M. 2018. 集体行动的逻辑：公共物品与集团理论[M]. 陈郁，郭宇峰，李崇新，译. 上海：格致出版社.

边琦，马奔，马永驰. 2020. 危机管理中的符号与仪式：以新冠疫情防控为例[J]. 中国行政管理，(10)：129-136.

布坎南 J M. 2020. 民主财政论：财政制度与个体选择[M]. 刘凤芹，陆文玥，译. 北京：中国人民大学出版社.

蔡长昆. 2016. 自然灾害治理过程中社会资本的结构性差异[J]. 公共行政评论，9(1)：55-85，183-184.

蔡拓. 2016. 全球治理与国家治理：当代中国两大战略考量[J]. 中国社会科学，(6)：5-14.

蔡毅. 2021. 全球公共卫生安全能力评估标准：基于中国抗击新冠肺炎疫情实践的启示[J]. 中国行政管理，(6)：145-154.

陈武，张海波，高睿. 2020. 新冠疫情应急管理中的管制政策与疫情分布的时空关系：以 2020 年春节期间湖北省各地区应对策略为例[J]. 公共管理与政策评论，9(3)：16-28.

程佳旭，祝哲，彭宗超. 2020. 重大决策中专家是中立的吗?：对京津冀协同发展中专家社会稳定风险感知的分析[J]. 公共行政评论，13(3)：134-151，198-199.

初景利，段美珍. 2018. 智慧图书馆与智慧服务[J]. 图书馆建设，286(4)：85-90，95.

初景利，黄水清. 2022. 从"图书情报与档案管理"到"信息资源管理"：一级学科更名的解析与思考[J]. 图书情报工作，66(14)：3-9.

辞海编辑委员会. 1979. 辞海[M]. 上海：上海辞书出版社.

戴长征，鲍静. 2017. 数字政府治理：基于社会形态演变进程的考察[J]. 中国行政管理，(9)：21-27.

丁一汇，史学丽. 2022. 助力碳中和的气候系统模式与社会经济模式融合研析[J]. 环境保护，50(6)：12-16.

董新宇，苏竣. 2004. 电子政务与政府流程再造：兼谈新公共管理[J]. 公共管理学报，(4)：46-52，94.

董旭柱，华祝虎，尚磊，等. 2021. 新型配电系统形态特征与技术展望[J]. 高电压技术，47(9)：3021-3035.

段异兵. 2005. 美国国家科学基金会优先领域资助模式分析[J]. 中国科学基金，19(2)：125-128.

冯惠玲. 2013. 从文献管理到基于信息资源的管理：图书情报与档案管理学科的创新发展之路[J]. 情报资料工作，(3)：6-10.

高奇琦. 2017. 全球治理、人的流动与人类命运共同体[J]. 世界经济与政治，(1)：30-45，156-157.

戈德史密斯 M，马凯 A L. 1985. 科学的科学：技术时代的社会[M]. 赵红州，蒋国华，译. 北京：科学出版社.

郭凤林，顾昕. 2020. 国家监测能力的建构与提升——公共卫生危机背景下的反思[J]. 公共行政评论，13(3)：6-26，193.

郭跃，何林晟，苏竣. 2020. "工具—叙事—反馈"：一个行为公共政策的研究框架[J]. 中国行政管理，(5)：71-78.

国务院学位委员会图书情报与档案管理学科评议组. 2023. 2023 年信息资源管理学科发展战略研讨会纪要[J]. 图书情报知识，40(3)：6-12.

韩志明，孟宪斌. 2018. 从冲突迈向合作：城管与摊贩关系的演进及其反思[J]. 公共管理与政策评论，7(3)：56-74.

何艳玲. 2020. 好研究是当下公共管理研究的大问题：兼论"中国"作为方法论[J]. 中国行政管理，(4)：56-63.

胡倩. 2020. 应急管理组织间网络研究的新进展[J]. 公共管理与政策评论，9(1)：36-43.

胡颖廉，慕玲. 2017. 超越监管看安全：国家药品安全治理体系构建[J]. 中国行政管理，(6)：115-120.

华北克拉通破坏项目组. 2020. 华北克拉通破坏[M]. 杭州：浙江大学出版社.

华生，蔡倩，汲铮，等. 2020. 中国传染病防控预警机制探究：来自新冠病毒疫情早期防控中的启示[J]. 管理世界(4)：1-12.

黄萃，陈静，陈惠玲. 2021. 第四研究范式：数据驱动下的人文社科研究模式跃迁[J]. 中国高校科技，(10)：10-14.

黄萃，任弢，李江，等. 2015. 责任与利益：基于政策文献量化分析的中国科技创新政策府际合作关系演进研究[J]. 管理世界，(12)：68-81.

基于化学小分子探针的信号转导过程研究项目组. 2018. 基于化学小分子探针的信号转导过程研究[M]. 杭州：浙江大学出版社.

江亚洲，郁建兴. 2020. 重大公共卫生危机治理中的政策工具组合运用：基于中央层面新冠疫情防控政策的文本分析[J]. 公共管理学报，17(4)：1-9，163.

姜晓萍. 2006. 政府流程再造的基础理论与现实意义[J]. 中国行政管理，(5)：37-41.

金波，杨鹏. 2023. 七秩春秋，踵事增华：档案学专业高等教育新征程[J]. 档案学通讯，(1)：11-19.

敬乂嘉. 2014. 从购买服务到合作治理：政社合作的形态与发展[J]. 中国行政管理，(7)：54-59.

柯平. 2021. 关于智慧图书馆基本理论的思考[J]. 国家图书馆学刊，30(4)：3-13.

库恩 T S. 2012. 科学革命的结构[M]. 金吾伦，胡新和，译. 4 版. 北京：北京大学出版社.

赖茂生. 2017. 新环境、新范式、新方法、新能力：新时代情报学发展的思考[J]. 情报理论与实践，40(12)：1-5.

李飞，陈秋羽，刘一弘. 2019. 民国北京政府时期灾害管理制度研究：基于 1920 年北方旱灾的分析[J]. 风险灾害危机研究，(1)：197-211.

李海生，谢明辉，李小敏，等. 2022. 全过程一体化构建减污降碳协同制度体系[J]. 环境保护，50(Z1)：24-29.

李文钊. 2018. 面向中国的公共管理学：缘起、路径与展望[J]. 探索，(6)：37-49.

李雪松，丁云龙. 2021. 健康码"码上加码"的形成机制与双重效应：一项基于制度性事实的解释[J]. 公共管理学报，18(4)：105-115，173.

李阳，李纲. 2016. 面向应急决策的智慧城市情报工程实践与应用[J]. 图书情报工作，60(11)：81-85.

林鸿潮，周智博. 2020. 地方人大常委会紧急性授权的合宪性考察及其完善[J]. 贵州社会科学，(10)：44-51.

刘一弘. 2017. 危机管理的意义建构：基于"甲流"事件的政府话语分析[J]. 公共管理学报，14(4)：118-128，158-159.

刘一弘，钟开斌. 2021. 学习与竞争：重大突发事件如何触发政策变迁的文献述评[J]. 公共行政评论，14(6)：24-43，197.

刘越男. 2022. 从简单拼接到知识融通：合力擦亮信息资源管理的学科标签[J]. 数字图书馆论坛，(11)：1-3.

刘云. 2002. 基础研究的发展特征与优先资助领域选择[J]. 科学学与科学技术管理，23(7)：23-26.

陆伟，刘家伟，马永强，等. 2023. ChatGPT 为代表的大模型对信息资源管理的影响[J]. 图书情报知识，40(2)：6-9，70.

吕孝礼，付帅泽，朱宪，等. 2020. 突发事件协同研判行为研究：研究进展与关键科学问题[J]. 中国科学基金，34(6)：693-702.

吕孝礼，徐浩，朱宪. 2018. 国内应急预案研究述评（2000—2015）：基于 CSSCI 数据库文献的分析[J]. 公共管理评论，(1)：87-104.

吕孝礼，朱宪. 2019. 答沃尔多之问：公共危机管理研究的挑战与未来[J]. 公共管理与政策评论，8(4)：54-64.

马奔，程海漫. 2017. 危机学习的困境：基于特别重大事故调查报告的分析[J]. 公共行政评论，10(2)：118-139，195-196.

马费成. 2018. 推进大数据、人工智能等信息技术与人文社会科学研究深度融合[J]. 评价与管理，16(2)：1-5.

马费成. 2023. 凝聚共识，推动信息资源管理一级学科建设[J]. 信息资源管理学报，13(1)：4-8.

马费成，李志元. 2020. 新文科背景下我国图书情报学科的发展前景[J]. 中国图书馆学报，46(6)：4-15.

马费成，张瑞，李志元. 2018. 大数据对情报学研究的影响[J]. 图书情报知识，185(5)：4-9.

马捷. 2022. 新形势下的新机遇：关于信息资源管理学科发展的几点思考[J]. 数字图书馆论坛，(11)：12-14.

马亮. 2015. 公共管理实验研究何以可能：一项方法学回顾[J]. 甘肃行政学院学报，(4)：13-23，126.

孟小峰，张祎. 2019. 计算社会科学促进社会科学研究转型[J]. 社会科学，(7)：3-10.

彭宗超，黄昊，吴洪涛，等. 2020. 新冠肺炎疫情前期应急防控的"五情"大数据分析[J]. 治理研究，36(2)：6-20.

秦上人，郁建兴. 2017. 从网格化管理到网络化治理：走向基层社会治理的新形态[J]. 南京社会科学，(1)：87-93.

秦顺. 2023. 面向科技自立自强的信息资源管理学科嬗变与发展[J]. 图书情报工作，67(1)：83-89.

屈克燊，小出治，卡比力江·吾买尔，等. 2018. 都江堰与南投的震后住房评估策略比较与研究[J]. 风险灾害危机研究，(2)：127-151.

闪淳昌，周玲，秦绪坤，等. 2020. 我国应急管理体系的现状、问题及解决路径[J]. 公共管理评论，2(2)：5-20.

石晋昕，杨宏山. 2019. 政策创新的"试验—认可"分析框架：基于央地关系视角的多案例研究

[J]. 中国行政管理，(5)：84-89.

史晓媛，马亮. 2022. 中国公共管理研究的进展和热点：基于 2020 年英文期刊论文的分析[J]. 公共管理评论，4(2)：203-220.

斯蒂格利茨 J E，罗森加德 J K. 2020. 公共部门经济学[M]. 4 版. 郭庆旺，译. 北京：中国人民大学出版社.

宋华琳，牛佳蕊. 2020. 指导性文件是如何制定和演进的?：对新冠肺炎七版诊疗方案的跟踪研究[J]. 公共行政评论，13(3)：43-64，194-195.

苏健，梁英波，丁麟，等. 2021. 碳中和目标下我国能源发展战略探讨[J]. 中国科学院院刊，36(9)：1001-1009.

苏竣. 2021a. 公共科技政策导论[M]. 2 版. 北京：科学出版社.

苏竣. 2021b. 开展人工智能社会实验 探索智能社会治理中国道路[J]. 中国行政管理，(12)：21-22.

苏竣，魏钰明，黄萃. 2020. 社会实验：人工智能社会影响研究的新路径[J]. 中国软科学，(9)：132-140.

苏新宁. 2022. 面向知识服务的领域知识组织纵论[J]. 情报学报，41(9)：889-899.

苏新宁，蒋勋. 2020. 情报体系在应急事件中的作用与价值：以新冠肺炎疫情防控为例[J].图书与情报，(1)：6-14.

苏新宁，杨国立. 2020. 我国情报学学科建设研究进展[J]. 情报学进展，13：1-38.

孙海华，张礼超. 2021. 美国国家科学基金会的重要资助举措及启示[J]. 中国科学基金，35(4)：663-671.

孙建军，李阳，裴雷. 2020. "数智"赋能时代图情档变革之思考[J]. 图书情报知识，(3)：22-27.

陶鹏. 2018. 应急预案体现了府际差异性吗?：以北京市 M 区为例的研究[J]. 中国行政管理，(3)：138-144.

涂尔干. 1995. 社会学方法的准则[M]. 狄玉明，译. 北京：商务印书馆.

王涵，马军，陈民，等. 2022. 减污降碳协同多元共治体系需求及构建探析[J].环境科学研究，35(4)：936-944.

王洪，韩自强. 2018. 为什么人们不进行地震应急准备：来自成都市基层干部的试调查[J]. 风险灾害危机研究，(1)：210-227.

王浦劬. 2016. 中央与地方事权划分的国别经验及其启示：基于六个国家经验的分析[J]. 政治学研究，(5)：44-58，126.

王知津. 2019. 大数据时代情报学和情报工作的"变"与"不变"[J]. 情报理论与实践，42(7)：1-10.

王孜丹，赵超，张理茜，等. 2019. 优化自然科学基金学科布局的改革逻辑与路径选择[J]. 中国科学基金，33(5)：440-445.

魏一鸣，刘新刚. 2022-7-1. 辩证把握推动"双碳"工作的"四对关系"[N]. 光明日报.

魏一鸣，米志付，张皓. 2013. 气候变化综合评估模型研究新进展[J]. 系统工程理论与实践，33(8)：1905-1915.

魏一鸣，余碧莹，唐葆君，等. 2022. 中国碳达峰碳中和路径优化方法[J]. 北京理工大学学报(社会科学版)，24(4)：3-12.

文宏. 2019. 网络群体性事件中舆情导向与政府回应的逻辑互动：基于"雪乡"事件大数据的情

感分析[J]. 政治学研究，(1)：77-90，127-128.

文军，何威. 2016. 灾区重建过程中的社会记忆修复与重构：以云南鲁甸地震灾区社会工作增能服务为例[J]. 社会学研究，31(2)：170-193，244-245.

夏立新，郭致怡. 2023. 推动信息资源管理学科高质量发展的思考[J]. 图书情报工作，67(1)：9-15.

徐彪，陆湾湾，刘晓蓉，等. 2016. 公共危机事件后公众对政府责任感知的形成机制研究[J]. 公共行政评论，9(6)：144-163，200.

薛澜. 2020. 科学在公共决策中的作用：聚焦公共卫生事件中的风险研判机制[J]. 科学学研究，38(3)：385-387.

薛澜，俞晗之. 2015. 迈向公共管理范式的全球治理：基于"问题—主体—机制"框架的分析[J]. 中国社会科学，(11)：76-91，207.

薛澜，张帆. 2018. 公共管理学科话语体系的本土化建构：反思与展望[J]. 学海，(1)：90-99.

薛澜，朱琴. 2003. 危机管理的国际借鉴：以美国突发公共卫生事件应对体系为例[J]. 中国行政管理，(8)：51-56.

薛翔，马海云，张轩慧，等. 2022. 时代经纬：迈向新文科的数字人文：第三届中国数字人文大会综述[J]. 图书馆杂志，41(9)：95-104.

闫慧，贾诗威. 2023. 信息资源管理学科与国家战略的关系探究：基于学术话语与政策文本的关联分析[J]. 情报资料工作，44(2)：5-13.

严贝妮，卫玉婷. 2021. 加拿大公共图书馆参与文化扶贫的研究与启示[J]. 图书情报工作，65(2)：126-136.

杨开峰. 2021. 中国之治：国家治理体系和治理能力现代化十五讲[M]. 北京：中国人民大学出版社.

杨立华，陈一帆，周志忍. 2019. "公共均衡与非均衡"冲突新理论[J]. 中国社会科学，(11)：104-126，206-207.

杨滋荣，熊回香，蒋合领. 2016. 国外图书馆支持数字人文研究进展[J]. 图书情报工作，60(24)：122-129.

詹雪梅，孙晓敏，薛刚. 2016. 危机情境下团队有效性的研究框架构建：基于 IMOI 模型[J]. 北京师范大学学报(社会科学版)，(2)：47-56.

张海波. 2021. 作为应急管理学独特方法论的突发事件快速响应研究[J]. 公共管理与政策评论，10(3)：42-53.

张海波，尹铭磊. 2016. 应急响应中的突生组织网络："鲁甸地震"案例研究[J]. 公共管理学报，13(2)：84-96，156-157.

张海涛，刘雅姝，周红磊，等. 2020. 情报智慧赋能：重大突发事件的智能协同决策[J]. 情报科学，38(9)：3-8.

张欢，王新松. 2016. 中国特大安全事故政治问责：影响因素及其意义[J]. 清华大学学报(哲学社会科学版)，31(2)：170-184，199.

张书维，李纾. 2018. 行为公共管理学探新：内容、方法与趋势[J]. 公共行政评论，11(1)：7-36，219.

张贤，郭偲悦，孔慧，等. 2021. 碳中和愿景的科技需求与技术路径[J]. 中国环境管理，13(1)：65-70.

张小劲，孟天广. 2017. 论计算社会科学的缘起、发展与创新范式[J]. 理论探索，(6)：33-38.

张瑜，孙倩，薛进军，等. 2022. 减污降碳的协同效应分析及其路径探究[J].中国人口·资源与环境，32(5)：1-13.

郑石明，薛雨浓. 2023. 政策反馈理论：政策如何重塑政治过程与政策发展?[J]. 经济社会体制比较，(1)：181-191.

郑逸璇，宋晓晖，周佳，等. 2021. 减污降碳协同增效的关键路径与政策研究[J]. 中国环境管理，13(5)：45-51.

中国大百科全书总编辑委员会《哲学》编辑委员会，中国大百科全书出版社编辑部. 1987. 中国大百科全书哲学Ⅱ[M]. 北京：中国大百科全书出版社.

中国行政管理学会课题组，鲍静，解亚红，等. 2018. 平衡监管和市场：疫苗安全的挑战和对策[J]. 中国行政管理，(10)：6-12.

钟开斌. 2018. 中国应急管理机构的演进与发展：基于协调视角的观察[J]. 公共管理与政策评论，7(6)：21-36.

周鹏，闻雯，王梅. 2020. 碳交易效率与企业减排决策研究[M]. 青岛：中国石油大学出版社.

周晓英. 2019. 健康服务：开启公共图书馆服务的新领域[J]. 中国图书馆学报，45(4)：61-71.

周晓英，刘莎，冯向梅. 2017.大数据的影响与情报学的应对策略：从 BD2K 项目分析情报学的大数据应对策略[J]. 图书与情报，(2)：55-62.

周知，胡昌平. 2021. "健康中国2030"战略下健康数据协同治理体系研究[J]. 图书情报工作，65(1)：102-109.

朱浒. 2018. 中国灾害史研究的历程、取向及走向[J]. 北京大学学报(哲学社会科学版)，55(6)：120-130.

朱旭峰，吴冠生. 2018. 中国特色的央地关系：演变与特点[J]. 治理研究，34(2)：50-57.

朱旭峰，朱亚鹏. 2023. 专栏导语：国家治理体系中的央地关系研究[J]. 公共行政评论，16(1)：1-5.

朱正威，胡向南，石佳. 2019. 社会稳定风险评估机制的实践进展、现实问题与完善策略：基于社会稳定风险评估报告的内容分析[J]. 南京社会科学，(11)：72-80.

朱正威，吴佳. 2019. 中国应急管理的理念重塑与制度变革：基于总体国家安全观与应急管理机构改革的探讨[J]. 中国行政管理，(6)：130-134.

Akhtar M K，Simonovic S P，Wibe J，et al. 2019. Future realities of climate change impacts：an integrated assessment study of Canada[J]. International Journal of Global Warming，17(1)：59-88.

Aliabadi D E，Kaya M，Şahin G. 2017. An agent-based simulation of power generation company behavior in electricity markets under different market-clearing mechanisms[J]. Energy Policy，100：191-205.

Alison L，Power N，van den Heuvel C，et al. 2015. A taxonomy of endogenous and exogenous uncertainty in high-risk，high-impact contexts[J]. Journal of Applied Psychology，100(4)：1309-1318.

Anadon L D，Holdren J P. 2009. Policy for energy technology innovation[M] //Gallagher K S. Acting in Time on Energy Policy. Washington DC：Brooking Institution Press：89-127.

Antonelli C，Crespi F. 2013. The "Matthew effect" in R&D public subsidies：the Italian evidence[J]. Technological Forecasting and Social Change，80(8)：1523-1534.

Arrow K J. 1962. The economic implications of learning by doing[J]. The Review of Economic

Studies，29(3)：155-173.

Boehm M. 2018. Recalling the performativity of the body in frontline command[J]. Journal of Contingencies and Crisis Management，26(4)：461-468.

Bramsen I. 2018. How violence happens (or not)：situational conditions of violence and nonviolence in Bahrain，Tunisia，and Syria[J]. Psychology of Violence，8(3)：305-315.

Budolfson M，Dennig F，Errickson F，et al. 2021. Climate action with revenue recycling has benefits for poverty，inequality and well-being[J]. Nature Climate Change，11(12)：1111-1116.

Bundy J，Pfarrer M D，Short C E，et al. 2017. Crises and crisis management：integration，interpretation，and research development[J]. Journal of Management，43(6)：1661-1692.

Bush V. 1945. Science：The Endless Frontier[M]. Washington DC：United States Government Printing Office.

Cadag J R. 2022. Decolonising disasters[J]. Disasters，46（4）：1121-1126.

Calvert J. 2006. What's special about basic research?[J]. Science，Technology，& Human Values，31(2)：199-220.

Chang J J，Wei Y M，Yuan X C，et al. 2020. The nonlinear impacts of global warming on regional economic production：an empirical analysis from China[J]. Weather，Climate，and Society，12(4)：759-769.

Chatterjee S，Stavrakas V，Oreggioni G，et al. 2022. Existing tools，user needs and required model adjustments for energy demand modelling of a carbon-neutral Europe[J]. Energy Research & Social Science，90：102662.

Chen S，Lu X，Nielsen C P，et al. 2022. Improved air quality in China can enhance solar-power performance and accelerate carbon-neutrality targets[J]. One Earth，5(5)：550-562.

Chen S M，Zhang Z J，Yang J T，et al. 2020. Fangcang shelter hospitals：a novel concept for responding to public health emergencies[J]. Lancet，395(10232)：1305-1314.

Chen W M，Qu S，Han M S. 2021. Environmental implications of changes in China's inter-provincial trade structure[J]. Resources，Conservation and Recycling，167：105419.

Christianson M K. 2019. More and less effective updating：the role of trajectory management in making sense again[J]. Administrative Science Quarterly，64(1)：45-86.

Conant J B. 1952. On Understanding Science：An Historical Approach[M]. New York：The New American Library.

Cui R Y，Hultman N，Cui D Y，et al. 2021. A plant-by-plant strategy for high-ambition coal power phaseout in China[J]. Nature Communications，12(1)：1468.

Dai B B，Fu D，Meng G T，et al. 2020. The effects of governmental and individual predictors on COVID-19 protective behaviors in China：a path analysis model[J]. Public Administration Review，80(5)：797-804.

Daily G C. 1997. Nature's Services: Societal Dependence on Natural Ecosystems[M]. Washington D C: Island Press.

Emerson K，Nabatchi T. 2015. Collaborative Governance Regimes[M]. Washington DC：Georgetown University Press.

Gaillard J C，Peek L. 2019. Disaster-zone research needs a code of conduct[J]. Nature，575(7783)：

440-442.

Geyer R，Cairney P. 2015. Handbook on Complexity and Public Policy[M]. Cheltenham：Edward Elgar Publishing.

Gillooly J W. 2020. How 911 callers and call - takers impact police encounters with the public：the case of the Henry Louis Gates Jr. arrest[J]. Criminology & Public Policy，19(3)：787-804.

Grimmelikhuijsen S，Jilke S，Olsen A L，et al. 2017. Behavioral public administration：combining insights from public administration and psychology[J]. Public Administration Review，77(1)：45-56.

Gulley A L，Nassar N T，Xun S A. 2018. China，the United States，and competition for resources that enable emerging technologies[J]. Proceedings of the National Academy of Sciences of the United States of America，115(16)：4111-4115.

Han X，Yu Y B，He H，et al. 2013. Oxidative steam reforming of ethanol over Rh catalyst supported on $Ce_{1-x}La_xO_y$ (x=0.3) solid solution prepared by urea co-precipitation method[J]. Journal of Power Sources，238：57-64.

Han Z Q，Zhang G R，Zhang H B. 2017. School bullying in urban China：prevalence and correlation with school climate[J]. International Journal of Environmental Research and Public Health，14(10)：1116.

Heo J，Moon H，Chang S，et al. 2021. Case study of solar photovoltaic power-plant site selection for infrastructure planning using a BIM-GIS-based approach[J]. Applied Sciences，11(18)：8785.

Hepburn C，Adlen E，Beddington J，et al. 2019. The technological and economic prospects for CO_2 utilization and removal[J]. Nature，575(7781)：87-97.

Holdren J P, Ehrlich P R. 1974. Human population and the global environment: population growth, rising per capita material consumption, and disruptive technologies have made civilization a global ecological force[J]. American scientist, 62(3): 282-292.

Hu B，Zhou P，Zhang L P. 2022. A digital business model for accelerating distributed renewable energy expansion in rural China[J]. Applied Energy，316：119084.

Hu Q，Zhang H B，Kapucu N，et al. 2020. Hybrid coordination for coping with the medical surge from the COVID-19 pandemic：paired-assistance programs in China[J]. Public Administration Review，80(5)：895-901.

IEA. 2021. Net zero by 2050—A roadmap for the global energy sector[R]. Paris：International Energy Agency.

IPCC. 2022. Climate change 2022：mitigation of climate change. Contribution of working group III to the sixth assessment report of the intergovernmental panel on climate change[R]. New York.

Jiang K J，Zhuang X，Miao R，et al. 2013. China's role in attaining the global 2℃ target[J]. Climate Policy，13：55-69.

John P，Brooks B，Schriever U. 2019. Speech acts in professional maritime discourse：a pragmatic risk analysis of bridge team communication directives and commissives in full-mission simulation[J]. Journal of Pragmatics，140：12-21.

Joseph N. 1954. Science and Civilisation in China：Introductory Orientations[M]. Cambridge：Cambrio the University Press.

Lazer D M J, Pentland A, Watts D J, et al. 2020. Computational social science: obstacles and opportunities[J]. Science, 369(6507): 1060-1062.

Li F, Zhou T, Wang L. 2021. The continued operation of businesses after an earthquake: a case study from Lushan County, China[J]. Disasters, 45(1): 180-201.

Li H R, Cui X Q, Hui J X, et al. 2021. Catchment-level water stress risk of coal power transition in China under 2℃/1.5℃ targets[J]. Applied Energy, 294: 116986.

Lu X, Chen S, Nielsen C P, et al. 2021. Combined solar power and storage as cost-competitive and grid-compatible supply for China's future carbon-neutral electricity system[J]. Proceedings of the National Academy of Sciences of the United States of America, 118(42): e2103471118.

Lu X L, Han Z Q. 2019. Emergency management in China: towards a comprehensive model?[J]. Journal of Risk Research, 22(11): 1425-1442.

McKane A, Daya T, Richards G. 2017. Improving the relevance and impact of international standards for global climate change mitigation and increased energy access[J]. Energy Policy, 109: 389-399.

Needham J. 1954. Science and Civilisation in China. Volume 1: Introductory Orientations[M]. Cambridge: Cambridge University Press.

Nelson R R. 1959. The simple economics of basic scientific research[J]. Journal of Political Economy, 67(3): 297-306.

Power N. 2018. Extreme teams: toward a greater understanding of multiagency teamwork during major emergencies and disasters[J]. American Psychologist, 73(4): 478-490.

Qin C S, Xu J H, Wong-Parodi G, et al. 2020. Change in public concern and responsive behaviors toward air pollution under the dome[J]. Risk Analysis, 40(10): 1983-2001.

Samuelson P A. 1954. The pure theory of public expenditure[J]. The Review of Economics and Statistics, 36(4): 387-389.

Samuelson P A. 1955. Diagrammatic exposition of a theory of public expenditure[J]. The Review of Economics and Statistics, 37(4): 350-356.

Semieniuk G, Campiglio E, Mercure J F, et al. 2021. Low - carbon transition risks for finance[J]. WIREs Climate Change, 12(1): e678.

Sharma M, Norton B G. 2005. A policy decision tool for integrated environmental assessment[J]. Environmental Science & Policy, 8(4): 356-366.

Shen M H, Tong L G, Yin S W, et al. 2022. Cryogenic technology progress for CO_2 capture under carbon neutrality goals: a review[J]. Separation and Purification Technology, 299: 121734.

Sovacool B K, Hook A, Martiskainen M, et al. 2019. The whole systems energy injustice of four European low-carbon transitions[J]. Global Environmental Change, 58: 101958.

Stirling A. 2007. A general framework for analysing diversity in science, technology and society[J]. Journal of the Royal Society Interface, 4(15): 707-719.

Stokes D E. 1997. Pasteur's quadrant: basic science and technological innovation[M]. Washington DC: Brookings Institution Press.

Tao P, Chen C L. 2017. Towards a politics of disaster response: presidential disaster instructions in China, 1998-2012[J]. Disasters, 42(2): 275-293.

Tassey G. 1997. The Economics of R&D Policy[M]. Connecticut: Greenwood Publishing Group, Inc.

Tian C, Zheng X Q, Liu Q, et al. 2019. Long-term costs and benefits analysis of China's low-carbon policies[J]. Chinese Journal of Population Resources and Environment, 17(4): 295-302.

Tong D, Zhang Q, Zheng Y X, et al. 2019. Committed emissions from existing energy infrastructure jeopardize 1.5℃ climate target[J]. Nature, 572(7769): 373-377.

Traag V A, Waltman L, van Eck N J. 2019. From Louvain to Leiden: guaranteeing well-connected communities[J]. Scientific Reports, 9(1): 5233.

Trauth E M. 1989. The evolution of information resource management[J]. Information & Management, 16(5): 257-268.

van Eck N J, Waltman L. 2010. Software survey: VOSviewer, a computer program for bibliometric mapping[J]. Scientometrics, 84(2): 523-538.

Wang F, Harindintwali J D, Yuan Z Z, et al. 2021. Technologies and perspectives for achieving carbon neutrality[J]. The Innovation, 2(4): 100180.

Wang H M, Xiong W B, Wu G D, et al. 2018. Public–private partnership in Public Administration discipline: a literature review[J]. Public Management Review, 20(2): 293-316.

Wang J Y, Wang K, Wei Y M. 2020. How to balance China's sustainable development goals through industrial restructuring: a multi-regional input–output optimization of the employment–energy–water–emissions nexus[J]. Environmental Research Letters, 15(3): 034018.

Wei Y M, Han R, Liang Q M, et al. 2018. An integrated assessment of INDCs under shared socioeconomic pathways: an implementation of C^3IAM[J]. Natural Hazards, 92(2): 585-618.

Wei Y M, Han R, Wang C, et al. 2020. Self-preservation strategy for approaching global warming targets in the post-Paris Agreement era[J]. Nature Communications, 11: 1624.

Weiss T G. 2016. Global Governance: Why? What? Whither?[M]. Hoboken: John Wiley & Sons.

Winsberg E. 2010. Science in the Age of Computer Simulation[M]. Chicago: University of Chicago Press.

Wolbers J, Kuipers S, Boin A. 2021. A systematic review of 20 years of crisis and disaster research: trends and progress[J]. Risk, Hazards & Crisis in Public Policy, 12(4): 374-392.

Xie Y, Dai H C, Dong H J, et al. 2016. Economic impacts from $PM_{2.5}$ pollution-related health effects in China: a provincial-level analysis[J]. Environmental Science & Technology, 50(9): 4836-4843.

Xu L, Su J. 2016. From government to market and from producer to consumer: transition of policy mix towards clean mobility in China[J]. Energy Policy, 96: 328-340.

Yan B, Zhang X M, Wu L, et al. 2020. Why do countries respond differently to COVID-19? A comparative study of Sweden, China, France, and Japan[J]. The American Review of Public Administration, 50(6/7): 762-769.

Yang J N, Li X Y, Peng W, et al. 2018. Climate, air quality and human health benefits of various solar photovoltaic deployment scenarios in China in 2030[J]. Environmental Research Letters, 13(6): 064002.

Yang P, Yao Y F, Mi Z F, et al. 2018. Social cost of carbon under shared socioeconomic pathways[J]. Global Environmental Change, 53: 225-232.

Yang X C, Yi S J, Qu S, et al. 2019. Key transmission sectors of energy-water-carbon nexus pressures in Shanghai, China[J]. Journal of Cleaner Production, 225: 27-35.

Yang K F. 2020. Unprecedented challenges, familiar paradoxes: COVID-19 and governance in a new normal state of risks[J]. Public Administration Review, 80(4): 657-664.

Yi H T, Suo L M, Shen R W, et al. 2018. Regional governance and institutional collective action for environmental sustainability[J]. Public Administration Review, 78(4): 556-566.

Yu B Y, Wei Y M, Gomi K, et al. 2018. Future scenarios for energy consumption and carbon emissions due to demographic transitions in Chinese households[J]. Nature Energy, 3(2): 109-118.

Zhang L Y, Sun N N, Wang M Q, et al. 2021. The integration of hydrogenation and carbon capture utilisation and storage technology: a potential low-carbon approach to chemical synthesis in China[J]. International Journal of Energy Research, 45(14): 19789-19818.

Zhang S, Chen W Y. 2022. Assessing the energy transition in China towards carbon neutrality with a probabilistic framework[J]. Nature Communications, 13(1): 1-15.

Zheng X Z, Wang R R, Hoekstra A Y, et al. 2021. Consideration of culture is vital if we are to achieve the Sustainable Development Goals[J]. One Earth, 4(2): 307-319.

Zhong K B, Lu X L. 2018. Exploring the administrative mechanism of China's paired assistance to disaster affected areas programme[J]. Disasters, 42(3): 590-612.

Zhou P, Gao S Z, Lv Y, et al. 2022. Energy transition management towards a low-carbon world[J]. Frontiers of Engineering Management, 9(3): 499-503.

Zhou P, Jin R Y, Fan L W. 2016. Reliability and economic evaluation of power system with renewables: a review[J]. Renewable and Sustainable Energy Reviews, 58: 537-547.

Zhou P, Wen W. 2020. Carbon-constrained firm decisions: from business strategies to operations modeling[J]. European Journal of Operational Research, 281(1): 1-15.

附　　录

附录1　本学科主要方向发展情况的文献计量分析结果

对于一个学科发展战略的研究应当建立在对于学科发展态势的深入洞察之上。作为本次宏观管理与政策学科发展战略与"十四五"优先资助领域遴选研究的基础性、前导性工作，课题组基于 Web of Science 全样本论文数据，对于本学科主要方向的发展态势进行了系统性文献计量分析。囿于篇幅的限制，正文 2.3 节仅呈现了对于 9 个学科方向进行分析的主要结论。相关研究成果已经以开放获取形式发表在《科学观察》期刊，感兴趣的读者可以登录期刊主页直接下载阅读和引用。以下对相关研究结果进行简要介绍。

研究1：公共管理领域发展态势研究——基于 WoS 论文的文献计量分析

论文地址：https://manu56.magtech.com.cn/kxgc/CN/Y2021/V16/I1/1。

论文摘要：该文基于科研产出的视角，以公共管理学领域的 WoS 论文为数据基础，应用文献计量方法，从整体产出概况、国际合作、关键词与期刊分布、学科交叉、研究主题与研究热点、论文受资助情况六个维度展开分析，旨在分析中国与世界主要国家公共管理领域的发展态势，揭示中国该领域在国际比较中的位势，为我国科技政策相关部门制定该领域的学科规划提供参考。在文献计量数据分析的基础上，本文还融入了学科专家定性解读。研究结论显示，中国公共管理呈现出快速增长的追赶式发展态势，论文规模、学术影响力和高被引论文产出进步较快，从 2009 年的第 23、19、16 名跃升至 2019 年的第 8、10、11 名，但依然与该领域国际排名第一的美国存在一定的差距；国际合作和基金资助是学科发展的动力，中国该领域的国际合作也较为活跃，论文资助较为精准有效。

研究2：公共安全与危机管理领域发展态势研究——基于 WoS 论文的文献计量分析

论文地址：https://manu56.magtech.com.cn/kxgc/CN/Y2021/V16/I1/22。

论文摘要：该文从科研产出的视角出发，以 WoS 论文为数据基础，应用文献计量方法分析了公共安全与危机管理领域的发展态势，具体分析从整体产出概况、国际合作、关键词与期刊分布、学科交叉、研究主题与研究热点、论文受资助情况六个维度展开，并辅助以专家视角的解读，旨在分析中国与世界主要国家公共安全与危机管理领域的发展态势，揭示中国该领域在国际比较中的位势，为科技政策相关部门制定该领域的学科规划提供参考。研究结论显示，中国公共安全与危机管理领域具有较大的发展潜力，论文规模、学术影响力和高被引论文产出取得较大进步，并不断趋近该领域国际排名第一的美国。此外，中国该领域国际合作也较为活跃，科学资助，特别是 NSFC 资助也取得了一定的成效。

研究 3：信息资源管理领域发展态势研究——基于 WoS 论文的文献计量分析

论文地址：https://manu56.magtech.com.cn/kxgc/CN/Y2021/V16/I1/42。

论文摘要：该文基于科研产出的视角，以信息资源管理领域的 WoS 论文为数据基础，应用文献计量方法，从整体产出概况、国际合作、关键词与期刊分布、学科交叉、研究主题与研究热点、论文受资助情况六个维度出发，旨在分析信息资源管理领域的发展态势，揭示中国在该领域国际比较中的竞争力，为我国科技政策相关部门制定该领域的学科规划提供参考。基于文献计量数据与学科专家的定性解读，本文研究结论显示，中国信息资源管理领域具有较大的发展潜力，论文规模、学术影响力和高被引论文产出均已跃居该领域国际排名第 2 位，并不断靠近排名第 1 的美国。此外，中国该领域国际合作也较为活跃；科学资助，特别是 NSFC 资助也越来越具有成效。

研究 4：资源与环境管理领域发展态势研究——基于 WoS 论文的文献计量分析

论文地址：https://manu56.magtech.com.cn/kxgc/CN/Y2021/V16/I2/1。

论文摘要：该文基于科研产出的视角，以 WoS 论文为数据基础，应用文献计量方法对资源与环境管理领域的发展态势展开分析，包含整体产出概况、国际合作、关键词与期刊分布、学科交叉、研究主题与研究热点、论文受资助情况六个分析维度，旨在分析中国与世界主要国家资源与环境管理领域的发展态势，揭示中国在国际比较中的位势，为科技政策相关部门制定该领域的学科规划提供参考。基于文献计量数据与学科专家的定性解读，本文研究结论显示，中国资源与环境管理领域具有一定的优势，论文规模、学术影响力和高被引论文产出均已跃居国际第 1 位。此外，中国该领域国际合作较为活跃；科学资助，特别是 NSFC 资助成效显著。

研究 5：科技创新管理与政策领域发展态势研究——基于 WoS 论文的文献计量分析

论文地址：https://manu56.magtech.com.cn/kxgc/CN/Y2021/V16/I2/25。

论文摘要：该文从科研产出的视角出发，以 WoS 论文为数据基础，应用文献计量方法分析了科技创新管理与政策领域的发展态势，具体分析从整体产出概况、国际合作、关键词与期刊分布、学科交叉、研究主题与研究热点、论文受资助情况六个维度展开，并辅助以专家视角的解读，旨在分析中国与世界主要国家科技创新管理与政策领域的发展态势，揭示中国该领域在国际比较中的位势，为科技政策相关部门制定该领域的学科战略规划提供参考。研究结论显示，我国科技创新管理与政策领域具有一定的发展潜力，论文规模、学术影响力和高被引论文产出取得较大进步，从 2009 年的第 13、15、18 名跃升至 2019 年的第 2、3、7 名，不断趋近世界中心"舞台"。此外，我国该领域国际合作较为活跃，科学资助，特别是 NSFC 资助取得了一定的成效。

研究 6：公共卫生与健康管理领域发展态势研究——基于 WoS 论文的文献计量分析

论文地址：https://manu56.magtech.com.cn/kxgc/CN/Y2021/V16/I3/1。

论文摘要：该文从科研产出的视角出发，以 WoS 论文为数据基础，应用文献计量方法分析了公共卫生与健康管理领域的发展态势，具体分析从整体产出概况、国际合作、关键词与期刊分布、学科交叉、研究主题与研究热点、论文受资助情况六个维度展开，并辅助以专家视角的解读，旨在揭示中国与世界主要国家公共卫生与健康管理领域的发展态势，分析中国该领域在国际比较中的位势，为科技政策相关部门制定该领域的学科规划提供参考。研究结论显示，2009—2019 年中国公共卫生与健康管理领域有所进步，但与美国等科技发达国家还存在较大的差距，中国该领域论文规模、学术影响力和高被引论文的国际排名从 2009 年的第 19、17、13 名上升至 2019 年的第 7、7、10 名。此外，在国际合作中，中国处于合作网络相对边缘位置；科学资助，特别是 NSFC 资助在高被引论文产出中发挥的作用不够明显，资助成效有待进一步提高。

研究 7：教育与文化管理领域发展态势研究——基于 WoS 论文的文献计量分析

论文地址：https://manu56.magtech.com.cn/kxgc/CN/Y2021/V16/I3/21。

论文摘要：该文从科研产出的视角出发，以 WoS 论文为数据基础，应用文献计量方法分析了教育与文化管理领域的发展态势，具体分析从整体产出概况、国际合作、关键词与期刊分布、学科交叉、研究主题与研究热点、论文受资助情况六个维度展开，并辅助以专家视角的解读，旨在分析中国与世界主要国家教育与文化管理领域的发展态势，揭示中国该领域在国际比较中的位势，为科技政策相关部门制定该领域的学科规划提供参考。研究结论显示，中国教育与文化管理领域取得了一定的进步，论文规模、学术影响力和高被引论文的国际排名从 2009

年的第 15、25、26 名上升至 2019 年的第 5、6、6 名，但与美国等国还存在较大的差距。此外，在国际合作中，中国逐渐趋近网络中心位置；科学资助，特别是 NSFC 资助在高被引论文产出中发挥的作用不够显著，资助成效有待进一步提高。

研究 8：社会治理与社会福利领域发展态势研究——基于 WoS 论文的文献计量分析

论文地址：https://manu56.magtech.com.cn/kxgc/CN/Y2021/V16/I4/1。

论文摘要：该文从科研产出的视角出发，以 WoS 论文为数据样本，应用文献计量方法分析了社会治理与社会福利领域的发展态势，具体分析从整体产出概况、国际合作、关键词与期刊分布、学科交叉、研究主题与研究热点、论文受资助情况六个维度展开，并辅助以专家视角的解读，旨在分析中国与世界主要国家社会治理与社会福利领域的发展态势，揭示中国该领域在国际比较中的位势，为科技政策相关部门制定该领域的学科规划提供参考。研究结论显示，中国社会治理与社会福利领域进步较快，论文规模、学术影响力和高被引论文产出的国际排名分别从 2009 年的第 15、15、12 名，提升至 2019 年的第 4、6、4 名，但与美国相应指标仍存在一定的差距。此外，中国该领域国际合作较为活跃，科学资助，特别是 NSFC 资助取得了一定的成效。

研究 9：区域发展与城市治理领域发展态势研究——基于 WoS 论文的文献计量分析

论文地址：https://manu56.magtech.com.cn/kxgc/CN/Y2021/V16/I4/20。

论文摘要：该文从科研产出的视角出发，以 WoS 论文为数据样本，应用文献计量方法分析了区域发展与城市治理领域的发展态势，具体分析从整体产出概况、国际合作、关键词与期刊分布、学科交叉、研究主题与研究热点、论文受资助情况六个维度展开，并辅助以专家视角的解读，旨在分析中国与世界主要国家区域发展与城市治理领域的发展态势，揭示中国该领域在国际比较中的位势，为科技政策相关部门制定该领域的学科规划提供参考。研究结论显示，中国区域发展与城市治理领域研究基础相对较好，且取得了一定的进步，论文规模、学术影响力和高被引论文产出的国际排名分别从 2009 年的第 4、4、3 名，提升至 2019 年的第 2、3、2 名，越来越接近国际排名首位的美国。此外，中国该领域国际合作较为活跃，科学资助，特别是 NSFC 资助取得了一定的成效。

附录 2 专家咨询会会议纪要

附录 2.1 海外学者专家咨询会

2019 年 7 月 1 日下午,国家自然科学基金委员会管理科学部战略研究项目"宏观管理与政策学科发展战略与'十四五'优先资助领域遴选研究"海外学者专场咨询会在清华大学公共管理学院举行。会议由项目负责人、清华大学公共管理学院苏竣教授主持,国家自然科学基金委员会管理科学部三处刘作仪处长、清华大学公共管理学院党委书记彭宗超教授与南开大学周恩来政府管理学院院长孙涛教授出席本次会议。来自美国、欧洲的相关学科的华人学者作为咨询专家参加了本次研讨会。与会专家就学科界定与国内外发展态势、研究范式与研究方法趋势、学科发展的国际化趋势以及优先资助领域遴选的原则与标准做了充分讨论。

与会专家认为国家自然科学基金委员会的宏观管理与政策学科研究应该符合以下特点:首先是价值中立,国家自然科学基金资助的研究项目强调科学属性,注重挖掘管理科学与政策科学的一般性规律,研究议题不涉及意识形态的讨论。其次是国家自然科学基金的研究议题以需求牵引,希望能够突破瓶颈,并注重与技术的结合。在研究议题方面,学科应呈现出研究议题国际化并兼顾实践与理论导向等特点,在"十四五"期间,宏观管理与政策学科研究议题应该从聚焦国家内研究扩展到对国别问题、区域问题乃至全球问题的研究,在国际化视野中解决中国问题。再次是相关研究应该有助于公共治理转型,宏观管理与政策学科的研究应该有助于国家治理现代化建设,能够解决中国问题,围绕重点问题要有重点设置。最后是对理论做出贡献,公共行政作为公共管理的核心,需要加强对其基础理论的研究。未来的研究应该能够对理论有所贡献。

与会专家讨论认为,未来可能的重大理论命题与研究热点包括了信息技术与公共管理变革、城市发展与管理、全球治理与跨国公共政策等研究议题等。从社会发展来看,第四次科技革命再一次凸显技术对人类社会的影响,因此信息技术对公共管理的影响同样值得关注。与此同时,城市作为人类发展的空间,也是环境问题、管理问题、社会问题集中的地方,宏观管理与政策研究应该注重对城市发展与管理的研究。此外,快速发展的全球化进程也要求宏观管理与政策学科研究者进一步拓展全球视野,对全球治理等问题进行更加深入的研究。

附录 2.2 资深专家咨询会

2019 年 9 月 28 日,国家自然科学基金宏观管理与政策学科"十四五"发展战略专家咨询会在清华大学公共管理学院召开。本次会议由清华大学公共管理学院苏竣教授召集并主持,40 余位宏观管理与政策领域资深专家与国家自然科学基金委员会管理科学部领导与会。本次会议旨在契合国家自然科学基金改革的目标与任务，细化宏观管理与政策学科"十四五"发展战略的目标，遴选未来5年的优先资助领域和学科发展方向。会议分四个时段进行，第一时段为"十四五"战略规划研究进展介绍，第二至第四时段为子学科专题研讨。

管理科学部副主任杨列勋从战略研究改革、顶层设计、工作安排等方面介绍了管理科学的战略发展框架。课题组负责人清华大学苏竣教授代表课题组汇报了宏观管理与政策学科"十四五"发展战略的前期研究进展和下一步的工作任务安排。与会专家就宏观管理与政策的学科定位、学科边界、学科特征、理论发展以及学科科学性等问题提出了意见和建议。清华大学薛澜教授、蓝志勇教授、朱旭峰教授、孟庆国教授，武汉大学丁煌教授、南京大学孔繁斌教授、哈尔滨工业大学米加宁教授分享了对宏观管理与政策学科发展规划的设想，进行了深入的沟通和交流。会议第二时段结束后，项目组开展了"宏观管理与政策学科'十四五'优先资助备选领域及方向遴选"的问卷试调研工作，收集与整理与会专家对"十四五"优先资助领域的意见和建议。会议的第三至第四时段，与会专家围绕"环境与生态管理""资源管理与政策""卫生政策与管理""公共安全与危机管理""信息资源管理""科技管理与政策""创新管理与政策""教育管理与政策""文化与休闲产业管理"等子学科发展开展热烈研讨，清华大学王灿教授，北京师范大学章文光教授、陈彬教授，同济大学陈强教授，复旦大学黄丽华教授，北京航空航天大学范英教授，西安交通大学朱正威教授，中国科学院刘云教授、邓祥征教授，中央党校余廉教授，哈尔滨医科大学吴群红教授，南京师范大学田立新教授分别从各自专业角度分享了对宏观管理与政策学科"十四五"发展规划的设想。与会专家进行了深入的沟通和交流，为推动子学科战略规划工作的落实提出了很多有价值的意见和建议。

在本次咨询会上，与会专家对宏观管理与政策学科发展战略与"十四五"优先资助领域研究提供了诸多共识。与会专家普遍认为，宏观管理与政策学科的基础研究依然薄弱，急需突破一般性宏观管理与政策的理论创新，进一步强调价值中立的科学命题研究。专家认为，应该推动学术研究"讲好中国故事"的导向，特别是在国际舞台"讲好中国故事"，推动国家治理体系与治理能力现代化建设。"十四五"期间学科发展应该突出全球化与信息革命的时代背景，强调循证研究设计，特别是计算社会学方法的引入。此外，与会专家还建议压缩并优化学科代码设置，突出与国家社会科学基金在选题与资助导向的区别。

对于优先资助领域的遴选原则，与会专家认为应该符合以下几条标准：优先资助领域应旨在突破基础理论创新的领域与选题，强调重大前沿科学命题，应突出学科交叉特点，一般性科学规律与特殊性科学规律相融合；优先资助领域应回应国家治理体系与治理能力现代化建设的需求，平衡国际前沿热点与中国管理实践需求；优先资助领域应体现全球化与信息化这两个时代背景；优先资助领域应强化因果机制的探讨，鼓励新的研究方法的突破。

附录 2.3　西部专家专场咨询会

2020 年 3 月 20 日，课题组与云南财经大学联合通过线上平台召开了"西部地区专家学者咨询会"。新疆大学副校长、党委副书记姚强教授，西南财经大学副校长尹庆双教授，兰州大学管理学院名誉院长包国宪教授、副院长王学军教授，电子科技大学公共管理学院院长汤志伟教授，长安大学公共管理学院院长刘兰剑教授，西藏大学教务处处长尼玛拉姆教授，青海师范大学经济管理学院尕丹才让教授，云南大学公共管理学院院长崔运武教授，内蒙古大学管理学院金海和教授等来自西部地区院校的十余位专家学者出席了本次会议。本次咨询会由云南财经大学校长伏润民教授主持。

管理科学部副主任刘作仪研究员对本次学科发展战略研究的总体情况进行了介绍，重点强调了突出顶层设计、明确国家自然科学基金资助特色、推动代码结构优化等三方面工作要点。课题组负责人清华大学苏竣教授简要介绍了战略研究的前期进展与总体思路。课题组成员、北京师范大学政府管理学院郭跃副教授代表课题组，从学科建立的时代背景、"十四五"学科发展的着力点、主要学科方向发展态势等多个方面详细汇报了战略研究的最新进展，提出本次会议就进一步发挥国家自然科学基金优势，促进西部地区宏观管理与政策学科发展的核心关切点。与会专家就宏观管理与政策学科的学科定位、理论体系、重大选题规划以及学科科学性等问题提出了意见和建议。

与会专家认为，宏观管理与政策学科的发展要积极回应百年未有之大变局等国际宏观形势变化带来的时代挑战，促进形成有中国特色的理论体系。在这一过程中，西部地区发挥着重要的作用，其中宗教、民族、反恐、生态环境补偿机制等科学和实践问题的解决对于实现国家的长治久安具有重要意义，但目前相关基础研究和应用基础研究的发展还较为滞后，需要从基础研究、战略研究和政策研究等层面全面深入改革。同时，在百年未有之大变局下，学科规划不再仅仅具有时间属性，而是要进一步强化底线思维，更多地考虑与长期社会经济发展相关的一些重大问题。与会专家建议，未来国家自然科学基金委员会进一步加大对于西部地区和西部研究问题的资助力度，不断创新支持西部地区学科发展的资助模式，并进一步优化东西部地区的科研合作机制，支持西部院校承办学科重大会议和交流活动。

与会专家还就数字经济与智慧城市发展、生态脆弱地区的系统性治理、民族地区社会治理、重大经济风险预测、促进区域协调发展的政策设计等领域的重大与重点资助选题设计等问题提出了具体建议。

附录3　优先资助领域遴选的候选项目信息

本书第6章优先资助领域遴选过程中设置了基于德尔菲法的专家评估过程，其中候选项目的设置综合考虑了项目的前沿性、国家自然科学基金资助特色等因素，并设置了若干存在明显缺陷的选题作为混淆项。以下详细汇总了项目评估过程中涉及的167个测试选题，供读者参考。

1. "放管服"改革与政府履职方式现代化研究
2. 行为公共行政的研究理论工具与实证方法
3. 新技术革命条件下政府组织重塑研究
4. 大数据与政府治理转型
5. 逆全球化背景下公共行政本土理论建构研究
6. 公共治理与公共政策的关系
7. 技术导向的政府创新与制度导向的政府创新的互动机制研究
8. 中国情境下的集体行动理论
9. 新兴治理工具的公共风险研究
10. 新时代公共政策过程管理优化策略研究
11. 中国政府专业化与治理能力关系研究
12. 现代公共管理的理论发展研究
13. 中央政府与地方政府行政资源配置的理论基础研究
14. 现代公共管理的方法论体系研究
15. 政策分析新范式的兴起与中国特色政策科学的建构
16. 制度分析与制度设计
17. 可复制可推广政策经验的形成及其机理研究
18. 全球治理中的政策过程
19. 公共政策的行为与实验研究途径
20. 政策工具与政策过程的耦合效应
21. 数据化与智能化驱动的循证决策新模式
22. 公共政策的反馈效应
23. 中国特色新型智库的专业化及其支撑条件研究
24. 新时代公共政策工具管理优化策略研究
25. 公共决策的风险评估研究
26. 全球化背景下全球公域治理的中国参与机制与政策研究
27. 新型智库建设与公共政策体系的完善
28. 法律法规与政策：社会组织相关立法和政策制定与绩效研究

29. 组织结构与功能：非营利法人治理与社会服务供给侧改革

30. 非营利组织参与乡村振兴的方向与路径研究

31. 组织类型与治理机制：社区社会组织发展与社会治理创新

32. 新时期非营利组织内部治理结构研究

33. 组织进化与创新：社会企业与社会创新

34. 非营利组织信息披露与公信力建设

35. 人才培养与学科建设：社会服务人才培养体系与公益慈善学科建设

36. 非营利组织能力建设与国家治理能力的提升

37. 非营利组织参与精准扶贫的贡献评价

38. 知识产权能力建设研究

39. 科技创新生态环境质量诊断性评价机制研究

40. 人工智能时代的组织创新与社会治理体系研究

41. 创新生态系统的协同互补高质量发展研究

42. "技术–社会"互动系统下的人工智能产业创新发展路径研究

43. 我国高校技术转移体系构建与激励机制研究

44. 信息环境下人群公共政策集群决策模式

45. 第四次工业革命时代下的敏捷治理

46. 创新驱动发展时代的现代院所制度研究

47. 基于社会实验的人工智能社会风险影响因素与形成机制研究

48. 科技出版体制机制创新研究

49. 基于社会实验的人工智能社会影响治理机制与策略研究

50. 开放科学背景下科学交流体系建构研究

51. 基于社会实验的人工智能对公众价值形塑与行为决策的影响研究

52. 创新生态系统视角下区域创新网络优化及治理政策研究

53. 人工智能对公共政策决策的影响与机制研究

54. 乡村振兴战略下乡村创新体系内生性演化机制与政府治理

55. 公众应急素养、应急能力评价、社区韧性研究

56. 医院 DRGS 支付方式与支付制度改革研究

57. 卫生系统应急能力评价、能力建设、韧性研究

58. 医院管理岗位职业化发展研究

59. 卫生应急风险沟通策略研究

60. 互联网+现代医院管理研究

61. "一带一路"背景下的公共卫生安全研究

62. 医院管理培训课程评价体系研究

63. 卫生应急救援研究

64. 社区医养结合模式研究

65. 基于社区的智慧照护模式研究

66. 医疗保障制度整合改革在减少碎片化、改进制度公平与经济保护能力的综合效果评价研究

67. 老龄化背景下的大病治疗、康复与家庭照护负担测量及社会化解分担机制研究

68. 基于公众视角的卫生政策、制度改革受益分析及获得感研究

69. 互联网+医疗背景下的人群健康素养、新媒介素养、健康促进与健康传播、健康服务体系研究

70. 多元目标及监管网络空间视域下的医保监管制度构建研究

71. 性病防控的早期预防、主动健康、健康管理策略

72. 独立分设的国家医保管理局如何突破医保、医药、医疗"三医联动"困境的路径研究

73. 卫生与健康领域"放管服"与医疗质量与安全保障研究

74. 健康中国目标下的创新社会治理体系与支持环境构建研究

75. 公立医院改革与顶层设计与评价研究

76. 多维嵌入分析视角下医疗安全、患者安全与医院工作场所暴力之间的复杂网络关系机制分析

77. 分级诊疗制度与资源结构调整评价研究

78. 公立医院绩效管理、医院人力资源管理研究

79. 培育创新技能、思维和社会网络的教育体系研究

80. 教育政策如何影响公众的创新观念与行为决策

81. 高等教育高质量发展特征、指标及路径

82. 在产政学三螺旋的框架下高等教育机构的动态作用和责任边界

83. 治理现代化下的国家应急管理体系重构

84. "一带一路"沿线国家沿线产业合作风险及防范研究

85. 多灾种城市综合风险评估与治理研究

86. 中南半岛经济走廊粮食安全协作机制研究

87. 基于空间—行为互动视角的"一带一路"风险评估与治理研究

88. 农业巨灾风险的金融支持体系与实施路径研究

89. 面向国家治理现代化的应急管理组织协调与联动机制研究

90. 动物疫情扩散的系统性风险机理及其预警机制

91. 大数据环境下面向合作治理的突发事件应急预案体系构建与方法研究

92. 城市地下空间开发风险与预警机制研究

93. 多灾种背景下的应急物流体系优化研究

94. 全域旅游安全风险治理与跨境旅游风险预警研究

95. 基于大数据分析的公共政策系统风险评估机制研究

96. 国家公共安全治理能力现代化研究

97. 基于社会网络的非常规突发事件中大规模人群行为演化及其干预机制研究

98. 公共安全智库效能评估研究

99. 大数据时代地方政府数据治理能力建设与治理风险防控

100. 大数据驱动下的公共政策风险研判与评价研究

101. 环境生态多要素耦合综合治理

102. 国际金融风险下我国股票市场的安全协同机理研究

103. 城市环境资源调控与生态适应性管理

104. 智慧城市资源环境效率提升与发展模式研究

105. "能源–环境–气候"协同治理的理论、方法与机制

106. 智能化环境生态复杂系统管理

107. 气候变化对老龄社会的影响与应对

108. 环境生态系统风险监控与智能决策

109. 考虑健康影响的环境质量控制优化策略

110. 数据驱动的城镇创新发展模式及管理优化

111. 考虑健康与收入公平效应的碳市场政策优化设计

112. 生态系统服务驱动因子及其优化机制

113. 低碳转型跨系统影响的综合模拟与路径优化

114. 气候变化背景下韧性城市调控及管理

115. 全球发展中国家产业链分工及其环境足迹研究

116. 气候变化背景下的环境健康风险预测及防控

117. 全球公地治理中的中国参与

118. 支撑经济高质量发展的气候与环境协同治理理论、机制与路径

119. 公共事务治理

120. 山水林田湖系统治理

121. 美丽中国与国土空间优化政策目标的评估研究

122. 自然资源管理中政府与市场关系

123. 河长制管理框架下水资源保护的区域管理研究

124. 自然资源管理的政策工具

125. 新旧动能转换促进城市高质量发展的机制研究

126. 复杂社会生态系统诊断

127. 乡村振兴背景下产业兴旺的机制分析与评估研究

128. 公地悲剧治理理论

129. 中国新能源体系重构及发展路径优化研究

130. 农村生态环境建设

131. 绿色低碳行为驱动下中国气候变化建模的资源公共政策

132. 新一代水治理理论

133. 能源清洁低碳化转型过程中的能源安全

134. 节水政策创新

135. 促进能源清洁低碳化发展的体制机制创新

136. 草原治理政策

137. 绿色低碳行为驱动的经济内生增长规律

138. 乡村振兴背景下农业资源区域保障与差异化支持政策研究

139. 现代网络生态环境下能源金融数据驱动的风险传导及市场监管

140. 后精准扶贫期贫困地区产业融合机制与空间示范效应研究

141. 新时代背景下煤炭资源利用中的若干问题研究

142. 高质量发展目标下生态保护与经济增长的联动关系研究

143. 泛在化信息行为与信息交互研究

144. "创新引领"导向下的科技信息服务理论与技术

145. 科技计量、监测与评价

146. 面向新型人机交互环境的科技信息表示、挖掘与应用

147. 基于多源数据融合的城市画像模型与构建方法研究

148. 科技大数据资源深度组织与挖掘利用研究

149. 智慧政府背景下的跨组织政府数据开放共享研究

150. 网络痕迹数据融合研究

151. 数字治理与构建人类命运共同体研究

152. 数字治理与全球治理体制变革研究

153. 数据权益保护与数据开放利用管理机制研究

154. 数字治理体系和治理能力现代化研究

155. 优化国际营商环境背景下的数据跨境流动管理机制研究

156. 数字政府职责体系建设与转变政府职能研究

157. 数据驱动决策辅助的机制及应用研究

158. 数字政府建构中的政策导向与政策手段研究

159. 国家关键信息基础设施系统的建设、运营及安全管理的体制机制研究

160. 数字治理环境下政策科学的嬗变与发展
161. 政府、社会、市场大数据资源的利用与安全管理研究
162. 数据治理背景下政府与企业的政策信息管理机制再造研究
163. 人工智能、区块链、云计算等新技术的政务运用及风险防范机制研究
164. 新兴数字技术影响智慧社会建设的路径与机制
165. 智慧社会中公共部门治理体系的研究
166. 数据资产化与政府治理回应研究
167. "一带一路"背景下电子政务走出去的宏观管理与配置研究